Poetische Gerechtigkeit

d|u|p

Poetische Gerechtigkeit

herausgegeben von
Sebastian Donat, Roger Lüdeke,
Stephan Packard und Virginia Richter

d|u|p

Bibliografische Information der Deutschen Nationalbibliothek
Die Deutsche Nationalbibliothek verzeichnet diese Publikation in der
Deutschen Nationalbibliografie; detaillierte bibliografische Daten sind
im Internet über http://dnb.d-nb.de abrufbar.

© düsseldorf university press, Düsseldorf 2012
http://www.dupress.de
Umschlaggestaltung: Malte Unterweg, Düsseldorf
                    Abbildung: James Marshall, „Die Poetische Gerechtigkeit, gerahmt von
                    Komos und Furie sowie einer Anzahl von Gestalten aus Drama und Oper"
                    (Deckenbild, zerstört, Dresden)
                    Fotografie: Rolf-Werner Nehrdich
                    Bildnachweis: Zentralinstitut für Kunstgeschichte München – Photothek
Satz: Friedrich-K. Unterweg, Erkrath
Herstellung: docupoint GmbH, Barleben
Gesetzt aus der Nimbus Roman No9 L und der URW Classico
ISBN 978-3-940671-41-7

Inhaltsverzeichnis

SEBASTIAN DONAT, STEPHAN PACKARD,
ROGER LÜDEKE und VIRGINIA RICHTER
Zu Geschichte, Formen und Inhalten poetischer Gerechtigkeit ... 9

I

HARALD FRICKE
Versuch über die Schwierigkeit, NEIN zu singen.
Poetische Gerechtigkeit in der Oper 39

REMIGIUS BUNIA
Die Mystik der sprachlichen Gewalt in Recht und Literatur 51

ERIKA GREBER
Nicht zu verachten: das Sonettsonett (Wordsworth,
Sainte-Beuve, Puškin – et ceteri) 93

JÜRGEN LEHMANN
Über die Gerechtigkeit von Vergleichen.
Thomas Manns Essay »Goethe und Tolstoj« 117

AAGE A. HANSEN-LÖVE
Literarische Hinrichtungen – von Puškin zu Nabokov 139

VITTORIA BORSÒ
Audiovisionen der Schrift an der Grenze
des Sagbaren und Sichtbaren: zur Ethik der Materialität 163

HENDRIK BIRUS
Die Entziehung der Hirse.
Oder: Wie ich lernte, Brecht gerechter zu werden 189

MICHAEL ESKIN
Gedicht-Logik und Ethik bei R. M. Rilke –
»Du mußt dein Leben ändern« 201

II

KARL EIBL
    Poetische Gerechtigkeit als Sinngenerator 215

YOUNG-AE CHON
    Die Macht der Poesie.
    Zu einem Gedicht aus dem *West-östlichen Divan* 241

ANNEGRET HEITMANN
    (Un-)Gerechtigkeit in Isak Dinesens / Karen Blixens
    Out of Africa / Den afrikanske Farm 259

ULLA HASELSTEIN
    Diasporische Doppelgänger:
    Philip Roths *Operation Shylock* 281

MONIKA BETZLER
    Sekundäre Amoralität.
    Eine ethische Analyse von
    Bernhard Schlinks Roman *Der Vorleser* 307

Dem Andenken an Erika Greber (1952–2011)

SEBASTIAN DONAT, STEPHAN PACKARD,
ROGER LÜDEKE und VIRGINIA RICHTER

Zu Geschichte, Formen und Inhalten poetischer Gerechtigkeit

I

An den Genius der poetischen Gerechtigkeit.
Sonett.

Auf Schwingen einer neuen Morgenröthe
    Fleuch, wegbereitend, Helios voran
    Ins dunkle Dichterland mit Ruf und Bann;
    Und, gleicher Kraft, zugleich beleb' und tödte!
Am schroffen Felsenhange, wo die Flöte
    So lieblich tönt, entdeckst du deinen Mann:
    Da sitzt, von Weih' umraucht, der große Pan,
    Der Gott, der Mensch, der deutsche Dichter, Göthe.
Laß hier nach Rechten Lohn und Strafe walten!
    Von fremden Lastern trennend eigne Tugend,
    Hier Neubelebung, dort Vertilgung hauche!
Dem Dichter gieb Unsterblichkeit der Alten!
    Dem Menschen Vaterfreud' und ew'ge Jugend!
    Sein Zerrbild stürze nur, den Gott im Rauche![1]

Dieses Gedicht erschien 1809 im berühmt-berüchtigten antiromantischen *Klingklingel-Almanach*.[2] Sein Verfasser (vermutlich Jens Baggesen) bringt auf den

---

[1] *Der Karfunkel oder Klingklingel-Almanach. Ein Taschenbuch für vollendete Romantiker und angehende Mystiker. Auf das Jahr der Gnade 1810*, hg. v. [Jens] Baggesen, Tübingen: Cotta 1809, Reprint Bern u. a.: Peter Lang 1978 (= Seltene Texte aus der deutschen Romantik, Bd. 4), S. 17. – Der Hinweis auf dieses Sonett stammt von Erika Greber. Vgl. Erika Greber,»Nicht zu verachten: das Sonettsonett (Wordsworth, Sainte-Beuve, Puškin – et ceteri)«, im vorliegenden Band, S. 93 f.

[2] Und zwar an sehr prominenter Stelle, nämlich als erstes Sonett im *Almanach* überhaupt. Faust/Danwaller/Baggesen überzeugt damit in der Rahmenhandlung seinen antiromantischen Freundes-

ersten Blick sowohl dem Sonett als auch der poetischen Gerechtigkeit, gelinde gesagt, wenig Hochachtung entgegen. Die bei den eingeschworenen Klassikern rund um Johann Heinrich Voß verhasste Gedichtform wird durch die an *Bout-Rimés* gemahnende Hervorhebung der Reimwörter als bloße Spielschablone vorgeführt, und mit ähnlicher Geringschätzung wird die poetische Gerechtigkeit präsentiert, die eher als willfähriger Handlanger denn als furchteinflößende Gottheit erscheint. – Doch dieser erste Eindruck ist trügerisch. Denn durch die Kritik an der Sonettform in Form von Sonetten wird die lyrische Gattung zugleich affirmiert – und sei es hier auch nur als geeignetes Vehikel für Parodie und Satire.[3] – Im Fall der poetischen Gerechtigkeit ist der unter der ironischen Präsentation verborgene positiv-bestätigende Subtext wohl noch gewichtiger. Denn dem ›Genius‹ werden gleich zwei der wichtigsten Anliegen der Antiromantiker übertragen: Einerseits soll die poetische Gerechtigkeit Licht ins romantisch verdunkelte Dichterland bringen und dafür sorgen, dass ›fremde Laster‹ (wie z. B. die romanische Sonettform) ›vertilgt‹ werden und statt dessen die ›eigene Tugend‹ eine ›Neubelebung‹ erfährt. Andererseits wird sie in Anspruch genommen, um den von beiden Parteien des literarischen Streits umworbenen ›Dichter-Gott‹ Goethe endgültig auf die ›richtige‹ Seite zu ziehen und dem ›weihräuchernden‹ Einfluss der Romantiker zu entreißen. Beides ist durchaus ernstgemeint, und auch wenn der mit den starren Vorstellungen der Regelpoetik verknüpfte *Begriff* der poetischen Gerechtigkeit inzwischen zu einem Götzenbild verkommen ist, spricht dies für die letztlich ungebrochene Wirkmächtigkeit der damit verbundenen *Idee*.

Das scheint auch noch heute zutreffend zu sein. Denn einschlägige aktuelle Interpretationen von (klassischen und modernen) Texten und Filmen[4] sowie

---

kreis davon, wie leicht diese Form zu beherrschen ist (er verfasst es schneller, als die anderen ihre Pfeifen stopfen können). Das Gedicht liefert somit den Initialimpuls dafür, dass der *Almanach* überhaupt zustande kommt.

[3] Vgl. die Einschätzung von Gerhard Schulz:»man kann das Sonett verachten und verwerfen und dennoch mit ihm gut spaßen und spotten. [...] Es gibt darin [im *Klingklingel-Almanach*] Nonsense-Dichtung, die aufbewahrenswert ist, [...] Muster komischer Sonette, [...] Enjambements von nahezu Rilkescher Melodie [...] Unsinns-Komposition [...], die in ihrem Wert durchaus über den parodistischen Anlass hinausgeht.« Gerhard Schulz,»Einführung«, in: *Der Karfunkel oder Klingklingel-Almanach*, S. 5*–47*, hier: S. 41*.

[4] Um nur einige zu nennen: Wulf Segebrecht,»Über ›Poetische Gerechtigkeit‹. Mit einer Anwendung auf Kafkas Roman ›Der Proceß‹«, in: *Die Literatur und die Wissenschaften 1770–1930*, hg. v. Karl Richter, Jörg Schönert u. Michael Titzmann u. a., Stuttgart: M&P Verlag für Wissenschaft und

die selbstverordneten Spielregeln der Fernsehanstalten[5] legen die Vermutung nahe, dass die »moralisch angemessene Zuteilung von Lohn und Strafe«[6] einen integralen Bestandteil auch der gegenwärtigen Einstellung gegenüber jeglicher Art von erfundenen Geschichten bildet.

Wenn man somit davon ausgeht, dass die »Erwartung poetischer Gerechtigkeit« einen zeit- und kulturübergreifend ›kaum vermeidbaren apriorischen Zugriff auf Texte‹ darstellt,[7] muss man freilich im Blick behalten, dass sich die Gewissheit, Form und Begründung dieser Erwartung im Laufe der Karriere des Konzepts der poetischen Gerechtigkeit sehr stark verändert haben. Um dies beobachten zu können, ist es zunächst hilfreich, sich die zentralen Argumente vor Augen zu führen, die im 17. Jahrhundert zur Etablierung der Doktrin führten. Wolfgang Zach hat drei Dimensionen der *Poetic Justice* herausgearbeitet.

Zunächst ist da der ›weltanschaulich-religiöse‹ Aspekt: »der Triumph des Guten über das Böse ist das göttliche Gesetz des Universums, dessen Darstellung die – das wahre Wesen der Dinge enthüllende – moralische und religiöse Norm der Dichtung«.[8] Diesen Grundsatz findet Zach schon lange vor der Prägung des Begriffs der *Poetical Justice* durch Thomas Rymer im Jahre

---

Forschung 1997, S. 49–69; Li-Fen Ke, *Poetische Gerechtigkeit? Die literarische Darstellung der Gerechtigkeit in der deutschsprachigen Literatur von Schiller bis Schlink. Mit einem interkulturell vergleichenden Blick auf die chinesischsprachige Literatur*, Frankfurt a. M. u. a.: Peter Lang 2008; Susanne Kaul, »Deus ex mafia. Poetische Gerechtigkeit in Lars von Triers ›Dogville‹«, in: Susanne Kaul u. Rüdiger Bittner (Hg.), *Fiktionen der Gerechtigkeit. Literatur – Film – Philosophie – Recht*, Baden-Baden: Nomos 2005, S. 83–91.

[5] In den Programmrichtlinien von ARD und ZDF aus den 1960er Jahren wurde im Falle der Darstellung von ›Verbrechen, Gewalt und Laster‹ explizit gefordert, auch die darauf folgende ›Strafe, Reue oder Sühne‹ zu zeigen (vgl. Wolfgang Zach, *Poetic Justice. Theorie und Geschichte einer literarischen Doktrin. Begriff – Idee – Komödienkonzeption*, Tübingen: Max Niemeyer 1986, S. 6 f.). Inzwischen findet sich in den ARD-Richtlinien die offenere Formulierung »Gewalt darf nicht verharmlost oder verherrlicht werden« (»Grundsätze für die Zusammenarbeit im ARD-Gemeinschaftsprogramm ›Erstes Deutsches Fernsehen‹ und anderen Gemeinschaftsprogrammen und -angeboten«, http://www.br-online.de/content/cms/Universalseite/2008/03/06/cumulus/BR-online-Publikation-a b-01-2010--35644-20100202153141.pdf; besucht am 21.7.2010). Damit wird zwar das ›Böse‹ auf die Gewalt reduziert, dabei jedoch unübersehbar die für die poetische Gerechtigkeit zentrale Denkfigur seiner Bestrafung nahelegt.

[6] Hartmut Reinhardt, Art. »Poetische Gerechtigkeit«, in: *Reallexikon der deutschen Literaturwissenschaft*, Bd. 3, Berlin u. New York: de Gruyter 2003, S. 106–108, hier: S. 106.

[7] Vgl. Karl Eibl, »Poetische Gerechtigkeit als Sinngenerator«, im vorliegenden Band, S. 215.

[8] Zach, *Poetical Justice*, S. 39.

1677[9] deutlich ausgesprochen, nämlich bereits bei Platon.[10] In der klassizistischen Poetik erlangt diese, unübersehbare Parallelen zur jüdisch-christlichen Weltsicht aufweisende, Dimension der poetischen Gerechtigkeit spezifische Bedeutung.[11] In einer Analogsetzung von Natur und Kunst erscheint Gott als der perfekte Künstler und der Dichter als *alter deus*, die göttliche wird in der poetischen Gerechtigkeit abgebildet. In dieser Vorstellung ist die Welt bis ins Detail wohlgeordnet – allerdings ist dies nur aus der finalen Perspektive der göttlichen Vorsehung völlig ersichtlich. Der Dichter hingegen hat die Möglichkeit (und Verpflichtung!), diese Harmonie im Kleinen darzustellen, indem er am Ende seines Werks die scheinbare Zufälligkeit der Handlung als kausallogische Strukturierung nach dem Belohnungs- bzw. Bestrafungsprinzip enthüllt. Literatur erlangt somit eine »Offenbarungsfunktion, die das durch punktuelle Realitätserfahrung verdunkelte gerechte Walten der Gottheit erhellen soll«.[12]

Die zweite Dimension der poetischen Gerechtigkeit liegt in ihrem ›moralisch-didaktischen‹ Gehalt.[13] Durch »anziehende Zeichnung und Belohnung des Guten bzw. durch abstoßende Zeichnung und Bestrafung des Bösen« sollen »Werthaltungen und Handlungsmuster«[14] der Rezipienten beeinflusst werden. Damit wird zugleich der gesellschaftliche Konsens über moralische Grundpositionen verstärkt. Gegenüber dem weltanschaulich-religiösen Aspekt tritt hier die soziale Nützlichkeit sowohl der poetischen Gerechtigkeit als auch der mit ihrer Hilfe literarisch propagierten Tugend in den Vordergrund. In diesem Sinne kann eine moralische und das heißt poetisch gerechte Darstellung eine höhere Wahrheit für sich beanspruchen als eine realitätsgetreue.

Die dritte, ›ästhetisch-kulinarische‹ Dimension der poetischen Gerechtigkeit[15] beruht auf dem »Verlangen nach moralischer Ordnung und Gerechtigkeit, nach vollkommener Erklärbarkeit, planvoller Kausalität, Gesetzmäßigkeit und Voll-

---

[9] Zur Begriffsgeschichte vgl. Zach, *Poetical Justice*, S. 25–27.
[10] Vgl. Zach, *Poetical Justice*, S. 38–45. Zentrale einschlägige Passagen finden sich u. a. in Platons *Staat*, 3. Buch (392), und 10. Buch (612 f.). Vgl. Platon, *Der Staat*, übers. v. Rudolf Rufener, Zürich u. München: Artemis u. Deutscher Taschenbuch Verlag 1991, S. 114 u. 454 f.
[11] Vgl. Zach, *Poetical Justice*, S. 67–80.
[12] Cornelia Mönch, *Abschrecken oder Mitleiden. Das deutsche bürgerliche Trauerspiel im 18. Jahrhundert. Versuch einer Typologie*, Tübingen: Max Niemeyer 1993, S. 31.
[13] Vgl. Zach, *Poetical Justice*, S. 80–87.
[14] Zach, *Poetical Justice*, S. 81.
[15] Vgl. Zach, *Poetical Justice*, S. 87–96.

ständigkeit«,[16] das im Alltag naturgemäß immer wieder enttäuscht wird, in der Dichtung gemäß der Doktrin der *Poetic Justice* dagegen durch die obligatorische Bestrafung bzw. Belohnung am Textende gewährleistet ist. Das ästhetische Wohlgefallen beruht auf einem spezifischen *tension-and-release-pattern*:[17] der verbindlichen Spielregel, dass Spannung zunächst kunstvoll aufgebaut und dann in der Form finaler Harmonie und Geschlossenheit vollkommen gelöst wird.

Die skizzierte religiöse, moralische und ästhetische Legitimierung der Norm der poetischen Gerechtigkeit gerät ab dem Beginn des 18. Jahrhunderts in dem Maße ins Wanken, in dem die Dichtung sich zunehmend »den Prinzipien der Naturnachahmung und der Wahrscheinlichkeit verpflichtet«.[18] Denn mit einer so verstandenen Mimesis ist die alternativlose Bestrafung des Bösen und Belohnung des Guten unvereinbar, da sie in offensichtlichem Widerspruch zur Erfahrungswirklichkeit steht. Joseph Addison und Richard Steele sowie in ihrem Gefolge Johann Christoph Gottsched streben stattdessen ein »wahres Bild des menschlichen Lebens«[19] an. Damit wird zwar das »Postulat des inhaltlichen Vollzugs der ›poetischen Gerechtigkeit‹«[20] im literarischen Werk angegriffen und im Verlauf des 18. Jahrhunderts auch zunehmend aufgegeben, jedoch keinesfalls automatisch zugleich die Vorstellung von der Angemessenheit einer gerechten Belohnung der Tugend und Bestrafung des Lasters. Im Prozess der schrittweisen Ablösung der heteronomen Regelpoetik durch die autonome Genieästhetik geht die Emanzipation des Dichters einher mit einer größeren Selbständigkeit und Verantwortung des Lesers. Indem im Werk selbst nicht mehr für Eindeutigkeit und Gerechtigkeit gesorgt wird, traut (und mutet) man ihm zu, mit Hilfe seines Rechtsgefühls Charakter und Handlungen der Figuren eigenständig zu bewerten. Die poetische Gerechtigkeit wird zunehmend »von der Handlungs- auf die Rezeptionsebene der Poesie«[21] verlagert. Freilich verändert sich damit – abgesehen von einschlägigen Genres im Bereich der Schemaliteratur – ihr Status von einer verbindlichen, sich explizit im Werk niederschlagenden Norm zu einer (in ihrer Bedeutung allerdings nicht zu unterschätzenden) Orientierungsgröße. Sie erscheint als »Quintessenz einer Poesie, die an das Ge-

---

[16] Zach, *Poetical Justice*, S. 87.
[17] Vgl. Zach, *Poetical Justice*, S. 88.
[18] Segebrecht, »Über ›Poetische Gerechtigkeit‹«, S. 52.
[19] Gottsched, zit. ebd.
[20] Segebrecht, »Über ›Poetische Gerechtigkeit‹«, S. 57.
[21] Segebrecht, »Über ›Poetische Gerechtigkeit‹«, S. 53.

rechtigkeitsempfinden des Publikums appellieren oder eine ganz eigene, säkularisierte, nur noch ›poetische‹ Gerechtigkeit vollziehen will, deren Ebenbild weder im Himmel noch auf Erden vorgefunden werden kann«.[22]

Die veränderte Funktion der poetischen Gerechtigkeit lässt sich anhand der oben beschriebenen drei Dimensionen skizzieren: In religiös-weltanschaulicher Beziehung dient sie nicht länger als irdisch-greifbare Repräsentation einer unhinterfragten göttlichen Ordnung, sondern erscheint im Gegenteil besonders geeignet, das Auf-sich-selbst-Gestellt-Sein des Menschen und den Konstruktcharakter sowie die Relativität aller (diesseitigen wie jenseitigen) Gerechtigkeitsvorstellungen zu problematisieren. Das moralisch-didaktische Potential bleibt prinzipiell erhalten, jedoch ist poetische Gerechtigkeit nicht mehr auf einfache Affirmation und Nachahmung ausgelegt, sondern bleibt als Vergleichsglied im Hintergrund, produziert Kontrastwahrnehmungen sowie Irritationen und provoziert damit eine kontinuierliche individuelle wie gesellschaftliche Auseinandersetzung um moralische Grundpositionen. Auf der kulinarisch-ästhetischen Ebene schließlich vollzieht sich ein Wechsel in den dominanten axiologischen Maßstäben: Harmonie, Vollständigkeit und Geschlossenheit von Kunst werden ab-, Spannung, Fragmentarität und Offenheit dagegen aufgewertet. Als Bezugsfolie behält die poetische Gerechtigkeit hier dennoch ihre Bedeutung.

Der eingangs zitierte Anruf »An den Genius der poetischen Gerechtigkeit« stammt, nun deutlicher ersichtlich, aus einer Übergangszeit. Die religiös-weltanschauliche Dimension der poetischen Gerechtigkeit wird mittels Archaisierung und Hyperbolik einer Komisierung unterzogen; ihr moralisch-didaktisches Potential dagegen wird durchaus affirmativ beschworen. Der ästhetische Aspekt bleibt unberührt – und es ist vielleicht kein Zufall, dass diese spannungsreiche Auseinandersetzung mit einer facettenreichen Denkfigur in einer Gattung erfolgt, die nicht in ihrem Wirkungsbereich liegt.

II

Der Orientierungsgröße *poetische Gerechtigkeit* kommt nach dieser historischen Betrachtung eine nur mehr problematische Gültigkeit zu, für die ihr Zeitindex ein wesentlicher Charakterzug geworden ist: Zwar bis in die platonische Antike zurückprojiziert, für die Neuzeit aber eingeschränkt verbindlich, neu inter-

---

[22] Segebrecht, »Über ›Poetische Gerechtigkeit‹«, S. 55.

Zu Geschichte, Formen und Inhalten poetischer Gerechtigkeit

pretiert oder teilweise ganz überwunden, versteht sie sich dann vor allem als rückwärts gerichtete Erinnerung, die sich an Gegenwart und Zukunft nur in der Gestalt einer Frage wenden kann. Gegenstand der literaturwissenschaftlichen Analyse kann sie nach diesem Verständnis vor allem dort sein, wo sie eben fraglich oder defizitär geworden, wo sie in der Parodie oder gänzlich auf dem Rückzug zu beobachten ist: ein Paläonym, an dem gerade deswegen festgehalten werden kann und soll, weil gegenwärtige Begriffe seinen alten Bedeutungen zwar nicht mehr kommensurabel sind, der daraus entstehende Klärungsbedarf der heutigen Strategie des Begriffs aber eingeschrieben bleibt.[23] Poetische Gerechtigkeit ist dann auch systematisch stets im Sinne der historischen Dimension des Phänomens zu verstehen, die es wesentlich bestimmt: Formal ist sie demnach immer schon intertextuell, etwa als Gattungsdifferenz oder strukturelle Opposition zwischen übernommenen Orientierungen und deren innovativer Infragestellung realisiert.

Aus dieser ersten von zwei möglichen Perspektiven lassen sich Texte fragen: Ob sie noch einen Begriff poetischer Gerechtigkeit kennen? Woher er ihnen tradiert ist? Ob sie ihn diskutieren, kritisieren oder erneuern? Ob sie an ihm orientierte Formen parodieren oder neue Inhalte in diese Formen investieren?

Poetische Gerechtigkeit wird dann dort gefunden, wo sie noch aufgeht, und neuzeitlich behandelt, wo sie nicht mehr aufgehen kann; ihre formale Konsequenz ist die Auffindung dieser Grenze zwischen Genres, Texten oder Textteilen. In diesem Sinne überlebt zum Beispiel in jüngeren Kontroversen Jean de Mairets Zuordnung einer ambivalent verstandenen poetischen Gerechtigkeit zur vermischten Gattung der Tragikomödie seit seiner *Sylvie* (1626);[24] John Gays *Beggar's Opera* (1728) kann gerade als Theaterburleske zweiter Ordnung in ständiger Subversion tradierter Gattungsformen Gerechtigkeit aporetisch poetisieren;[25] und Lessings *Miß Sara Sampson* (1755) und *Emilia Galotti* (1772) werden als kritischer Reflex gegen bürgerliche Trivialtrauerspiele dersel-

---

[23] Vgl. Jacques Derrida, *Dissemination*, hg. v. Peter Engelmann, Wien: Passagen 1995, S. 11 ff.
[24] Vgl. Perry J. Gethner, »Jean de Mairet and Poetic Jeustice: A Definition of Tragicomedy?«, in: *Tragedy*, hg. v. Douglas Cole als *Renaissance Drama* 11 (1981), S. 171–182; Richard S. Ide, »Shakespeare's Revisionism: Homiletic Tragicomedy and the Ending of *Measure for Measure*«, in: *Shakespeare Studies* XX (1988), S. 105–127.
[25] Vgl. Josef Haslag, »Poetische Gerechtigkeit und klassizistische Poetik in John Gays *The Beggar's Opera*«, in: *Studien zur englischen und amerikanischen Sprache und Literatur. Festschrift für Helmut Papajewski*, hg. v. Paul G. Buchloh u. a., Neumünster: Wacholtz 1974, S. 195–223.

ben Zeit gelesen, in dem die übergeordnete, Gerechtigkeit austeilende Instanz eliminiert wird zugunsten eines jederzeit aufhaltbaren Handelns der beteiligten Personen.[26]

Dabei bleibt freilich zugleich eine zweite Perspektive möglich, wonach poetische Gerechtigkeit gerade dort stattfindet, wo Gerechtigkeit poetisch von vornherein nicht aufgeht. Poetische Gerechtigkeit in diesem zweiten Sinne ist dann ein selbständiges formales Kriterium, dessen systematische Validität in der Diachronie modifiziert, aber nicht erst aus der diachronen Distanzierung von obsoleten Gerechtigkeitsinszenierungen erzeugt wird. Der ästhetische Aspekt ist dann nicht mehr nur jenes oben beschriebene Drittel der historischen Zuschreibung, sondern gerade der Ausgangspunkt für den poetischen Zugriff auf die Moral und ihre Rechtfertigung sowie ihre Vermittelbarkeit. Das Scheitern einer einfachen Gerechtigkeit in der Repräsentation durch die Poetik wird damit vom Hindernis zur Grundlage poetischer Gerechtigkeit. Epistemisch und ästhetisch modern erscheint für diese Perspektive nicht die Aporie, sondern ihre Historisierung in der Geste des neuzeitlichen ›nicht mehr‹ an der Stelle eines traditionellen ›nie‹.

Wenn unter poetischer Gerechtigkeit in diesem Sinne nicht *nur* eine historisch bedingte (der Doktrin verpflichtete), auf bestimmte Gattungen beschränkte (für die Tragödie entwickelte und in die Tragikomödie geflohene), und mittlerweile obsolete (in der Aufklärung desavouierte) Tradition verstanden werden soll, sondern ein stabiler Kern von Problemen verschiedenster literarischer Projekte und Beschreibungen, dann bedarf der allgemeinere Begriff einer solchen poetischen Gerechtigkeit bestimmter Voraussetzungen: Er ist auf eine Verbindung zwischen ästhetischen, darstellenden und nicht zuletzt verfremdenden Verfahren – den Methoden des Poetischen – angewiesen und fordert diese mit der ganzen inhaltlichen Schwere einer ethisch gefüllten Gerechtigkeitskonzeption ein: einer Konzeption allerdings, der die Poesie gerade gerecht wird, indem sie sie scheitern lässt, statt sie zu verfehlen, indem sie sie naiv repräsentiert. Diese andere poetische Gerechtigkeit bedarf also einer Vorstellung von einer anderen Gerechtigkeit überhaupt, deren Gesetze nicht von jener Universalität sein können, die ihre Repräsentierbarkeit garantieren würde.

---

[26] Vgl. Kirsten Nicklaus, »Die ›poetische Moral‹ in Lessings bürgerlichen Trauerspielen und der zeitgenössischen Trivialdramatik: Ein Strukturvergleich«, in: *Zeitschrift für Deutsche Philologie* 117:4 (1998), S. 481–496.

Zu Geschichte, Formen und Inhalten poetischer Gerechtigkeit

Diese Differenz spiegelt die Unterscheidung zwischen einer platonischen Kardinaltugend der *dikaiosyne* als gerechter Aufteilung des ganzen Staats nach einem zugrundeliegenden Prinzip[27] und einer aristotelischen Gerechtigkeit wider, die immer schon intersubjektiv zu denken ist und daher neben der Treue gegenüber den Prinzipien des Gesetzes die partikulare Gerechtigkeit der Verteilung von Gütern und der zwischenmenschlichen Verträge enthält. Die letztere Gerechtigkeit fragt nicht nur, wie aus der Perspektive eines Philosophenkönigs in der Konkurrenz zum Poeten als *alter deus* die Welt gerecht einzurichten sei, sondern sie fragt, wie je einer einem anderen gerecht werden kann: Eine Frage, die aus dem Konflikt erwächst und daher immer schon vom Faktum der wahrgenommenen Ungerechtigkeit ausgeht.[28] Weil diese Gerechtigkeit als Antwort der Einzelnen auf einander konzipiert wird, ist sie mit den Mechanismen der Kommunikation und Repräsentation intrinsischer verzahnt als durch die bloße Abbildung, durch die der Dichter der platonischen Gerechtigkeit darstellen kann, während diese Gerechtigkeit auf seine Darstellung jedoch nicht angewiesen ist und den perfekten Staat am besten ordnet, indem sie auf den Dichter überhaupt verzichtet.

Die aristotelische Ästhetik der Gerechtigkeit ist so eine immer schon problematische und schwierige, die dennoch den Kern der Gelingensbedingungen für ein tragisches Projekt betrifft. Die Präzision, mit der die *hamartia*, der Verstoß gegen Gerechtigkeit, als prekärer Ausgangspunkt für eine funktionable Handlungsgestaltung für diese Gattung umrissen wird, macht dies deutlich:

> Da die Zusammenstellung der schönsten Tragödie nicht einfach, sondern verflochten sein soll und dabei Darstellung eines Gegenstands von Schrecken und Jammern (denn das ist dieser Art von Darstellung eigentümlich), ist es zunächst klar, dass weder herausragende Männer aus dem Glück ins Unglück zu fallen scheinen dürfen, was nämlich weder schrecklich noch jammervoll sondern widerlich ist; noch die minderwertigen vom Unglück ins Glück, was die untragischste von allen Möglichkeiten wäre, die nichts von dem bietet, was sie soll, weder etwas menschenfreundliches noch etwas jammervolles noch etwas furchtbares; und auch nicht der ganz schlechte aus dem Glück ins Unglück, denn eine solche Komposition böte zwar etwas menschenfreundliches, aber weder Jammer noch Schrecken, da das eine demjenigen gilt, der sein Unglück nicht verdient, das andere dem [uns] ähnlichen: Jammer geht um

---

[27] Platon, *Politeia*, in: *Platonis Opera*, hg. v. John Burnet. Oxford: University Press 1903, 427 ff.
[28] Aristoteles, *Ethica Nicomachea*, hg. v. Ingram Bywater, Oxford: Clarendon Press 1894, 1129 b.

das Unverdiente, Furcht um den Ähnlichen, so dass diese Zusammenfügung weder jammervoll noch schrecklich wäre. Das Mittlere zwischen diesen ist also noch übrig. Das ist der Art nach jener, der weder durch Tugend und Gerechtigkeit (*dikaiosyne*) sich auszeichnet noch durch Schlechtigkeit und Minderwertigkeit ins Unglück stürzt, sondern wegen eines bestimmten Fehlers (*hamartia*), einer von denen, die in großem Ansehen und Glück stehen, wie Ödipus und Orest und die berühmten Männer aus diesen Geschlechtern.[29]

Ob diese Form von Gerechtigkeit nur für die Tragödie gefordert oder von ihr aus auch auf andere Gattungen ausgedehnt werden soll, ist im Fortgang der erhaltenen Teile der aristotelischen *Poetik* schwer zu entscheiden. Auf keinen Fall aber ist sie auf einzelne Gattungen deshalb zu beschränken, weil nur in ihnen eine unproblematische Gerechtigkeit darzustellen wäre. Im Gegenteil ist der richtige Umgang des Poeten mit Gerechtigkeit gerade in der Tragödie, wo er seinen sichersten Platz hat, bereits durch die prekäre Balance einer mittleren *hamartia* und eines gemischten Urteils gekennzeichnet. Nur durch diese unbehagliche, hoch differenzierte und in ihrer Differenz begrifflich nicht völlig eingeholte Zwischenstellung gelingt es, mit Gerechtigkeit in der Poetik zu verfahren. Dass die Vorbilder nicht einfach als gerecht oder ungerecht identifiziert und abgebildet werden können, dass eine bloße Zuteilung von Lohn und Strafe scheitern würde, ist die Voraussetzung für die Spezifik der aristotelischen *hamartia* und bietet die Möglichkeit, aus ihr die Zusammenstellung des Plots zu entwickeln. Der Plot steht der schwierigen Mittelstellung seiner Charaktere, deren Erfindung steht dem schwierigeren Problem der Gerechtigkeit wie eine partikulare Instanz einer anderen gegenüber, so dass dieser die Repräsentation

---

[29] »ἐπειδὴ οὖν δεῖ τὴν σύνθεσιν εἶναι τῆς καλλίστης τραγῳδίας μὴ ἁπλῆν ἀλλὰ πεπλεγμένην καὶ ταύτην φοβερῶν καὶ ἐλεεινῶν εἶναι μιμητικήν (τοῦτο γὰρ ἴδιον τῆς τοιαύτης μιμήσεώς ἐστιν), πρῶτον μὲν δῆλον ὅτι οὔτε τοὺς ἐπιεικεῖς ἄνδρας δεῖ μεταβάλλοντας φαίνεσθαι ἐξ εὐτυχίας εἰς δυστυχίαν, οὐ γὰρ φοβερὸν οὐδὲ ἐλεεινὸν τοῦτο ἀλλὰ μιαρόν ἐστιν· οὔτε τοὺς μοχθηροὺς ἐξ ἀτυχίας εἰς εὐτυχίαν, ἀτραγῳδότατον γάρ τοῦτ᾽ ἐστὶ πάντων, οὐδὲν γὰρ ἔχει ὧν δεῖ, οὔτε γὰρ φιλάνθρωπον οὔτε ἐλεεινὸν οὔτε φοβερόν ἐστιν· οὐδ᾽ αὖ τὸν σφόδρα πονηρὸν ἐξ εὐτυχίας εἰς δυστυχίαν μεταπίπτειν· τὸ μὲν γὰρ φιλάνθρωπον ἔχοι ἂν ἡ τοιαύτη σύστασις ἀλλ᾽ οὔτε ἔλεον οὔτε φόβον, ὁ μὲν γὰρ περὶ τὸν ἀνάξιόν ἐστιν δυστυχοῦντα, ὁ δὲ περὶ τὸν ὅμοιον, ἔλεος μὲν περὶ τὸν ἀνάξιον, φόβος δὲ περὶ τὸν ὅμοιον, ὥστε οὔτε ἐλεεινὸν οὔτε φοβερὸν ἔσται τὸ συμβαῖνον. ὁ μεταξὺ ἄρα τούτων λοιπός. ἔστι δὲ τοιοῦτος ὁ μήτε ἀρετῇ διαφέρων καὶ δικαιοσύνῃ μήτε διὰ κακίαν καὶ μοχθηρίαν μεταβάλλων εἰς τὴν δυστυχίαν ἀλλὰ δι᾽ ἁμαρτίαν τινά, τῶν ἐν μεγάλῃ δόξῃ ὄντων καὶ εὐτυχίᾳ, οἷον Οἰδίπους καὶ Θυέστης καὶ οἱ ἐκ τῶν τοιούτων γενῶν ἐπιφανεῖς ἄνδρες.« – Aristoteles, *Ars Poetica*, hg. v. Rudolph Kassel, Oxford: Clarendon Press 1966, 1452b f.; Übs. Stephan Packard.

Zu Geschichte, Formen und Inhalten poetischer Gerechtigkeit

der anderen als Aufgabe gestellt ist, die es zu lösen gilt, um darin der anderen gerecht zu werden – und nicht weil diese oder jene im einfachen Sinne gerecht wäre. Als Buchführung über eine vollständig repräsentierte, einholbare Gerechtigkeit wäre dieser Katalog von Charaktertypen kaum erträglich. Der Verweis auf die Menschenfreundlichkeit, mit der das Unglück der Schlechten genossen werden kann, wäre nur die traurige Krone eines Entwurfs, der den Verwerfungen und Schattierungen der Gerechtigkeit gerade nicht gerecht würde. Aber eine solche ungebrochene Repräsentation der Rechnung um Gerechtigkeit findet eben nicht statt: Alle derartigen Entwürfe werden abgelehnt, weshalb auch die Vierfeldertafel (gerecht +/-, glücklich +/-) gar nicht erst um den Fall des Gerechten, der vom Unglück ins Glück gerät, ergänzt werden muss. Vielmehr ist es die graduell balancierte Mitte zwischen Recht und Unrecht, die abseits der Belohnung und Bestrafung der Guten und Bösen das aristotelische Interesse findet. Es ist die Betonung dieses ästhetischen Unbehagens, die die tragische *hamartia* vor der nicht nur den Modernen erscheinenden Naivität schützt, die aus einer bloßen Repräsentation platonischer *dikaiosyne* entstünde: Deren Repräsentation ist so unproblematisch wie unwesentlich, da ihre Wahrheit nicht in der Möglichkeit ihrer Vermittlung, sondern in der verwirklichten idealen Gerechtigkeit selbst liegt. Gerade daraus entsteht aber auch hier ein veritables Unbehagen, das die Schwierigkeit eines poetischen Verfahrens mit der Gerechtigkeit allerdings nicht als Herausforderung, sondern als Einwand gegen poetische Darstellung überhaupt versteht. Und dies nicht erst in der Ausweisung aller Dichtung aus dem platonischen Staat in der zweiten Hälfte der *Politeia*, sondern in auffälliger Weise bereits in den Büchern 2 und 3, auf die sich die Rückführungen der neuzeitlichen Diskussion um poetische Gerechtigkeit beziehen. Denn der Versuch, die Wahrheit der Gerechtigkeit etwa an den gerechten Göttern darzustellen, gerät auch bei Platon immer wieder an Stellen unbehaglicher Indifferenz. So fordert Sokrates etwa, da Götter gut seien und keine Verwandlung sie besser mache, und da sie mächtig seien und also keine verschlechternde Verwandlung ihnen widerfahren könne, seien Verwandlungen von Göttern nicht zu erzählen. Soweit entspräche die Darstellung von Gerechtigkeit einer Gerechtigkeit der Welt. Doch damit ist es nicht genug. Die Anforderungen an die Dichtung gehen sofort über jene an die Wirklichkeit hinaus, die Erzählung muss letztlich besser sein als eine vielleicht enttäuschende Wahrheit:

Kronos' Taten und die er von seinem Sohn erleidet, selbst wenn es wahr wäre, sollten nach meiner Ansicht nicht leichtfertig als solche den Unvernünftigen und den jungen Leuten erzählt werden.[30]

In ähnlicher Weise greift auch Rymers älteste Definition der ›poetic justice‹ über die aristotelische Anweisung ebenso hinaus wie über die einfache Abbildung von wahrer Gerechtigkeit, die die platonische Forderung zunächst nahezulegen scheint. Denn wo Rymer von der Darstellung keine problematische Mimesis, sondern eine Welt »better than the truth«[31] fordert, führt er sie gerade dadurch auf die göttliche ›providence‹ und auf eine differenzlose Anerkennung eines einzigen Prinzips von Gerechtigkeit zurück, welches die Abbildung der Welt entnimmt und wiederholt:

> [S]omething must stick by observing that constant order, that harmony and beauty of Providence, that necessary relation and chain, whereby the causes and the effects, the vertues and rewards, the vices and punishments are proportion'd and link'd together; how deep and dark soever are laid the Springs, and however intricate and involv'd their operations.[32]

So ergibt sich aus zwei Richtungen eine Unruhe, die der Konzeption poetischer Gerechtigkeit immer schon angehört: Entweder als Problem der intersubjektiven, partikularen Gerechtigkeit, die auf aristotelische Repräsentierbarkeit als Mimesis angewiesen ist, oder als Problem der potentiell ungenügenden poetischen Repräsentation einer wahren Gerechtigkeit, dessen Beschreibung sich der platonischen Dichterkritik anschließt bzw. die Bedingungen einer Rechtfertigung der Dichter diktiert. Beide Richtungen entsprechen systematisch durchaus den modernen Abweisungen einer unproblematischen poetischen Gerechtigkeit im Sinne der Konstruktion und Relativität alles Gerechten, wie sie die Übergangszeit charakterisieren, in der poetische Gerechtigkeit als eine alte Norm behandelt wird, deren Gültigkeit gerade erlischt.

Damit tritt die Betrachtung der Form poetischer Gerechtigkeit wieder in historische Zusammenhänge ein. Das geschieht durchaus nicht ohne Spannungen: Denn dieser poetologische Blick auf die Form einer Darstellung kann ebenso in

---

[30] »τὰ δὲ δὴ τοῦ Κρόνου ἔργα καὶ πάθη ὑπὸ τοῦ ὑέος, οὐδ' ἂν εἰ ἦν ἀληθῆ ᾤμην δεῖν ῥᾳδίως οὕτως λέγεσθαι πρὸς ἄφρονάς τε καὶ νέους,« – Platon, *Politeia*, 378a, Übs. Stephan Packard.
[31] Thomas Rymer, *The Critical Works*, hg. v. Curt A. Zimansky, New Haven: Yale UP 1956, S. 32.
[32] Ebd., S. 52. Eine ausführliche Rekonstruktion dieser prekären ›providence‹ findet sich in Scott Cutler Shershow, »›Higlety, Pglety, Right or Wrong‹: Providence and Poetic Justice in Rymer, Dryden and Tate«, in: *Studies in English Literary Culture 1660–1700* 15:1 (1991), S. 17–26.

den Verdacht geraten, die darin verhandelten inhaltlichen Fragen der Gerechtigkeit zu verfehlen, wie die ethischen Formalisierungen von Gerechtigkeit an der Idiosynkrasie des Textes vorbeigehen können. Dies wäre in einer Umdrehung der platonischen Dichterkritik zu einer Philosophenkritik der Vorwurf, den etwa Altieris einflussreiche Thesen gegen jenen ›ethical criticism‹ erheben, dessen »activities [...] involve substantial risks of subordinating what might be distinctive within literary experience to those frameworks and mental economies that are attuned to modes of judgement shaped by other non-textual, and (usually) less directly imaginary worldly demands.«[33] Diese Differenz ist beiden Repräsentationen – jener des Poetischen und jener der Gerechtigkeit – ohnehin immer schon eingeschrieben: Jede Theorie der Gerechtigkeit steht in der Not, sich als Theorie vor der Faktizität des gerecht zu Ordnenden zu rechtfertigen; wenn sie Allgemeines über das Gerechte sagen kann, muss sie dazu darstellen und vermitteln, und eher konkurriert die Form, die sie dazu verwendet, mit einer poetischen, als dass die poetische Form vor einem formlosen semantischen Kern der Gerechtigkeit scheitert. Nicht nur die poetische Form steht damit in dem Verdacht, nichts von der Gerechtigkeit zu wissen; die Form jeder Erörterung des Gerechten kann vielmehr verdächtig werden, nur gemacht – nur poetisch, rhetorisch, ästhetisch oder enthymatisch – zu sein. Und umgekehrt kann jede (oder eben keine) Poetologie und jedes von ihr informierte Verfahren als eine Appropriation idiosynkratischer Phänomene in ein Arsenal von ästhetischen Momenten und abstrakten Gestalten verschrien werden, die ihren Texten auch dann schon womöglich nicht gerecht werden, wenn diese nicht gerade von der Gerechtigkeit handeln.

Insofern kann die formale Annäherung zugleich eine erste Positionierung von keineswegs formal orientierten Überlegungen aus dem Umfeld der gegenwärtig ausgerufenen ›ethischen Wende‹ leisten, in dem zwischen platonischem und aristotelischem Unbehagen ein Spektrum von modernen Aufnahmen der Gerechtigkeitsfrage für die Poetik – in der Geste der Revitalisierung – aufgespannt wird: Seine Pole können exemplarisch skizziert werden durch einen Blick auf die Thesen Martha Nussbaums einerseits und Jacques Rancières andererseits.

---

[33] Charles Altieri: »The Literary and the Ethical: Difference as Definition«, in: Elizabeth Beaumont Bissell (Hg.), *The Question of Literature. The Place of the Literary in Contemporary Theory*, Manchester: UP 2002, S. 19–47, hier S. 25.

Sebastian Donat, Stephan Packard, Roger Lüdeke und Virginia Richter

Nussbaums neuer Entwurf einer ›poetic justice‹ nimmt die platonische Konkurrenz der Dichter und Philosophen, die »alte Differenz zwischen Philosophie und Poetik«[34] um die Rolle des *alter deus* von Seiten der Literatur wieder auf: Indem sie sich gerade auf das aristotelische Diktum bezieht, wonach Dichtung philosophischer sei als Geschichtsschreibung,[35] nimmt sie philosophische Würde für die Dichtung in Anspruch und sieht darin einen eigenständigen Erkenntnisgrund. Ihn verteidigt sie gegen den Vorwurf Platons, den sie zugleich anderen Einwänden gegen ein aus Literatur erwachsendes Weltverständnis und Urteilsvermögen gegenüber vorzieht, weil er immerhin ein Urteil in Literatur vorbereitet sieht, auch wenn er es für falsch hält.[36] Wie für Rymer steht für Nussbaum in der Erziehung zu Gerechtigkeit eine mögliche Rechtfertigung für die Literatur bereit, der sich diesmal jedoch nicht auf eine komplexe *providence*, sondern auf ein letztlich empfindsames Modell bezieht, bei dem Literatur jenen Gemeinschaftssinn im Individuum ausbildet, der ihm gerade in der emotionalen Selbstverfassung einen klareren Blick auf die Welt erlaubt:

> For, as one can see, that conclusion is based on a substantive and highly controversial ethical view, according to which ties to loved, country, and other undependable items outside the self are without true worth. But one might dispute this. And then one would wish to retain any evaluative judgments contained in emotions that one has judged to be true, and to draw on those judgments in practical reasoning.[37]

Damit ist der Ort, an dem poetische Gerechtigkeit stattfindet, wiederum in die Rezeption verlagert: Sie ist wieder zu einer Orientierungsgröße für die Lektüre geworden, auch wenn Nussbaums Argument das 18. Jahrhundert gewissermaßen rückwärts durchläuft: Was für Addison, Steele und Gottsched die letzte Zuflucht einer poetischen Gerechtigkeit war, ist ihr gerade der Schlüssel, gegenüber einer modernen Fixierung auf Erkenntnisgründe formaler und nichtformaler Wissenschaften den ganzen vermeintlich obsoleten Reichtum der poetischen Gerechtigkeit wieder aufzuschließen: »[E]conomic science should be built on human data of the sort novels such as Dickens's reveal to the imagination, [it] should seek a more complicated and philosophically adequate set of foundations«; »the reader's experience [...] provides insights that should play a

---

[34] »παλαιὰ τις διαφορὰ φιλοσοφίᾳ τε καὶ ποιητικῇ« – Platon, *Politeia*, 607b.
[35] Vgl. Martha Nussbaum, *Poetic Justice. The Literary Imagination and Public Life*, Boston: Beacon 1995, hier S. 5; vgl. dazu Aristoteles, *Ars Poetica*, 1451a f.
[36] Vgl. Nussbaum, S. 57 f.
[37] Ebd., S. 58.

role (though not as uncriticized foundations) in the construction of an adequate moral and political theory«.[38] Gerade der empfindsame Zugang zu den Charakteren und Wirklichkeiten eines Romans nämlich offenbart jenen Zugang zum anderen Individuum als gemeinschaftsbildende Fähigkeit des Menschen, jene »characteristics of the literary imagination as a public imagination, an imagination that will steer judges in their judging, legislators in their legislating, policy makers in measuring the quality of life of people near and far.«[39]

Damit ist – gegen die platonische Dichterkritik und in einer erneuten Nobilitierung der Poetik – ein in vieler Hinsicht platonischer Anspruch auf den Zugang zu Wahrheit als Fundament der Gerechtigkeit wiederhergestellt. Jacques Rancières scharfe Kritik an vielen Positionen der ›ethischen Wende‹ bezieht eine alternative Position zu dieser tendenziellen Identifikation von Ästhetik und Politik, die die Spannung zu aristotelischen Überzeugungen wiederherstellt und den Verlust der Differenz durch Repräsentation als Unruhe ethischer Zuteilungen stark macht. In seiner historischen Auseinandersetzung apriorischer Konstellationen von Politik, Ästhetik und Ethik – die gegenüber der Foucaultschen Diskursanalyse als Historisierung formalen Wissens in Biologie, Ökonomie und Linguistik gedacht werden kann –[40] beschreibt er den Bogen jener Redeweisen, die seit dem 18. Jahrhundert auf die moderne Geste des ›nicht mehr‹ setzen, als ein ästhetisches Regime der neuen Bezugnahme auf alte Traditionen. In ihm ist die unterschiedslose und damit repräsentationslose Ineinssetzung von ethischen und ästhetischen Instanzen, in der es kein anderes mehr gibt, dem das eine gerecht zu werden aufgerufen wäre, eine Auflösung der Norm in der Faktizität:

> Le règne de l'éthique n'est pas celui du jugement moral porté sur les opérations de l'art ou les actions de la politique. Il signifie, à l'inverse, la constitution d'une sphère indistincte où se dissolvent la spécificité des pratiques politiques ou artistiques, mais aussi ce qui faisait le cœur même de la vieille morale : la distinction entre le fait et le droit, l'être et le devoir-être. L'éthique est la dissolution de la norme dans le fait, l'identification de toutes les formes de discours et de pratique sous le même point de vue indistinct.[41]

---

[38] Ebd, S. 11 f.
[39] Ebd., S. 3.
[40] Vgl. Frank Rudas und Jan Völers Gespräch mit Jacques Rancière in: Rancière, *Ist Kunst widerständig?*, Berlin: Merve 2008, S. 37–109, hier S. 71 f.
[41] Jacques Rancière, »Le tournant éthique de l'esthétique et de la politique«, in: *Malaise dans l'esthétique*, Paris: Galilée 2004, S. 143–173, hier S. 145 f. Dt. Übs. v. Richard Steurer als »Die ethische Wende der Ästhetik und der Politik«, in: Rancière, *Das Unbehagen der Ästhetik*, 2. Aufl.

Sebastian Donat, Stephan Packard, Roger Lüdeke und Virginia Richter

Diese Position nimmt das Unbehagen der aristotelischen *hamartia* ernst, insofern es gegen die auch platonisch irrelevante bloße Abbildung einer ethischen Tatsachenwahrheit durch die Dichtung einen komplexeren Entwurf von Repräsentation im Modus gegenseitiger Inanspruchnahme und Verfehlung vor einer Annahme allgemeiner Gleichheit setzt (und zwar als Entgegensetzung – nicht, indem etwa die aristotelische Repräsentationslogik allgemein bejaht würde): In diesem Sinne kann als angemessene poetische Gerechtigkeit nur die Verhandlung der unausweichlichen Unangemessenheit poetischer Darstellung gegenüber der auf sie dennoch angewiesenen und im übrigen nur fraglich realisierbaren Gerechtigkeit unter Gleichen in der Welt gelten. Sie steht als zweite Perspektive gegen jene erste Perspektive einer Verlagerung der ungelösten Probleme in eine Vorzeit, der gegenüber ein modernes Bewusstsein für sich beansprucht, ihre Ungelöstheit eingesehen zu haben – und also ihre neue Dichtung an die Stelle des platonischen Philosophen als Kandidaten für den *alter deus* setzt. Das erneuerte Interesse für das Verhältnis von Ästhetik und Ethik teilen Nussbaum und Rancière bei allen Unterschieden freilich ebenso sehr wie die Frage nach einer Rechtfertigung von Kunst angesichts dieses Verhältnisses.

Aus der geschilderten zweiten, genuin formalen Perspektive geht es also weder in der Ethik noch in der Poetik ohne den Vorwurf einer Verfehlung des Gerechten durch die Form oder der Form durch das Gerechte. Darin liegt eine Spannung, die gerade unter dem Begriff, aber eben auch in der literarischen Realisierung oder Thematisierung der poetischen Gerechtigkeit verhandelt werden kann. Die historisierende Geste, die einfachere Vorstellungen von ethischer und poetischer Gerechtigkeit einer Tradition anlastet, wäre dann nur eine von vielen Möglichkeiten, die Distanzierung von ungebrochener Gerechtigkeit und Ungerechtigkeit, von Lohn und Strafe zugunsten einer prekären *hamartia* zu verwirklichen. Und auch aus dieser zweiten Perspektive lassen sich nun Fragen an Texte stellen, die je zwei Instanzen auf dasjenige partikulare Verhältnis hin untersuchen, mit dem sie einander möglicherweise gerecht werden: Wie

Wien: Passagen 2008, S. 125–151, hier S. 127 f.: »Die Herrschaft der Ethik ist nicht die des moralischen Urteils über die Verfahren der Kunst oder die Handlungen der Politik. Sie bedeutet umgekehrt die Errichtung einer ununterschiedenen Sphäre, in der sich die Besonderheit der politischen oder künstlerischen Praktiken auflöst, aber auch dessen, was das Wesen der alten Moral selbst ausmachte: die Unterscheidung zwischen der Tatsache und dem Recht, dem Sein und dem Sein-Sollen. Die Ethik ist die Auflösung der Norm in der Tatsache, die Identifizierung aller Diskursformen und Formen der Praxis unter demselben unterschiedslosen Gesichtspunkt.«

Zu Geschichte, Formen und Inhalten poetischer Gerechtigkeit

entspricht die Repräsentation ihrem Gegenstand, wie die Erzählung dem Plot? Kann eine Fiktion der Welt, eine Übersetzung dem Original, eine Parodie der Vorlage entsprechen? Und welche formalen Verfahren etablieren ästhetisch das komplizierte Verhältnis mehrerer ethischer Momente zueinander?

Die Beiträge in der ersten Hälfte dieses Bands stellen sich der Frage nach der Form poetischer Gerechtigkeit mal aus der ersten, mal aus der zweiten Perspektive: Teils behandeln sie den Umgang mit poetischer Gerechtigkeit als eine Auseinandersetzung mit ihrer Tradition, teils untersuchen sie poetische und andere sprachliche Verfahren auf ihre formale Rechtfertigung. Nicht selten verbinden sie beide Perspektiven, um der Komplexität der untersuchten Kunstwerke und Redeweisen Rechnung zu tragen.

Remigius Bunia und Harald Fricke nehmen zunächst die historische Variabilität von Gerechtigkeitsdarstellungen als ihren Ausgangspunkt. Bunia geht der sprachlichen Formung von Gerechtigkeit durch juridische Rede unter Aspekten einer rhetorisch-literarischen Analyse nach, die hier einmal nicht als disziplinüberschreitender Blick auf fachfremdes Material angeboten wird, sondern auf deren Differenz zur anderen Tradition ebenso wie auf Annäherungen und Überschneidungen es gerade ankommt. Frickes Überlegungen über ›die Schwierigkeit, NEIN zu singen‹ gehen zunächst von der wiederum historisierenden These aus, die Oper sei eine weitere Enklave, in der die Tradition einer poetischen Gerechtigkeit noch fortbestehe. Aus dieser Betrachtung von Überlieferung und Gattungscharakteristika geht er dann jedoch durch die formale Gestaltung des Neins über zur auch inhaltlichen Skizzierung einer Tugend nicht der Tat, sondern der Entsagung vor der Tat.

Erika Greber, Jürgen Lehmann und Aage Hansen-Löve widmen ihre Beiträge aus ganz unterschiedlichen Richtungen jeweils der Rechtfertigung und dem Spiel mit einem Rechtfertigungsdiskurs in gängigen Verfahren der Literatur und Literaturbetrachtung. Greber verfolgt die Form des Sonetts zweiter Ordnung als eigenständige Tradition, die sich zu ihrem Gegenstand die Tradition des Sonetts und dessen Verurteilung oder Apologie gemacht hat. Die enge Verflechtung von Formspiel und Formbetrachtung erweist sich dabei als produktiver Zugang zu den ästhetischen Verfahren der Sonettsonette ebenso wie zu Teilen der Gattungsgeschichte überhaupt. Mit dem Vergleich steht im Fokus von Lehmanns Beitrag die namengebende – und dafür vielleicht auffallend selten dezidiert verwirklichte – Methode der Komparatistik. Wie Thomas Mann mit Goethe und Tolstoj verfahren ist, ob jedem der beiden (und nicht nur ihren Werken) anhand des jeweils anderen ein gerechtes Urteil widerfährt und wo diese Kriterien allererst für Manns Essay emergieren, lässt sich nur durch eine Rekonstruktion der Weise beantworten, wie Manns Intention über die einer rein literarischen Betrachtung hinausgeht und auf ein übergreifendes ›Problem der Humanität‹ zielt. Hansen-Löve konstruiert mit der ›literarischen Hinrichtung‹ eine weitere intertextuelle Technik, die zunächst nicht ins gewöhnlich beschriebene Organon der Tradition zu gehören scheint, an Betrachtungen zu Puškin, Lermontov und Nabokov jedoch schnell Konturen gewinnt. Diese führen dann zurück zum Paragon der Künste und Medien und ihrer jeweiligen – gelungenen oder gescheiterten – intermedialen Verteidigung.

An avancierte Perspektiven auf den Paragon der Künste schließt auch Vittoria Borsòs Begriff der Audiovision an, der jene Verknüpfungen des Auditiven und Visuellen meint, die einem Dispositiv der Sichtbarkeit entsprechen, es jedoch ebenso unterlaufen. Die Frage der Gerechtigkeit stellt sich hier jedoch nicht so sehr in der Begegnung verschiedener sinnlicher Verfasstheiten miteinander, sondern im Anschluss an die Begriffe einer politischen Aufteilung des Sinnlichen etwa bei Rancière vielmehr in Bezug auf die ethische Dimension von konstruierter Materialität als Versprechen visueller und akustischer Sinnlichkeit. Die zunehmende Komplexität der Unterscheidung von Ästhetik, Ethik und Politik entwickelt Borsò an Leopardi, Calvino, Proust und Juan Rulfo.

Auch der sehr persönliche Beitrag von Hendrik Birus könnte in der Reihe der Untersuchungen literarischer Verfahren stehen und wäre dann unter den Begriff der literarischen Wertung zu stellen, wenn er nicht in der ethischen Fragestellung darüber hinausginge, was es ›nur‹ heißt, einem Autor gerecht zu werden. Mit dem Bericht und der Reflektion über die unterschiedlichen Produktions- und Rezeptionsmomente, die Bert Brecht vor, während, in, außerhalb und nach der DDR betreffen, entsteht ein Bild einer prekären und wertvollen Balance zwischen der ›Kunst des Nichtduldens‹ und der ›Nachsicht‹ der Nachgeborenen.

Michael Eskin schließlich geht dem ethischen Impetus des berühmten Imperativs ›Du musst Dein Leben ändern‹ bei Rilke in einer Richtung nach, in der zwar nicht unbedingt Ästhetik und Ethik, wohl aber bestimmte gelungene Einstellungen zu beiden affirmativ in eins fallen. Er schlägt damit zugleich eine Brücke von Fragen der Form zum zweiten Teil des Bandes, der engagierten und inhaltlichen Auseinandersetzungen mit Gerechtigkeit und Ungerechtigkeit gewidmet ist.

III

Unter Rückgriff auf Ansätze der Evolutionsbiologie vertieft der Beitrag von Karl Eibl im zweiten Abschnitt die historische Begründung des Phänomens der Gerechtigkeit, um daraus Funktionsbestimmungen für die literarische Modellierung eines *angeborenen* Gerechtigkeitsgefühls zu gewinnen. Auch wenn Blutsverwandtschaft, Reziprozität und Reputation als evolutionsbiologische Faktoren gelten können, die vorgesellschaftliche Formen von Gerechtigkeit erzeugt und gesteuert haben mögen, liegt eine der Pointen von Eibls Studie darin zu zeigen, dass die aus den tribalen Gemeinschaftsformen hervorgehende Gattungsentwicklung des Menschen an den Grenzen und Rahmenbedingungen des Proto-Sozialen nachgerade vorbeigeschossen ist. Sobald eine bestimmte Schwelle sachlicher, raumzeitlicher und interpersonaler Komplexität überschritten wird, ist es bei Fragen der Gerechtigkeit mit dem Rückzug auf Richtlinien wie Verwandtschaft, Wie-Du-mir-so-ich-dir und persönliches Ansehen der Beteiligten offensichtlich nicht mehr weit her. Wenn der eine Saufkumpan dem anderen beim Zechen das Auge ausschlägt, hilft dem Übeltäter wenig zu sagen, er sei mit dem Opfer ja nicht verwandt, oder dieser habe ihn ja schon über Wochen gereizt, geschweige denn, dass ihm seine über Jahre erfolgreiche Spielführerschaft im lokalen Fußballverein aus der Bredouille hilft. All dessen ungeachtet wird der Täter vom ansässigen Amtsgericht mit ziemlicher Sicherheit mit den für Körperverletzung fälligen Sanktionen belangt. Gleichwohl sind Konstellationen vorstellbar – Eifersucht oder tiefe Liebe auf der Ebene der Intimbeziehung; tiefste Beleidigungen und schwerste Verletzungen auf der Ebene der Reziprozität oder aber heldenhafter bis todesmutiger Einsatz für das Gemeinwohl hinsichtlich der Reputation – die unser Gerechtigkeitsgefühl womöglich ganz anders als im funktional autonomen Geltungsbereich des Rechtssystems ansprechen und die noch auf der juristischen Ebene unter dem Signum der Billigkeit wenigstens als mildernde Umstände in Anschlag zu bringen sind.

Der hier sich zeigende Konflikt zwischen Recht und Gerechtigkeit, den Eibl an Studien verschiedener Dramen, von der sophokleischen *Antigone* über Shakespeares *Merchant of Venice* bis zu Brechts Lehrstück *Die Maßnahme*, vertieft, lässt sich auf diverse Begriffe bringen, etwa auf die Oppositionen zwischen Vernunft und Gefühl, Recht und Moral, Gesellschaft und Gemeinschaft (Tönnies) oder auf das Spannungsverhältnis zwischen Naturrecht und positivem Recht. Über Eibls Beitrag hinausgehend ermöglicht diese Vorstellung eines in jeder Rechtsform verborgenen (latenten) Unrechts den Anschluss an zeitgenössische Überlegungen einer politischen Ethik, die sich – nicht zuletzt im Skandalon der Formulierung Jacques Derridas, die Dekonstruktion sei die Gerechtigkeit![42] – ebenfalls am Leitbegriff des vorliegenden Bandes orientiert.

Vor jeder substantiellen Bestimmung und historischen Differenzierung finden die Überlegungen Derridas ihre Grundlage in einer funktionalen Analyse des Geltungsanspruchs von normativen Aussagezusammenhängen, die das Recht des Rechts oder – mit Blick auf Staatsbildungen oder den Einsatz von Verfassungen – die Legitimität der Macht postulieren. Dabei lenkt Derrida das Interesse auf eine entscheidende Zirkelstruktur:

> Weil sie sich definitionsgemäß auf nichts anderes stützen können als auf sich selbst, sind der Ursprung der Autorität, die (Be)gründung oder der Grund, die Setzung des Gesetzes in sich selbst eine grundlose Gewalt(tat). Das bedeutet nicht, daß sie an sich ungerecht sind (im Sinne von ›unrechtmäßig‹). Im gründenden Augenblick, in dem Augenblick, der ihr eigener Augenblick ist, sind sie weder recht- noch unrechtmäßig.[43]

Demzufolge erhält die Rechtmäßigkeit des Rechts ihre Begründung nur durch das dadurch allererst instituierte Rechtskorpus – kurz: Rechtssetzung und Rechtssatzung setzen einander wechselseitig voraus.[44] Den Grund des Rechts bildet somit eine Indifferenzzone, in der die Unterscheidung von Recht und Gewalt und damit der Geltungsanspruch der rechtmäßigen Inhalte und Praktiken niemals ganz gesichert sind. Systemtheoretisch formuliert: Die politisch-juridischen Begründungsdiskurse müssen ihre

> Beobachtung und Beschreibung mit den Operationen des geschlossenen Systems vollziehen, und das heißt: ihnen selbst einen normativen Status und eine Zuordnung zum Code Recht/Unrecht verleihen. [...] [Sie müssen] zum Beispiel sagen, daß es recht ist, Recht und Unrecht zu unterscheiden, während externe Beobachter genau darin ein Unrecht sehen könnten.[45]

---

[42] Jacques Derrida, *Gesetzeskraft. Der ›mystische Grund der Autorität‹*, übers. von Alexander García Düttmann, Frankfurt a. M.: Suhrkamp 1991, S. 30.
[43] Ebd., S. 29.
[44] So einmal die bündige Formulierung Bernhard Teubers.
[45] Niklas Luhmann, *Das Recht der Gesellschaft*, Frankfurt a. M.: Suhrkamp 1993 [1997], S. 75.

Zu Geschichte, Formen und Inhalten poetischer Gerechtigkeit

Interessant ist vor diesem Hintergrund, wie Literatur auf die so beschreibbare Komplexierung und paradoxe Ausgangslage des ›Rechten‹ reagiert. Schlägt sie sich tatsächlich, wie Eibl vorschlägt, in aller Regel »auf die Seite des Kleingruppenrechtes«, um ästhetisch eine quasi regressive Rezeptionshaltung zu forcieren, die gegenüber funktional ausdifferenzierten Rechtsystemen auf Gerechtigkeit im Sinne der archaischen »Kleingruppenmoral« (S. 215) pocht? Stimmte dies, wäre die Gerechtigkeit der Literatur von vornherein auf die Funktion von Ideologie festgelegt, sofern man Ideologie nicht nur als Grundlage der Orientierung und Legitimation von bestimmten Handlungsweisen versteht, sondern darüber hinaus annimmt, dass die daran gekoppelten Wertsysteme »andere Möglichkeiten nur neutralisieren, aber nicht sicherstellen [können], daß die gewählten Möglichkeiten in ihrer Wertgeltung ›nicht nicht sind‹.«[46] Ideologie ist also ein seinerseits kontingentes Verfahren der Kontingenz-Bewältigung, und dies heißt entsprechend Luhmanns (sicherlich begrenzter) Verwendung des Begriffs, dass Ideologien Orientierung in einer Situation des Immer-auch-anders-möglich-Sein geben und dabei selbst immer auch anders möglich sind: »Ein Denken ist ideologisch, wenn es in seiner Funktion, das Handeln zu orientieren und zu rechtfertigen, ersetzbar ist.«[47]

Sicher sind auf dieser Grundlage bestimmte literarische Ausprägungen als ideologische Formen der Kontingenzbewältigung von Gerechtigkeit zu fassen; gleichwohl bilden sie auf einer Skala zwischen Kontingenz-Verdeckung und Kontingenz-Steigerung wohl nur eine mögliche Reaktionsform unter anderen. Um diese Überlegungen im Sinne einer typologischen Unterscheidung zu vertiefen, wäre eine binnenpragmatische Ebene zu berücksichtigen, die sich aus der bisherigen Bestimmung von Ideologie ergibt. Dienen Ideologien der Kontingenzbewältigung, sind sie nicht nur auf Konsistenz ihrer Aussagezusammenhänge, sondern auch darauf angewiesen, dass die Zeichennatur des Ausgesagten wie auch die Äußerungsbedingungen (und die damit konkret verbundenen Motiv- und Interessenlagen, raumzeitliche Begrenzungen des Geltungsanspruchs etc.) zugunsten der quasi-natürlichen und universalen Geltungskraft des Ausge-

---

[46] Niklas Luhmann, »Wahrheit und Ideologie. Vorschläge zur Wiederaufnahme der Diskussion«, in: *Soziologische Aufklärung. Aufsätze zur Theorie sozialer Systeme*, Bd. 1, Wiesbaden: VS, S. 68–82, hier: S. 59.
[47] Ebd., S. 57.

sagten in den Hintergrund treten.[48] In historischen Zeiten gesteigerter Kontingenzerfahrung erfüllen *symbolisch generalisierte Kommunikationsmedien* wie Liebe, Geld oder eben Recht diese Funktion dadurch, dass sie der Kommunikation situationsunabhängige (also: generalisierte) Formen bereitstellen, welche (symbolisch) die »Einheit von Bezeichnendem und Bezeichnetem« mitkommunizieren.[49] Dadurch sind sie in der sozialen Kommunikation und Interaktion in der Lage, Selektionen für das Handeln und Erleben der Beteiligten zu konditionieren und diese an bestimmte Motivationen zu koppeln.[50] Sie sind im oben beschriebenen Sinne ideologisch, weil dadurch anderweitig mögliche Formen des sozialen Handelns und Erlebens mittels bestimmter »›Gründe‹ invisibilisiert« werden, um so nicht-notwendige, aber mögliche Formen der Entscheidungs-, Vorgehens- und Erfahrungsweisen näherzulegen und gegebenenfalls zu legitimieren.[51] Symbolisch generalisierte Kommunikationsmedien wie Recht reagieren also auf ein »Paradox der Kommunikation«,[52] das aus anderer Perspektive den drohenden *regressus ad infinitum* jeder immer schon selbst dem Ideologie-Verdacht unterliegenden Ideologiekritik umschreibt:

> [W]enn man nicht sagen kann, daß man nicht meint, was man sagt, weil man dann nicht wissen kann, daß andere nicht wissen können, was gemeint ist, wenn man sagt, daß man nicht meint, was man sagt, kann man auch nicht sagen, daß man meint, was man sagt, weil dies dann entweder eine überflüssige und verdächtige Verdopplung ist oder die Negation einer ohnehin inkommunikablen Negation.[53]

Inwieweit ästhetische Formen der Interaktion gerade nicht darauf angelegt sind, solche Fragen der Zurechenbarkeit und Motivationen von Äußerungen auszublenden oder zu invisibilisieren, zeigt die Goethes *West-östlichem Divan* gewidmete Studie von Young-Ae Chon. Indem sie sich bei ihrem *close reading* auf die Verfahrensweisen und Kommunikationsformen der von ihr behandelten Gedichte konzentriert, kann sie diese als »Gegenentwurf zur Realität« (S. 250) und – entsprechend der hier vorgeschlagenen Terminologie – als alternative For-

---

[48] Zur hier zugrunde gelegten Unterscheidung zwischen *énonciation* (Äußerung) und *énoncé* (Aussage) vgl. Émile Benveniste, *Problèmes de linguistique générale*, 2 Bde. Paris: Gallimard 1966, hier besonders: Bd. 1, Kapitel 1 und 5 sowie Bd. 2, Kapitel 1 und 2.
[49] Niklas Luhmann, *Die Gesellschaft der Gesellschaft*, Bd. 1, Frankfurt a. M.: Suhrkamp, 319 f.
[50] Ebd., S. 320 f.
[51] Ebd., S. 333 f. u. 335.
[52] Ebd., S. 311.
[53] Ebd., S. 311.

men virtualisierter gesellschaftlicher Interaktion profilieren. Chons minutiöses Leseprotokoll gewinnt über das gezielte Hereinspielen der poetischen Äußerung Konstellationen von Erleben und Handeln, die Dichtung als Souveränitätsform einer radikal anderen Erfahrungspraxis von Gerechtigkeit exponiert. Daraus wäre im erweiterten Sinne zu schließen, dass literarische Manifestationsformen nicht notwendig – im Sinne operationaler Schließung – auf ›Enttautologisierung‹ und ›Entparadoxierung‹ festzulegen sind, sondern – bezogen auf unseren Gegenstand formuliert – Redundanzformen des Rechten, die – von der mystischen Literatur bis zur zeitgenössischen Populärkultur – dezidiert aufs ›Ganze‹ gehen, ebenso in der Lage zu modellieren ist, wie die allfälligen Selbstwidersprüche eines nurmehr ›richtigen‹, nicht aber fraglos ›rechten‹ Handelns. Im oben beschriebenen Sinne einer mit Aristoteles intersubjektiv und immer schon konflikthaft zu verstehenden Gerechtigkeit ist deren literarische Vermittlung aus den Sicherheitsbedürfnissen und »Unterstellbarkeit[en]«[54] der lebensweltlichen Sozial-Interaktion entlassen und damit prinzipiell in der Lage, die normativen/evaluativen Bezugnahmen des Lesers als Unwägbarkeiten neu zur Debatte zu stellen.

Wie unterschiedlich die Antworten auf die so zu fassende Frage der Gerechtigkeit von Literatur noch am selben Gegenstand ausfallen mögen, zeigen zwei weitere Beiträge in diesem Teil des Bandes, die, wie bereits die Studie Karl Eibls, dem *Merchant of Venice* und damit dem notorischen Problemstück des Barden gewidmet sind.

IV

Am Ende von Shakespeares *Kaufmann von Venedig* ist jeder zufrieden. Das Gesetz wurde bis zum letzten i-Tüpfelchen eingehalten, und dennoch konnte die grausame, vertraglich vereinbarte Tat verhindert werden. Liebende werden nicht nur vereinigt, sondern auch noch finanziell bestens versorgt. Recht und Gnade, durch das ganze Stück hindurch klare Gegensätze, werden schließlich in einem milden Urteil miteinander versöhnt: Der hartherzige Jude wird nicht zum Tode verurteilt, er darf sogar die Hälfte seines Vermögens behalten, unter der Bedingung, dass er es seinem christlichen Schwiegersohn hinterlässt und selbst zum Christentum übertritt. Anstelle eines ›Stricks umsonst‹, der einzi-

---

[54] André Kieserling, *Kommunikation unter Anwesenden: Studien über Interaktionssysteme.* Frankfurt a. M.: Suhrkamp 1999, S. 134.

gen Vergünstigung, die der Spötter Graziano Shylock gewähren will, bietet der edle Antonio seinem bisherigen Gegner die Chance, sein Seelenheil durch die Konversion zum wahren Glauben zu retten. Shylock selbst zeigt sich mit diesem Ausgang des Verfahrens, dem äußeren Anschein nach, einverstanden: »I am content«, antwortet er auf Portias Frage (4.1.390).

Der Kaufmann von Venedig müsste also die Zuschauer mit einem Gefühl des Wohlbehagens nach Hause entlassen. Das Stück führt uns nicht nur vor, wie eingangs unversöhnliche soziale Kräfte am Ende doch zu einem harmonischen Ausgleich kommen. Es macht auch diesen Prozess des Ausgleichs selbst zu seinem expliziten Thema und zeigt im Gerichtsverfahren im entscheidenden vierten Akt, wie sich der Buchstabe des Gesetzes mit dem Geist der Gnade vereinbaren lässt. Der *Kaufmann* bietet uns also scheinbar ein perfektes *happy ending*, in dem das Gelingen ›poetischer Gerechtigkeit‹ *par excellence* vorgeführt wird. Dennoch würde niemand einer solchen ›unproblematischen‹ Lesart zustimmen. Shakespeares Stück löst nicht erst in unserer historischen Position ›nach dem Holocaust‹, in der die Darstellung blutrünstiger Juden inakzeptabel geworden ist, intensives Unbehagen aus. Schon die Gattungsfrage, die wechselnde Einordnung als Historie, Komödie, Tragikomödie, Rachetragödie, Tragödie und Problemstück ist symptomatisch für die auseinanderstrebenden Kräfte dieses Dramas. Wie Manfred Pfister exemplarisch herausgearbeitet hat, verdanken sich die Ambivalenzen, die hier ins Spiel gebracht werden, einer zweischichtigen dramatischen Struktur, in der die zunächst eindeutigen Wertantinomien durch eine »vertiefende Individualisierung der Charaktere«[55] wieder relativiert werden, so dass die antijudaistische Darstellung des Wucherers durch seine berühmte Anrufung einer gemeinsamen menschlichen Körperlichkeit im dritten Akt ein Gegengewicht bekommt. Diese Gemeinsamkeit des Physischen – »If you prick us do we not bleed? If you tickle us do we not laugh? If you poison us do we not die?« (3.1.59-61) – zwischen Christen und Juden führt jedoch gerade nicht zu Verständnis und Versöhnung, sondern wird zu Shylocks theoretischer Grundlegung seines Verhaltens, eine Schule der Rache:

> »And if you wrong us shall we not revenge? If we are like you in the rest, we will resemble you in that. If a Jew wrong a Christian, what is his humility? Revenge. If

---

[55] Manfred Pfister, »*The Merchant of Venice*«, in: *Shakespeare-Handbuch. Die Zeit – Der Mensch – Das Werk – Die Nachwelt*, hg. v. Ina Schabert. 4. Aufl. Stuttgart: Kröner, 2000, S. 411–418, hier S. 413.

Zu Geschichte, Formen und Inhalten poetischer Gerechtigkeit

a Christian wrong a Jew, what should his sufferance be by Christian example? Why, revenge. The villainy you teach me I will execute, and it shall go hard but I will better the instruction.« (3.1.61-68)

Eben diese Berufung Shylocks auf die christliche ›Schule‹, die er noch übertreffen will, wird in der Gerichtsszene wieder aufgegriffen. Er soll nicht nur bestraft, sondern belehrt werden, indem ihm eine eindeutig als christlich markierte Fähigkeit zu vergeben am eigenen Leibe vorgeführt wird, so wie er Antonio das umgekehrte ›christliche Beispiel‹ an dessen Leib schmerzhaft demonstrieren wollte.

Zwei Figurationen bestimmen damit die Struktur des *Kaufmanns von Venedig*: Symmetrie und Exzess. Shylocks geplante Rache an Antonio entspricht dessen fortgesetzter Beleidigung des ›jüdischen Hundes‹, schießt dann aber über das Ziel hinaus. Shylocks Verurteilung entspricht ebenfalls seinem Verhalten, seinem Insistieren auf dem Gesetz – kippt dann aber auch in ein exzessives ›Zuviel‹, eine zu genaue Interpretation des Vertrags und des Gesetzes um. Shylock verlangt viel, erhält aber dann noch mehr als er verlangt: »For as thou urgest justice, be assured / Thou shalt have justice more than thou desir'st.« (4.1.313–314) Die klassische Definition von ›poetischer Gerechtigkeit‹, »der in der Dichtung oft Erscheinende, in der Wirklichkeit vermisste Kausalzusammenhang von Schuld und Strafe«,[56] wird im *Kaufmann* geradezu übererfüllt. Damit stellt Shakespeares Drama eine Variante der oben erwähnten Gerechtigkeitskonzeption dar, der die Poesie gerecht wird, indem sie sie scheitern lässt.

Nicht so sehr Shylocks Wunsch nach Rache als das kompromisslose Zurückweisen aller Bitten um Barmherzigkeit führt am Ende zu seiner Bestrafung. Das Unerträgliche dieser Bestrafung besteht jedoch gerade in einer spiegelbildlichen Verkehrung, in der pädagogischen Begnadigung als Reaktion auf seinen Mangel an Gnade. Shylock erfährt in einem doppelten Sinn mehr Recht, als er begehrt: Nicht nur wird sein Vertrag mit Antonio so ›buchstabengetreu‹ ausgelegt, dass er zwar das ihm zustehende Pfund Fleisch, aufs Gramm genau, herausschneiden, aber nicht einen einzigen Tropfen Blut vergießen darf. Darüber hinaus wird ihm durch die Gnade des Dogen zwar das Leben geschenkt, aber die Lebensgrundlage entzogen; als dieses Urteil durch Antonios Intervention weiter abgemildert und ihm die Hälfte seines bisherigen Vermögens zum

---

[56] Gero von Wilpert, »Poetische Gerechtigkeit«, in: G. v. W., *Sachwörterbuch der Literatur*. 6. Aufl. Stuttgart, Kröner, 1979, S. 611.

Sebastian Donat, Stephan Packard, Roger Lüdeke und Virginia Richter

Nießbrauch überlassen wird, wird ihm mit dieser scheinbaren Geste der Großzügigkeit etwas Wesentlicheres als das Leben, nämlich der Kern seiner Identität genommen: Shylock, der bis zum Schluss ausschließlich als ›Jude‹ angeredet wird, muss dem Judentum abschwören. Nach seiner eloquenten Selbstdarstellung, und der Infragestellung des christlichen Wertesystems, bleibt ihm jetzt nur das Einverständnis und der Abgang als gebrochener Mann:»I pray you give me leave to go from hence. / I am not well. Send the deed after me, / And I will sign it.« (4.1.392-394) Sein »I am content« ist damit nur die bittere Resignation dessen, der keinen anderen Ausweg mehr sieht. Der hier vorgeführte ›Ausgleich‹ ist geradezu eine Parodie auf ein quantifizierendes Konzept, auf poetische Gerechtigkeit als Buchführung.

Shakespeares Problematisierung des Konzepts der poetischen Gerechtigkeit bildet neben der Untersuchung von Karl Eibl einen Referenzpunkt für zwei weitere Beiträge in diesem Band. Annegret Heitmann untersucht am Beispiel von Isak Dinesens / Karen Blixens *Out of Africa / Den afrikanske Farm*, wie sich Komplexe von juristischer, politischer, moralischer und literarischer (Un-) Gerechtigkeit überlagern. *Der Kaufmann von Venedig* wird in einer Episode als wichtiger Intertext etabliert, in der die Erzählerin ihrem Diener Farah von Shakespeares Stück erzählt, worauf dieser mit Shylock sympathisiert. Die unauflösbare Ambivalenz des Shakespeare-Dramas, die dieser vereindeutigenden Rezeption gegenübersteht, stellt laut Heitmann einen impliziten Hinweis auf die Poetik von Dinesens eigenem Texts dar, der nicht einfach als Bejahung der kolonialen Situation in Kenia zu lesen ist. Es sind vielmehr gerade Dinesens literarischen Techniken der Doppelung, Destabilisierung und des Perspektivenwechsels, die das Fehlen eines juridisch-ökonomischen Lösungsangebots angesichts der kolonialen Landnahme markieren. Vor diesem poetologischen Hintergrund liest Heitmann die Darstellung eines Justizfalls, der Geschichte des schwarzen Farmarbeiters Kitosh, der von seinem weißen Arbeitgeber zu Tode geprügelt wurde, worauf dieser wegen schwerer Körperverletzung, nicht aber wegen Totschlags oder Mordes verurteilt wurde. Während die Erzählerin den Fall gleichsam dokumentarisch vorführt und sich eines expliziten Kommentars enthält, führt sie zugleich durch ihre literarischen Strategien das Ungenügen des kolonialen Justizsystems vor.

Noch expliziter ist der Bezug auf Shakespeare in Ulla Haselsteins Beitrag zu Philip Roths *Operation Shylock*. Neben den bisher genannten Spannungen,

Zu Geschichte, Formen und Inhalten poetischer Gerechtigkeit

die den *Kaufmann von Venedig* durchziehen, führt Haselstein auch den Konflikt zwischen widerstreitenden, religiös begründeten Rechtsprinzipien – das das alttestamentarische *lex talionis* und die christliche Mitleidsethik – an, die im säkulären Gerichtsverfahren nicht befriedigend ausgehandelt werden können; vielmehr führt das, dem Buchstaben des Gesetzes nach, ›gerechte‹ Urteil zu einer Verschärfung des Konflikts. Die übergenaue Erfüllung der je eigenen Rechstprinzipien resultiert in einer paradoxen Inversion: »Shylocks Vertrag missbraucht den Buchstaben des Gesetzes, während die Venezianer die Gnade in den Dienst der Rache stellen.« (S. 284) In Roths Roman, der sich schon im Titel auf den Shakespeareschen Intertext bezieht, werden die heutigen Widersprüche jüdischer Existenz anhand einer fantastischen literarischen Konstellation durchexerziert: Die Romanfigur ›Philip Roth‹ wird anlässlich des Demjanjuk-Prozesses mit einem Doppelgänger konfrontiert, der sich öffentlich, und die mediale Aufmerksamkeit des Prozesses nutzend, eben als der amerikanische Autor Philip Roth ausgibt. Im Kontext der israelischen Politik gegenüber den Palästinensern – deren Darstellung in einer vom israelischen Geheimdienst manipulierten Gerichtsverhandlung gegen minderjährige Intifada-Aktivisten kulminiert – werden in *Operation Shylock* die Figuren- und Machtkonstellationen des *Kaufmanns von Venedig* wiederholt; wie in Isak Dinesens Darstellung der kolonialen Situation in Kenia entfaltet Roths Roman durch seine komplexen intertextuellen und selbstreferentiellen Erzählstrategien poetische Gerechtigkeit, indem er zugleich deren Konstruktion von vornherein scheitern lässt.

Auch in Bernhard Schlinks *Der Vorleser* spielt der Holocaust eine zentrale Rolle nicht nur für die Konstruktion jüdischer – und hier, auch deutscher – Identität, sondern für eine Gegenüberstellung von juristischem Prozess und poetischer Gerechtigkeit, die an die Frage des Lesen(könne)ns und der humanistischen Bildungsfunktion von Literatur, ganz im Sinne Nussbaums, geknüpft wird. Während der Roman einerseits die Geschichte eines Fehlurteils erzählt – das Gericht verurteilt die NS-Täterin Hanna aus Unkenntnis ihres Analphabetismus härter, als es ihrem eigentlichen Tatanteil entspricht – problematisiert er zugleich die Rolle von Literatur bei der Entwicklung eines subjektiven Zugangs zu Gerechtigkeit. Als KZ-Aufseherin lässt sich Hanna von ausgewählten Insassinnen vorlesen, ohne dass dies bei ihr zu moralischen Reflexionen oder gar zu moralischem Handeln führt. Nach ihrer Verurteilung scheint es aber gerade ihre Auseinandersetzung mit literarischen Werken zu sein sowie die Tatsache,

Sebastian Donat, Stephan Packard, Roger Lüdeke und Virginia Richter

dass sie schließlich doch lesen lernt, die zu einem Anerkennen ihrer moralischen Schuld führen. Die Philosophin Monika Betzler zieht Schlinks Roman als eine fiktionale Fallstudie heran, anhand derer die Motive ›gewöhnlicher Personen‹, an Gräueltaten wie der Ermordung der europäischen Juden teilzunehmen, analysiert werden können. In Betzlers Beitrag stehen also, anders als bei Heitmann und Haselstein, weniger die literarischen Verfahren des Textes als vielmehr die moralisch-ethischen Grundlagen menschlichen Handelns sowie die spezifischen moralpsychologischen Voraussetzungen der Romanfigur Hanna im Vordergrund. Damit fügt Betzler den überwiegend literaturwissenschaftlichen Beiträgen in diesem Band eine in vieler Hinsicht grundlegende Dimension hinzu.

***

Der vorliegende Band geht zurück auf eine von der Deutschen Forschungsgesellschaft geförderte Tagung, die im April 2008 in den schönen Räumen der Münchener Carl Friedrich von Siemens-Stiftung veranstaltet wurde. Neben diesen Institutionen geht unser Dank an die Anton-Betz-Stiftung, durch deren Unterstützung die Drucklegung der hier vorgelegten Sammlung möglich wurde. Für die kurzfristige Aufnahme in das Programm der *düsseldorf university press* sind wir Hans Süssmuth zu Dank verpflichtet. Danken für die Einrichtung des Manuskripts möchten wir ferner Hanna Endres, Fabian Felder, Annalisa Fischer und Lara Waldhof. Die satztechnische Expertise und Sorgfalt von Friedrich-K. Unterweg schließlich haben diesem Buch zu seiner ansprechenden Gestalt verholfen.

Aus traurigem Anlass ist der Band dem Andenken unserer lieben Kollegin Erika Greber gewidmet, deren Herzlichkeit und intellektuelle Abenteuerlust wir schmerzhaft vermissen.

I

HARALD FRICKE

Versuch über die Schwierigkeit, NEIN zu singen.
Poetische Gerechtigkeit in der Oper

Für Dr. med. Barbara Birus

> Wenn Sie sich vor Opernhäusern fürchten,
> hätten Sie keine Sängerin werden dürfen.
> *Judith Sarah Fricke:* ZWISCHENWELTEN[1]

A. Die Tradition der poetischen Gerechtigkeit im Musiktheater

Das im Jahre 2003 endlich abgeschlossene *Reallexikon*, angeblich ›die neue Bibel der Literaturwissenschaft‹, hat keineswegs immer recht. Da ist z. B. der Artikel »Poetische Gerechtigkeit« im abschließenden dritten RLW-Band.[2] Darin wird dieser ehrwürdige Terminus zunächst ganz treffend expliziert als »[m]oralisch angemessene Zuteilung von Lohn und Strafe an Figuren eines literarischen Werks« – zugeteilt nämlich durch das »Urteil« des empirischen »Autors« mit Hilfe der »Figurendarstellung« und »Sympathielenkung«: »Tugend wird belohnt, Bosheit bestraft.«

Dann aber folgt, und zwar noch innerhalb des definierenden Abschnitts der *Begriffs-Explikation*, die Behauptung: »Diese Strategie« (noch gültig für den Roman des 19. Jahrhunderts) gelte in der modernen Literatur nur noch »(trotz ästhetisch-kritischer Diskreditierung) in der *Trivialliteratur*«. Dem weiteren Artikel zufolge »wird die Doktrin im 19./20. Jh. als Lüge bloßgestellt [...], stillschweigend aus dem Kunstdiskurs verbannt oder zuletzt trivialisiert.« Und weiter heißt es: »Im 20. Jh. hat sich für die Hochliteratur gattungsübergreifend die Abwertung der ›Poetischen Gerechtigkeit‹ als Konsens etabliert.«

---

[1] Judith Sarah Fricke, »Blaubart.«, in: Dies.: *Zwischenwelten. Aus dem Nachlass* hg. v. Fabian und Harald Fricke. Zürich: Ricco Bilger ²1998, S. 9–30, hier S. 13.
[2] Hartmut Reinhardt, Artikel »Poetische Gerechtigkeit«, in: *Reallexikon der deutschen Literaturwissenschaft*, hg. v. Harald Fricke u. a., Berlin / New York: W. de Gruyter 1997–2003, ²2007; Bd. 3, S. 106–108.

Hier, um es einmal ganz brutal auszudrücken, *irrt* das Reallexikon. Oder jedenfalls: Hier *übersieht* das *Reallexikon* eine ganze, höchst untrivial-elitäre und weltweit nach wie vor quicklebendige Sparte der Literatur, nämlich das *Musiktheater*. Die Oper ist heute *das* Refugium der Poetischen Gerechtigkeit. Sie war das immer, unbeirrt und unangefochten; sie ist es bis in die avancierteste Gegenwart geblieben – und sie wird es bis ans Ende ihrer Gattungstage bleiben. Die Gründe dafür sollen im Folgenden wenigstens in Grundzügen skizziert und in der hier gebotenen Knappheit exemplifiziert werden.

Dass die *barocke*, die *klassische* und die *romantische* Oper den seinerzeit intakten Konzepten von Poetischer Gerechtigkeit folgt, muss man dabei wohl gar nicht mehr ausführlich demonstrieren:[3] Man braucht sich ja nur zu erinnern etwa an den Sieg Amors und des Kunstgesanges über Tod und Unterwelt in den zahllosen *Orpheus*-Opern zwischen Monteverdis *Orfeo* von 1607 und Glucks Reformoper *Orphée et Euridice* von 1774. Und diese *justice poétique* wird noch immer ironisch gespiegelt in Plutos und Jupiters überaus *verdienten* erotischen Niederlagen, wie wir sie dann 1858 bei Jacques Offenbach in seiner *Opéra bouffe Orphée aux Enfers* antreffen.

Poetische Gerechtigkeit ist nicht nur bei *Hauptpersonen* der komischen oder tragischen Operntradition im Spiele: Auch eine *Seconda Donna* wie Adalgisa in Bellinis *Norma*, oder Gutrune in Wagners *Götterdämmerung*, überleben jeweils den sühnenden Weltenbrand aller Hauptfiguren. Denn beide sind allenfalls durch *zuviel* Liebe schuldig geworden – im Gegensatz zu den Protagonisten Norma und Pollione oder zu Siegfried und Brünnhilde, Hagen und Alberich. Denn so wie Brünnhilde am Ende ihren Vater Wotan – bei noch nicht ganz abgestorbenem Leibe – auf seinem selbst errichteten Scheiterhaufen aus den ›Starken Scheiten‹ der Weltesche kremiert, so sind auch Alberichs ersterbend repetierte Vaterworte zu Hagen: „Sei treu – sei treu – *treu...* " unüberhörbar die letzten Worte eines *Sterbenden*: Nicht Wagners schriftliche Bühnenanweisung, sehr wohl aber seine Musik – und damit die von Wagner streng befolgte *justice poétique*! – verraten uns klar, dass auch Hagen an dieser Stelle seinen Vater (und lästigen Konkurrenten um den Ring der Weltherrschaft) persönlich

---

[3] Vgl. dazu näher Harald Fricke u. Bodo Würffel, Artikel »Oper«, in: *Reallexikon der deutschen Literaturwissenschaft*, ebd. Bd. 2, S. 749–754.

umbringt.⁴ Und das mit Recht – d. h. streng nach den auch im germanischen Kosmos waltenden Gesetzen der Poetischen Gerechtigkeit.

Dieses Operngesetz der *Poetic justice* bestätigt sich noch in den brutalsten Schock-Finales: Wenn etwa in Verdis Schiller-Oper *Luisa Miller* binnen zwei Dutzend Schlusstakten die tragische Titelheldin, ihr verblendet liebender Mörder Rodolfo und der eigentlich schuldige Intrigant Wurm ihr Leben im Fortissimo und Prestissimo aushauchen;⁵ oder wenn in Verdis schwarzromantischem *Troubadour* – wie ähnlich schon in Jacques Halévys musikalisch-politischem Schauerdrama *Die Jüdin* (sehr frei nach Lessings *Nathan*) – mit den allerletzten Worten der Oper die soeben hingerichteten Personen, also Recha / Rachel bzw. Manrico, enthüllt werden als *Tochter* bzw. als *Zwillingsbruder* ihres eigenen Blutrichters.

Selbst in Janáčeks Oper *Jenufa* – um Längen realistischer als der ganze pseudo-naturalistische *Verismo* der drei Italiener Puccini, Mascagni und Leoncavallo – selbst in diesem dörflichen Musikdrama um ungewollte Schwangerschaft, Kindsmord und Frauenschande siegt am Ende die Poetische Gerechtigkeit: Jenufa bekommt doch noch ihren schwerblütig liebeswilden Laća, der ihr aus Eifersucht die Pfirsichwangen zerschnitten hat. Der Frauenheld und feige Kindsvater Stewa hingegen, der die kindlich Verliebte erst geschwängert und dann verschmäht hatte, wird letztlich selbst von seiner gutbürgerlichen Braut Karolka inmitten ihrer Hochzeitsfeier verstoßen. (Und mit was für einer herzzerreißend schönen Musik, mit welch grandioser Orchesterhymne auf die Poetische Gerechtigkeit lässt Janáček diese Oper ausklingen!)

Die Musik nämlich ist sozusagen das *innere Strukturgesetz* aller Poetischen Gerechtigkeit: Wie kühn auch immer die fiktionalen Wege der Motiv-Durchführung verlaufen werden – in der Coda muss alles wieder an seinen gehörigen Platz gerückt werden.

---

[4] Für einmal kann man dieses textlogisch zwingende Detail inzwischen auch szenisch umgesetzt sehen: in Kaspar Holtens ›The Copenhague RING‹ (neben Robert Carsens Kölner ›Öko-Ring‹ die am konsequentesten durchdachte und psychologisch genaueste Gesamt-Inszenierung von Wagners Tetralogie in 35 Jahren ›Regietheater‹ seit Ulrich Melchinger, Joachim Herz und ihrem Epigonen Patrice Chéreau); erschienen 2006 als 7-DVD-Box bei DECCA 0743264.

[5] Vgl. dazu näher Harald Fricke, »Schiller und Verdi. Das Libretto als Textgattung zwischen Schauspiel und Literaturoper«, in: Jens Malte Fischer (Hg.), *Oper und Operntext,* Heidelberg: Carl Winter 1985, S. 95–115.

Mutatis mutandis gilt dies, unbeschadet aller musikgeschichtlichen Wandlungen, nun noch immer für das Fortbestehen der *Poetic justice* in der Oper der emphatischen Moderne. Die Poetische Gerechtigkeit siegt am Ende selbst in eminent modernen Werken wie Bergs *Wozzeck* oder Zimmermanns *Soldaten*. Sie siegt in Poulencs *Dialogues des Carmélites* (die vor der Französischen Revolution entflohene Blanche kehrt als »Letzte am Schafott« zur Hinrichtung in den Kreis der Schwestern zurück); sie siegt in Hans-Werner Henzes wundersamem Alterswerk mit seiner märchenhaften Weltabschieds-Oper *L'Upupa*, dem weisen Wiedehopf. Ja, sie siegt selbst noch in Opern der postmodernen Avantgarde wie in Kaija Saariahos unlängst uraufgeführtem Frauendrama *Adriana Mater*.

Und wie uralt dabei diese notorische Verknüpfung von Opernform und Poetischer Gerechtigkeit ist, sieht man beispielsweise an Bertolt Brechts vermeintlich modern-normabweichendem Finale der *Dreigroschenoper*: Wenn da in letzter Sekunde am Galgen der Reitende Bote der Königin erscheint und Mackie Messer begnadigt, ja in den erblichen Adelsstand mit 10'000 Pfund Ehrenpension erhebt, dann parodieren Brecht und Weill damit natürlich unmittelbar das entsprechende Rettungsfinale für den edlen Tenorhelden in Bellinis Belcanto-Oper *I Puritani* von 1835. Aber genau diese opernparodistische Finalwendung finden wir, »als ironisch-satirisches Spiel mit der als Konvention durchschauten ›Poetischen Gerechtigkeit‹«,[6] bereits in Brechts 200 Jahre alter Vorlage, in John Gays Persiflage *Beggar's Opera* aus dem Jahre 1728. Schon da also muss es etwas zu parodieren gegeben haben.

Und Rossinis später Versuch einer seriösen Vertonung der *Othello*-Tragödie stieß 1816 – in erster, versuchsweise Shakespeare-naher Fassung, also wie dann bei Verdi mit dem poetisch ungerechten Tod Desdemonas – auf so heftigen Unwillen, dass sich der ›Schwan von Pesaro‹ nicht lange bitten ließ und für das bekannt konventionsversessene Opernpublikum einen neuen Schluss erstellte. In dem überlebt nun die unglückliche Desdemona den Eifersuchtsmord ihres Gatten, kann mit Emilias Hilfe alles als Intrige des bösen Jago aufklären und dem ehelichen Happy-End mit Schlusschor entgegensingen.

Warum ist das so? Wie kann man diese fortdauernde Gattungsdominanz der Poetischen Gerechtigkeit gerade in der Oper erklären? Die Forschungstradition

---

[6] Vgl. Reinhardt, »Poetische Gerechtigkeit«, S. 108.

Versuch über die Schwierigkeit, NEIN zu singen

im Allgemeinen[7] wie das *Reallexikon* im Besonderen führen die literarhistorische Quasi-Norm der *Poetic justice* generell zurück auf eine ›rationalistische Weltauffassung‹, die »die Literatur *moralischen* Anforderungen unterwirft«; in säkularisierter Form zugrunde lägen dieser ›moralischen Didaxe‹ hier »metaphysisch-religiöse« Vorstellungen von »Gottes *providential justice*«.[8]

So fromm ist die *Oper* bekanntlich nicht, und beileibe nicht immer so moralisch. Hier scheinen mir vielmehr *ästhetische* Gründe für die Strukturnorm der Poetischen Gerechtigkeit vorherrschend verantwortlich zu sein. Diese musikästhetisch zwingenden Sachgründe dürften nämlich zusammenhängen mit der musikalischen Notwendigkeit einer harmonischen *Auflösung* – oder, in serieller Kompositionsweise, einer wenigstens nach eigenem kompositorischen Gesetz konsequent *abgeschlossenen* Bauform aller Musik. Und vielleicht zeigt uns das ja, dass auch in rein *literarischen* Sprachkunstwerken die ›Poetische Gerechtigkeit‹ – nach Quinlan (1912) »the most unpoetical of literary dogmas«[9] – in Tat und Wahrheit weit eher ein Strukturgesetz der ›*Ästhetischen* Gerechtigkeit‹ bedeutet?

B. Hugo von Hofmannsthals Frau ohne Schatten

An nur *einer* Oper, aber gleich an einem der literarisch wie musikalisch anspruchsvollsten Werke der Gattungsgeschichte, möchte ich das Wirken der Poetischen Gerechtigkeit jetzt noch etwas näher vorführen: an der *Frau ohne Schatten* von Hofmannsthal und Strauss aus dem Jahre 1919. Tausende von Romanen und Komödien, und auch zahllose Opern von Monteverdis *Krönung der Poppea* bis zu Paul Dessaus *Leonce und Lena*, erzählen davon, wie aus einem Liebespaar schließlich ein Hochzeitspaar wird. Hofmannsthal aber erzählt in der *Frau ohne Schatten* (und zwar gleich zweifach) die andere Geschichte: wie aus einem *Ehepaar* schließlich doch noch ein *Liebespaar* wird.

Dieses Werk, gemeinsam mit dem Komponisten Richard Strauss konzipiert und von Hofmannsthal parallel als ›Märchen‹ in einer sehr eigenständigen Erzählversion veröffentlicht, gehört zum altbewährten Genre der *Prüfungsopern* – hat also schon von daher eine besondere Affinität zum Strukturkonzept der

---
[7] Vgl. besonders Rosmarie Zeller, *Struktur und Wirkung. Zu Konstanz und Wandel literarischer Normen im Drama zwischen 1750 und 1810*, Bern/Stuttgart: Haupt 1988.
[8] Vgl. Reinhardt, »Poetische Gerechtigkeit«, S. 106–108.
[9] Ebd. S. 107.

Harald Fricke

Poetischen Gerechtigkeit. Darin schließt es nicht nur vielfältig an Mozarts *Zauberflöte* (mit seinem Schikaneder-Vorläufer *Der Stein der Weisen*) an[10] – es führt eine ganze Traditionskette vornehmlich ehelicher Lebensprüfungen fort: angefangen bei den frühesten der vielen Opern über *Orpheus und Eurydike, Alceste und Admetos* oder *Odysseus und Penelope*, moderner weitergeführt z. B. durch Cherubinis *Wasserträger*, Beethovens *Fidelio* und Webers *Oberon*, bis hin zu Wagners *Meistersingern* und zum *Parsifal*; dessen versucherische Blumenmädchen in Klingsors Zaubergarten wiederum haben eine wenig bekannte Vorläufer-Szene bereits in Schuberts heiterer Prüfungsoper *Des Teufels Lustschloss*.

Für die zwei Paare in der *Frau ohne Schatten* – für das überirdisch ›hohe‹ Kaiserpaar wie für das, hier gleich ernstgenommene, ›niedere Paar‹ des Färbers Barak und seiner Frau – genügt es allerdings zum Bestehen der Lebensprüfung nicht, nur wie Tamino in der *Zauberflöte* standhaft zu *schweigen* oder wie Pamina »Die Wahrheit – die Wahrheit!« zu singen.[11] Bei Hofmannsthal müssen alle vier Beteiligten, um ›Schatten zu werfen‹, um also ihre selbst verschuldete Kinderlosigkeit zu überwinden, erst ihre je eigene Prüfungsszene durchstehen. Und bei aller Verschiedenheit der Situationen, bei aller Gegensätzlichkeit der vier Charaktere, besteht sie jeder letztlich auf genau dieselbe Weise.

Um dies implizit deutlich *zeigen* zu können und doch nicht explizit *sagen* zu müssen, bedient sich Hofmannsthal eben desjenigen indirekten Verfahrens, das Musik wie Dichtung als ästhetischer Grundvorgang gleichermaßen durchwirkt: des Verfahrens der ›Variierten Wiederholung‹.[12] Aber Hofmannsthal bezieht die strukturbildende Wiederholung hier auf das denkbar unscheinbarste aller Elemente, auf das Wörtchen »nicht« als unbetonte Satzverneinung. Sein Operntext

---

[10] Zum Mozart- und Goethe-Hintergrund von Hofmannsthals Märchen und Libretto *Die Frau ohne Schatten* vgl. Wolfgang Proß, »Historische Methodik und philologischer Kommentar«, in: Lutz Danneberg u. a. (Hg.), *Vom Umgang mit Literatur und Literaturgeschichte*, Stuttgart: Metzler 1992, S. 269–291, hier besonders S. 275; sowie neuerdings Hendrik Birus, »›Die *Entführung aus dem Serail* schlug alles nieder.‹ Wiener und Weimarer Klassik in Konkurrenz«, in: Wolfgang Amadeus Mozart, *Die Entführung aus dem Serail (K. 384). Facsimile of the Autograph Score*, Ulrich Konrad u. a. (Hg.), Los Altos: Packard Humanities Institute 2008, S. 22–29, hier besonders S. 27.
[11] Vgl. dazu näher Harald Fricke, »Der Augenblick der Wahrheit. Liebesduette in der Oper«, in: Roger W. Müller Farguell (Hg.), *Éros & littérature. Colloquium Helveticum* 31 (2001), S. 12–30.
[12] Vgl. dazu näher Harald Fricke, *Gesetz und Freiheit. Eine Philosophie der Kunst*, München: C. H. Beck 2000, besonders Kap. 4.1., 4.6. sowie grundlegend Kap. 5.

Versuch über die Schwierigkeit, NEIN zu singen

ist ein dramatischer Versuch über die Schwierigkeit, im rechten Moment *Nein* zu singen.

Offen zutage liegt das beim großen Wendepunkt des Schlussaktes, in der Prüfungsszene der Kaiserin.[13] Hin- und hergerissen zwischen dem kinderlos zur Statue versteinernden Kaiser *hinter* ihr und dem zum Mord an ungeborenem Leben verführenden ›Wasser des Lebens‹ *vor* ihr, entsagt die Titelheldin schließlich jeder Eigensucht in *dreifacher Negation*:

DIE KAISERIN: *in höchster Qual*
   Ich kann nicht helfen,
   ich kann nicht!
   [...] Vor ihren Füßen hebt sich wie früher
   das goldene Wasser leuchtend empor.
EINE STIMME VON OBEN:
   Sprich aus: ich will!
   Und jenes Weibes Schatten wird dein!
   Und dieser steht auf und wird lebendig
   und geht mit dir!
   Und des zum Zeichen neige dich und trink!
DIE KAISERIN: *[...] erhebt sich auf die Knie, ihren Lippen*
   entringt sich ein qualvoller, stöhnender Schrei,
   in dessen Intervallen die Worte

   Ich — will — nicht! —

hörbar sind. –
Sogleich, wie diese Worte hörbar werden,
sinkt das Wasser hinab [...]
Der Kaiser erhebt sich von seinem Thron
und schickt sich an, die Stufen hinabzusteigen.
DER KAISER:
   Wenn das Herz aus Kristall
   zerbricht in einem Schrei,
   die Ungebornen eilen
   wie Sternenglanz herbei.

---

[13] Alle folgenden Zitate (als Ersatz für die im Vortrag gezeigten Auszüge aus der 2007 erschienenen DVD: Nationaltheater München 1992, Dirigent: Wolfgang Sawallisch, Regie: Ennosuke Ichikawa, TDK 8-24121-00151-3) nach dem Druck des Librettos: *Die Frau ohne Schatten. Oper in drei Aufzügen* von Hugo von Hofmannsthal. Musik von Richard Strauss. Libretto. London: Fürstner [1919], bei Bedarf ergänzt nach dem Klavierauszug von Otto Singer: London und Berlin: Fürstner 1919.

Die Töne, die nach dem Schrei der Kaiserin »Ich – will – *nicht* !«, und nach der ihr folgenden Stille aus dem Orchester dringen, diese Klänge sind wahrhaft *un-erhört*: sie stammen nämlich von einer Glasharmonika.

C. Nein-Sagen, Nein-Singen bei Strauss und Wagner

Dieser Ausruf »Ich – will – *nicht*!«, der verneinende Entsagungsschrei der Kaiserin, zieht sich nun aber schon als eine Art ›verbales Leitmotiv‹ *aller* Figuren durch die vorigen Akte der *Frau ohne Schatten*. Bezogen freilich hat Richard Strauss dieses Leitmotiv, wie so viele andere,[14] von – *Richard Wagner*, nämlich aus der gleichlautenden Weigerung der zur Verführung verdammten Gralsbotin Kundry:

> KLINGSOR:
> Versuch's mit dem Knaben, der naht!
> KUNDRY:
> Ich – will nicht!

Und in der Tat erweist sich ja schon in Wagners *Parsifal* das Neinsagen, oder genauer: die Kunst, im rechten Moment *Nein zu singen*, als der einzige Heilsweg zur Erlösung für Parsifal, und damit zugleich für Kundry und Amfortas – ja für die komplementären Sündenwelten einerseits des *frauenlosen* Gralstempels wie des *männerlosen* Klingsor-Gartens andererseits. Die Schopenhauersche Verneinung des Willens erweist sich so als der einzig mögliche Weg zur Wiederherstellung wenigstens der *Poetischen* Gerechtigkeit zwischen den Männern und Frauen dieser Welt.

---

[14] In den Streichertakten, die im zweiten Bild der *Frau ohne Schatten* zum traumhaft vorgegaukelten plötzlichen Reichtum der armen Färbersfrau erklingen, hat man immer ein Selbstzitat von Richard Strauss heraushören wollen: Das wundervoll bittersüße kleine Motiv ist hörbar identisch mit Oktavian-Mariandls Seufzer »Es ist jaa / Eh alls oans«, mit dem der 17-jährige Titelheld des »*Rosenkavalier*« den melancholischen Zeit-Monolog der alternden Marschallin parodiert. Das gleiche musikalische Motiv geistert freilich durch viele Opern von Strauss, bis hin zum mythologischen Ehebruchs-Drama *Die Ägyptische Helena* und selbst bis zur späten Ehekrachs-Komödie *Intermezzo*. Merkwürdigerweise begegnet aber dasselbe Streichermotiv auch schon bei Engelbert Humperdinck, der zu dieser Musik seine kindlichen Helden *Hänsel und Gretel* im Traumwald beim Knusperhaus erwachen lässt. Hat Richard Strauss hier also Humperdinck beklaut? Mitnichten: Alle beide haben das Motiv bei ihrem beiderseitigen Meister und Idol Richard Wagner gestohlen. Der seinerseits hatte diese zwei melancholisch schönen Streichertakte nur ein einziges Mal verwendet und dann als *Hapax legomenon* ungenutzt liegen gelassen: nämlich in einem musikalisch angehaltenen Glücksmoment der *Meistersinger von Nürnberg*, wenn sich im Schlussakt die ›Mädels von Fürth‹ mit den Lehrbuben beiderlei Geschlechts im Tanze drehen.

Versuch über die Schwierigkeit, NEIN zu singen

Übrigens lässt schon Wagner (wie ähnlich dann Richard Strauss) dieses »Ich will *nicht*!« gar nicht wirklich *singen*, sondern – durch einfachen Oktavsprung abwärts – sozusagen herausschreien. Das macht uns auf die Schwierigkeit aufmerksam, dass das Nein-Singen in deutscher Sprache seine grammatisch-vokalischen Probleme hat: Die Negation im finiten deutschen Satz lautet eben nicht »Nein«, sondern normalerweise »nicht« – und das ist nun nicht gerade ein besonders sangliches Wort. Ähnliche Schwierigkeiten haben hier übrigens *französische* Opern mit dem unfreien Nasal-Vokal auf »Non!«, wie auch *englische* Opern mit dem Diphthong auf »No!«. Nach meiner Beobachtung bieten hier eigentlich nur zwei der verbreiteten Opernsprachen bessere Singmöglichkeiten an: Selbstredend das *Italienische*, in dem besonders Rossinis geläufige Gurgeln ja immer wieder zu einem kapriziösen »No-no-no-no!« ansetzen; und dann das energische »Njet« des *Russischen*, wie es beispielsweise Tschaikowsky im Männer-Duett vor dem tödlichen Duell zwischen Lenski und Eugen Onegin in so markanter Weise zur Geltung bringt: Das beiderseits zweimal verdoppelte »Njet« zur noch möglichen Versöhnung bildet hier in seiner einsilbigen Heftigkeit geradezu monostichische Verse.

Ähnlich intertextuell wie Strauss gegenüber Wagner, also nach dem literarischen Arbeitsprinzip von Bachtins ›Dialogizität‹ mit diversen Traditionsbeständen, verfährt übrigens auch Hofmannsthal in seiner Dichtung zur *Frau ohne Schatten*: Dieser jüdische Katholik aus Rodaun, bekanntlich auch Verfasser des frommen Salzburger Mysterienspiels vom *Jedermann*, lässt z. B. seine einfache persische Färbersfrau einmal wörtlich singen: »Ich weiß von keinem Manne«! Wer da nicht seine Luther-Bibel (mit der Engels-Szene von Mariae Verkündigung) im Ohr hat, der wird von dem fast schon postmodernen ReMix von Mythen in der *Frau ohne Schatten* nicht viel mitbekommen.

Damit sind wir wieder beim mehrfach codierten »Ich will nicht!«, bei den Worten der entsagend-erlösenden Verneinung aus dem Munde der ›Kaiserin ohne Schatten‹, die ihr, in vollendeter Poetischer Gerechtigkeit, den ersehnten Schatten der Mutterschaft bringen. Ihr emphatisches *Nein* weist strukturell zurück auf gleich drei parallele Schlüsselstellen der vorigen Akte und der anderen drei Hauptfiguren. Geht man einmal den Schicksalen der Negationspartikel in diesem dicht gewebten Operntext nach, erweist sich bald, dass das strukturbildend wiederholte Wörtchen »nicht« geradewegs ins Herz der literarischen wie der musikalischen Werk-Konzeption führt.

Harald Fricke

Denn der Kaiser selbst, zu Unrecht oft als eine passiv auf Erlösung wartende Gestalt missverstanden, hat gleichermaßen seine große eigene Prüfungsszene im Falken-Monolog des zweiten Aktes. Erst durch sein eigenes, dreifaches *Nein* wird er persönlich reif für das Glück der Vaterschaft. Sobald er hier nämlich entdeckt hat, dass die Kaiserin ihn in brieflicher Lüge hintergeht und ihre Nächte dienend unter dem gemeinmenschlichen Dach des Färbers Barak verbringt, will der Kaiser sie zunächst jagen und töten – wie einst als weiße Gazelle, als bloße erotische Jagdbeute im Feenwald. Doch auch der kaiserliche Tenor-Held schreckt nun, in gleichfalls *dreifacher Negation*, vor der lieblosen Ausübung seines kaiserlichen Rechtes in liebender Erinnerung zurück:

DER KAISER:
    Wehe, daß sie mir lügen kann –
    wehe, daß sie nun sterben muß!
        Er zieht einen Pfeil aus dem Köcher.
    Pfeil, mein Pfeil, du mußt sie töten,
    die meine weiße Gazelle war! –
    Weh! Da du sie ritztest, ward sie ein Weib! –
    Du bist nicht, der sie töten darf.
        Er stößt den Pfeil wieder in den Köcher,
        zieht das Schwert halb aus der Scheide.
    Schwert, mein Schwert, du mußt auf sie!
    Weh, ihren Gürtel hast du gelöst –
    du bist nicht, der sie töten darf!
        Er stößt das Schwert wieder in die Scheide.
    Und meine nackten Hände! Weh! –
    Meine Hände vermögen es nicht!

Auch die Frau des Färbers Barak steht mehrfach kurz davor, ihren gutherzig-groben Mann eigensüchtig ins Unglück zu stoßen. Schon will sie ihm bekennen, zur Abwehr seines sehnlichen Kinderwunsches den Schatten ihrer weiblichen Fruchtbarkeit an die feenhaft-schattenlose Kaiserin verhandelt zu haben – da bricht im letzten Augenblick todesbereit und rettend der Widerruf aus ihr hervor:

DIE FRAU: *ist in sprachlosem Schreck über die Wirkung ihrer frevelhaften Rede nach links hinübergeflüchtet; allmählich geht in ihr eine ungeheure Veränderung vor; leichenbleich, aber verklärt, mit einem Ausdruck, wie sie ihn nie zuvor gehabt hat, trägt sie sich Barak und dem tödlichen Schwertstreich entgegen [...]*
    Barak, ich hab' es
    nicht getan!

Versuch über die Schwierigkeit, NEIN zu singen

> Noch nicht getan!
> Höre mich, Barak!
> Verräter ward mein Mund an mir,
> zuvor die Seele
> die Tat getan!

Mit genau denselben, lebensentscheidenden Worten aber setzt erneut der nachfolgende dritte Akt der Oper ein: Wenn die Färbersfrau hier, im unterirdisch zweigeteilten Prüfungsgewölbe, die aus dem Orchester heraufklingenden Ungeborenen anfleht: »Schweigt doch, ihr Stimmen! / Ich hab' es *nicht* getan!«, dann ist wiederum die heilige *Dreizahl* der Verneinung auch bei ihr, wie schon beim Kaiser erreicht:

> DIE FRAU: *(im Orchester ertönen die Stimmen*
>   *der Ungeborenen, wie im ersten Aufzug)*
>   Schweigt doch, ihr Stimmen!
>   Ich hab' es nicht getan!

Und insgesamt *dreimal* im gesamten Werk ertönen auch die lutherisch-einfachen Negationsworte des Färbers Barak: »Fürchte dich nicht!« Mit diesen biblischen Worten sagt Barak – parallel zur Färbersfrau, im anderen Prüfungsgewölbe – für immer jeder *lieblosen* Handlung gegenüber seiner nicht immer liebevoll handelnden Frau ab:

> BARAK:
>   Weh mir! Daß ich sie einmal noch sähe
>   und zu ihr spräche:
>   Fürchte dich *nicht.*
>   Fürchte dich *nicht!*
> EINE STIMMME: *von oben, auf Baraks Seite*
>   Auf, geh nach oben, Mann,
>   der Weg ist frei!

So konkretisiert sich in diesem Werk die Poetische Gerechtigkeit als Sprechakt der *Verneinung*. Aber was ist es eigentlich, *wozu* hier Nein gesagt werden muss, damit der Mensch reif werde, die Ungeborenen ins Leben zu rufen? Das leitmotivisch abgewandelte Schlüsselwort ›Ich *will* – Ich will *nicht*‹ deutet auf die Antwort: Es geht um eine Negation der eigenen Existenz, um die Absage an den selbstsüchtigen *Willen zum Leben* (durchaus im Sinne Schopenhauers zu lesen).

Diese Lebensverneinung drückt sich aus in der Bereitschaft zum frei gewählten *Tod aus Liebe*. Alle vier Protagonisten durchschreiten freiwillig, wie der Kaiser nach seinem Verzicht auf strafende Rache, die mehrfach beschworene »Schwelle des Todes«. Diese *Verneinung* also ist hier die Vorbedingung wahrer Liebe und würdiger Elternschaft – nicht wie sonst eine heroische Tat oder dramatische Aufopferung.

In dieser ganz, ganz leisen Umdeutung von Theater- und Opern-Konventionen ist Hofmannsthal nun gewiss kein radikaler Normabweichler im Bezug auf primäre *Sprachnormen*, wie seine Zeitgenossen Arno Holz oder Georg Trakl, wie die Expressionisten und Futuristen oder gar die Zürcher Dadaisten in den gleichen Entstehungsjahren am Ende des Ersten Weltkriegs. Aber von den *Quasi-Normen*[15] der dramatischen wie der Opern-Tradition weicht Hofmannsthal umso entschlossener ab: Die heroische Handlung der Kaiserin, die den Weg zur Wiederherstellung der Poetischen Gerechtigkeit bereitet, besteht nicht in einem moralischen *Tun* wie bei Beethovens *Leonore*, sondern gerade darin, um anderer willen etwas zur Rettung ihres geliebten Gatten nötig Erscheinendes *nicht* zu tun!

Die Kunst, im richtigen Moment auch einmal *Nein zu sagen*, als Weg zur *Poetischen* wie zur *menschlichen* Gerechtigkeit: Wäre das nicht auch ein nützlicher Geheimtipp für Politiker – und besonders für unsere Bildungspolitiker?

---

[15] Vgl. dazu näher Harald Fricke, *Norm und Abweichung. Eine Philosophie der Literatur*, München: C. H. Beck 1981, besonders Kap. 4.2.1.

REMIGIUS BUNIA

Die Mystik der sprachlichen Gewalt in Recht und Literatur
Juristische und literarische Wirklichkeitsanalysen und die ihnen zugrundeliegenden Vorstellungen von Gerechtigkeit seit dem 18. Jahrhundert

Mit Worten kann Macht ausgeübt werden. Wenn bestimmte Worte fallen, sind unter Umständen nur noch bestimmte Optionen auf dem Tisch. Wird eine Kündigung ausgesprochen oder nach dem Wetter gefragt: In beiden Fällen ist der Spielraum für Reaktionen eingeengt. Diese regulative Macht ist deshalb überraschend, weil sich physisch so wenig in den Weg stellt. Eine die Straße versperrende Schranke gibt ebenfalls nur wenige Optionen an die Hand. Die Sprache aber erfordert ein Verstehen, das bei komplexen Zusammenhängen sehr schnell die Möglichkeit zu sehr weiten Deutungen liefern kann. Der vorliegende Beitrag beschäftigt sich mit Techniken, das Verstehen von Sprache einzuengen und präsentiert mehrere einschlägige Operationsmodi, die sich im Laufe der Kulturgeschichte etabliert haben. Unter *Operationsmodus* oder – synonym – unter einem *epistemischen Schema* verstehen wir eine Art und Weise, die Strukturierung der Weltstrukturierung vorzunehmen, also ein Strukturierungsschema zweiter Ordnung. Strukturierungsschemata erster Ordnung sind die überhaupt zur Verfügung stehenden Unterscheidungen: Dinge als Dinge und Prozesse als Prozesse in ihrer Differenz zu anderen Dingen beziehungsweise Prozessen zu identifizieren. Die Unterscheidungen zueinander in ein – beobachtbares – Verhältnis zu setzen, erlauben epistemische Schemata.

Dabei stehen zwei Operationsmodi im Vordergrund: der juridische und der rhetorisch-literarische. Sie sind von besonderer Bedeutung, weil sie Alltagssituationen sprachlich zu erfassen suchen – und dabei auf Genauigkeit drängen. Dieses Bemühen um Genauigkeit ist, das wird sich im Folgenden erweisen, das Bemühen um eine je eigene Form der Gerechtigkeit. Wie wird man einer Situation gerecht? Und wie wird man ihr gerecht, wenn man sie in Worten beschreiben soll? Gerade wenn in bestimmten Bereichen des Lebens das Wort eine so große Macht entfaltet, stellt sich die Frage, wie die Wahrscheinlichkeit einer willkürlichen Anwendung dieser Macht verringert werden kann.

Dabei sind die Probleme vielschichtig. Die Entscheidungen, die ›der‹ Justiz zugeschrieben werden, können von dieser kaum oder gar nicht verantwortet werden, weil Politiker über die Gesetze befinden. Doch umgekehrt: Wenn Gesetzgebungen Gesetze erlassen, fällen Richter Urteile, die oft gar nicht recht zu den Absichten der Politiker passen. Die Normadressaten wissen wiederum oft gar nicht, welche Gesetzesänderungen sie betreffen, ganz zu schweigen davon, dass sie ohnehin wenig Gesetzes- und Rechtskenntnis aufweisen. Dennoch strukturiert das Recht viele Lebensbereiche, verabschieden Politiker ständig Gesetze, schließen Parteien Verträge und führen schließlich Prozesse. Wie kann es sein, dass trotz dieser vielfältigen und wenig aufeinander abgestimmten Prozesse das Recht so stabil operiert? Mit dieser breiten Frage können wir uns nicht umfassend beschäftigen: Augenscheinlich tragen viele verschiedene Faktoren zu dieser Stabilität bei. Im Folgenden wollen wir jedoch einige dieser Faktoren in den Blick nehmen. Wir stellen in einem kurzen Überblick in dieser Einleitung diejenigen Aspekte zusammen, auf die wir uns im weiteren Verlauf der Argumentation einlassen wollen.

Erstens muss ein Fehlverhalten auf präzise Weise klassifiziert werden. Es reicht nicht aus, die gesetzlichen Konsequenzen festzulegen, sondern die Fakten selbst müssen neu erzählt und mit den Regulationen verglichen werden. Ein naiver Blick auf das, was ist, ist so nicht gestattet. Wenn jemand behauptet, ein Baum sei ein Baum, kann dies bezweifelt und diskutiert werden, falls es Belege dafür gibt, dass dies eine inadäquate Klassifikation sein könnte. Schließlich entscheidet das Gericht, was was ist. Es kann sogar zu einer Entscheidung kommen, ohne dass es eine Untersuchung vornimmt,[1] aber worauf es ankommt, ist die Tatsache, dass ein solcher Verzicht Teil des gerichtlichen Verfahrens ist. Das bedeutet, dass das Gericht keine normative Entscheidung darüber fällt, wie Dinge zu sein haben, und damit auch nicht an der Wiederherstellung von Er-

---

[1] Das passiert ja sogar im Regelfall, da nicht alle sprachlichen Ausdrücke immer wieder hinterfragt werden müssen. Prozessieren zwei Personen über Bananenlieferungen, muss meist nicht erst geklärt werden, was eine Banane ist. Das schließt aber nicht aus, dass genau dies einmal zum Problem werden kann, wenn die Banane etwa durch Züchtung oder Genmanipulation vielleicht nicht mehr so ganz klar eine Banane ist.

wartungen arbeitet,² sondern es ihm völlig genügt, eine möglichst angemessene Beschreibung für das Geschehen zu finden.

Hierin hat der Prozess eine Ähnlichkeit mit Literatur; die Ähnlichkeit hat allerdings auch Schranken, wie wir noch sehen werden. Auf diese Art und Weise versucht das Gericht, sich auf das Einzelfallartige des Falls zu konzentrieren und es zu dem in Beziehung zu setzen, was über mögliche Fälle geschrieben worden ist (vor allem in den Gesetzen). Damit ist das Entscheiden ein komplexer Vorgang der Lektüre beziehungsweise der Erinnerung an Gelesenes; und er erschöpft sich in einer rein sprachlichen Operation. Rechtliches Denken ist eines der wenigen epistemischen Schemata, das ausschließlich auf Worten beruht. Hier gleicht es epistemischen Verfahrensweisen in Literatur und Philosophie. Aber es ist zugleich ein epistemisches Schema, das systematisierende Klassifikation stets für möglich hält und nichts aus seinem Gegenstandsbereich ausschließen kann.

1. Der Bruch im 18. Jahrhundert

Als Beccaria in *Dei delitti e delle pene* (1764) verlangte, dass das Gesetz genau bestimme, welche Taten Strafen nach sich ziehen, verlangte er nicht nur das Ende billiger Strafzumessung.³ Seine Forderung – Anselm von Feuerbach hat sie später in der kurzen Formel *nulla poena sine lege* verdichtet – richtete sich ebenso wenig allein dagegen, dass der Strafrichter ein Strafmaß nach eigenem Gutdünken verhängen und Taten nicht nur nach dem Gesetz, sondern auch nach dem eigenen Moralgefühl bewerten durfte. Die überragende Neuerung lag vielmehr in der Annahme, dass im Prinzip ein Text in der Lage ist, alle nur denkbaren Handlungen zu beschreiben. Natürlich stand zunächst im Vordergrund, dass ein Richter keine Strafe verhängen durfte, bloß weil er eine Tat für verwerflich hielt. Deswegen wurde an Formulierungen gearbeitet, die genau vorgaben, welche Tat unter Strafe stand. Insofern die Beschreibung präzise

---

² Das Rechtssystem hat für Luhmann die »Funktion der Stabilisierung normativer Erwartungen durch Regulierung ihrer zeitlichen, sachlichen und sozialen Generalisierung« (Niklas Luhmann, *Das Recht der Gesellschaft*, Frankfurt a. M.: Suhrkamp 1993 [1997], S. 131). Es geht im Recht darum, auf enttäuschte Erwartungen auf zwei Weisen reagieren zu können: an den Erwartungen festzuhalten oder sie aufzugeben. Eine Gerichtsentscheidung stellt nicht *per se* Erwartungen wieder her, aber sie kann es, wenn ein Kläger obsiegt und bei der Durchsetzung seiner Forderungen mittels eines Vollstreckungstitels aus kontrafaktischen Erwartungen wieder Fakten schafft.

³ Vgl. Cesare Beccaria, *Dei delitti e delle pene*, Mailand: Mondadori 1991 [1764], S. 37–39.

sein musste, verlangte das neue Prinzip ein hohes Maß an Abstraktion. Feuerbach nahm selbst wohl nicht an, dass eine Liste aller konkret möglichen Taten machbar wäre.

Das Projekt eines restlos präzisen Strafrechts mündete in die großen Kodifikationsbemühungen im späten 18. Jahrhundert, wie sie beispielsweise von Friedrich dem Großen betrieben wurden. Diese ambitionierten Pläne setzten einen Richter voraus, der – mit der Gleichgültigkeit (und ›Gerechtigkeit‹) einer Maschine ausgestattet – aus Fall und Gesetz das Strafmaß berechnete. Im wahrsten Sinne des Wortes sollte der Richter auf eine bestimmte Strafe *erkennen* (wie es im Juristendeutsch bezeichnenderweise heißt): Er sieht den Fall, überblickt das Gesetz, führt beides zusammen und erhält ein exaktes Strafmaß, das er unter Absehung von seinen persönlichen moralischen Vorstellungen verhängt. In diesem Sinne trifft der Richter *keine* Entscheidung, wenn er ein Urteil fällt.

Aus den Kodifizierungsbestrebungen erwächst sodann die moderne Rechtsdogmatik. Hinter den Kodifizierungsbestrebungen steht das Bedürfnis nach einer nicht willkürlichen und nicht zufälligen Abbildung von einer realen Situation auf eine sprachliche Beschreibung. Dabei ist der erste Ansatz, eine möglichst vollständige Auflistung zu schaffen, zugunsten einer Auslegungsstrategie gewichen, bei der die Willkür minimiert und die Anwendbarkeit des Rechts auf Situationen der Welt maximiert wird. Diese Strategien greifen auf zwei klassische epistemische Verfahren zurück: Rhetorik und Dialektik (im heutigen Sprachgebrauch: Rhetorik und Logik).

Damit wenden sich die folgenden Überlegungen gegen die Annahme, das Recht sei sehr eng an Überwachung und an Kontrolle orientiert.[4] Es selbst hat keinerlei Erziehung oder Maßregelung zum Ziel, sondern allein die Einschät-

---

[4] Dass die Literaturwissenschaft hier einer sehr engen Sicht auf das Recht folgt, ist vermutlich einer allzu einseitigen Foucault-Lektüre geschuldet. Der späte Foucault hat seine Beschreibung von Machtstrukturen im Vergleich zu den früheren Arbeiten stark überdacht, aber im Kern ist er bei einem starken Kodifikationsgedanken geblieben. Für ihn geht es in der nachantiken Rechtsordnung darum, »assujettir tous les individus de la même façon [...] sous une loi universelle, dont seule l'application pourrait être modulée par la mise en jeu d'une casuistique. Tout ici [en Grèce ancienne, RB] au contraire est affaire d'ajustement, de circonstance, de position personnelle.« Michel Foucault, *Histoire de la sexualité II. L'usage des plaisirs*, Paris: Gallimard 2008 [1984], S. 83 f. – Im vorliegenden Beitrag geht es darum zu zeigen, dass das moderne Recht sich exakt darum müht: Berücksichtigung des Einzelfalls, der Umstände, der individuellen Lage der Betroffenen.

zung einer als einmalig und individuell gewerteten Situation.⁵ Die Einschätzung selbst verläuft nicht ›kasuistisch‹, sondern anhand einer eigens, vor allem im 18. Jahrhundert herausgebildeten epistemischen Operationsweise. Die Gerechtigkeit des Rechts liegt allein darin, diese Operationen bereitzustellen und eventuell im Gerichtsverfahren punktuell zu statuieren.⁶ Sie liegt aber nicht darin, erzieherische Vorstellungen durchzusetzen oder die Individuen zu bestimmtem Verhalten anzuleiten.

Im Folgenden wird nicht die geisteswissenschaftliche Vorliebe für Straftaten geteilt. Entgegen der populären Sicht auf das Recht sehen wir im Strafrecht eine Verschärfung bestimmter Prinzipien, zugleich aber auch eine atypische Stellung des Klägers. Denn in nicht strafrechtlichen Verfahren klagt eine Partei, weil sie glaubt, dass ihre Erwartungen enttäuscht worden sind, sie ihre Erwartungen aber trotzdem aufrechterhalten kann und daher ein Gericht anruft. So kann ein Garagenbauer darauf bestehen, dass die Stadt ihm eine nicht erteilte Genehmigung doch erteilt; so kann ein Kunde vom Dienstleister verlangen, dass dieser doch das seiner Meinung nach funktionstüchtige Produkt nachbessert; so kann ein Arbeitnehmer den Arbeitgeber zu bestimmten Formulierungen im Arbeitszeugnis zwingen; so kann ein Steuerzahler die Finanzbehörde dazu bringen, bestimmte nicht berücksichtigte Ausgaben doch als Werbungskosten anzuerkennen. Wessen Erwartungen werden im Strafverfahren enttäuscht? Hier klagt der Staatsanwalt, und er klagt im Namen des Staates und so im Namen der Politik an. Die Fachsprache deutet die Besonderheit auch an, indem sie aus dem bloß ›Beklagten‹ des Zivilverfahrens im Strafverfahren den ungleich verdächtigeren ›Angeklagten‹ macht. In der großen Zahl der Fälle streiten private Parteien, verklagen private Parteien einzelne Behörden oder führen staatliche Organe untereinander Prozesse. Dass aber der Staat quasi im Namen des Volkes selbst darauf dringt, dass *seine* Erwartungen nicht enttäuscht werden, führt

---

⁵ Wir kommen aber darauf zurück, dass Richter sich gelegentlich politisch betätigen.
⁶ Das Recht ist ja auch in Wirkung, ohne dass ein Gericht sich damit beschäftigt. Es kann sein, dass für bestimmte Vorgänge der Zwang zu rechtlicher Unterstützung besteht (zum Beispiel dort, wo ein Notar erforderlich ist). Zugleich unterhalten aber, wie Luhmann zeigt, viele Kommunikationen des Wirtschaftslebens, aber auch in der Gesundheit, in der Wissenschaft und fast überall eine Referenz auf das Rechtssystem. Der Gerichtsbeschluss dient als Festlegung einer Rechtsauffassung für den Moment, in dem ein Konflikt vorliegt und Rechtsauffassungen nicht übereinstimmen. Dass die Pflicht zur Entscheidung den Kern der gerichtlichen Tätigkeit ausmacht, hat Luhmann überzeugend herausgestellt, vgl. insbesondere *Das Recht der Gesellschaft* (Anm. 2), S. 317.

zwar nicht dazu, dass das Strafverfahren eine Ausnahme bildet oder unjuristisch wäre, aber es ist angesichts dieses besonders mächtigen und einflussreichen Klägers (dem zudem die Polizei untersteht) ein Sonderfall. Beccarias und Feuerbachs besondere Schutzvorschriften im Strafverfahren reagieren ja genau auf diese Machtfülle des Staates, der in Prozessen bis heute die besseren Karten auf der Hand hält.[7] Daher muss gerade im Strafverfahren die Einzigartigkeit des jeweiligen Falls mit besonders großer Präzision gesehen werden; das Strafverfahren wendet den juridischen Operationsmodus mit besonders großer Sorgfalt an.

Damit wäre die Funktion des Rechts auf eine neuartige Weise gefasst. Es wäre eine Art und Weise, Weltbeschreibung anzufertigen, um die Kontrolle der Welt zu erleichtern.[8] Damit lassen sich juridischer und literarischer Weltkontakt vergleichen, indem ihre Art und Weise, ein zutreffendes Bild von der Welt zu schaffen, näher bestimmt wird. Der epistemische Operationsmodus des Rechts muss als ein Verfahren beschrieben werden, das einem einmaligen Sachverhalt *gerecht* wird.

Der maschinenhafte Richter entpuppt sich dabei als falsches Ideal. Gerade dasjenige epistemische Schema, das eine maschinenhafte Berechnung erstrebt, das dialektische, erweist sich als ungeeignet. Dies hängt mit der Orientierung des Rechts (und der Literatur) am Einzelfall zusammen. Nur dann, wenn die Anwendung des Rechts auf den vorliegenden Fall nicht offensichtlich ist, muss die Rechtslage überhaupt entschieden werden. Radikal formuliert: nur wenn der Fall unentscheidbar ist, muss zu seiner Entscheidung aufgerufen werden.[9] Selbst im seltenen Fall des reuigen, geständigen Angeklagten im Strafverfahren bei völliger Übereinkunft zwischen Staatsanwalt, Verteidigung und Gericht über das Strafmaß muss zumindest entschieden werden, dass wider Erwarten

---

[7] Hier ist nicht etwa nur daran zu denken, dass Polizisten vor Gericht eher geglaubt wird (das hängt sehr vom Richter ab), sondern vor allem an die unsäglichen Heilungsvorschriften im deutschen Verwaltungsrecht. An staatlichen Universitäten nutzt man sie weidlich.

[8] Der hier benutzte Kontrollbegriff versteht sich kybernetisch nicht als erfolgreiche Steuerung ›der anderen‹, sondern als rückgekoppelte Einwirkung auf Welt überhaupt, als verallgemeinerter Begriff von Handlung sozusagen. Vgl. hier Dirk Baecker, »Die nächste Universität«, in: Ders., *Studien zur nächsten Gesellschaft*, Frankfurt a. M.: Suhrkamp 2007, S. 98–115, hier S. 109; Remigius Bunia, »Literaturwissenschaft als kontrollierter Weltkontakt. Novalis' universale Poetik und das Wesen der Philologie«, in: *Athenäum* 18 (2008), S. 15–50.

[9] Vgl. Heinz von Foerster, »Ethics and Second-Order Cybernetics«, in: *Cybernetics and Human Knowing*1 (1992), S. 9–19, hier S. 14.

völliges Einverständnis herrscht; der Staat hegt nämlich in der Regel die doppelbödige Erwartung, dass im Falle seiner enttäuschten Primärerwartung eines rechtskonformen Handelns die Sekundärerwartung einer versuchten Strafentziehung greift. Klarer sind aber strittige Straffälle und vor allem natürlich Zivilprozesse. Wüssten in einem Zivilprozess alle Parteien, wie der Richter entscheiden wird, müsste man keinen Prozess führen, da so alle Geld und Zeit sparten; wäre das Urteil im Strafverfahren im Vorfeld klar, so müsste sich der Angeklagte höchstens zu Zwecken der öffentlichen Bloßstellung vor Gericht präsentieren. In der Tat gelingt aber das maschinelle Errechnen des Urteils gerade nicht. Wir wollen uns also nun den verschiedenen Operationsmodi zuwenden, um zu sehen, welche anderen Verfahren – neben der eher ›maschinellen‹ Dialektik – für die Behandlung einzigartiger Fälle geeignet sind.

2. Dialektischer, empirischer und rhetorischer Operationsmodus

Rhetorik und Dialektik werden in der Antike einander gegenübergestellt. Sie sind zunächst akademische Disziplinen, deren Gegenstand ist, wie der Ausdruck von Gedanken möglich ist und wie Gedanken untereinander zu verbinden sind. Sie befassen sich damit, wie jemand zu überzeugen ist und wie man zu einem guten Argument gelangt.[10] Die Rhetorik fragt – zugespitzt formuliert – insbesondere, wie man effektiv *sprechen* kann, wohingegen die Dialektik untersucht, wie man korrekt und erfolgreich *denken* kann. Die klassische Rhetorik behandelt also sprachlichen Sinn, die Anordnung textueller Elemente, die Organisation langer Reden, Umstände der Kommunikation (›Kontexte‹), emotionale Effekte auf Leser und Zuhörer, Gedächtnisübungen und Mimik sowie Gestik. Dialektik hingegen richtet sich auf Wahrheit, auf das Verhältnis zwischen Welt und Begriffen und zwischen Begriffen und Worten sowie auf Syllogismen. Syl-

---

[10] Vgl. Gottfried Gabriel, *Logik und Rhetorik der Erkenntnis*, Paderborn: Schöningh 1997; Dietmar Till, *Transformationen der Rhetorik: Untersuchungen zum Wandel der Rhetoriktheorie im 17. und 18. Jahrhundert*, Tübingen: Niemeyer 2004; Rudolf Behrens, *Problematische Rhetorik: Studien zur französischen Theoriebildung der Affektrhetorik zwischen Cartesianismus und Frühaufklärung*, München: Fink 1982; Wilbur Samuel Howell, *Poetics, Rhetoric and Logic: Studies in the Basic Disciplines of Criticism*, Ithaca: Cornell UP 1975; Wilbur Samuel Howell, *Eighteenth-century British logic and rhetoric*, Princeton: Princeton UP 1971; Remigius Bunia, »Worte und andere Dinge«, in: Michael Butter, Christina Sanchez u. Regina Grundmann (Hg.), *Zeichen der Zeit: Interdisziplinäre Perspektiven zur Semiotik*, Frankfurt a. M.: Lang 2008, S. 199–219.

logismen erlauben einem Sprecher, Fakten über die Welt zu ermitteln, indem man bereits bekannte Fakten in wahre Propositionen überführt, aus diesen wahren Propositionen neue wahre Propositionen herleitet und diese Propositionen wieder auf die Welt anwendet.[11]

Die Philosophie war über lange Zeit diejenige Disziplin, in der sowohl die Rhetorik als auch die Dialektik ihre Heimstätte hatten. Allerdings veränderte sich diese Konstellation im Zuge einer Radikalisierung des Wahrheitsbegriffs im 17. Jahrhundert; mit dem Rationalismus wurde die Rhetorik als bloße Überredungskunst ausgeschlossen, und die Dialektik entwickelte sich zur modernen Logik. Ein kurzer Überblick darüber, wie die Bedeutung der Dialektik für die Philosophie seit dem 17. Jahrhundert gewachsen ist, wird helfen zu verdeutlichen, wieso rechtliches Denken einer tiefergehenden epistemologischen Analyse bedarf.[12] Die zu skizzierende Entwicklung hat umfassende Folgen für die westlichen Konzepte von moralischem Fehlverhalten und individueller Schuldfähigkeit gehabt.[13]

Rhetorik und Dialektik sind stets nicht nur als Disziplinen betrachtet worden, sondern auch als bestimmte Praktiken (›Praxen‹). Rhetorik zu lehren heißt, jemandem die Fähigkeit zur wirksamen Überzeugung zu vermitteln. Dialektik zu

---

[11] Bacon: »syllogismus ex propositionibus constet, propositiones ex verbis, verba autem notionum tesserae et signa sint. Itaque, si notiones ipsae mentis (quae verborum quasi anima sunt, et totius hujusmodi structurae ac fabricae basis) male ac temere a rebus abstractae, et vagae, nec satis definitae et circumscriptae, denique multis modis vitiosae fuerint, omnia ruunt.« Francis Bacon, *Neues Organon*, Teilband 1, hg. v. Wolfgang Krohn, Hamburg: Meiner 1990 [*Novum Organum*, 1620], S. 42. – Die modernen Dialektiker würden natürlich einwenden, dass sie heutzutage über *notiones bene definitae* verfügten.

[12] Für eine ausführlichere Geschichte, die auch zeigt, dass im Detail unsere Darstellung die Entwicklung etwas über Gebühr schematisiert, vgl. Wilhelm Schmidt-Biggemann, *Topica universalis. Eine Modellgeschichte humanistischer und barocker Wissenschaft*, Hamburg: Meiner 1983; Rudolf Behrens, *Problematische Rhetorik. Studien zur französischen Theoriebildung der Affektrhetorik zwischen Cartesianismus und Frühaufklärung*, München: Fink 1982; Dominik Perler, *Repräsentation bei Descartes*, Frankfurt a. M.: Klostermann 1996; Wilfried Hartmann, »Rhetorik und Dialektik in der Streitschriftenliteratur des 11./12. Jahrhunderts«, in: Johannes Fried (Hg.), *Dialektik und Rhetorik im früheren und hohen Mittelalter. Rezeption, Überlieferung und gesellschaftliche Wirkung antiker Gelehrsamkeit vornehmlich im 9. und 12. Jahrhundert*, München: Oldenbourg 1997, S. 73–95; Dietmar Till, *Transformationen der Rhetorik. Untersuchungen zum Wandel der Rhetoriktheorie im 17. und 18. Jahrhundert*, Tübingen: Niemeyer 2004.

[13] Vgl. Remigius Bunia, »Vorsätzliche Schuldlosigkeit – begnadete Entscheidungen. Rechtsdogmatik und juristische Willenszurechnung in *Der Prinz von Homburg* und *Die Marquise von O...*«, in: *Kleist-Jahrbuch* 2004, S. 42–61.

lehren heißt, jemanden sich die Fähigkeit zum rational-logischen Denken aneignen zu lassen. Seit dem ›Schisma‹ des 17. Jahrhunderts werden – *cum grano salis* gesprochen – mit offenen Praktiken der Rhetorik nur noch Politiker und Anwälte in Verbindung gebracht; denn deren Argumente sind zu schwach, um sich ohne Redekunst durchzusetzen. (Das heißt damit auch, dass das Recht und die Politik aus einer dialektischen Perspektive noch vorrationalistische Gefilde sind, zu denen man besser Distanz hält.) Wenn jemand also zu einer weniger klaren, dafür aber ornatreichen Sprache Zuflucht nimmt, auf diese Weise die Regeln des *plain style* verletzend, signalisiert er damit, dass seine Argumente schwach sind. Eine solche Sprache ist für Literatur und journalistische Magazine geeignet, für Bereiche also, in denen Wahrheit eine untergeordnete und Vorstellungsgabe und bloße Befindlichkeitsbekundung eine große Rolle spielen.

2.1. Dialektischer Operationsmodus

Als sich die kartesianische Sicht durchsetzte, wurde Dialektik – nach einer langen Auseinandersetzung mit den Voraussetzungen und Traditionen der Philosophie – die einzig akzeptable Art und Weise, sprachliche Ausdrücke auf Richtigkeit zu prüfen und Theorien über die Welt und über kognitive Prozesse zu bilden. Dies lief auf die angesprochene geradezu schismatische Trennung von Dialektik und Rhetorik hinaus (die durch den Empirismus etwas kompliziert wurde – dazu gleich mehr). Während Descartes mit seiner ›Methode‹ bloß einige grundlegende Prinzipien aufstellte und in seiner wissenschaftlichen Praxis einen mathematisierenden Zugriff lediglich demonstrierte, explizierte die *Logique de Port-Royal* die Prinzipien, formte sie zu Anweisungen und schuf so die Grundlage für eine moderne Episteme. Sie schrieb vor allem einen klaren und deutlichen Gebrauch von Worten vor.[14] Dieser spezifische Gebrauch sollte grundsätzlich überall vorherrschen. Als besonders anwendbar und geeignet erwies sich diese Forderung für die Naturwissenschaften, unter denen insbesondere die Physik sich nunmehr mathematisch konstituierte und damit die Mathematik von einer Berechnungshilfe zu einem Werkzeug für die Formulierung von

---

[14] Es geht dem 17. Jahrhundert um eine »langue simple, absolument transparente qui est capable de nommer l'élémentaire«, Michel Foucault, *Les mots et les choses. Une archéologie des sciences humaines*, Paris: Gallimard 1995 [1966], S. 76.

Theorien erhob.[15] Descartes vertrat das Ideal einer mathematischen Reinheit in allen Wissenschaften, aber möglicherweise im Begreifen von Welt überhaupt. Der dialektische – oder, wie er damals langsam hieß,[16] logische – epistemische Operationsmodus ging nunmehr von der Möglichkeit aus, diejenigen Dinge und Prozesse in der Welt, die ein Wort bezeichnen kann, sehr genau einzugrenzen. Die Definition wurde wichtig. Da in der logischen Vorstellung den Dingen selbst innewohnte, was sie zu Einheiten machte, bestand die Benennung in der Zuweisung eines im Prinzip arbiträren Namens.[17] Der von Descartes postulierte allgemeine Menschenverstand (*sens commun*) garantierte, dass die Identifizierung selbst sich einfach einstellte, solange nicht unter sehr bestimmten Bedingungen Sinnestäuschungen die Identifikation erschwerten. Ein Baum ist damit ein Baum; und man muss sich in diesem Modell schon sehr unwillig anstellen, um einen Baum nicht als Baum zu identifizieren. Zu den sprachlichen Vorschriften gehörte, völlige Eindeutigkeit zu schaffen; man argumentierte, Homonymie beispielsweise behindere das Sprechen. Das Analytische der Methode steckte darin, dass die Merkmale und Eigenschaften, die ein Ding zum Ding machten, gesammelt wurden und ihre Fähigkeit, die Gesamteigenschaften eines Dings zu bestimmen, untersucht wurde. Beim Baum wird die Funktion der Ringe untersucht, die Notwendigkeit, Blätter zu tragen, ergründet und der Baum in seiner Verwandtschaft zu anderen Pflanzen untersucht. Das logische Verfahren gewinnt dort an Stärke, wo aus den analytisch ermittelten Eigenschaften Erkenntnisse über die Gesamteigenschaften gewonnen werden können. Dabei gelangt man an die neuen Erkenntnisse durch *sprachliche* Rekombination der bekannten Kenntnisse der Eigenschaften.

Die Logik entwickelte sich erst weiter, als Frege und die moderne Mathematik die bestehende Logik revolutionierten und die Möglichkeit herstellten, Logik als Operieren mit formalen Zeichen zu begreifen. Freilich bestehen bis heute Zweifel daran, ob Mathematik ausschließlich als der Umgang mit Mengen oder Symbolen zu begreifen ist; aber es besteht wiederum kein Zweifel

---

[15] Hier lieferten Galileo Galilei und René Descartes im Grunde genommen nur die Vorarbeit für den Durchbruch, den Isaac Newton erzielte.

[16] Bei Bacon wechseln sich die Ausdrücke *logica* und *dialectica* als gleichbedeutende noch ab.

[17] Die Kritik daran ist bekannt; sie ist am schärfsten von Bacon selbst geäußert worden (vgl. etwa Anm. 11). Das auch von Bacon (und von Rhetorikern) akzeptierte Verfahren der Definition ist hingegen das mathematisch-axiomatische, das also die Gegenstände ihrer Untersuchung erst erzeugt. Bacon akzeptiert die »prudentia mathematicorum«, vgl. Bacon, *Neues Organon* (Anm. 11), S. 120.

Die Mystik der sprachlichen Gewalt in Recht und Literatur

daran, dass zu der gängigen Fundierung über Mengenlehre, ZF(C) und Aussagenlogik keine Alternative besteht, selbst wenn die Fundierung nicht in jeder Teildisziplin der Mathematik ständig ins Gedächtnis gerufen werden muss.[18] Die Neuentwicklungen der Logik wirkten sich indessen kaum auf die Naturwissenschaften und damit auf den logisch-dialektischen Umgang mit Welt aus. Die mathematische Beschreibung in der Physik wurde zwar im 20. Jahrhundert noch wichtiger als zuvor, aber ein Rückgriff auf mathematische oder sprachanalytische Logik blieb unnötig.

Erhebliche Konsequenzen gab es aber für das Verständnis von Sprache, Verstehen und Kommunikation. Die moderne analytische Philosophie entstand. Ihre ersten Texte tasteten sich vorsichtig und zugleich kühn vor. Vor allem Wittgensteins *Philosophische Untersuchungen* loteten aus, wie Bedeutung möglich ist; er akzentuierte die prozessuale Qualität der Sinnerzeugung (›Gebrauchstheorie der Bedeutung‹).[19] Wittgenstein schlägt in den *Philosophischen Untersuchungen* zwei mögliche Richtungen vor (die auch schon im früheren *Tractatus logico-philosophicus* angelegt sind): auf der einen Seite das analytische Verfahren, auf der anderen Seite das Spiel, das seine Regeln erst im Vollzug festlegt. Die Rezeptionsgeschichte hat sich auf die erste Option festgelegt und hat – besonders über Searles Sprechakttheorie, die auf vergleichbare Weise Austins Grundidee entstellend fixiert – eine harte Deutung von Gebrauch, Handlung und Wortbedeutung bevorzugt. Freilich haben einzelne Philosophen immer wieder die Wortbedeutung problematisiert – vor allem Quine aus selbst analytischer Sicht.[20] Aber an der Kernauffassung, dass zwischen den Dingen der Welt und den sprachlichen Elementen stabile Beziehungen möglich sind, die von den Dingen der Welt *diktiert* werden, ist festgehalten worden. Damit einher geht ein starker Begriff von Wahrheit, der postuliert, dass es möglich ist, anhand der Welt zu bestimmen, ob ein Satz wahr oder falsch ist.

---

[18] ZF und ZFC (Zermelo-Fraenkelsches Axiomensystem mit bzw. ohne Auswahlaxiom) sind heute die am häufigsten als Grundlage der Mathematik benutzten Systeme. Vgl. H.-D. Ebbinghaus, *Einführung in die Mengenlehre*, 3. überarb. Aufl., Mannheim u. a.: BI, S. 29–52 und *passim*.
[19] Das interessanteste Anknüpfen an diese Vorschläge kommt nun von Michael Tomasello, *Constructing a Language. A Usage-Based Theory of Language Acquisition*, Cambridge/London: Harvard UP 2003, S. 32–35.
[20] Es ist vielleicht kein Zufall, dass Derrida in frühen Jahren Quine aus dem Englischen ins Französische übersetzt hat. Später hat jedoch gerade Quine gegen eine Ehrendoktorwürde für Derrida protestiert.

Damit kann der dialektische Operationsmodus für die Einordnung alltäglicher Ereignisse nicht geeignet sein. Denn die Annahme anormaler, parasitärer und inkonsistenter Fälle charakterisiert alle dialektischen Ansätze. Aus einer dialektischen Perspektive verdient dasjenige, was irregulär ist, keine rechte Aufmerksamkeit; es ist ein reiner Ausnahmefall. Mit Blick auf das Beispiel eines Baumes verlangt das juristische Denken einen Gutachter, der weiß oder zu wissen meint, ob das Objekt, das zu sehen ist, ein Baum ist oder nicht. Es sieht – wie übrigens die Medizin – die normalen Fälle als langweilige Anomalie an, weil normale Fälle auszeichnet, dass die Einordnung offensichtlich ist. Bei der Anomalie stimmen die analysierten Eigenschaften nicht zum Gesamtphänomen. Für die Literaturwissenschaft ist das wichtigste Beispiel die fiktionale Rede: Sie wird, weil sie sich hinsichtlich ihrer Struktur in nichts von der faktualen unterscheidet,[21] als parasitärer Fall der normalen Rede und als Sprachgebrauch aufgefasst, der nicht behauptet, obwohl er so aussieht, als behaupte er. Die dialektisch-logische Sichtweise gerät dann in besondere Schwierigkeiten, wenn im Einzelfall ein fiktionaler Text eine Behauptung über die (reale) Welt aufstellen will – wenn etwa Victor Hugo demonstriert, dass Napoléon Krieg und Verderben über Europa gebracht hat.

2.2. Empirischer Operationsmodus

Ein weiterer epistemischer Operationsmodus besteht im empirischen.[22] Er sei nur kurz erwähnt, da er eine gewisse Verwandtschaft zur dialektischen Operationsweise aufweist (nämlich in der Neigung zur Mathematisierung, wenn sie auch stochastisch und damit völlig anders als die logische konzipiert ist) und überhaupt keinen Bezug zur Literatur und zum Recht besitzt. Seinen Urgrund hat der empirische Modus, so schreibt man es ihm traditionell zu, in Bacons Schriften. Der Protest richtet sich gegen zu wenig Naturbeobachtung, zu viel eitle Dialektik und auch zu viel Rhetorik. Zugespitzt formuliert sieht Bacon keinen Unterschied zwischen Rhetorik und Dialektik. Seine Pointe ist, dass eine genaue Tatsachenbeobachtung der Ausgangspunkt sein müsse und dass Aristo-

---

[21] Diese Erkenntnis hat ausgerechnet Searle überzeugend formuliert: vgl. John R. Searle, »The Logical Status of Fictional Discourse«, in: *New Literary History* 6 (1975), S. 319–332.
[22] Für Diskussionen zu Statistik und für Hinweise zu ihrer Geschichte danke ich Merja Mahrt und Jens Vogelgesang sehr herzlich.

Die Mystik der sprachlichen Gewalt in Recht und Literatur

teles schön über Gegenstände spreche, von denen nicht klar werde, wie er von deren Eigenschaften weiß.

Als Vorgabe für die Naturbeobachtung hat sich dagegen der Empirismus in den Naturwissenschaften selbst auf eine radikale Art und Weise gereinigt, da die Naturbeobachtung allein weder sicherstellt, dass die Dinge von verschiedenen Beobachtern gleich wahrgenommen werden, noch dass die beobachteten Dinge tatsächlich mit der Natur übereinstimmen. Die bis heute durchgesetzte Lösung heißt Statistik. Sie begreift sich als Erzeugerin von Tatsachen und von Evidenz – nicht aber von Theorien und Argumenten. Der moderne empirische Operationsmodus ist aus diesem Grunde an dieser Stelle erwähnenswert: Er schließt die Singularität auf andere Weise aus, nämlich als statistischen Einzelfall, der in der Gesamtauswertung entweder ohnehin verschwindet oder sogar aus der Gesamtberechnung herausgenommen wird.

Der empirische Operationsmodus liefert freilich genau diejenigen Fakten, auf die sich der juridische im Zweifelsfall immer stützen kann – genauso wie der rhetorische und der dialektische. Wenn man als Jurist wissen will, was Bäume sind, fragt man keinen Philosophen oder Linguisten, sondern einen Biologen, der seine Behauptungen über Bäume mittels Versuchsreihen mit vielen Bäumen abstützen kann.[23] Für die Gerichtsverhaltung wird damit das empirisch gewonnene Wissen zu einer Gutachter-Tatsache – zu einem Topos im Sinne der Antike, auf den man vor Gericht zurückgreifen kann.

Die Empirie – und die Statistik – bereiten ebenfalls seit dem 18. Jahrhundert Daten für die Gerichte auf. Es kommt nicht von ungefähr, dass ein Mathematiker und Rechtswissenschaftler, nämlich Nikolaus Bernoulli, Neffe des großen Jakob Bernoulli, in seiner »Dissertatio Inauguralis Mathematico-Juridica« mit

---

[23] Dass dahinter ein grundsätzliches Problem liegt, da der Biologe trotzdem in der Tradition des *sens commun* seinen Gegenstand als gegeben hinnehmen muss, um ihn mit empirischen Methoden zu untersuchen, und sich damit einer fundamentalen Tautologie nicht entziehen kann, hat für die Psychologie Husserl begründet: Vgl. Edmund Husserl, *Philosophie als strenge Wissenschaft* (1911), Frankfurt a. M.: Klostermann 1965. Das empirische Verfahren funktioniert nur dort logisch einwandfrei, wo die Gegenstände logische sind, und das gelingt am besten in der Physik, in der die Dinge in ihren mathematischen Formulierungen empirisch auf ihre Eigenschaften geprüft werden. Es ist diese gesunde Distanz zur Welt, die der Physik ihre solide Anwendbarkeit auf die Welt sichert. Bei der Biologie gibt es diese Sicherheit nicht, und man muss sich nur mit einem Pharmakologen oder Mediziner über Versuchsreihen und Therapien unterhalten, um zu sehen, dass ein biologisches Ding wie der menschliche Körper sich gegen das dialektisch-empirische Kombinationspräparat höchst widerborstig wehrt.

dem sprechenden Titel *De Usu Artis Conjectandi in Jure* 1709 erstmals die bis dahin üblichen wilden Schätzungen der Richter ablehnte und statt dessen den Gebrauch von Statistiken anriet.[24] Wenn ein Richter wissen wollte, ab wann er einen Vermissten für tot erklären durfte, so musste das anhand der aus Sterberegistern gewonnen Daten getan werden.[25] Bernoulli, erst Mathematik- und später Juraprofessor, erklärte, dass die Zuverlässigkeit von Zeugen vor Gericht von deren bisheriger Zuverlässigkeit abhänge: statistisch.

Die Bedeutung des empirischen Modus liegt aber nicht in dieser speziell für den Gebrauch vor Gericht entwickelten Methode der Faktenerzeugung. Fakten sind auch Tatwaffen, Zahlungseingänge und Schreiben von Behörden – ganz unstatistisch. Das Wichtige am empirischen Modus ist, dass mit ihm die Annahme einer Gleichartigkeit von Fällen erfunden wurde. Damit ein Experiment im Bacon'schen Sinne gültig ist, muss es mehrfach ausgeführt werden. Bacon selbst konnte das freilich noch nicht sehen, aber der Erfinder der statistischen Datensammlung, John Graunt (1662), ließ sich, folgt man Kreager, durch Bacons Ideen massiv prägen.[26] (Auf Graunts Statistiken baute Nikolaus Bernoulli auf.) Der empirische Operationsmodus geht also von der prinzipiellen restlosen Gleichheit der Fälle aus. Lässt man einen Apfel vom Baum dreißig oder dreitausend Male fallen, so wirkt immer wieder physikalisch die absolut selbe Kraft (wie Newton endlich formulieren würde). Dass man faktisch immer wieder andere Messergebnisse bei jeder Durchführung hatte, musste man durch die Einführung der *zufälligen Abweichung* oder des *Zufallsfehlers* erklären. Galileo Galilei beschrieb das Phänomen des Zufallsfehlers – das unter Astronomen seit der Antike unreflektierte Arbeitserfahrung gewesen war – explizit.[27] Doch erst Thomas Simpson konnte im 18. Jahrhundert zeigen, dass es besser ist, aus vielen Werten den Mittelwert zu bilden, statt – wie es vorher üblich gewesen war – die Messung unter den vermutlich besten Bedingungen als die einzig reprä-

---

[24] Vgl. Anders Hald, *A History of Probability and Statistics and Their Applications before 1750*, New York u. a.: Wiley & Sons, S. 375.
[25] Vgl. Hald, *History of Probability before 1750* (Anm. 24), S. 111.
[26] Philip Kreager, »New Light on Graunt«, in: *Population Studies* 42.1 (1988), S. 129–140. Kreagers Position lässt sich auch weiter dadurch stützen, dass Bacon immer wieder vorschreibt, sich zu den Experimenten schriftliche Notizen zu machen, um eine spätere Auswertung zu ermöglichen.
[27] Vgl. Anders Hald, *A History of Mathematical Statistics from 1750 to 1930*, New York u. a.: Wiley & Sons, S. 34.

Die Mystik der sprachlichen Gewalt in Recht und Literatur

sentative zu wählen.[28] Dies war der Durchbruch. Doch hierfür wurde geballte statistische Theorie notwendig und die Kenntnisse über das ›Verhalten‹ von Zufallsvariablen, speziell über die anzunehmende Verteilung. So erklärt sich auch, dass Statistik ihrerseits ein großes Maß an Theorie voraussetzt und die eigene Schaffung von Fakten minutiös überwacht, wenn sie richtig gemacht wird.

Alles in allem bedeuten diese Ausführungen, dass der empirische Operationsmodus von einem idealen Messwert oder einem idealen Faktum ausgeht und damit die Gleichartigkeit aller Fälle angesichts einer real gemessenen Vielfalt postuliert und als Erkenntnisstrategie bei der Suche nach allgemeinen Gesetzen erzwingt.

2.3. Rhetorischer Operationsmodus

Wir kommen nun langsam zum dritten und – nach dem juridischen – für uns wichtigsten Operationsmodus, dem rhetorischen. Der dialektische Operationsmodus hat nur bedingt auf die Entwicklung des Rechts eingewirkt. Die Vorstellung eines maschinenhaften Richters, der das richtige Recht errechnet, beruht auf dialektischen Annahmen. Sie sind jedoch in keinster Weise umzusetzen gewesen. Die Tradition, auf der das Recht beruht, ist die rhetorische. Der rhetorische Operationsmodus hat durch die Jahrhunderte hinweg auch nach der Verbreitung der kartesianischen Variante der Dialektik in der Philosophie Neuerungen hervorgebracht. Charakteristisch für den rhetorischen Operationsmodus ist, dass er von einem nicht durch die Dinge selbst gesicherten sprachlichen Zugriff auf die Welt ausgeht und daher über Plausibilitäten – und nicht über Wahrheit – argumentiert.

Die Rhetorik überlebte die Veränderungen in der akademischen Landschaft im 17. und 18. Jahrhundert insofern nicht, als die Naturwissenschaften aufhörten, sie als Teil *ihrer* Ausbildung zu begreifen.[29] Bis zu einem gewissen

---

[28] Vgl. Hald, *A History of Statistics from 1750 to 1930* (wie Anm. 27), S. 36f.

[29] Es ist insofern interessant zu beobachten, dass es seit wenigen Jahren die umgekehrte Tendenz gibt, nämlich im Rahmen des Bologna-Prozesses auch von den Naturwissenschaften die Vermittlung von Schlüsselqualifikationen zu verlangen. Zu diesen zählen Präsentationstechniken. Teils werden sie von philosophischen Fakultäten eingekauft (teils gibt es aber Zentren für die Vermittlung von *soft skills*, teils übernehmen die naturwissenschaftlichen Fakultäten den Job selbst). Unter den möglichen Programmen zur Rettung des Triviums existiert auch der Vorschlag, die Literaturwissenschaft genau zu dessen Vermittlung einzusetzen: Walter Erhart, »Return of the Trivium. Deutschlehrerausbildung nach Bologna«, in: Ingwer Paul, Winfried Thielmann u. Fritz Tangermann (Hg.), *Standard: Bildung. Blinde Flecken der deutschen Bildungsdiskussion*, Göttingen: Vandenhoeck &

Grad ist dies der praktischen Seite der Disziplin der Rhetorik geschuldet. Denn das praktische Überzeugen in den Naturwissenschaften durfte sich nicht mehr auf rhetorisches Geschick stützen. Während die Rhetorik an Wahrscheinlichkeit im Sinne von *verisimilitudo* festhielt, erfanden die Mathematik und die Naturwissenschaft die Wahrscheinlichkeit im Sinne einer mathematisch definierten *probabilitas*.[30] Während die Rhetoriker weiterhin überzeugten, gingen die Naturwissenschaftler zum Beweis über. Während die Rhetorik sich weiterhin an den Erzählungen orientierte, verließ die Naturwissenschaft die Bibliothek und ging ins Labor. Das System der Topoi wurde durch die Ordnung des Alphabets ersetzt.[31] Die *Logique de Port-Royal* riet von Überredung ab und untersagte jede Form geschmückten Sprechens; sie begründete damit eine lange und starke Tradition. Aus dialektischer Perspektive ist Sprache an sich fehlerhaft, sofern sie nicht angemessen verwendet wird.[32] Sätze, die nicht dem Ideal rationaler Reinheit entsprechen, können als völlig ungenau oder schlicht sinnlos verworfen werden. Auf Grundlage dieses erbarmungslosen Prinzips konnten alle späteren Logiken darüber hinwegsehen, was ein Wort in der Alltagssprache bedeutete, und sich darauf kaprizieren, was hinter dem Wort als eigentliche Bedeutung stand. Deshalb konnte die antike Unterscheidung zwischen Signifikant und Signifikat so allbeherrschend werden, dass Peirce' und de Saussures Modelle solche Mühe hatten, gegen ihre Vorherrschaft anzukämpfen und eine adäquate Beschreibung für das Verhältnis von Worten und Dingen zu liefern. Rhetorik wurde daher für nützlich nur dann befunden, wenn man nicht auf eine genaue Bedeutung abzielte, wenn begriffliche Strenge nicht erforderlich war. Auf diese Weise wurde die Rhetorik überhaupt zu einer Theorie literarischen Ausdrucks. Zugleich führte genau diese Überweisung an das Feld des Dichterischen dazu, dass die Rhetorik – genau wie die Dichtung selbst – als epistemologisch nicht satisfaktionsfähig galt.

Ruprecht 2008, S. 30–41. Bedenklich wäre dies allerdings, da die Literaturwissenschaftler im Bereich der Dialektik oft nur unterdurchschnittliche Fähigkeiten aufweisen.

[30] Bis zu dieser Scheidung existierte freilich lexikalisch der Unterschied nicht; *probabilis* hieß so viel wie unser umgangssprachliches *wahrscheinlich*. Vgl. Hald, *History of Probability before 1750* (Anm. 24), S. 246.

[31] Vgl. Wilhelm Schmidt-Biggemann, *Topica universalis: Eine Modellgeschichte humanistischer und barocker Wissenschaft*, Hamburg: Meiner 1983.

[32] Für Hinweise zur Geschichte des Angemessenheitsbegriffs bin ich Mirco Limpinsel dankbar.

Die Mystik der sprachlichen Gewalt in Recht und Literatur

Philosophische Positionen, die dem rhetorischen Operationsmodus verpflichtet sind, streben keineswegs an, unpräzise oder willkürlich zu sein. Beispielsweise versuchte die deutsche Frühromantik, naturwissenschaftliche Forschung und begriffliche Strenge in Einklang zu bringen, ohne dass sie die Strenge dem dialektischen Ideal verpflichten wollte. Nietzsche und Derrida haben sich vehement gegen die Überzeugung gewandt, es gebe eine reine Sprache und eine universell anwendbare Logik; dennoch sind sie davon ausgegangen, dass sie, Nietzsche und Derrida, harte Argumente für ihre Position liefern. Ironischerweise enthalten gerade Wittgensteins Schriften viele skeptische Bemerkungen, die gleichermaßen so verstanden werden können, dass eine reine Sprache unmöglich sei. Die Rhetorik verfügt über keine systematische Grundlegung mehr; die antike Terminologie reicht bei Weitem nicht mehr an jüngere Erkenntnisse der Linguistik und der Kognitionsforschung heran.

Dennoch gibt es Ansätze dazu, eine Theorie des rhetorischen Operationsmodus zu etablieren. (Um es einmal zu betonen: Ohne eine Theorie des epistemischen Schemas kann keine Methode des richtigen Operierens formuliert werden; ein Operationsmodus ohne Theorie existiert nicht. Die Dialektik formuliert Schlussregeln, die Empirie diskutiert Tests, das Recht schafft sich eine Dogmatik. Um die Rhetorik ist es lange still gewesen.) Der rhetorische Operationsmodus beruht auf einer Strukturierung der Dinge und Worte, die in der Antike als Topik bezeichnet worden ist, heute aber keine Terminologie mehr anbietet, um die eigene Strukturierungsleistung zu erfassen. Eine Theorie, die den rhetorischen Operationsmodus beschreibt, wäre im selben Augenblick eine Theorie des kreativen Sprechens, also der Möglichkeit, im Sprechen neues Sprechen zu entwerfen. Sie wäre essenziell für das Verstehen des Verstehens. Luhmanns Systemtheorie kann als (systematische) Theorie des rhetorischen Operationsmodus begriffen werden. Sie interessiert sich für die Kontingenzen in der Kommunikation, für die Absorption von Unsicherheit, für die Schaffung von Vertrauen und für die Instabilität von Sinn und die Mechanismen, diese Instabilität auszugleichen.

Weil die Systemtheorie als Rhetoriktheorie begriffen werden kann, ist sie in der Literaturwissenschaft auf Interesse gestoßen und hat Anwendung gefunden. Literarische Kommunikation beruht wesentlich auf dem rhetorischen Operationsmodus; die Dichtung steht vor der Aufgabe, eine adäquate und eventuell die Sinnlichkeit der Kommunikation berücksichtigende Art der Darstellung von

Welt zu finden. Damit berührt sie immer wieder die Instabilität von Sinn, der sie sich aussetzt, statt Mechanismen zu finden, die mit der Instabilität einhergehende Erwartungsunsicherheit in der Kommunikation zu senken. Die spezifisch ›literarische‹ Gerechtigkeit beruht, wie wir sehen werden, darauf, Gleichheit ungleich zu behandeln, also immer eine irreduzible Nichtsubsumierbarkeit des Lebens zu postulieren (gerne auch pathetisch). Der juridische Operationsmodus unterscheidet sich seit zweihundert Jahren radikal von dem rhetorischen; er zielt darauf, Gleichheit gleich zu behandeln.

3. Der juridische Operationsmodus

Bis heute verfährt rechtliches Denken (das heißt der juridische Operationsmodus) mit Mitteln einer Sprache, die dem rhetorisch-theoretischen Konzept von Plausibilität folgt und nicht auf ein Konzept der dialektischen Wahrheit vertraut. Rhetorische Theorie weiß, dass es möglich ist, präzise mit einem Verstoß umzugehen, auch wenn es unmöglich ist, die Natur des Verstoßes dialektisch präzise zu definieren. Dies ist der Rechtstheorie seit dem späten 18. Jahrhundert auch bewusst. Unsere These lautet, dass juridische Praxis und Rechtstheorie eine reichhaltigere Strategie bewahrt haben, um mit Undefinierbarkeit umzugehen, als dies für weite Teile der Philosophie zutrifft – insbesondere die Ethik, wie wir sehen werden. Genauer möchten wir die These begründen, dass das juristische Denken ein epistemisches Schema eigener Prägung ist, das sich auch von der Rhetorik – von der es sich gleichwohl ableitet – deutlich unterscheidet.

Das bedeutet gleichzeitig für die juristische Arbeit, dass das Arbeiten mit diesem Schema keineswegs für sich schon garantiert, dass Gerichte zu sozial wünschenswerten Ergebnissen kommen – egal auf welcher Skala man die Wünschenswertigkeit einer Entscheidung auch messen will. Es sollte also nicht überraschen, dass rechtliches Denken ein böses Ansinnen des Staates auch nicht verhindern kann, es also beispielsweise während der nationalsozialistischen Diktatur in weiten Teilen des Rechts eine rechtlich einwandfreie Rechtsprechung und Rechtsfortbildung gegeben hat, die bekanntlich bis heute Bestand hat. Allerdings hat es durchaus im NS-Deutschland extreme Beispiele für die Verletzung genuin rechtlicher Prinzipien gegeben (etwa in der Einrichtung von Sondergerichten).[33] Soweit wir es sagen können, ist noch kein rechtliches Mittel erfunden

---

[33] Vgl. Richard H. Weisberg, *Poethics: And Other Strategies of Law and Literature*, New York: Columbia UP 1992.

worden, das den Staat völlig in seine Grenzen weisen könnte, selbst wenn der materielle Rechtsstaat einen wichtigen Schritt in diese Richtung bildet.

Wir wollen nun behaupten, dass seit dem 18. Jahrhundert rechtliches Denken als epistemisches Schema hervorgetreten ist, das in der klassischen Rhetorik wurzelt, sie aber transzendiert. Mit diesem epistemischen Schema zugleich ist ein neues Menschenbild entstanden, das die Individualität, Intentionalität und Schuldfähigkeit des Menschen neu denken muss.[34] Das rechtliche Denken setzt eine Person zu ihren Taten, ihrem Straucheln und ihren Fehltritten in Beziehung, indem es die Einzigartigkeit jedes Ereignisses voraussetzt und behauptet und – *nello stesso tempo* – seine Klassifizierbarkeit. Klassifizierbarkeit bedeutet hier, dass jedes Aufkommen eines beliebigen Ereignisses unter eine allgemeine Kategorie subsumiert werden kann. Dahingegen besagt Einzigartigkeit, dass dieses Aufkommen keinerlei Vorläufer haben kann, der dem vorliegenden völlig gleicht. Auch kann derselbe Fall niemals ein zweites Mal eintreten.[35] Auf diese Weise geht das rechtliche Denken von einem Paradox aus, sorgt aber gleichzeitig dafür, dass die Klassifikation individuellen Handelns unter den Bedingungen dieses Paradoxes weiterhin vollzogen werden kann: Nichts ist dasselbe, aber man kann es dennoch identifizieren.

Wodurch zeichnet sich der juridische Operationsmodus aus? Die lebensweltliche Situation wird einer Beschreibung zugeführt, die sie rechtlich einordenbar macht; aber dies geschieht, indem sehr viele Aspekte der lebensweltlichen Situation (in einer Vielzahl rechtlicher Regelungen) festgelegt sind. Der juridische Operationsmodus stellt nun erstens Techniken bereit, die lebensweltliche Situation unter hinreichend flexible Konzepte einzuordnen und simultan auf einer juristischen Begriffsebene unter sehr starkem begrifflichem Zwang zu arbeiten. Das Vorliegen bestimmter Sachverhalte erzwingt eine bestimmte sprachliche Bewertung. Die Situation selbst konditioniert die sprachliche Beschreibung.[36] Dabei ist der Zwang unterschiedlich groß; das heißt, es gibt immer Fälle, in

---

[34] Zur Geschichte des Individuums vgl. Niklas Luhmann, »Individuum, Individualität, Individualismus«, in: Ders., *Gesellschaftsstruktur und Semantik. Studien zur Wissenssoziologie der modernen Gesellschaft*, Bd. 3, Frankfurt a. M.: Suhrkamp 1989, S. 149–258.
[35] Das gilt auch für das *common law*, wo ja nur die größtmögliche Analogie zu einem Präzedenzfall geprüft wird. Es kann sich dabei herausstellen, dass der Fall unter rechtlichen Gesichtspunkten – also hinsichtlich seiner Klassifizierbarkeit – nicht einmalig ist, aber selbst das ist selten.
[36] Luhmann zählt Juristen daher auch zu den »Programmierungstechnikern«, Niklas Luhmann, »Gerechtigkeit in den Rechtssystemen der modernen Gesellschaft«, in: Ders., *Ausdifferenzierung*

denen mehr oder weniger Diskussion möglich ist. Dennoch ist die Konditionierung der Äußerungsmöglichkeiten sehr stark (und sehr anspruchsvoll, wie das Notensystem der Rechtsausbildung verrät).[37]

Der eigene rechtstheoretische Ausdruck für den juridischen Operationsmodus ist Rechtsdogmatik. Es »dient auch die juristische Dogmatik insbesondere mit ihrer Begriffs- und Kategorienbildung der Komplexitätsreduktion.«[38] Stärkster Ausdruck dieser Operationsweise im deutschen Recht ist die (rechtstheoretische) Trennung von Tatbestand und Rechtsfolge: Der Tatbestand ist das Vorliegen eines Sachverhalts mit Blick auf einen konkreten Aspekt des geltenden Rechts (zum Beispiel eine konkrete Norm); die Rechtsfolge ist die rechtliche Realität, die das Vorliegen des Tatbestandes auslöst. In der Struktur von Tatbestand und Rechtsfolge drückt sich die Konditionierung des Rechts anschaulich aus.

Im Recht kann es um zweierlei gehen: um den Umgang mit Konflikten, Erwartungsverletzungen und Fehlverhalten auf der einen Seite und um Erziehung sowie Gestaltung auf der anderen Seite. Die Unterscheidung zwischen diesen beiden ›Angriffspunkten‹ des Rechts ist für die tagesaktuelle Diskussion bedeutsam. Die gegenwärtig vorherrschende Vorstellung ist: Im Idealfall erlässt ein demokratisch legitimierter Gesetzgeber ein Gesetz, mit dem er bestimmte Verhaltensweisen durchsetzen will, die dem Gemeinwesen förderlich sind; in diesem Sinne erzieht und gestaltet er die Gesellschaft. Vor dem Hintergrund dieses Ideals übernimmt die Justiz bloß die Aufgabe, der Gerechtigkeit zur Durchsetzung zu verhelfen. Unabgängig davon, ob die Funktion der Justiz sich

---

des Rechts. Beiträge zur Rechtssoziologie und Rechtstheorie, Frankfurt a. M.: Suhrkamp 1999 [1973], S. 374–418, hier S. 377.

[37] Zum kurzen Vergleich. Der dialektische Operationsmodus will schließlich wieder Tatsachenbehauptungen über die Wirklichkeit gewinnen; seine Operationsresultate sind sozusagen konstativ und performativ; die rechtliche Resultate sagen, wie *damit erst* die rechtliche Realität aussieht. Anders ausgedrückt: die rechtliche Beschreibung terminiert in der Beschreibung (die sie zu perfektionieren sucht), kehrt aber nicht zu neuen Tatsachenbeschreibungen zurück. Der rhetorische Operationsmodus verfährt wiederum ähnlich, insofern auch er nicht am Ende wieder zu Tatsachenbehauptungen gelangen kann (und dort, wo er sie erzeugt, besteht er in sophistischen Taschenspielertricks). Sein Zwang zur begrifflichen Strukturierung ist aber gering; er kann erst an der Stelle, an der eine rhetorische Strenge errungen wird, zu Erkenntnissen beitragen.

[38] Emanuel Vahid Towfigh, »Komplexität und Normenklarheit – oder: Gesetze sind für Juristen gemacht«, in: *Preprints of the Max Planck Institute for Research on Collective Goods* 22 (2008), [später in: *Der Staat* 1 (2009)], S. 41.

primär über Konflikte oder Erziehung definiert, entscheidet sie selbst nicht, wie Konflikte gelöst werden sollen oder was das Ziel einer Erziehung wäre. Es ist der Staat und genauer die in ihm zum Erlassen von Normen befugten Organe, die über Vorstellungen von Gerechtigkeit entscheiden, diese der Justiz überantworten und sich dann wieder an der Durchsetzung des Rechts beteiligen. Das bedeutet, dass erstens die Justiz ohnehin nicht über Gerechtigkeit zu walten hat[39] und dass zweitens der Staat zwar Gerechtigkeit in die Welt setzt, über ihr Vorliegen im Einzelfall aber nicht entscheidet. Wenn der Staat tatsächlich kaum erzieherisch tätig ist, stellt sich die Frage, wie das Gemeinwesen (auch im Sinne der sozialen Kohäsion) dafür sorgen kann, dass nicht immer die beispielsweise wirtschaftlich Stärkeren Recht erhalten. Die Antwort wird lauten, dass sich das Recht darum kümmert, dass sich nur die guten Gründe durchsetzen, während die Politik versuchen muss, die guten Gründe festzulegen. Letzteres geschieht auf eine Art und Weise, die gar nicht juristisch ist und am Ende beispielsweise auf ethische Prinzipien zurückgreifen muss. Das bedeutet aber im Umkehrschluss, dass das Recht keine Gerechtigkeit in *politischem* Sinne versprechen kann – also keine materielle Gleichheit, kein gleichmäßig verteiltes Glück, nicht einmal gleiche Chancen vor Gericht.

4. Ethik und Politik

4.1. Die Vernunft als Problem

Ethik ist ein Gegenstück zum Recht, das mit diesem keine Gemeinsamkeit in der Klassifikation von Handlungen hat, aber die Regulationsbemühungen des Staates beeinflusst. Sie kann die Gesetzgebung anleiten[40] und Individuen mit bestimmten Idealen versorgen, die einen Hinweis darauf geben, wie ›Menschen‹ sich ›besser‹ ›verhalten‹ können. Auf diese Weise kann sie die Politik und die täglichen Interaktionen beeinflussen. Da aber die Politik kollektiv bin-

---

[39] »Wo der Jurist den Boden des positiven Rechts unter den Füßen verliert, weil es um dessen Änderung geht, müßte er mit Gerechtigkeit argumentieren können – und kann es nicht, weil die Idee der Gerechtigkeit auf Urteile über gleich und ungleich relativiert worden ist, die ihrerseits logisch abhängig sind von Interessen-, Wertungs- oder Funktionsentscheidungen, also diese gerade nicht diskriminieren. Mit dem traditionellen Gerechtigkeitsbegriff unterwirft der Jurist unter heutigen gesellschaftlichen Bedingungen sich einer Politik, an die er selbst nicht glaubt.« Niklas Luhmann, »Gerechtigkeit in den Rechtssystemen der modernen Gesellschaft« (Anm. 36), S. 377.
[40] Neben dem Staat nehmen noch die Rechtswissenschaft, die Philosophie und die Soziologie auf die Rechtsfortbildung mehr oder minder deutlichen Einfluss.

dende Entscheidungen herbeizuführen hat, muss sie sich mit ethischen Fragestellungen auseinandersetzen – und ohne Zweifel tut sie das. Der Unterschied zwischen Recht und Ethik ergibt sich daraus, dass Ethik dialektisch operiert. Dies hat vielfältige Konsequenzen.[41] Eine ethische Haltung versucht nicht, eine Handlung zu klassifizieren, sondern sie unterdrückt oder tadelt sie. ›Klassifikation‹ ist hier im rechtsdogmatischen Sinne zu verstehen. Natürlich versucht auch die Ethik, begründet einen Katalog mit guten und bösen Taten herzustellen. Aber sie definiert ein Verhalten auf der Grundlage eines im Vorfeld konstruierten Ideals, das auf semantischem Wege auszuschließen versucht, was nicht zur normalisierten Struktur gehört, die der Welt auferlegt ist. Auf diese Weise können einige ethische Positionen die Idee schwuler oder lesbischer Ehen ächten, indem sie das normalisierende Ideal der Nachkommenschaft aktualisieren; doch genauso ethische Positionen können solche Ehen fordern, indem sie darauf beharren, dass eine partnerschaftlich eingegangene Verpflichtung zweier Menschen grundsätzlich staatlichen Schutzes bedarf.[42]

Gerade das Gerechtigkeitsideal der Ethik führt dazu, dass sie immer zu Unterdrückung führen kann, da sie stets das Risiko auf sich nimmt, absolut zu sein.[43] Sie bewertet nicht den individuellen Fall, sondern versucht, eine vollkommene kollektive Lösung zu finden. (Kants hochgefährlicher kategorischer Imperativ bemüht sich um eine Versöhnung von individuellen und kollektiven Bedürfnissen, aber er übergeht die Möglichkeit, dass ein Individuum das Bedürfnis nach Zerstörung haben kann.)[44] Kritisch ist hieran, dass die Ethik – wegen

---

[41] Zu diesem Nexus: »Weder Ethik noch Vernunft können diese Tiefenlage der Rechtsfunktion je erreichen, weil sie beide sich zu stark mit erwünschten Resultaten solidarisieren müssen.« Niklas Luhmann, »Konflikt und Recht«, in: Ders., *Ausdifferenzierung des Rechts. Beiträge zur Rechtssoziologie und Rechtstheorie*, Frankfurt a. M.: Suhrkamp 1999 [1981], S. 92–112, hier S. 105.

[42] Derridas späte Vorlesungen haben sich mit solchen Fragen befasst, speziell die Vorlesung zu *Pardon et parjure* im akademischen Jahr 1999/2000, die aufzeigt, dass Verfechter und Gegner der Todesstrafe im Kern dieselben Argumente benutzen. Von einem Druck dieser Vorlesung ist mir nichts bekannt. Nicht glücklich machen ethikkritische Anschlüsse an Derrida, wenn ihnen jedwede Systematik abhanden kommt. So etwa bei John D. Caputo, *Against Ethics. Contributions to a Poetics of Obligation with Constant Reference to Deconstruction*, Bloomington / Indianapolis: Indiana UP 1993. Als wichtigster Beitrag zur einer rhetorisch fundierten Ethik darf gelten Peter Sloterdijk, *Zorn und Zeit. Politisch-psychologischer Versuch*, Frankfurt a. M.: Suhrkamp 2006.

[43] Vgl. David Martyn, *Sublime Failures. The Ethics of Kant and Sade*, Detroit: Wayne State UP 2003.

[44] Vgl. Hans Kelsen, *Was ist Gerechtigkeit?*, Stuttgart: Reclam 2003 [1953], S. 41 f. Eine aktuelle künstlerische Kritik bietet Christoph Schlingensief, *Atta Atta*, http://www.schlingensief.com/

ihrer Selbstbegründung und -absicherung in der Dialektik – an eine eigentliche Bedeutung glaubt; sie akzeptiert die dialektische Unterscheidung zwischen Signifikant und Signifikat, geht davon aus, dass sie sich nicht auf die bloßen Worte, sondern ausschließlich auf die richtigen und vor allem wichtigen Dinge konzentriert.[45] Das Signifikat naturalisiert sie auf diese Weise oder ontologisiert es sogar. Darum kollidiert Ethik immer mit ihren Zielen und ihren guten Absichten, wenn sie ihre Forderungen verschriftlicht und damit fixiert.[46] (Ethik funktioniert am besten und hat heute noch gewisse Daseinsberechtigung, wenn sie sich auf einen mündlichen Tadel unter Anwesenden beschränkt: ›Nimm deine Füße vom Sitz!‹ Sie erlaubt dann jede erzieherische Idiosynkrasie ohne Rechtfertigung.) Im ethischen System hat ein Individuum bestimmte Eigenschaften, und wenn einige dieser Eigenschaften eine ethische Dimension aufweisen, sind sie entweder gut oder böse. Dabei kann der Schematismus, der zwischen Gutem und Bösem unterscheidet, durchaus einigen Umfang anhäufen und kasuistische Manöver erfordern (gegen Ethik richtet Foucault sich also)[47]; die Ethik wird aber, egal wie viel Wissen sie um gute und böse Taten sammelt, nicht in dem Sinne komplex, als sie dank ihrer logischen Fundierung auftretende Widersprüche immer durch ein Entweder-Oder zu lösen hat.[48] Falls Ethik sich vor Schwierigkeiten gestellt sieht, das eine oder andere zu bestimmen, so liegt es daran – auf diese Weise arbeitet ihr Selbstverständnis –, dass ihr der Zugang zu eines Menschen wahrem eigentlichem Wesen fehlt.

Wenn indessen das Gericht sich mit der Meinungsbildung schwertut, so liegt es an einem Mangel an Beweisen oder an plausibel gemachten Fakten auf der

---

projekt.php?id=t039 (2. Juni 2008). Eine einflussreiche, wie wir mit Kelsen formulieren würden, gleichfalls ›inhaltsleere‹ Reanimation eines ›gleichmachenden‹ Modells legt vor John Rawls, *A Theory of Justice*, Cambridge, Mass.: Harvard UP 1971.

[45] Dem Recht wirft sie deshalb immer vor, sich mit Hingabe prozessrechtlichen Fragen zuzuwenden, statt auf den entscheidenden Hauptumstand zu schauen – etwa auf die politisch richtige Gesinnung eines Beschuldigten.

[46] Vgl. Martyn, *Sublime Failures* (Anm. 43), S. 167.

[47] Vgl. Anm. 4 im vorliegenden Beitrag.

[48] Die moderne und hochgradig problematische Lösung dieses Problems in Zeiten hochkomplexen Rechts ist die Erfindung von Toleranzgeboten. Man mag aus ethischen Gründen gleichgeschlechtliche Sexualkontakte oder gar Beziehungen für verwerflich halten, aber man muss sie ›tolerieren‹. Da Toleranz immer bedeutet, dazu aufzufordern, gegen das Böse bloß nicht öffentlich zu protestieren, besteht sie in immerwährender Anregung zu Heuchelei. Kluge Bürgerrechtsaktivisten verzichten daher auf das Einfordern von Toleranz und bestehen auf Schaffung gesetzlicher Regelungen und scheuen den Konflikt mit ethisch Andersgläubigen nicht.

einen Seite und an Rechtsfragen auf der anderen.[49] Freilich kann rechtliches Denken ›böse Taten‹ weder verhindern noch gar aus der Welt schaffen. Sie lässt sogar fragwürdig erscheinen, was eine böse Tat im Absoluten überhaupt sein mag. Auch und gerade in Demokratien haben immer wieder Gesetzgebungen bestanden, die – besonders im Rückblick – als ihrerseits verurteilenswert anzusehen sind. Zu den wichtigsten und zugleich stärksten Beispielen zählt die Legalität der Sklavenhaltung in vielen Staaten der USA bis zum Ende des Sezessionskrieges. Aber weil rechtliches Denken gar nicht weiß, was gut oder böse ist, deckt es auf, wie Gesellschaft sich selbst beschreibt – insbesondere ihre moralischen Werte. Es bildet eine kontinuierliche juridische Analyse derjenigen Selbstbeschreibungen einer Gesellschaft, mit denen sie sich bindet. Indem es dies leistet, kann es tatsächlich ›Unrecht‹ *berichtigen*, das von moralischen Urteilen herrührt. Denn es zeigt, wozu eine ethische Sichtweise tatsächlich führte, würde sie umgesetzt. Da das juristische Denken die ethischen Annahmen des Gesetzgebers *beim Wort nimmt*, führt sie ihm und dem Volk vor Augen, was die ethischen Überzeugungen des Gesetzgebers tatsächlich sind.

Recht wird umgekehrt immer dann zu einer Bedrohung für die Gesellschaft, wenn es ethische Erwägungen oder die Konsequenzen der Urteile zu einer Richtschnur für die Entscheidungsfindung erhebt.[50] Wird das Recht aber nicht in diesem Sinne ethisch, damit dialektisch, damit parteiisch, dann nimmt es lediglich an der Produktion ethischer Ungleichgewichte teil. Das PR-Problem des Rechts liegt freilich darin, dass die ›Justiz‹ immer diejenige ist, die die letzte Entscheidung über das trifft, was andere ethisch gewollt und ethisch getan haben. Dies liegt daran, dass das Recht *expliziert*, was die Gesellschaft will und gewollt hat. Und es zeigt, dass Lockes und Montesquieus Konzept der Gewaltenteilung bis heute als wenig griffige Ideale angesehen werden. Hört das Recht auf, lediglich zu explizieren, und beginnt es, selbst im Namen einzelner Richter Entscheidungen zu ersinnen, die Gerechtigkeit schaffen sollen, so verliert es nicht nur die Funktion, sondern würde auch eine völlig kontrollfreie Zone der Entscheidung

---

[49] Dass im Einzelfall auch Richter aus ganz anderen Gründen falsch urteilen, ist keineswegs ausgeschlossen und muss auch nicht ausgeschlossen werden. Auf die Fehltritte von Richtern komme ich weiter unten zurück. Wir heroisieren den Richter hier nicht.
[50] Zu dem Problem vgl. Luhmann, *Das Recht der Gesellschaft* (Anm. 2), S. 538–565. Wer annimmt, dass Luhmann keine ›Gesellschaftskritik‹ übt, kann hier sehen, wie scharf (und pessimistisch) er werden kann, wenn er das Funktionieren des Rechts gefährdet sieht.

zulassen, da der Richter im Gegensatz zum Politiker niemandem gegenüber rechenschaftspflichtig wäre. Nur eine blinde Justiz ist also eine gute Justiz.

4.2. Die politisch agierenden Gerichte

Faktisch sind Gerichte immer wieder dazu gezwungen, eine gewisse Blindheit abzulegen und selbst in dem Sinne politisch aktiv zu werden, als sie allgemein bindende Entscheidungen treffen, indem sie Richterrecht eher kreativ denn durch Textauslegung schaffen. Besonders höchste Gerichte finden sich immer wieder in dieser Situation wieder. Strukturell ist dies eine Konsequenz der besonderen Aufgabe von Gerichten im Recht, nämlich eine Entscheidung selbst da zu treffen, wo das Recht wenig gefestigt ist. Luhmann hat die Verpflichtung der Gerichte zu entscheiden, egal ob sie sich dazu berufen sehen, als ihre zentrale Eigenart gesehen.[51] In Konfliktsituationen, in denen etwas zu entscheiden ist, wofür keine allgemeinen Leitlinien vorgegeben sind, bleibt einem Gericht nichts anderes übrig, als zu ›konstruieren‹. Besonders bemerkenswert ist die wenige Jahre nach Gründung der Union verkündete Entscheidung des US-amerikanischen Supreme Court, das sich im Streitfall selbst die Kompetenz zur Normprüfung zuschrieb.

Wir werden auch gleich sehen, dass es keineswegs als Problem angesehen werden muss, wenn Richter sich aus menschlicher Schwäche heraus als Politiker betätigen wollen; das ist durchaus als Normalfall vorgesehen. Im Operationsmodus bleibt das Recht natürlich auch da, wo Gerichte Recht schöpfen, deutlich anders als die Politik. Darin liegt nicht das Problem. Selbst wenn Gerichte dazu aufgerufen sind, faktisch Recht zu schaffen, so können sie niemals von sich aus tätig werden. Wenn ein Verfassungsrichter noch so sehr davon überzeugt ist, ein bestimmtes Gesetz sei verfassungswidrig: Er selbst kann eine entsprechende Entscheidung des Verfassungsgerichts nicht herbeiführen, da das Gericht selbst keine Klage anstrengen an. Und als Privatperson darf er kein Normkontrollverfahren anstrengen. Richter können nur da ›politisch‹ aktiv werden, wo sie darum gebeten werden.

Das Problem liegt also allein darin, dass überhaupt Personen in einer Demokratie auf die Idee kommen müssen, auf dem Rechtsweg ihre Vorstellungen

---

[51] Vgl. Luhmann, *Das Recht der Gesellschaft* (Anm. 2), S. 313. Und schön: »Wenn das Recht nicht gefunden werden kann, dann muß es eben erfunden werden.« Ebd., S. 317. Für Kritik daran schließlich vgl. ebd., S. 561.

durchzusetzen. Was also nicht gut funktioniert, ist ein Ausgleich neuartiger Ansprüche auf politischem Wege – also über den Kontakt zu Abgeordneten oder Ministerien. Es gibt natürlich Fälle, in denen Richter kreativ werden müssen, weil bis dahin noch niemand an bestimmte Konfliktfälle gedacht hat. Wenn aber beispielsweise im deutschen Arbeitsrecht sich die Politik seit Jahrzehnten weigert, ein Arbeitsgesetzbuch vorzulegen, und praktisch die Hälfte des Arbeitsrechts aus Richterrecht besteht, dann liegt hier eine Politikverweigerung vor und die Schwierigkeit, auf demokratischem Wege allgemein bindende Entscheidungen für das Arbeitsleben herbeizuführen. Wenn Richter Politik treiben, ist das ein Indiz für eine schwache Politik, nicht für ein zu starkes Recht.

4.3. Das Stillstellen in der Entscheidung

Sobald wir Recht und Literatur am Ende vergleichen werden, schauen wir auf die Unterschiede zwischen beiden, die nicht zuletzt darin bestehen, dass über die Literatur auch nicht für den Moment entschieden wird. Das aber geschieht im Recht, und im Augenblick des Eintritts der Rechtskraft eines Urteils wird die Interpretation angehalten und die Einzigartigkeit jedes Falles unter einige *plus minusve* allgemeine Regeln subsumiert. Sobald also ein Tatbestand zutrifft, scheint die Einzigartigkeit des Falles zugunsten seiner Subsumierbarkeit zurückzutreten.[52] Der juridische Operationsmodus wäre dann nichts als eine Eliminationsstrategie der Einzigartigkeit jedes Falles.

Ein solcher Einwand aber übersieht, dass das Urteil und seine Begründung eben nicht allein aus der Subsumtion bestehen. In der Urteilsbegründung wird die Einzigartigkeit des Falls trotz seiner Subsumierbarkeit gekapselt. Die schriftliche Urteilsbegründung bildet nämlich kein Manifest rationalen Diskurses, in dem die passende Norm errechnet wird; man findet dort keine syllogistischen Betrachtungen. Vielmehr muss man sich durch lange Passagen der Einlassungen der Parteien kämpfen, muss sich diese oder jene Erwägung durchlesen und spürt schließlich den Widerstand, gegen den die Komplexität des Einzelfalls auf einige Paragraphen zurückgeführt wird. Anders freilich ist es mit dem Kostenentscheid: Hier genügen wenige Nummern, die auf einschlägige Normen etwa der ZPO verweisen. Wir idealisieren mitnichten damit die Arbeit der Gerichte. Dass der juridische Operationsmodus zu einer eingehenden Erfassung

---

[52] Auf diesen Aspekt hat mich Roman Kuhn aufmerksam gemacht, dem ich an dieser Stelle für seine Anmerkungen danke.

des Tatbestands zwingt, bedeutet nicht, dass ein Urteil wünschenswert oder auch nur rechtlich unumstritten wäre. Aber das epistemische Erfordernis, Normen, Gleichheitsgebot und konkreten Sachverhalt in eine konsistente sprachliche Darstellung zu pressen, meint ja, dass Subsumierbarkeit und Einzigartigkeit nicht als widerstreitende Ziele einander ausschließen, sondern im juridischen Modus eine Einheit bilden.

5. Fehltritte als Normalfall

Dem Rechtssystem wird damit die praktische Entscheidung über Gerechtigkeit überantwortet, obwohl das Rechtssystem Gerechtigkeit als operativ bedeutsame Entscheidungsgröße bereits seit dem 19. Jahrhundert nicht mehr kennt. Recht ist – zum Glück – zutiefst amoralisch und unethisch. Zugleich entscheidet das Recht, aber kann bloß darauf hoffen, dass die Entscheidung auch respektiert wird. Dies hat vielfache Konsequenzen für den besonderen Umgang mit Verhalten, das nicht ›rechtskonform‹ ist. Die Bedeutung derjenigen, die über Gesetze beschließen und sie ausführen, ist aus diesem Grunde sehr groß. Es gibt also letztlich immer die Möglichkeit, von Seiten der Politik das Recht zu torpedieren, wenn die Politik der Auffassung ist, dass das Recht keine ihr genehmen, beispielsweise gerechten Entscheidungen trifft.

Mangelnde Rechtskonformität bedeutet keineswegs (durchgängig) einen absichtlichen Verstoß gegen Gerechtigkeitsvorstellungen in der Gesellschaft oder einen Angriff auf das Gemeinwesen. Ganz im Gegenteil: Sie wird erwartet und sogar benötigt. Man realisiert, dass die Rechtskenntnis in der Bevölkerung abnimmt oder generell immer schon gering gewesen ist: Die Kenntnis des Gesetzes wird *überhaupt nicht* erwartet; die Kenntnis des Rechts hingegen wird fast ausschließlich durch elterliche, schulische und freundschaftliche Erziehung vermittelt.[53] Auch wenn das Recht also weitgehend den Betroffenen unbekannt ist, wird es – teils unter Androhung von Sanktionen – durchgesetzt. Wie kann das sein? Und inwiefern ist das gerecht?

---

[53] Diese ungewöhnliche Anforderung an jedermann wird erst seit wenigen Jahren von der Rechtswissenschaft diskutiert – ganz zu schweigen von der Soziologie. Gerade darin zeigt sich, dass dem Recht kaum ein repressives Moment innewohnt, da kaum jemand das Recht kennt und nur in bestimmten Fällen bekannt ist, was erlaubt ist und was nicht. Nur in wenigen Fällen erwartet der Staat zumindest ein Mindestmaß an Rechtskenntnis; die Führerscheinprüfung gilt als eine dieser wenigen Ausnahmen. Vgl. Towfigh, »Komplexität und Normenklarheit« (Anm. 39), S. 19.

Hier muss zunächst festgehalten werden, dass sich im späten 18. Jahrhundert die Konzepte von Versagen, Fehltritt und Fehler geändert haben. Erst als der Fehltritt selbst aus einer gewissermaßen metaphysischen Dimension des Bösen heraus in die irdischen Gefilde der statistisch erwartbaren Aberration rückt, kann das Rechtssystem auch eine Sanktionierung gegen denjenigen verlangen, der gar nicht wirklich gewusst hat, dass sein Handeln von anderen als sanktionsbedürftig betrachtet wird.[54] Insbesondere betroffen sind drei Felder.

5.1. Fehler des Individuums

Jedes beliebige Individuum kann fehlen oder versagen, das heißt, anders handeln, als es andere erwarten würden, und dadurch eine juristische Untersuchung auf sich ziehen. Solch ein Versagen ist nicht notwendigerweise Konsequenz einer willentlichen Handlung, die darauf abzielt, anderer Erwartungen zu enttäuschen. Vielmehr werden auf der einen Seite aus Erwartungen und Versagen gesetzlich oder anderweitig formalisierte Regulierungen; auf der anderen Seite wird zu prüfen sein, ob ein konkretes Verhalten objektiv der formalisierten Beschreibung entspricht.

Im Strafrecht sorgt Feuerbachs *nulla-poena*-Regel für ein Höchstmaß an formeller Vorgabe: Die Regulation muss zweifelsfrei und ohne jede Analogie auf den Einzelfall anwendbar sein. Diese Strenge zeigt an, dass der Fehltritt eine mögliche Verhaltensoption geworden ist, die zunächst einmal nicht unwahrscheinlich ist. Eine Bestrafung – zum Beispiel durch Freiheitsentzug – seitens der staatlichen Gewalt ist dabei eine ungewöhnliche Option. Sie drückt aus, dass entweder der Staat selbst ein Interesse an der Verfolgung einer Tat hat oder aber davon ausgeht, dass die Verfolgung ›im öffentlichen Interesse‹ ist, also im Namen aller geschehen soll. Ein Übergang von Erziehung zu Konfliktsteuerung ist auch hieran zu sehen: Der Staat engt den Bereich derjenigen Verhaltensweisen ein, in denen er im eigenen Namen ein Verhalten zu unterbinden sucht. Praktisch bedeutet die eingangs erwähnte *nulla-poena*-Regel eine besonders strikte Konditionierung des Rechts.

---

[54] Es fällt auf, dass (sicherlich) aus diesem Grunde die als ›böse‹ empfundenen Personen bis heute tendenziell dem Recht entzogen werden – sei es von politischer Seite (Guantanamo), sei es von privater Seite (Lynchangriffe und der deshalb regelmäßig notwendige Schutz der Angeklagten bei Kinderschänderprozessen).

Die Mystik der sprachlichen Gewalt in Recht und Literatur

Auch der Wille selbst unterliegt der gerichtlichen Prüfung. Die Selbstauskunft eines Beschuldigten bildet nur eine unter vielen möglicherweise zu berücksichtigenden Sachverhalten.[55] Schon ab dem 18. Jahrhundert kann nur noch das Gericht feststellen, was der Wille eines Individuums ist. Das Individuum selbst kann höchstens Vermutungen über sich selbst anstellen. Damit ist auch der Fehltritt bis zu einem gewissen Grad der Gewalt des Individuums selbst entzogen. Es kann nicht darüber entscheiden, ob es schuldfähig oder psychisch krank ist; das können nur Gutachter und auf der Grundlage ihrer Einschätzung Richter. Gerade weil der Fehltritt zu einer erwartbaren und nicht weiter ungewöhnlichen Option wird, geht die Bedeutung des Psychischen seit dem 19. Jahrhundert zurück.[56]

5.2. Fehler des Gesetzgebers

Der Gesetzgeber kann scheitern. Eine unglückliche und unbeabsichtigte Wendung kann eine Regulation hervorbringen, die inkohärent ist oder dem Willen des Gesetzgebers nicht entspricht.[57] Das Problem liegt darin, dass der Gesetzge-

---

[55] Gegenwärtig genießt in der literaturwissenschaftlichen Forschung diejenige Untersuchung von Texten aus dem 18. und 19. Jahrhundert Popularität, die sich für den unwillentlichen Ausdruck von Emotionen und deren Dekodierung für das juristische Verfahren interessiert. Hierzu merken wir kritisch an, dass solche Verfahren gerade Ausdruck des *Misstrauens* gegenüber der Lebensäußerung eines Beschuldigten sind. Da den Selbstaussagen nicht mehr bedingungslos getraut wird, sucht man nach weiteren Hinweisen, die der Beschuldigte jenseits seiner Kontrolle liefert. DNA-Proben und Fingerabdrücke sind zwar im Resultat viel bessere Lösungen des Problems, aber im Prinzip sind sie funktional gleichwertig.

[56] Wieder: Bester Ausdruck dieser Entwicklung ist die Verrechtlichung des Psychischen, wie sie etwa im deutschen Recht um 1800 mit der Unterscheidung zwischen subjektivem und objektivem Tatbestand erlangt wird. Gerade dadurch, dass etwas wie Wille zu einem Rechtsbegriff wird, für den man *keine* Gutachter benötigt, abstrahiert das Recht von den psychischen Bedingungen einer Tat. – Das Recht hat schon um 1900 gesehen, dass man auch einen strengen Determinismus annehmen kann; dann wird Willensfreiheit bloße „staatsnotwendige Fiktion" (Kohlrausch). Jakobs argumentiert als Strafrechtler besonders radikal so, dass die Argumentation auch Bestand hätte, wenn man von einem in seinem Verhalten völlig determinierten Menschen ausginge. Vgl. Günther Jakobs, *Strafrecht. Allgemeiner Teil. Die Grundlagen und die Zurechnungslehre*, 2. überarb. Aufl., Berlin und New York: de Gruyter 1991 [1983].

[57] Oder aus Sicht der Juristen selbst etwas willkürlich ist. Gerne gescholten wird im deutschen Strafrecht der § 142 StGB (›Unfallflucht‹), der als »problematische Vorschrift« gilt (Thomas Fischer [›Tröndle/Fischer‹], *Strafgesetzbuch und Nebengesetze*, München: Beck 2001, § 142, Rn. 4). Strafbare Tat ist, dass man für Auskünfte nicht zur Verfügung steht, aber im Tröndle/Fischer findet sich ausgeführt (Rn. 29), dass man falsche Papiere vorlegen kann oder jemand anders bitten kann, das Tatfahrzeug zu entfernen. All das ist nicht strafbar.

ber angesichts der gegenwärtigen Lage eine wünschbare Situation skizziert und zu regulieren versucht. Er legt seine Vorstellungen in Gesetze nieder, die Erwartungen wecken sollen.[58] Dabei unterschätzt er zwangsläufig die Vielfalt der möglichen Einzelfälle und damit die Komplexität der sozialen Realität. Nicht alle Fälle sind vorhersehbar, und deswegen kann der Gesetzgeber – auch dann, wenn er in Ministerien oder über Beraterverträge externe Juristen mit der Formulierung von Gesetzen betraut – immer wieder von der Wirkung der Konditionierungen, die er Juristen anempfiehlt, überrascht werden – ähnlich wie Programmierer vom Verhalten ihrer Programme überrascht werden können.[59] Hinzu kommt, dass die Politik in rhetorischen und dialektischen Operationsmodi arbeitet. Sie kann gegenüber Ministerien, Beratern und dem Volk gerade nicht rechtlich argumentieren, sondern bloß ethisch. Ethik aber lässt sich, wie oben ausgeführt worden ist, nicht verlustfrei in Recht übersetzen.

Häufiger geschieht es, dass der Gesetzgeber Normen erlässt, die bestehenden und weiterhin gültigen Normen widersprechen.[60] Die Normenhierarchie garantiert, dass in beiden Problemfällen (also sowohl bei ungenügend formulierten als auch bei konfligierenden Gesetzen) höherrangige Gesetze – speziell solche mit Verfassungsrang – einerseits überhaupt die Entscheidungsfähigkeit des Rechtssystems sicherstellen, andererseits aber auch gute Gründe an die Hand geben, im Wesentlichen doch Gleiches gleich und Ungleiches un-

---

[58] Das Abrücken von Erziehung und die Orientierung an Konflikten auf der einen Seite und die Komplexität der möglichen Sachverhalte auf der anderen Seite lassen es fraglich erscheinen, ob die Steuerung des Gemeinwesens über Gesetze noch zeitgemäß ist. In Ansätzen zeigt die staatliche finanzielle Unterstützung für *street worker*, für vermittelnde private Organisationen (wie NGOs) und für Broschüren und Werbung, dass der Staat mit anderen Formen der demokratischen Lenkung experimentiert. Nicht demokratische Lenkung hingegen kommt ohnehin meist problemlos ohne Gesetze aus und stützt sich auf Geheimpolizei, Förderung von Denunziantentum und schiere Brutalität.

[59] Programmieren besteht (heute) darin, für sehr heterogene Betriebsumgebungen (diverse Betriebssysteme, diverse Hardware, diverse Browser, diverse Server) eine Menge von Fallunterscheidungen zu treffen, bei denen keine der möglichen Eventualitäten zu einem unerwünschten Effekt führt. Viele Programmierstrategien zielen darauf ab, Code ›plattformunabhängig‹ und ›wiederverwertbar‹ zu machen. Ein Programmierer kann schnell von seinem eigenen Programm überrascht werden, weil es angesichts der Heterogenität der Betriebsbedingungen immer Fälle gibt, an die er nicht gedacht hat.

[60] Dieses Problem ist bereits Quintilian bekannt. Luhmann meint, dass im 20. Jahrhundert die Politik eine Konsistenz der Gesetze gar nicht mehr anstrebt, vgl. Luhmann, *Das Recht der Gesellschaft* (Anm. 2), S. 279.

gleich behandeln zu können. Doch auch wenn die Normenhierarchie nicht für eine ausdrückliche Klärung sorgt, führt die Rechtsdogmatik in der Regel dazu, einen Unterschied in den Anwendungsbereichen auszumachen und damit einen Widerspruch prozessierbar zu machen. Letztlich ist es immer eine gerichtliche Entscheidung, ob ein Widerspruch zum Verwerfen einer Norm führt oder zu ihrer widerspruchslösenden Interpretation.

Ein Gericht kann natürlich versuchen, auf die Absichten des Gesetzgebers Rücksicht zu nehmen. Hierzu werden unter Umständen durchaus auch Parlamentsprotokolle berücksichtigt, die über die Entstehung des Gesetzestextes Auskunft geben; in der Regel zeichnet die historische Auslegung aus, dass man lediglich die Norm selbst auslegt, dabei aber im Auge behält, worauf zum Zeitpunkt des Gesetzeserlasses der Wortlaut abgezielt haben müsste.[61] Aber das Gericht berücksichtigt den Willen des Gesetzgebers nach eigenem Ermessen und kann auch dagegen gleichgültig sein. Das Gericht kann sogar zu dem Schluss kommen, beim Gesetzgeber Absichten zu identifizieren, von denen der Gesetzgeber (zumal als Organ, das wiederum aus vielen Individuen besteht) nichts weiß. Nur das Gericht kann letztlich darüber entscheiden, was jemandes Wille ist – das gilt auch für den Gesetzgeber.

5.3. Fehler des Gerichts (Unzulänglichkeiten eines Richters)

Das Gericht kann sich irren und ein falsches Urteil fällen. Eine Auslegung kann fehlerhaft sein. Gerade weil das Gericht sich auf (menschliche und fehleranfällige) Richter stützen muss, das Recht und die Gesetze komplex sind und die Faktenlage unklar sein kann (auch Gutachter können sich irren), ist das Rechtssystem so konstruiert, dass auch das Fehlurteil eines Gerichtes keine Anomalie darstellt, sondern als Regelfall vorgesehen ist.

Eine gerichtliche Entscheidung kann nämlich so lange vor höherrangigen Gerichten mit Rechtsmitteln angegriffen werden, so lange der Instanzenzug nicht ausgeschöpft ist, so lange also das höchste Gericht keine definitive Entscheidung getroffen hat. In der deutschen Praxis ist es sogar so, dass nach einer Revision verworfene Urteile eines Berufungsgerichts wieder an das Berufungs-

---

[61] Die Berücksichtigung von Protokollen fällt unter die historische Auslegung. Dagegen ist bei der Berücksichtigung von Zwecken zwischen der historischen und der – heute wichtigeren – teleologischen Auslegung zu unterscheiden, bei der der objektive Schutzzweck der Norm anhand der Norm selbst ermittelt wird und als Richtschnur ihrer Auslegung benutzt wird.

gericht zurückverwiesen werden; die Entscheidung der dritten Instanz führt also zu einer erneuten Verhandlung in der zweiten; das Ganze kann sogar mehrfach hin- und hergehen. Die reguläre Möglichkeit des Irrtums wird noch dadurch bestärkt, dass in vielen Rechtsordnungen – unter anderem der deutschen – ein niederrangiges Gericht nicht förmlich an die Entscheidung eines höherrangigen Gerichts gebunden ist. Und selbst wenn faktisch das höherrangige Gericht seine Meinung durchsetzen kann, kann es selbst nicht dafür garantieren, sich nicht zu irren. Dies ist der Grund, weshalb gerade Verfassungsgerichte ihre eigenen Urteile revidieren können – und dies nicht allzu oft, aber immerhin gelegentlich tun.[62]

Die Gerechtigkeit, die das Recht verschafft, besteht nur in dem Versprechen, dass gleiche Fälle gleich behandelt werden. Zugleich nimmt es an, dass jeder Fall einzigartig ist, sodass er mit früheren bloß *verglichen* werden kann. In die Bredouille, für (>vollständige<, metaphysische) Gerechtigkeit sorgen zu müssen, kommt das Recht auf diese Weise nie: Gleiche Fälle gibt es nicht. Das grundlegende praktische Prinzip des Rechts ist, dass *ähnliche* Fälle *ähnliche* Entscheidungen nach sich ziehen. Der einzige Wert, den ein solches Denken hochhält, lässt sich in die Formel ›Gleichheit durch Individualisierung‹ bringen. Falls rechtliches Denken nicht ungerecht und willkürlich werden will, muss es sich daher vollständig und ausschließlich auf diejenigen Willensbekundungen stützen, die durch allgemeine Gesetzgebung oder durch übereinstimmende Willenserklärungen beim Eingehen eines Vertrages Ausdruck finden.

Ferner hat das Gericht keinerlei Möglichkeiten, seine Rechtsauffassung durchzusetzen, wenn niemand bereit ist, die Rechtsauffassung des Gerichts für das Gericht durchzusetzen. Es wäre überdies offensichtlich gesetzeswidrig, wenn ein Richter selbst Hand anlegen würde, um seinen Beschluss zu exekutieren. Zumindest hätte es für Irritationen gesorgt, wenn beispielsweise seinerzeit ein Bundesverfassungsrichter nach dem einschlägigen Beschluss[63] in bayrische Schulen gegangen wäre und gegen den geballten bayrischen Willen Kruzifixe entfernt hätte, bloß weil die dortigen Schulbehörden den Beschluss des Gerichts

---

[62] Vgl. für das Eingeständnis der Irrtumsmöglichkeit auch BVerfGE 77, 84: Der Gesetzgeber kann eine vom Verfassungsgericht verworfene Norm mehr oder minder problemlos wieder erlassen und es erneut probieren.
[63] BVerfGE 93, 1.

weitgehend ignorierten.[64] (Der guten Ordnung halber wurde wenig später auch ein entsprechendes Gesetz erlassen, das auch formal den alten Zustand wiederherstellte.)[65] Doch handelt es sich hier um Ausnahmefälle. In der Regel setzt der Staat die richterlichen Beschlüsse um.[66] Aber wenn die Polizei beziehungsweise die Streitparteien die Kraft des gerichtlichen Wortes nicht respektieren, passiert schlicht gar nichts. Wenn der Richter eine Person ins Gefängnis schickt, aber der Polizist diese nicht hinführt, wird sie auch nicht ins Gefängnis gelangen.

6. Die geerdete Mystik

Darin liegt die Mystik der gesetzlichen Autorität: Sie beruht auf der regulatorischen Fähigkeit des Wortes selbst.[67] Wie kann es sein, dass eine Äußerung auf sie folgendes Verhalten und speziell die auf sie folgenden Äußerungen ge-

---

[64] Genauer fiel die Rechtsgrundlage für die Anbringung von Kreuzen schlagartig weg, da das Verfassungsgericht schlicht die Norm für unvereinbar mit dem Grundgesetz erklärte, nach der Kreuze im Klassenzimmer anzubringen waren. Das Urteil erklärte das Aufhängen von Kreuzen im Klassenzimmer generell für bedenklich. Da allerdings im Prinzip nur die Rechtsgrundlage für das Aufhängen fortfiel, lag die Deutung nahe, dass das Aufhängen von Kreuzen nicht ausdrücklich verboten war; aber das Urteil betonte ausdrücklich, dass ein solcher Eingriff, das Aufhängen von Kreuzen, ohne gesetzliche Grundlage ebenfalls nicht möglich war (vgl. ebd. Rn. 54). Daher ist das Aufhängen von Kreuzen nach dem Urteil durchaus voll und gang gegen den Willen der Verfassungsrichter gewesen. Einer von ihnen hätte also durchaus ›mit vollem Recht‹ die Kruzifixe entfernen können, wenn er sich zur Umsetzung geltenden Rechts berufen hätte fühlen dürfen.

[65] Art. 7 Abs. 3 BayEUG (zitiert nach http://by.juris.de/by/gesamt/EUG_BY_2000.htm, 2000, zit. 07.09.2009). Es handelt sich natürlich in Einklang mit dem Urteil des Bundesverfassungsgerichts um ein Gesetz, das der Langtag beschlossen hat. Es stellt insofern den alten Zustand her, als der Absatz (erster Satz) ganz grundsätzlich gebietet: »Angesichts der geschichtlichen und kulturellen Prägung Bayerns wird in jedem Klassenraum ein Kreuz angebracht.« Es folgen komplizierte Ausnahmeregelungen. Die frühere Formulierung war bloß etwas kürzer: »In jedem Klassenzimmer ist ein Kreuz anzubringen.« Zitiert nach BVerfGE 93, 1 (3).

[66] Das Recht besteht in der Regel sehr verbissen auf Ausübung von Gewalt, weil jede kleinste Gefährdung der richterlichen Autorität die gegenseitigen Abhängigkeiten der staatlichen Organe und der privaten Rechtssubjekte untereinander und sich ins Wanken brächte. Interessant ist hierbei, wie Zwangsvollstreckungen (einschließlich der Zwangsräumungen) gehandhabt werden. Ihnen haftet das Element einer privaten Durchsetzung des Willens einer Partei an, insofern ein Zwangsvollstrecker im Auftrag desjenigen tätig wird, der den Titel zur Zwangsvollstreckung besitzt. Die Polizei wird nicht etwa von sich aus tätig – auch nicht um zum Beispiel Schulden einzutreiben.

[67] Vgl. Jacques Derrida, *Force de loi. Le fondement mystique de l'autorité*, Paris: Galilée 1994.

nau konditioniert?[68] Konditionierung heißt: die denkbaren Optionen festlegen. Dieses Phänomen ist ausgesprochen wenig untersucht – trotz der vielen Hermeneutiken in den Jahrhunderten,[69] trotz der früheren Grammatik und der heutigen Linguistik,[70] trotz der jüngeren Kognitionsforschung. Es ist im engeren Sinne nämlich nicht klar, wie Konditionierungen in der Sprache zustandekommen, wenn man nicht davon ausgeht, dass Klarheit und Eindeutigkeit den Normalzustand sprachlichen Verwendens ausmachen.[71] Eine der schon seit der Antike immer wieder gerne herangezogenen Lösungen lautet: Das hängt von der Intention desjenigen ab, der die Äußerung tätigt; aber diese Lösung ist nur eine Scheinlösung, denn sie gibt keine Antwort auf die Frage, wie man denn wissen kann, was jemand intendiert, wenn man sich doch vor allem an seinen sprachlichen und sonstigen Äußerungen orientiert.[72] Allgemein gefragt: wie sorgt man dafür, dass eine kommunikative Äußerung nur wenige Anschlüsse, ja vielleicht sogar nur einen einzigen Anschluss zulässt? Wie vermeidet man, dass man auf eine kommunikative Zumutung nicht einmal mit einer Negation reagiert?

Wir können auf diese Frage, so zentral sie auch für unser Anliegen sein mag, an dieser Stelle keine erschöpfende Antwort geben, zumal zu wenig noch über Sprachverstehen bekannt ist, um sehr sichere Aussagen zu treffen. Wir kön-

---

[68] Merkwürdig mystikfreundlich gibt sich Luhmann, wenn er »Autorität, Dekoration, [...] Auftritt und Abtritt des Gerichts« als Mystifikationen des Entscheidungsparadox beschreibt (Luhmann, *Das Recht der Gesellschaft* [Anm. 2], S. 309). Wir zweifeln mit Luhmann an der Rationalität von Gerichtsentscheidungen, gehen aber davon aus, dass die Konditionierungsleistungen, die Rechtstexte schaffen, in sehr genau beschreibbaren »Pfaden« (ebd., S. 307) ablaufen.

[69] Vgl. etwa Peter Szondi, *Einführung in die literarische Hermeneutik*, Frankfurt a. M.: Suhrkamp 2006 [1975].

[70] Vgl. Remigius Bunia, »Grammatik und Rhetorik. Kreative Variation und Stabilisierung sprachlicher Strukturen«, in: Stephan A. Jansen, Eckhard Schröter u. Nico Stehr (Hg.): *Rationalität der Kreativität? Multidisziplinäre Beiträge zur Analyse der Produktion, Organisation und Bildung von Kreativität*, Wiesbaden: VS 2009. S. 31–60.

[71] Geht man hingegen von dieser Klarheit aus, erhält man dialektische Modelle, in denen Unklarheit lediglich Ausweis mangelnder Sorgfalt ist. Ein empirischer Hinweis auf Sprache legt hingegen nahe, dass Ungenauigkeit und Uneindeutigkeit den Regelfall bilden, vgl. bspw. Manfred Pinkal, »Vagheit und Ambiguität«, in: Arnim von Stechow u. Dieter Wunderlich (Hg.): *Semantik. Ein internationales Handbuch der zeitgenössischen Forschung* (HSK 6), Berlin / New York: de Gruyter 1991, S. 250–269.

[72] Daher ist, wie Spoerhase jüngst zeigt, die schwache Form des Intentionalismus, nämlich der radikale hypothetische Intentionalismus, im Resultat nicht von intentionskritischen Positionen zu unterscheiden. Vgl. Carlos Spoerhase, »Hypothetischer Intentionalismus. Rekonstruktion und Kritik«, in: *Journal of Literary Theory* 1 (2007), S. 80–109.

Die Mystik der sprachlichen Gewalt in Recht und Literatur

nen jedoch die zwei Schritte skizzieren, die für eine stabile Programmierung flexibler Äußerungen nötig sind. Auf einer ersten Stufe ist es nämlich kein Problem, sehr klare und einfache Konditionierungen zu schaffen; der Befehl ›Halt!‹ lässt wenige Optionen zu. Doch solche extremen Konditionierungen erinnern an die Wortherkunft des Terminus und an den Behaviorismus: Auf das Wort ›Sitz!‹ zu reagieren kann man auch Hunden beibringen.[73] Selbst auf dieser ersten Stufe ist es möglich, über ein rein behavioristisch zu erklärendes Verhalten hinaus Kommunikation zu ermöglichen. Die Spracherwerbsforschung – speziell diejenige Tomasellos – schaut nämlich genau darauf, auf welche Weise Äußerungen die Aufmerksamkeit lenken können und welche Komplexität sich im Laufe der Zeit ab dem 9. Lebensmonat bis hin zu den ersten Jahren in der Schule aufbaut. Charakteristisch für all diese Äußerungen ist es, dass eine Negation oder Ablehnung einer Äußerung prinzipiell nicht nur möglich ist, sondern sogar naheliegt.[74]

Die zweite Stufe der Kommunikation wertet die Negation um: Sie besteht nicht darin, eine Ablehnung zu signalisieren, sondern setzt die Kommunikation fort. Alle epistemischen Modi setzen hier an: Der rhetorische Widerspruch ist Ansporn, ja Technik; in der Dialektik werden Wahr und Falsch zu bloßen Werten innerhalb eines Kalküls; in der Empirie ist das nachweislich nicht Vorfindbare eine so harte Tatsache wie das als vorhanden Nachgewiesene. Erst auf dieser Stufe wird eine komplexe Programmierung möglich. Da eine scharfe Scheidung zwischen dem einen und dem anderen *denkbar* wird, lässt sich angeben, wie zu verfahren ist, wenn das eine oder andere zutrifft. Hier unterscheiden sich die Modi massiv. Die Dialektik erhebt diese Programmierung zu einem Garanten für die Schaffung von Erkenntnis über die Welt; logische Widerspruchsfreiheit selbst wird für sie zum Kriterium für eine korrekte Beschreibung der Welt. Die empirische Kritik an der Dialektik lässt sich hierauf nicht ein und stimuliert genau dasjenige Experiment, das überraschende, widersprechende Resultate erzeugt; die Konsistenzerfordernisse lagert sie in einer mathematisierend-logischen Theoriesprache aus, bei der aber Theorien ständig modifiziert oder

---

[73] Es ist bemerkenswert, dass bis zu einem Alter von acht Monaten auch diese Form der Konditionierung bei Kleinstkindern möglich ist; erst dann (ungefähr) setzt die Fähigkeit ein, den kommunikativen Gehalt einer Äußerung auf eine anspruchsvollere Weise zu bewerten, als es Tiere tun. Vgl. Tomasello, *Constructing a Language* (Anm. 19), S. 30.

[74] Zur Bedeutung der Negation für Kommunikation vgl. Niklas Luhmann, *Die Gesellschaft der Gesellschaft*, Frankfurt a. M.: Suhrkamp 1997 [1999], S. 221–230 und S. 459 f.

verworfen werden müssen. Will man es griffig sagen, lösen Dialektiker Widersprüche durch Nachdenken und Empiriker im Labor.

Wichtig ist bei allen avancierten epistemischen Schemata, dass die Möglichkeiten des Anschlusses an Zeichengebrauch strikt reglementiert werden. Freilich lassen auch Ausdrücke wie ›Brotschneidemaschine‹ nur wenige Assoziationen und wenige Verwendungsweisen zu, die nicht irritierend wären. Solche Verwendungsweisen müssen gelernt werden. Genau genommen wird gelernt, dass Ausdrücke mit großer Vagheit gewissermaßen das Schmieröl für neuartige Situationen abgeben.[75] Ein Verb wie ›haben‹ kann für potenziell beliebig viele Tätigkeiten benutzt werden und hat sich sogar in vielen Sprachen als Signal für Vergangenheitsbezug etabliert.[76] Für die avancierten epistemischen Schemata ist es erforderlich, dass die Reglementierung expliziert, eingeübt und geprüft wird. Dieser Aufgabe kommen Schulen und vor allem Universitäten nach. Dabei ist es wichtig zu sehen, dass man zu erlernen hat, was man mit einem Wort *tun* darf. Wittgensteins Gebrauchstheorie der Bedeutung erhält so eine neuartige Wendung: In der Tat kann man beispielsweise vor Gericht nur in bestimmten Situationen bestimmte Sätze vorbringen.

Im juridischen Denken wird genau das Handeln durch Worte auf Konsistenz hin geprüft und nicht die kalkülartigen Wahrheitswerte der Sätze. Da gleiche Ereignisfolgen gleich zu behandeln sind, es aber gleiche Ereignisfolgen nicht gibt, liegt die Konsistenzanforderung des Rechts darin, die Gleichheit im Handeln sowohl zu negieren als auch durch einen hohen Grad an vergleichbarem eigenem Handeln zu bestätigen. So widmet sich der Anwalt, der mit einem Gesellschaftervertrag betraut ist, den Eigenarten der von ihm betreuten Firma, den Anteilseignern und dem Zweck der Gesellschaft; und er koordiniert so das Handeln zwischen sich und den Eignern und dasjenige der Eigner untereinander. Dabei gilt es, die Stärke der Konditionierungen im Blick zu behalten (mit dem Analogieverbot als dem einen Extrem und dem unbestimmten Rechtsbegriff als dem anderen). Auch das nicht erwartete und erwünschte Verhalten wird vom Rechtsanwalt einbezogen: beispielsweise die Insolvenz oder der Gesellschafter, der stirbt oder austritt. Kurz: die negative Erwartung wird wie eine positive

---

[75] Zu Literatur vgl. Anm. 71.
[76] Zur Flexibilität des Verbs ›haben‹ vgl. Bunia, »Grammatik und Rhetorik« (Anm. 70), S. 36.

Erwartung behandelt (die Negation so eingeschlossen) und die Konsistenzanforderung auf die Abfolge der Operationen abgewälzt.[77]

Dabei gilt durchaus, dass auch absolut strikte Verwendungskonditionierungen komplexe Strukturen und überraschungsreiche Programme hervorbringen können. Es ist keineswegs so, dass die Flexibilität des Rechts auf der möglichen Vagheit (also einer rechtlichen Arbitrarität!) der Begriffe beruht. Wir nennen die Mathematik als Beispiel dafür, dass eine sehr strikte Konditionierung der Verwendungsweisen von Ausdrücken zu einer extremen, schier unbegrenzten Flexibilität in der Schaffung neuartiger und einander ungleicher Strukturen führt. Die alltägliche Arithmetik lebt von der strikten Konditionierung: $2 + 2 = 4$.[78] Die eigentliche Mathematik entstand jedoch erst, als die Strukturprinzipien der strikten Konditionierung selbst untersucht wurden. Die flexible Konditionierung entspricht der Beobachtung, dass bei der Verwendung strikter Konditionierung Ordnung entstehen kann.[79] Im Umgang mit strikten Konditionierungen sind Reduktionen der Abhängigkeiten möglich, weil unterschiedliche Konditionierungen auf gleiche (und wieder strikt konditionierte) Weise beschrieben werden können. Auf diese Weise entsteht eine Beobachtungsweise, die trotz der strikten Konditionierung, auf der jedes Einzelurteil beruht, sich selbst überraschen kann und zu jederzeit neuer Neugierde anregt.

Sie bildet einen Operationsmodus ganz eigener Art, der sprachlich operiert. Sie verliert den klaren Bezug zu Alltagsphänomenen – vor allem zu solchen, für die sich keine metaphorische Analogie finden lässt. Wo dies aber doch gelingt und wo – wie etwa in der Physik – die schlichte Analogie zu einer echten Strukturhomologie ausgebaut wird, kann die Mathematik sehr viele Anregungen und Erkenntnisse liefern. Das Recht löst dasselbe Problem der Flexibilisierung strikter Konditionierung vor einem ganz anderen Problemhintergrund, nämlich Alltagshandlungen von Rechtssubjekten beschreiben zu können. Das Recht besitzt nicht im Entferntesten die Strenge der Mathematik – und darf sie

---

[77] Nicht zuletzt deshalb ist vor Gericht und in der Verwaltung das Prozessrecht entscheidend. Ein wichtiges Beispiel für das Einverleiben der negativen Erwartung ist das Strafrecht, das ja das erzieherisch erwünschte Verhalten nur *ex negativo* skizziert.

[78] Dieser enge Zusammenhang zwischen dieser einfachen Rechnung und der Macht der Sprache führt vielleicht dazu, dass diese Formel ($2 + 2 = 4$) zum literarischen Topos geworden ist, der in zahlreichen Romanen auftaucht.

[79] Das ist, da es in Kommunikation geschieht, eine Beobachtung zweiter Ordnung im Sinne Luhmanns.

auch nicht besitzen, denn dann wäre jeder direkte Bezug auf Handlungen des Alltags gekappt. Die Lösung des Problems ist die raffinierte Rechtsdogmatik und der juridische Operationsmodus, wie sie weiter oben in groben Zügen beschrieben worden sind. Damit gewinnt aber im Recht das Wort eine enorme Gewalt. Ja, es ist vor allem eine Technik wie die Rechtsdogmatik, die gerade wegen ihrer Flexibilität dem Wort die Fähigkeit verleiht, Zwang auszuüben und wenig Wahl zu lassen. (Aus diesem Grunde bleiben Gesetze für Staaten eine attraktive Möglichkeit zur Einflussnahme; Politikeransprachen vermögen hingegen sehr wenig und zeigen an, wie schwach das Wort auch sein kann.) Worte selbst können gewaltsam sein, gerade wenn sie nicht zeigen, wie wenige Optionen sie lassen.

Eine Macht der Sprache vermag auch die Literatur auszuüben.[80] Sie unterscheidet sich freilich spürbar von derjenigen des Rechts. Insbesondere optimiert literarisches Sprechen genau das Gegenteil: Es versucht in der Überzahl der künstlerisch besonders gelungenen Fälle, Sinn möglichst wenig zu konditionieren und damit zu sehr vielfältigen Interpretationen anzuregen. (Selbst dann ist natürlich ein *anything goes* nicht möglich.) Im selben Moment bemüht sich Literatur auch um eine rhetorische Präzision: um das Vor-Augen-Stellen von Eindrücken, die die Kommunikation überspringen und die Wahrnehmung selbst kommunizierbar werden lassen.[81] Schließlich entfaltet die Literatur ein verschränktes Wechselspiel zwischen Individualität und Verallgemeinerbarkeit, die gleichfalls zu einem Vergleich mit dem juridischen Operationsmodus auffordert. Diesem Vergleich möchten wir uns abschließend zuwenden.

7. Literatur

Zwischen 1600 und 1800 wechselte das Recht vom rhetorischen zum juridischen, die Politik vom rhetorischen zum dialektischen, die Wissenschaft vom dialektischen zum empirischen und die Literatur vom dogmatischen zum rhetorischen Modus. Sicherlich ist eine solche Formel zu einfach und eine allzu billige Zusammenfassung der Geschichte der Entstehung der Moderne. Ganz verkehrt ist sie aber nicht.

---

[80] Gleiches gilt im Übrigen für eine kleine Zahl von Politikerreden.
[81] Vgl. Dirk Baecker, »Die Adresse der Kunst«, in: Jürgen Fohrmann u. Harro Müller (Hg.), *Systemtheorie der Literatur*, München: Fink 1996, S. 82–105, hier S. 96–105.

Die Mystik der sprachlichen Gewalt in Recht und Literatur

Die Literatur oder Dichtung (als Sammelbegriff für alle Formen der vor allem auf Sprache beruhenden Kunst) besitzt keinen eigenen Operationsmodus. Es ist ihr eigen, dass sie sich im Prinzip aller verfügbaren Modi immer bedienen kann, um sie in Montagen beispielsweise vorzuführen. Dennoch dominiert der rhetorische Operationsmodus voll und ganz. Recht und Literatur haben somit eine gemeinsame rhetorische Vergangenheit, die an vielen Stellen bis heute noch beobachtet werden kann und den beliebtesten Anknüpfungspunkt für Vergleiche bietet. So folgen Darstellungen von zeitlich verlaufenden Sachverhalten der Struktur von Erzählungen. Die Dichtung hat damit aber keinen Operationsmodus ausgebildet, der durch starke Konditionierung zu einer höheren Genauigkeit führt. Diese mangelnde Spezifität des rhetorischen Modus hat ja zu seinem Ausschluss aus dem wissenschaftlichen Denken im 17. Jahrhundert und aus dem juristischen Denken im späten 18. Jahrhundert geführt.

Dichtung kann als engagiert[82] und damit als der Gerechtigkeit verpflichtet gelten. Ob sie das *per se* ist, muss offen gelassen werden. Fest steht, dass Dichtung in der Mehrzahl nicht ethisch ist. Sie versucht genau keine kasuistische Klassifikation. Die Personen, die handeln, sind meist nicht absolut böse oder absolut gut – und wenn dies doch vorkommt, hapert es an der ästhetischen Qualität. »Alle glücklichen Familien gleichen einander, jede unglückliche Familie ist auf ihre eigene Weise unglücklich«[83] – deswegen sind gute Romane solche über unglückliche Familien. Will ein Werk gelingen, muss es im Wohltäter beispielsweise die dämonischen Seiten zur Geltung bringen oder den Fiesling samt seinem Charisma zeigen. Darin liegt keine bloße Schemaliteratur, sondern der Zwang, in der sich einmalig gebenden Konstellation die schier unbegrenzte Vielfalt der möglichen Konstellationen aufblitzen zu lassen und damit die Komplexität der Gesellschaft zu zeigen. Literatur ist auf diese Weise der Genauigkeit verpflichtet. Sie muss, was sie zur Darstellung bringt, in seiner Einzigartigkeit und Verallgemeinerbarkeit zugleich präsentieren.[84]

---

[82] Vgl. Nikolaus Wegmann, »Engagierte Literatur? Zur Poetik des Klartexts«, in: Jürgen Fohrmann u. Harro Müller (Hg.), *Systemtheorie der Literatur*, München: Fink 1996, S. 345–365.
[83] Leo N. Tolstoi, *Anna Karenina* (1875–1877), Übersetzer nicht genannt, Frankfurt a. M.: Insel 1997, S. 7.
[84] Hier klingt nicht zufällig Aristoteles' *Poetik* an. Seine Philosophie ist – anders als es die Rezeptionsgeschichte später gesehen hat – deutlich von rhetorischen Schemata beherrscht gewesen; und in gewisser Form ist Dichtung heute die primäre Form aristotelischen Denkens geworden.

Literatur und rechtliches Denken haben also das Interesse an der Individualität von Fällen gemeinsam. Die zentrale Differenz liegt darin, dass Literatur nicht danach strebt zu klassifizieren. Tatsächlich versuchen literarische Texte sogar zumeist, jede Form von Kategorisierung überhaupt zu vermeiden. Weiterhin ist hier ›Klassifikation‹ im strikten Sinne zu verstehen: Literatur stellt keine Begriffe zur Verfügung, mit denen beispielsweise die in einem Gedicht ausgedrückten Gefühle oder die Fehltritte eines Helden in einem Roman beschrieben werden können. Sie zeigt sogar gelegentlich, dass die Realität zu jedem beliebigen Zeitpunkt die Erfahrung übersteigen kann, die bis dahin gewonnen worden ist. Damit verweigert sie sich sogar der Annahme, Begriffe und Worte stünden in allzu enger Nähe zueinander.

Da Fiktionalität erlaubt, sich mit möglicher Realität zu beschäftigen, kann Literatur moralische Probleme diskutieren. Im selben Moment muss sie rhetorisch operieren und so Handlung bezeichnen, sobald sie eine Darstellung sichtbar macht. Sie muss nicht zwangsläufig nach Strukturen fahnden; auch stellt sie selten Behauptungen darüber auf, was sein und was nicht sein sollte. Ein bestimmtes Verhalten kann sie nicht ›einfach‹ zurückweisen, da sie der Individualität des Einzelfalls Achtung zollen muss (andernfalls wäre sie nicht neuartig); auch muss sie die richtigen, die rechten Worte finden, um die Handlung zu beschreiben.

Deshalb kann ein guter Roman seine zu schlichten moralischen Überzeugungen aufgeben, wie Choderlos de Laclos' *Liaisons Dangereuses* einige Jahre vor der Französischen Revolution zeigten. Der Roman will die sexuell freizügigen Praktiken des französischen Adels anprangern, ist jedoch im Nachzeichnen der individuellen Regungen der Protagonisten so genau, dass sie in ihren Motiven und Abhängigkeiten gefangen scheinen und keineswegs als diejenigen wirken, die mit ihren Lüsten die Welt kontrollieren. An einem solchen Beispiel zeigt sich, wie die Verallgemeinerung vonstatten geht: Der einzigartige Vicomte de Valmont und die einzigartige Marquise de Merteuil zeigen, welche sozialen Einsätze sie überhaupt wagen können und bis zu welchem Grad sie sie kontrollieren können. Damit werden sie keineswegs zu Prototypen von Personen, sondern das Prototypische erscheint in den einzelnen Konstellationen, die auftreten können und unter denen nur einzelne, sozusagen exemplarische ausgewählt sind.

Die Mystik der sprachlichen Gewalt in Recht und Literatur

Alles in allem verbindet Literatur rhetorische Genauigkeit mit einer solchen ethischen Idiosynkrasie. Sie muss uns daher gestatten, Auffassungen von einem ethischen Standpunkt in eine rhetorische Verallgemeinerung zu überführen. Auch in dem Augenblick, in dem ein literarischer Text ein Tun verurteilt, muss er es – um des ästhetischen Gelingens willen – mit einer Genauigkeit tun, die eine einfache ethische Ablehnung angesichts der komplexen Gemengelage unmöglich macht. Die seit dem späten 18. Jahrhundert (nicht zuletzt durch Karl Philipp Moritz) einsetzende Orientierung der Literatur an psychologischen Mustern, die besonders das 19. Jahrhundert dominiert, aber bis heute zu den zentralen literarischen Techniken gehört,[85] erlaubt zudem, die Bewusstseinslage von Personen in die Beschreibung einzubeziehen. Die Präsentation von Bewusstsein ließe sich beinahe bereits als eigener Operationsmodus begreifen. Sie erlaubt vor allem, die Diskrepanz zwischen subjektiver Bewertung und objektiver Kommunikation auszustellen, die zeigt, inwiefern schon die Trennung zwischen Bewusstsein und Kommunikation immer zu erschwertem Kontakt mit der Welt und ihrer Kontrolle führen.[86]

Wenn unsere Überlegungen zutreffen, dann ersetzt oder berichtigt Literatur rechtliche Verirrung nicht, aber sie kritisiert auf eine schier systematische Weise sowohl die Ethik als auch die juristische Praxis.[87] Sie leistet dies nicht, weil sie in irgendeiner Weise selbst dem guten Willen verpflichtet oder gar *per se* politisch engagiert wäre, sondern weil ihre rhetorische Konfiguration sie dazu *verurteilt*, die Ambivalenz menschlichen Versagens zu sehen. Die moderne Literatur nimmt insofern zeitgleich mit dem juridischen Denken ihren Ursprung im 18. Jahrhundert. Die Modernität entsteht nicht durch Ausbildung eines eigenen Denkschemas,[88] sondern durch eine Stärkung der Unabhängigkeit der Kunst.

---

[85] Zu einer Übersicht vgl. Dorrit Cohn, *Transparent Minds. Narrative Modes for Presenting Consciousness in Fiction*, Princeton: Princeton UP 1978.
[86] Für das Problem vgl. Niklas Luhmann, »Wie ist Bewußtsein an Kommunikation beteiligt?«, in: Hans Ulrich Gumbrecht u. K. Ludwig Pfeiffer (Hg.), *Materialität der Kommunikation*, Frankfurt a. M.: Suhrkamp 1988, S. 884–905.
[87] Wenn es einen ›Erfolg der Ethik in Form von Erzählen‹ gibt (Martyn, *Sublime Failures* [Anm. 43], S. 135), so liegt das allein daran, dass dann Ethik zugunsten der Rhetorik sich selbst aufgibt.
[88] Nur die beiden genannten Differenzierungen der Fiktionalität und des (mit ihr eng verbundenen) Bewusstseinsberichts bilden – wie schon gesagt – Autonomisierungen der Literatur, die ihr in Ansätzen ein eigenes Denkschema verleihen.

Schließlich lässt sich ein besonders faszinierender Unterschied zwischen Literatur und Recht beobachten, der für die literaturwissenschaftliche Praxis von besonderem Reiz ist: Während der Umgang mit Literatur und der Umgang der Literatur mit Welt kein Ende solcher meta-ethischen Reflexionen zulässt, kommt rechtliches Denken immer zu einem Schluss, wenn ein Prozess eröffnet wird und sobald Gerichte entscheiden. Im Prinzip könnten weder rechtliche noch literarische Interpretationen an ein Ende geraten, aber juristische Auslegungen werden für den Moment in einer gerichtlichen Entscheidung angehalten. Dieses Halten erlaubt es den Konfliktparteien, ihren Konflikt hinter sich zu lassen, und sich neue Konflikte zur Stabilisierung zu suchen. Literatur jedoch zeigt, dass eine Erzählung nicht dazu ausreicht, um einen Fall zu entscheiden. Die Interpretation, die sie provoziert – sei es eine professionelle Lektüre eines Literaturwissenschaftlers, sei es eine ›private‹ Lektüre –, demonstriert auf paradoxe Weise, dass etwas mehr zu sagen wäre. Im Nachdenken über diese Ambivalenz richtet sie ihre Skepsis gegen das rechtliche System, selbst wenn eine enge Verwandtschaft beide verbindet. Aus einer literarischen Perspektive ist das Anhalten einer Interpretation ein – und erneut: dies ist genau das, was ein Gericht zu tun wagt – willkürlicher und daher brutaler Akt.

ERIKA GREBER

Nicht zu verachten: das Sonettsonett (Wordsworth, Sainte-Beuve, Puškin – et ceteri)

Der Titel »Nicht zu verachten« paraphrasiert das berühmte englische Originalzitat »Scorn not the sonnet« von Wordsworth – ein international bekanntes, geflügeltes Zitat. So bekannt aus doppeltem Grunde: wegen seines international gestalteten Themas und wegen seiner transnationalen Rezeption, wofür die Namen Sainte-Beuve und Puškin stehen. Als polyglottes Trio sind die Sonette in die Literaturgeschichtsschreibung eingegangen.[1] Und durch die französische und die russische Zutat zum Ausgangssonett ist die Sonettdichter-Galerie erst eigentlich international geworden; leider ohne deutsche Imitation. Immerhin erlaubt es das Deutsche als einzige dieser Sprachen, für die Sache einen konzisen, handlichen Terminus zu bilden: ›Sonettsonett‹[2] – analog zu ›Liebessonett‹. Und meistens ist das Sonettsonett ein Liebessonett: eine Liebeserklärung ans Sonett. Innerhalb des breiten Spektrums der poetologischen Themen des Sonettsonetts bildet sich mit dem Trio der Typus des ›Kanonsonetts‹ – Sonett über den Sonettkanon – heraus.

Mit dem Vergleich der Imitationen hat sich die Fachforschung gelegentlich beschäftigt, und so weiß man einiges über Wordsworths Verhältnis zur Sonettdichtung[3] und über Sainte-Beuves Rezeption von Wordsworth und der eng-

---

[1] Walter Mönch, *Das Sonett. Gestalt und Geschichte*, Heidelberg: F. H. Kerle Verlag 1955, S. 44 u. ö.; François Jost, *Le sonnet de Pétrarque à Baudelaire. Modes et modulations*, Bern, Frankfurt a. M. u. New York: Peter Lang 1989, S. 110–112.

[2] Vgl. Erika Greber, »Wortwebstühle oder: Die kombinatorische Textur des Sonetts. Thesen zu einer neuen Gattungskonzeption«, in: Susi Kotzinger u. Gabriele Rippl (Hg.), *Zeichen zwischen Klartext und Arabeske*, Amsterdam: Rodopi 1994, S. 57–80, hier S. 72; dies., *Textile Texte. Studien zur Tradition des Wortflechtens und der Kombinatorik*, Köln, Weimar u. Wien: Böhlau 2002, Kap. VII, S. 606 u. ö. – Zum traditionellen Ansatz im Anschluss an Walter Mönch vgl. Paul Goetsch, »Sonette über das Sonett«, in: *Literaturwissenschaftliches Jahrbuch* 38 (1997), S. 261–280.

[3] J. Hillis Miller, »The Still Heart: Poetic Form in Wordsworth«, in: *New Literary History* 2 (1971) No. 2: *Form and Its Alternatives*, S. 297–310; ders., »The Linguistic Moment: From Wordsworth to Stevens«, in: *Modern Language Review* 83 (1988) No. 2, S. 418–420; Spencer Hall, »Scorn Not the Sonnet«, in: Spencer Hall u. Jonathan Ramsey (Hg.), *Approaches to Teaching Wordsworth's Poetry*, New York: MLA 1986, S. 70–74; Jennifer Ann Wagner, *A Moment's Monument: Revisionary*

lischen Sonett-Tradition⁴ sowie über Puškins Verhältnis zur englischen und französischen Literatur und Puškins Rezeption von Wordsworth einerseits⁵ und Sainte-Beuve andererseits.⁶ Jedoch hat sich bisher niemand mit dem gesamten Trio als einem Exempel weltliterarischen Austauschs beschäftigt.⁷ Für die Symposiumsthematik ist natürlich besonders der Aspekt der literarischen Wertung und Kanonbildung relevant. Speziell interessiert auch der Begriff des Kritikers (*critic, critique*) und die Verschiebung seiner Bedeutungsnuancen innerhalb des Textensembles und in den jeweiligen pragmatischen Kontexten. All dies unter spezieller Berücksichtigung der ästhetischen und performativen Funktion der Sonettform.

***

Zuerst seien die Texte präsentiert. Für das russische Sonett lassen sich sechs deutsche Nachdichtungen finden, während die beiden anderen offenbar noch immer im Original gelesen werden. Gemäß guter komparatistischer Praxis werden hier alle drei Texte mit einer philologisch genauen Interlinearübersetzung versehen.⁸

Poetics and the Nineteenth-Century English Sonnet, Cranbury/NJ, London: Associated University Presses 1996, bes. S. 32 ff.

[4] Rachel Killick, »Imitation and Individuality: Sainte-Beuve and the Remodelling of the Renaissance Sonnet«, in: *Forum for Modern Language Studies* 30 (1994), S. 18–36; Lieven D'Hulst, »De l'usage d'un topos en poésie: Le manuscrit posthume de Joseph Delorme«, in: Jan Herman, Fernand Hallyn u. Kris Peeters (Hg.), *Le Topos du manuscrit trouvé. Hommages à Christian Angelet*, Louvain: Peeters 1999, S. 363–373; Sheila K. Espineli, »Sainte-Beuve and Wordsworth in Defense of the Sonnet«, in: *European Romantic Review* 13 (2002), S. 445–448; André Gendre, »La renaissance du sonnet à l'époque romantique«, in: ders., *Évolution du sonnet français*, Paris: PUF 1996, S. 153–63 (Kap.III-I); René Wellek, »Sainte-Beuve (1804–1869)«, in: ders., *Geschichte der Literaturkritik 1750–1950*, Berlin u. New York: De Gruyter 1977, Bd. 2, S. 32–66; Wolf Lepenies, *Sainte-Beuve. Auf der Schwelle der Moderne*, München: Hanser 2000.

[5] Leonid Manzurkin, »›Surovyj Dant ne preziral soneta...‹«, in: *Literaturnaja učeba* (1985) No.1, S. 196–206; Kenneth H. Ober u. Warren U. Ober, »›Scorn not the sonnet‹: Pushkin and Wordsworth«, in: *Germano-Slavica* 15 (2005), S. 109–123 [zuerst in: *Wordsworth Circle* 34 (2003), S. 119–126].

[6] André Marcowicz, »Puškin et deux romantiques français: Sainte-Beuve et Antoni Deschamps: Problèmes de citations«, in: *Révue des études slaves* 59 (1987), S. 21–44; Gerda Achinger, »Puškin i Sent-Bëv: Lirika Sent-Bëva v ocenke Puškina«, in: Marina L. Remneva u. a. (Hg.) *Puškin. Sbornik statej*, Moskva: MGU 1999, S. 212–228. [zuerst in: *Vestnik MGU ser. Filologija* 1988 No. 1, S. 23–38]; dies., »Die Lyrik Sainte-Beuves als Faktor der lyrischen Textgenese bei Puškin«, in: *Arcadia* 35 (2000), S. 45–65.

[7] François Jost druckt immerhin alle drei Sonette ab (Jost, *Le sonnet*, S. 110–112).

[8] Übersetzungen von Vf.

Nicht zu verachten: das Sonettsonett

Das 1827 im jambischen Fünfheber verfasste sechsreimige Sonett von William Wordsworth (1770–1850):[9]

Scorn not the Sonnet; Critic, you have frown'd,
Mindless of its just honours; – with this Key
Shakspeare unlocked his heart; the melody
Of this small Lute gave ease to Petrarch's wound;
A thousand times this Pipe did Tasso sound;
Camöens soothed with it an Exile's grief;
The Sonnet glittered a gay myrtle Leaf
Amid the cypress with which Dante crown'd
His visionary brow: a glow-worm Lamp,
It cheered mild Spenser, called from Faery-land
To struggle through dark ways; and when a damp
Fell round the path of Milton, in his hand
The Thing became a Trumpet; whence he blew
Soul-animating strains – alas, too few!

Verachte nicht das Sonett; Kritiker, du hast es missbilligt,
Unbekümmert um seine berechtigten Ehren; mit diesem Schlüssel
Öffnete Shakespeare sein Herz; die Melodie
Dieser kleinen Laute linderte Petrarcas Wunde;
Tausend Mal ließ Tasso diese Flöte erklingen;
Camões besänftigte mit ihm eines Exils Gram;
Das Sonett glitzerte als fröhliches Myrtenblatt
Inmitten der Zypresse, mit der Dante bekränzte
Seine visionäre Stirn: eine Glühwürmchenlampe,
Erheiterte es den milden Spenser, der vom Feenland gerufen wurde
Sich durch dunkle Wege zu kämpfen; und als ein Dämpfer
Über Miltons Pfad hereinbrach, wurde in seiner Hand
Das Ding zu einer Trompete; von wannen er blies
Seelen-belebende Töne – ach, zu wenige!

Das 1829 im Alexandriner verfasste fünfreimige Sonett von Charles Augustin de Sainte-Beuve (1804–1869):[10]

---

[9] William Wordsworth, *The Poetical Works* (5 vols.), London: Longman 1827, Bd. 2, S. 305; in der neuen Gesamtausgabe (The Cornell Wordsworth, ohne Bandnummerierung) im Band *Last Poems, 1821–1850*, hg. v. Jared Curtis, Ithaca, New York u. London: Cornell University Press, 1999, S. 82.
[10] Charles Augustin Sainte-Beuve, *Vie, poésies et pensées de Joseph Delorme. Édition avec introduction, notes et lexique par Gérald Antoine*, Paris: Nouvelles Éditions Latines 1956, S. 124.

Erika Greber

Sonnet. Imité de Wordsworth

Ne ris point du sonnet, ô critique moqueur.
Par amour autrefois en fit le grand Shakespeare;
C'est sur ce luth heureux que Pétrarque soupire,
Et que Le Tasse aux fers soulage un peu son coeur.

Camoëns de son exil abrège la longueur;
Car il chante en sonnets l'amour et son empire.
Dante aime cette fleur de myrte, et la respire,
Et la mêle au cyprès qui ceint son front vainqueur.

Spencer, s'en revenant de l'île des Féeries,
Exhale en longs sonnets ses tristesses chéries;
Milton, chantant les siens, ranimait son regard.

Moi, je veux rajeunir le doux sonnet en France.
Du Bellay, le premier, l'apporta de Florence,
Et l'on en sait plus d'un de notre vieux Ronsard.

Sonett. In Nachahmung Wordsworths

Lache nicht über das Sonett, oh spöttischer Kritiker.
Aus Liebe schuf seines damals der große Shakespeare;
Auf dieser glücklichen Laute seufzt Petrarca,
Und auf ihr erleichtert Tasso, in Eisen gelegt, sein Herz ein wenig.

Camões verkürzt die Länge seines Exils;
Denn er besingt mit seinen Sonetten die Liebe und ihre Macht.
Dante liebt diese Myrtenblüte und atmet sie
Und mischt sie mit der Zypresse, die seine siegreiche Stirn umschließt.

Spenser, von der Feeninsel zurückkommend,
Atmet in langen Sonetten seine geliebten Traurigkeiten aus;
Milton, die seinen singend, belebt seinen Blick wieder.

Ich will das süße Sonett in Frankreich wieder verjüngen.
Du Bellay brachte es als erster aus Florenz,
Und man kennt mehr als eins von unserem alten Ronsard.

Dass diese Sonette im Original rezipiert werden, spricht für den besonderen Status von Englisch und Französisch in der literarischen und literaturwissenschaftlichen Welt; es funktioniert aber auch deshalb recht gut, weil die beiden

Nicht zu verachten: das Sonettsonett

Texte einander direkter entsprechen und daher gegenseitig als Übersetzungen fungieren – so dass sogar in der Gegenrichtung Sainte-Beuve qua Wordsworth gelesen wird. Dies bestätigt sich bezeichnenderweise in der großen Sonettstudie von Friedhelm Kemp. Während Kemp normalerweise alle kommentierten Sonette – ob italienisch, spanisch, französisch oder englisch – übertragen hat oder auch historische Nachdichtungen anführt, fehlt solches bei »Scorn not the sonnet« und »Ne ris point du sonnet«. Nur das Schlussterzett, in dem stark abweichend von der Vorlage Sainte-Beuve sein eigenes neues Programm vorstellt, hat Kemp elegant verdeutscht, in der von ihm stets bevorzugten Prosaform: »Ich will das liebliche Sonett in Frankreich erneuern; Du Bellay brachte es als erster aus Florenz herüber, und auch Ronsard hat sich durch mehr als eines hervorgetan.«[11]

1830 folgte das im fünfhebigen Jambus verfasste vierreimige Sonett von Aleksandr Puškin (1799–1836):[12]

Sonet

Scorn not the sonnet, critic.

Wordsworth

Surovyj Dant ne preziral soneta;
V něm žar ljubvi Petrarka izlival;
Igru ego ljubil tvorec Makbeta;
Im skorbnu mysl' Kamóėns oblekal.

---

[11] Friedhelm Kemp, »Französische Romantik und Symbolismus: Von Sainte-Beuve bis Rimbaud«, in: ders., *Das europäische Sonett*, Göttingen: Wallstein 2002, Bd. 2, Kap. XV, hier S. 255.
[12] A. S. Puškin, *Polnoe sobranie sočinenij v desjati tomach*, Bd. 3: *Stichotvorenija 1827–1836*, Moskva u. Leningrad: ANSSSR 1949, S. 167. – Hinzugefügt sei jene der sechs Nachdichtungen, die dem Original am nächsten kommt; sie stammt von Johannes v. Guenther (1948). »Nicht wandt sich vom Sonett der strenge Dante; I Petrarca sang drin Liebesglut zumal; I Der Schöpfer Macbeths gern sein Spiel verwandte; I Camoens hüllte drein des Herzens Qual. II Das auch noch heutzutag die Dichter bannte: I Von Wordsworth ward erwählt es manches Mal, I Wenn abseits von der Welt er sich bekannte I Zu der Natur erhabnem Ideal. II Auch auf des fernen Tauris Bergeshängen I Zwang Litauns Sänger in des Metrums Engen I Die Fülle seiner Träumerein im Nu. II Noch wußten's unsre Jungfraun nicht zu preisen, I Als Delwig fürs Sonett schon immerzu I Vergessen Griechenlands heilige Weisen.« (Alexander Puschkin, *Ausgewählte Werke*, hg. u. a. d. Russ. übers. v. Johannes von Guenther, Bd. 1, Berlin: Aufbau Verlag 1949, S. 216). Alle späteren Übersetzer weichen enorm stark vom Original ab, ob Karl Busch, Christian Ferber, Rolf-Dietrich Keil, Josef Müller oder Martin Remané.

I v naši dni plenjaet on poėta:
Vordsvort ego orudiem izbral,
Kogda vdali ot suetnogo sveta
Prirody on risuet ideal.

Pod sen'ju gor Tavridy otdalënnoj
Pevec Litvy v razmer ego stesnënnyj
Svoi mečty mgnovenno zaključal.

U nas ešče ego ne znali devy
Kak dlja nego už Del'vig zabyval
Gekzametra svjaščënnye napevy.

Das Sonett

Scorn not the sonnet, critic.

Wordsworth

Der strenge Dante verachtete nicht das Sonett;
In ihm strömte Petrarca die Glut der Liebe aus;
Sein Spiel liebte der Schöpfer des Macbeth;
Darein hüllte Camões den gramvollen Gedanken.

Auch in unseren Tagen fesselt es den Dichter:
Wordsworth erwählte es als Instrument,
Wenn fern von der nichtigen Welt
Der Natur Ideal er zeichnet.

Im Schatten der Berge der fernen Tauris/Krim
Schloss der Sänger Litauens in sein eingeengtes Maß
Seine Träumereien im Nu ein.

Bei uns kannten es die Maiden noch nicht,
Als um seinetwillen schon Del'vig vergaß
Des Hexameters heilige Weisen.

Die Entstehungskontexte zeugen von der engen Vernetzung des intellektuellen Europa. Wordsworths Sonett zog neben einigen anderen Sonetten und Gedichten sofort besondere Aufmerksamkeit auf sich, weil es ein Pendant zu seinem frühen poetologischen Sonett, dem »Prefatory Sonnet« von 1807,[13] bildete. Der Gedichtband wurde noch im selben Jahr 1827 in Paris als Raubdruck

---

[13] »Nuns fret not at their Convent's narrow room; | And Hermits are contented with their Cells; | And Students with their pensive Citadels: | Maids at the Wheel, the Weaver at his Loom, | Sit blithe

Nicht zu verachten: das Sonettsonett

(in ziemlich ordentlicher Qualität) in Umlauf gebracht; diese Pariser Ausgabe erreichte nicht nur Sainte-Beuve, sondern auch Puškin, der wie alle russischen Literaten frankophon war und die neuesten literarischen Nachrichten und Druckerzeugnisse aus Paris bezog.

In Paris hatte der junge Sainte-Beuve sich dem romantischen Künstlerkreis Cénacle um Victor Hugo angeschlossen und kürzlich zu schreiben begonnen, und zwar mehrgleisig: er schrieb erste Artikel für den *Globe* und andere Literaturzeitschriften, eine bedeutende literaturgeschichtliche Abhandlung über die französische Renaissance (1828),[14] dann den sehr erfolgreichen Band mit dem Titel *Vie, Poésies et Pensées de Joseph Delorme* (1829), worin er als Herausgeber eines angeblich sehr jung verstorbenen Autors figurierte. Diesen Band rezensierte anderthalb Jahre später Puškin,[15] und zwar inszenierte Puškin, der ja selbst ein Faible für Mystifikationen hatte, diesen Fall genüsslich für sein Lesepublikum: er zitierte ausgiebig aus den Gedichten, auf französisch natürlich, und ließ seine Leser zuerst mit dem leidenschaftlich ausgemalten tragischen Schicksal des hoffnungsvollen Talents mitfühlen, ehe er von der Enthüllung des wahren Autors Sainte-Beuve berichtete.

Für Puškin rangierte damals Sainte-Beuve (dessen Kritikerkarriere noch nicht abzusehen war) gleich neben Hugo.[16] Und natürlich galt die Aufmerksamkeit der Russen den aufregenden Ereignissen der französischen Szene nach der Manifestation des romantischen Theaters in Victor Hugos *Préface de Cromwell* 1827 und der *Bataille d'Hernani* im Februar 1830. In Russland war allerdings die Romantik bereits inthronisiert, spätestens seit Mitte der 20er Jahre. Um nur

---

and happy; Bees that soar for bloom, | High as the highest Peak of Furness Fells, | Will murmur by the hour in Foxglove bells: | In truth, the prison, unto which we doom | Ourselves, no prison is: and hence to me, | In sundry moods, 'twas pastime to be bound | Within the Sonnet's scanty plot of ground: | Pleas'd if some Souls (for such there needs must be) | Who have felt the weight of too much liberty, | Should find short solace there, as I have found.« (Wordsworth, *Poetical Works*, Bd. 2, S. 256).

[14] François Rigolot, »Sainte-Beuve's Invention of the French Renaissance«, in: Yannick Portebois u. Nicholas Terpstra (Hg.), *The Renaissance in the Nineteenth Century/Le XIXe siecle renaissant*, Toronto: Centre for Reformation and Renaissance Studies 2003, S. 11–22.

[15] Vgl. David M. Bethea, »Poetry and Prose. Pushkin's Review of Sainte-Beuve's ›Vie, Poésies et Pensées de Joseph Delorme‹ and the Tat'iana of Chapter Eight of ›Evgenii Onegin‹«, in: Lazar Fleishman, Christine Gölz u. Aage A. Hansen-Löve (Hg.), *Analysieren als Deuten. Festschrift für Wolf Schmid*, Hamburg: Hamburg University Press 2004, S. 337–351.

[16] Gerda Achinger, *Victor Hugo in der Literatur der Puškinzeit (1823–1840). Die Aufnahme seiner Werke und seine Darstellung in der zeitgenössischen Literaturkritik*, Köln u. Wien: Böhlau 1991.

Erika Greber

Puškins eigenen Beitrag zu nennen: das antiklassizistische historische Drama *Boris Godunov* 1825 (von der zaristischen Zensur sofort verboten), die Programmschrift »Über die klassische und romantische Poesie« 1825; der seit 1823 kapitelweise erscheinende Versroman *Evgenij Onegin*, der jetzt 1830 kurz vor dem Abschluss stand. 1830 begründete Puškin eine liberale Literaturzeitung (deren Herausgabe ihm der Zensor allerdings bald entziehen sollte); in dieser erschien seine im Januar/März 1830 verfasste Variation der Wordsworthschen Verteidigung des Sonetts (*Literaturnja gazeta* 5. Juni 1831).

Über Wordsworths Kontext ist vergleichsweise weniger zu sagen, denn im damaligen England waren die Ereignisse nicht so aufregend: Lange vorbei war die Frühromantik, und Wordsworths bedeutendste Werke waren längst geschrieben. Das Sonett von 1827 kam quasi *post festum* als eine Art Résumé, auf die früheren Umbrüche zurückverweisend.

Das Sonett-Ensemble ist zweifellos ein Unterpfand der beginnenden Globalisierung. Vielleicht hat Wordsworth Kenntnis von Sainte-Beuves Imitation erhalten, dies wäre zumindest denkbar, ist aber m. W. nirgends erwähnt. Hingegen hat von dem russischen Sonett sicherlich keiner der beiden Vorgänger etwas erfahren, obwohl es sich durchaus angeboten hätte, das Gedicht wiederum französisch in *Le Globe*[17] zu publizieren (als eine »Spiegelung der Spiegelung« im Goetheschen Sinne[18]). Aber der Kreis hat sich damals nicht geschlossen. *Le Globe* war faktisch ein im Wesentlichen westeuropäischer Globus, und Russland befand sich in der hegemonialen Kräftekonstellation an der Peripherie, war noch weit von einem gleichberechtigten wechselseitigen weltliterarischen Austausch entfernt. Vielmehr war, wie die genauere Textlektüre erweisen wird, just die Einbindung in selbiges Feld das eigentliche Ziel von Puškins poetischer Aktion. Was aber erst *post mortem* funktioniert hat. Es bleibt Spekulation, was bei Lebzeiten gewesen wäre, wenn Puškin hätte reisen dürfen, und was, wenn er nicht so früh gestorben wäre. An dem Goetheschen »Handelsverkehr« der

---

[17] Zur weltliterarischen Idee im *Globe* vgl. Horst Günther, »›Weltliteratur‹, bei der Lektüre des *Globe* konzipiert«, in: ders., *Versuche, europäisch zu denken. Deutschland und Frankreich*, Frankfurt a. M. 1990, S. 104–125. Vgl. auch die in Anm. 26 und 27 genannten Arbeiten von Hendrik Birus.
[18] Vgl. Anne Bohnenkamp, »Rezeption der Rezeption. Goethes Entwurf einer ›Weltliteratur‹ im Kontext seiner Zeitschrift *Über Kunst und Altertum*«, in: Bernhard Beutler u. Anke Bosse (Hg.), *Spuren, Signaturen, Spiegelungen. Zur Goethe-Rezeption in Europa*, Köln, Weimar u. Wien: Böhlau 2000, S. 187–205.

Nicht zu verachten: das Sonettsonett

Weltliteratur durch reisende Litteratoren[19] konnte er jedenfalls persönlich nicht teilnehmen. Doch für den Kanon ist ja die Zirkulation der Texte wesentlich, und in diesem Handel erwarben alle drei Texte längerfristig hohes symbolisches Kapital (im alten Standardwerk von Walter Mönch ist das Ensemble zweimal, Puškins Sonett sogar viermal erwähnt[20]). Und das, obwohl diese Sonette eigentlich, unter den gängigen Gesichtspunkten literarischer Wertung, für sich genommen keine überragende Qualität besitzen.

In der weiteren Rezeptionsgeschichte verliert sich die Intensität und Internationalität. Ins Französische und Englische übersetzt wurde Puškins Sonett erst Mitte des 20. Jahrhunderts. Erwähnenswert ist indessen noch die italienische Transposition des Musters durch den späteren Nobelpreisträger Giosuè Carducci (*Rime Nuove*, 1861–1887), übrigens wohl noch zu Lebzeiten, aber ohne Erwähnung Sainte-Beuves. Mit Carducci gelangt das Kanonsonett in jene Sprache, in der die ersten darin beschworenen Dichter dichteten, wird dort jedoch bedauerlicherweise auf einen rein italienischen Sonettkanon reduziert.

***

Die Qualität der drei kurz nacheinander entstandenen Kanonsonette ist nicht so sehr poetisch-literarischer als vielmehr literaturpolitischer und historiographischer Natur – und daher sind sie gerade als und im Ensemble beachtenswert. Und es sind intertextuelle und interkulturelle Qualitäten, die dann im Einzelnen durchaus unterschiedlich gewichtet sind.

Die Gedichte haben im jeweiligen Oeuvre und jeweiligen Literaturkontext ganz unterschiedliche Stellung, ebenso wie das von ihnen repräsentierte Subgenre des Sonettsonetts. Wordsworth hat 1827 seinen Zenit fast schon überschritten, Hunderte von Sonetten hat er seit zweieinhalb Jahrzehnten geschrieben, von denen heute nur eine Handvoll im Kanon verblieben ist, denn bedeutender sind seine freien Gedichte. Sainte-Beuve steht ganz am Beginn, es sind seine ersten Sonette, einige Dutzend werden folgen, aber Berühmtheit und Einfluss erlangt er als Literaturkritiker, als *der* Literaturkritiker des Jahrhunderts.[21] Puškin steht auf dem Höhepunkt seines Schaffens; nun schreibt er – und zwar

---

[19] Vgl. dazu den Band: Anne Bohnenkamp u. Matías Martínez (Hg.), *Geistiger Handelsverkehr. Komparatistische Aspekte der Goethezeit. Festschrift für Hendrik Birus*, Göttingen: Wallstein 2008.
[20] Mönch, *Das Sonett*, S. 44, 170, 198 u. 290.
[21] Karl-Heinz Stierle, »L'homme et l'œuvre. Sainte-Beuves Literaturkritik«, in: Winfried Barner (Hg.), *Literaturkritik – Anspruch und Wirklichkeit*, Stuttgart: Metzler 1990, S. 185–196.

direkt angeregt von Sainte-Beuve alias Joseph Delorme – seine allerersten Sonette. Diese sind noch romantisch getönt, während er ansonsten mit der Wende von Poesie und Drama zur Prosa bereits die Romantik auszuläuten beginnt. Bei Puškin machen die Sonettsonette zwei Drittel aus, bei Sainte-Beuve sind es etwa anderthalb Prozent, gar bei Wordsworth kaum ein halbes Prozent, weil dessen naturphilosophische, religiöse und politische Sonette überwiegen. Andersherum ausgedrückt nimmt es sich ganz anders aus: Alle haben gleich viele bedeutende Sonettsonette geschrieben: nämlich zwei ... Doch ist es durchaus signifikant, wenn bei Wordsworth 2 von 555 und bei Puškin 2 von insgesamt 3 selbstreflexiv sind. Wofern man beiseite lässt, dass der Versroman *Evgenij Onegin* komplett in Sonettstrophen verfasst ist – die in der Literaturgeschichtsschreibung aber nicht als Sonette verbucht wurden, sondern eine eigene Klasse bilden, die sog. Oneginstrophe mit ihrem besonderen Reimschema (übrigens beträgt die Strophenzahl 364, gewissermaßen mit Respekt vor Petracas *Canzoniere*).[22] Während Puškin ein unerreichter Meister des narrativen Sonetts war, konnte er mit dem Einzelsonett offenbar nicht viel anfangen. Trotzdem ist dieses sein Sonettsonett in der Gattungsüberlieferung stark kanonisiert, und gewiss nicht nur, weil es vom ehrenwerten Nationaldichter stammt, sondern eben weil es den poetologischen Diskurs über den internationalen Sonettkanon fortschreibt, den Wordsworth begonnen hatte, der sicherlich selbst nicht ahnte, dass er derartig zum Diskursbegründer würde.[23]

Zu diesem Diskurs rechnen viele weitere Sonette, die sich aus den Anfangsversen »Scorn not the sonnet« oder »Surovyj Dant ne preziral soneta« entspannen, übrigens meist ohne den Grundtypus mit der Namensliste streng einzuhalten. Vor allem sind pfiffige parodistische Sonette darunter. So etwa waren die schärfsten Antisonette des russischen Realismus derartige Parodien.[24] Einen

---

[22] Zur Besonderheit der Oneginstrophe vgl. Michael Wachtel, »The Onegin Stanza: From Poetic Digression to Poetic Nostalgia«, in: ders., *The Development of Russian Verse. Meter and its Meanings*, Cambridge: Cambridge University Press 1999, S. 119–170; Erika Greber, »Aleksandr Puškin: *Evgenij Onegin*«, in: Bodo Zelinsky (Hg.), *Der russische Roman*, Köln, Weimar u. Wien: Böhlau 2007, S. 93–116, hier S. 107–110.
[23] Das »sonnet on the sonnet« kann innerhalb der anglophonen Literaturen als aussagekräftiger Modellfall für transnationale ›master codes‹ dienen (Horst Prießnitz, *Die Terranglia als System: Literarische Kohärenz- und Dezentralisierungsmarkierungen in dominant anglo-europäischen Palimpsestkulturen*, Tübingen: Narr 1999; darin Kap. 10.2 »Der master code als Modell: Poetologische Sonette« und Kap. 10.3 »Die poetische Milton- und Wordsworth-Rezeption«).
[24] Vgl. Manzurkin, »›Surovyj Dant‹«.

Nicht zu verachten: das Sonettsonett

Antikanon von Prosaautoren präsentiert das witzige englische Beispiel »Scorn not the meerschaum«.[25]

***

Das Ensemble der drei Sonette lässt sich der Tradition der Tenzone (*tenso*) zuordnen, einer Form des dichterischen Wettstreits, die in der Entwicklung der romanischen Strophenformen und just des Sonetts virulent war und es bis in die heutige Zeit geblieben ist. Dem genaueren Textvergleich dienen die leicht überschaubaren Diagramme zur thematischen und strophischen Binnengliederung. Naturgemäß schließt die Imitation enger an das Mustersonett an, weshalb es mehr Gemeinsamkeiten zwischen Sainte-Beuve und Wordsworth gibt; der größere Abstand zu Puškin ist darüber hinaus durch die Ost/West-Differenz bedingt.

	Wordsworth	Sainte-Beuve	Puškin
1	*Kritiker*	*Kritiker*	Dante
2		Shakespeare	Petrarca
3	Shakespeare	Petrarca	Shakespeare
4	Petrarca	Tasso	Camões
5	Tasso	Camões	[*in unserer Zeit*]
6	Camões		
7	Dante	Dante	Wordsworth
8			
9		Spenser	
10	Spenser		Mickiewicz
11		Milton	
12	Milton	*ich*	[*bei uns*]
13		du Bellay	Del'vig
14		Ronsard	

---

[25] »Scorn not the meerschaum. Housewives, you have croaked | in ignorance of its charms. Through this small reed, | Did Milton, now and then, consume the weed; | The poet Tennyson hath oft invoked | The Muse with glowing pipe, and Thackeray joked | And wrote and sang in nicotinian mood; | Hawthorne with this hath cheered his solitude; | A thousand times this pipe hath Lowell smoked; | Full oft have Aldrich, Stoddard, Taylor, Cranch, | And many more whose verses float about, | Puffed the Virginian or Havana leaf; | And when the poet's or the artist's branch | Drops no sustaining fruit, how sweet to pout | Consolatory whiffs – alas, too brief!« (aus *Harper's Magazine*, zit. nach: Matthew Russell (Hg.), *Sonnets on the Sonnet*, London: Longmans 1898, S. 54).

Zentrales Muster ist die internationale Galerie der Sonettmeister und ihre lokal unterschiedliche Besetzung:
- Wordsworth nennt sieben Meister – in einer Bewegung von England zu den Romania und wieder zum englischen Sonett, gipfelnd in Milton, seinem eigenen Anreger. Unter dem gewaltigen Eindruck einer Relektüre Miltons hatte er 1802 mit dem Sonettdichten begonnen. So kommt denn hier bei Milton subjektive Bewertung ins Spiel: ›zu wenig‹, während alle anderen Dichter neutral referiert sind (beachtet man, dass die Dichterkrone für Dante ein literarhistorisches Faktum und keine eigene Wertung ist).
- Sainte-Beuve fügt weitere, und zwar französische Namen hinzu und gleicht damit das Manko der Vorlage aus, wo keine Franzosen im Sonettolymp waren, aus. Zudem bringt er sich selber explizit ins Spiel, nämlich seine Absicht, das Genre wiederzubeleben.
- Puškin hinwiederum reduziert erneut auf nur sieben Namen ohne Franzosen – dafür mit Slaven: einem polnischen und einem russischen Dichter. Die Forschung tendiert dazu, das jeweilige Missachten der Franzosen einer gewissen, von Wordsworth und Puškin geteilten Ablehnung der französischen Literatur zuzuschreiben.

Jeder hat also andere Götter im Olymp, und jeder positioniert seine eigene Kultur als Klimax ans Ende – ein Schuss Nationalstolz, doch auf sehr unterschiedliche Weise. Bei Wordsworth ist die nationale Färbung lediglich implizit, nur in der Reihenfolge spürbar. Diese relative Abstinenz könnte man sich erklären mit der imaginären Rückdatierung des Sonetts auf die frühromantische Anfangszeit (Stichwort Milton-Faszination), denn 1827 war ja durch Wordsworths eigenes Zutun das Sonett in England nicht mehr unter Kritikerbeschuss, wohl aber 1802 – und damals war nationalliterarisches Bewusstsein noch nicht so deutlich entwickelt. Jedoch durchaus im Jahr 1829 bei Sainte-Beuve, der die Konkurrenz nun explizit macht, besonders durch die Nennung der Ländernamen und durch das angekündigte französische Sonettprojekt. Im Prinzip leistet sein Sonett denn auch eine veritable *translatio imperii et studii*.

Puškin scheint diese Strategie weiterzuverfolgen, indem er das Genre auch für die slavische Welt reklamiert (und zwar sowohl für die katholisch-lateinischen Westslaven als auch für die orthodox-kyrillischen Ostslaven). Aber bei genauerem Hinsehen ist nicht Kulturkonkurrenz seine Sache, sondern bei ihm geht es um epochale Modernität. Denn die *noster*-Formel »bei uns« vom

Nicht zu verachten: das Sonettsonett

Schlussterzett findet sich bereits am Beginn seiner neu hinzugefügten Namensreihe: »in unseren Tagen«, worunter er auch den Engländer Wordsworth fasst. Die Sonetterneuerung bei Puškin betrifft also nicht nur und nicht so sehr die eigene Nation/Sprache, sondern die Epoche. Während Sainte-Beuve die französischen Renaissancedichter wiederbeleben will, rühmt Puškin die Romantiker anderer Länder, Wordsworth und Mickiewicz.

Die stärkere Profilierung der Kulturgrenzen bei Sainte-Beuve muss nicht als kruder Nationalismus aufgefasst werden, sondern könnte ein deutliches Problembewusstsein für den Polylog der Kulturen im Zeitalter der »anmarschierenden Weltliteratur« (so Goethe im März 1829)[26] anzeigen; sie korreliert mit den damals intensiver werdenden Theoriedebatten über die Möglichkeit einer Komparatistik als Disziplin. Schließlich ist dem Literaturkritiker Sainte-Beuve die Bezeichnung der neuen Disziplin als *Littérature comparée* zu verdanken.[27]

Die Quintessenz im Hinblick auf das Textensemble könnte lauten: Das Trio der Sonette ist ein komparatistischer Trialog, ein Metatext zur *Littérature comparée*. Und praxisbezogen reformuliert: eine ›kleine Weltliteraturleseliste‹ der Sonettkomparatistik.

Es sei noch die spezifische Leistung der poetischen Form hervorgehoben, die spezielle Funktion des Sonetts mitsamt seinen Strukturierungsmöglichkeiten. Die Sonettform bietet ein frappierendes Medium für die moderne Kanonproblematik: auf bloß 14 Zeilen muss der Kanon beschränkbar sein. Da heißt es radikal auszusondern. Entweder bekommen viele Autoren weniger Platz auf dem Bücherregal (Modell Sainte-Beuve), oder aber manche fallen ganz weg, um den neuen mehr Platz zu machen (Modell Puškin). Das Sonett zeigt sich hier als Memoria-Modell und als Muster einer höchst anschaulichen Kanonrevision.

***

Während Wordsworth bei Sainte-Beuve noch außerhalb des Kanons nur im Paratext steht, nimmt Puškin ihn auch in den Kanon selbst auf. Puškin bringt die unsortierte Mischung seiner Vorgänger in eine austarierte Ordnung: die erste

---

[26] Vgl. Hendrik Birus, »Goethes Idee der Weltliteratur. Eine historische Vergegenwärtigung« (1995), Fassung von 2004 im Goethezeitportal http://www.goethezeitportal.de/db/wiss/goethe/birus_weltliteratur.pdf, S. 11 (zit. 30.07.2009).
[27] Hendrik Birus, »Komparatistik«, in: Harald Fricke u. a. (Hg.), *Reallexikon der deutschen Literaturwissenschaft*, Bd. 2., Berlin u. New York: De Gruyter 2000, S. 313–317.

Strophe ist den Alten gewidmet, dann kommt der Vorspann mit Doppelpunkt zu den drei folgenden Strophen, die den Neuen gewidmet sind. Eigentlich werden es so drei Terzette! Und jedenfalls ist das Sonett programmatisch durchstrukturiert: Es reflektiert auf eine neuerliche *Querelle des anciens et des modernes*,[28] die Polarität Antike/Neuzeit auf die gattungsinternen Entwicklungen umpolend.

Die wichtigste Gemeinsamkeit, neben dem zentralen Gestaltungsmuster der Namensliste, ist der mit dem Sonettgenre einzuleitende Paradigmenwechsel, auf den sich das Kritikmotiv bezieht. Das Sonett ist offenbar *demodé*, wobei die literarhistorische Situation in den Ländern verschieden aussieht: In England, wo das Sonett etwas jünger ist, ist der Abstand zur elisabethanischen Blütezeit noch nicht so groß, und das Genre wurde überhaupt kontinuierlicher praktiziert; in Frankreich liegt das Renaissance-Sonett länger zurück und die Dekanonisierung war gründlicher, entsprechend schwieriger nun die Rekanonisierung; in Russland hingegen kann von Kanonisierung der eher seltenen Gedichtart noch gar keine Rede sein. So oder so schreiben die ersten beiden Sonette gegen dasselbe Ausgangsdilemma an, die akute Abwertung des Sonetts, und kontern mit dem Aufruf ›verachte nicht, verlache nicht‹. Das russische Sonett zitiert diesen Aufruf nur im Motto und setzt anders ein.

Warum gab es Kritik am Sonett, worum ging es bei der Sonett-Querelle? Das Problem war jeweils die scheinbare Unvereinbarkeit zwischen der tradierten, an der Regelpoetik und am *imitatio*-Modell orientierten festgefügten Sonettform einerseits und der neuen romantischen Poetik des unmittelbaren Selbstausdrucks eines freien Individuums andererseits – kurzum, zwischen Regelpoetik und Genieästhetik. (Darin waren auch Geschlechtsaspekte impliziert: die vorangegangene Abwertung des Sonetts durch die ›weiblich‹ konnotierten Salongenres, kuriosen Sonettarten und Gelegenheitspoesie, außerhalb des ›männlichen‹ Geniediskurses; speziell in England[29] auch ein gewisser – dem Gattungsprestige offenbar abträglicher – Publikumserfolg von Sonettdichterinnen.)

---

[28] Till Kuhnle u. Jürgen Klein, »Querelle«, in: Gert Ueding (Hg.), *Historisches Wörterbuch der Rhetorik*, Bd. 7, Tübingen: Niemeyer 2005, S. 503–531.

[29] Zu *gender*-Aspekten und zur Rolle der Sonettdichterinnen in der damaligen englischen Gattungsgeschichte vgl. Roger Meyenberg, *Capel Lofft and the English Sonnet Tradition 1770–1815*, Tübingen: Francke 2005; Texte in: Paula R. Feldman u. Daniel Robinson (Hg.): *A Century of Sonnets: The Romantic-Era Revival, 1750–1850*, Oxford: Oxford University Press 2002.

Nicht zu verachten: das Sonettsonett

Wer also als Romantiker Sonette propagieren will, muss die polaren Positionen vereinen oder transzendieren. Wordsworth tut dies in thematischer, rhetorischer und struktureller Hinsicht: Er fokussiert den Gefühls- und Ausdruckswert des Sonetts für die alten Meister (Herz, Wunde, Gram, Fröhlichkeit, Erheiterung, Seele); er verwendet starke Sonettmetaphern (das Sonett sei ein Schlüssel, eine Laute, eine Flöte bzw. Pfeife, ein fröhliches Myrtenblatt, eine Glühwürmchen-Lampe, eine Trompete). Zudem führt er *in actu* ein ›romantisches‹ Sonett vor, mit folgenden Stilmerkmalen: Eine gewisse Auflockerung schaffen die vielen (an Milton geschulten) Enjambements und die unregelmäßige syntaktische Aufteilung der Verse auf die Autornamen, außerdem das unorthodoxe 6reimige Reimschema, und am Schluss kommt ein Gefühlsausbruch, emotionaler Selbstausdruck des Sprechers. Der vom Petrarkismus her bekannte Katalog der Körperteile, der *blason*, ist interessant neu besetzt durch die Körperteile der dichtenden Dichter: Herz-Stirn-Hand – implicite kulminierend im Phallus der Trompete.

Demgegenüber besitzt Sainte-Beuves Sonett eine vergleichsweise erstaunlich klassizistische Form: Alexandriner, das fünfreimige Reimschema des *sonnet régulier* (abba abba ccd eed), gleichmäßiger Zeilenstil. Dadurch wird deutlich, wie stark er sich an der französischen Renaissancedichtung orientiert (hier wie auch im sonstigen Sonettwerk). In seiner Ahnengalerie sind ausschließlich ältere Autoren vertreten. Zudem ist die Grundkonzeption des Gedichts (»imité de«) eine alte, der *imitatio*-Poetik gehorchende. Man wird allerdings sagen können, dass dieses Prinzip verlassen wird, indem die übliche Überbietung (*aemulatio*) in der Schlussstrophe das gewöhnliche Maß deutlich übersteigt. Und immerhin betreibt Sainte-Beuve nicht die klassische *imitatio veterum*, sondern imitiert einen Zeitgenossen. Auch arbeitet er inhaltlich die Idee des romantischen Dichterindividuums noch stärker als Wordsworth heraus, indem er alle Aussagen auf die Personen umpolt: Agens ist nicht mehr das Sonett, sondern der Sonettdichter.

Puškin macht den Gegensatz Romantik vs. Klassik zum Kompositionsprinzip seines Gedichts.[30] Er situiert sich postrhetorisch außerhalb der *imitatio* und

---

[30] Zu den kultursemiotischen Prozessen im Rahmen der Klassik-Problematik der Puškinzeit vgl. Renate Lachmann, »Die Ambivalenz der Klassik. Puškin und die russische Gedächtniskultur«, in: dies., *Gedächtnis und Literatur. Intertextualität in der russischen Literatur der Moderne*, Frankfurt a. M.: Suhrkamp 1990, S. 280–302.

kann bereits romantische Sonettdichter aufzählen. Auffallend ist sein kompletter Verzicht auf die starken Sonettmetaphern, an deren Stelle das – bei den Vorgängern nicht vorkommende – Dichten der Dichter thematisiert wird. Hier manifestiert sich also zunftgemäße romantische Metapoesie. Dabei setzt Puškin auf die Vereinung der Gegensätze von rationalem Maß und irrationalem Gefühl (2. Strophe: »Instrument« & »Ideal«, 3. Strophe: »eingeengtes Maß« & »Träumerei«). Formästhetisch ist sein Sonett freier: statt des bis dato auch die russische Sonettdichtung prägenden Alexandriners nimmt er den 5-füßigen Jambus und nur vier Reime in der eigentümlichen Folge *abab abab cca dad*.[31] Der *a*-Reim ist als intertextuelles Echo gestaltet: die Verben reimen miteinander (Petrarca *izlival* – Camões *oblekal* – Wordsworth *izbral* – Mickiewicz *zaključal* – Del'vig *zabyval*), und so stimmen westliche und östliche Sonettdichter den selben Ton an! Das Metrum hinwiederum lässt sich nicht nur von der Wordsworth-Vorlage herleiten, sondern auch von dem genannten Romantiker Del'vig (Baron von Dellwig), der kurz zuvor im russischen Sonett den jambischen Pentameter aufgebracht hatte. Die Aussage ist hier interessant doppeldeutig und kann sich nicht nur auf den Hexameter der Antike und dessen jeweilige Nachahmungen beziehen, sondern auch auf den Alexandriner alias ›jambischen Hexameter‹. Auf Del'vig trifft beides zu: er suchte für die antiken Metren neue Äquivalente, und er löste den klassischen hexametrischen Sonettvers durch den pentametrischen ab – beides eminent romantisch-modernisierende Strategien. Schon deshalb wäre für Puškins Sonett kein Sechsheber infrage gekommen. Wiederum ist dieses Schlussmotiv metapoetisch bedeutsam, denn darin ist in aller Kürze die Querelle codiert. Und zwar als ein bereits durchlaufenes Stadium: Puškin hat den Antagonismus alt/neu hinter sich gelassen, in seinem Sonett-Olymp sind sowohl die *anciens* als auch die *modernes* vertreten, und zwar nicht eng national, sondern europäisch. Und die Frauen kommen immerhin als Sonettrezipientinnen vor.

In unterschiedlichem Maße versuchen also alle drei Autoren, den von den Kritikern behaupteten Widerspruch zwischen Geniedichtung und Sonett thema-

---

[31] Eigenwillige Reimschemata haben in der russischen Sonettdichtung Tradition, wie man aus den historischen Erhebungen weiß. Von den Puškin voraufgehenden nennenswerten Sonettdichtern (etwa zwanzig hatten mehr als ein Sonett geschrieben) hatten fast alle für jedes Sonett ein anderes Reimschema genommen, vgl. Tabelle 2 in K. D. Višnevskij, »Raznoobrazie formy russkogo soneta«, in: Barry P. Scherr u. Dean S. Worth (Hg.), *Russian Verse Theory. Proceedings of the 1987 Conference at UCLA*, Columbus, Ohio: Slavica Publishers 1989, S. 455–471.

tisch und performativ auszuheberln. In ihren Kanonisierungsmodellen spiegeln sich persönliche Vorlieben und zeit- oder kulturbedingte Prämissen.

***

Interessanterweise kommt der Topos der Sonettkritik, das Sonett sei eng begrenzt und fixiert, nur bei Puškin explizit vor. Daran sieht man, dass sein Sonettsonett wirklich poetologisch ausgerichtet ist und eine Reflexion der ästhetischen Form bietet. Die Prätexte sind demgegenüber wesentlich stärker inhalts- und personenbezogen. Bei Wordsworth findet sich der Topos immerhin andeutungsweise im Motiv der ›kleinen‹ Laute, das indessen bei Sainte-Beuve verschwunden ist. Dort heißt es ›glückliche Laute‹ und bildet ein Oxymoron mit dem Seufzen Petrarcas, ganz im Sinne der oxymoralen petrarkischen Schmerzliebe. Sainte-Beuve hat also den Fokus vollends zum Inhaltlichen verschoben, das schon bei Wordsworth über Formfragen dominiert.[32]

Ähnlich verhält es sich mit der Orientierung an der Person. Das in den ersten beiden Sonetten ausgemalte biographisch-persönliche Element ist in dem dritten minimiert. Als Beispiel sei das Exilmotiv genannt: Während Puškin, der wahrlich Grund hätte, das Exil zu unterstreichen, das Motiv löscht, ist es bei Sainte-Beuve hervorgekehrt. Auch ansonsten intensiviert Sainte-Beuve die biographischen Bezüge: Tassos Gefangenschaft, Camões' Exil, Dantes Dichterkrönung, die Umbrüche im Leben von Spenser und von Milton. Man kann hierin den künftigen Literaturkritiker erkennen, der die sog. ›biographische Methode‹ entwickeln würde (die dann bekanntlich postum im Streit »Contre Saint-Beuve« wieder hinterfragt werden sollte, die aber hier allererst inauguriert wird). Der Keim dazu ist bei Wordsworth angelegt, und wahrscheinlich machte gerade dies ihn als Vorlage für Sainte-Beuve attraktiv. Sainte-Beuve schrieb sein Sonett offensichtlich als Literaturkritiker und -historiograph. Im Schlussterzett, das sein eigenes neues Programm thematisiert, zeigt sich das deutlich: Erstens hat er ein literaturpolitisches, sonettpolitisches Projekt; zweitens nennt er ein gattungsgeschichtliches Faktum, den Gattungsimport, drittens erwähnt er die Leserschaft und deren Kenntnisstand: man kenne Ronsard (nicht etwa autorzentriert: Ronsard sei bekannt). Es sind Sätze wie aus einem Zeitschriftenarti-

---

[32] Der Unterschied ist keineswegs so stark wie angenommen (David H. T. Scott, *Sonnet Theory and Practice in Nineteenth Century France: Sonnets on the Sonnet*, Hull: University of Hull 1977, S. 17); dies zeigt sich just im Vergleich zu Puškin.

kel. Das parallele Motiv bei Puškin ist lyrischer ausgedrückt, nicht ›man kannte das Sonett noch nicht‹, sondern, mit einem Poetismus, ›die Maiden kannten es noch nicht‹. Demgegenüber sind Saint-Beuves Schlussverse viel trockener formuliert, und auch sonst gemahnt sein Duktus an Sekundärliteratur; besonders spezifisch ist hierbei der Gebrauch des Präsens, während die beiden anderen Präteritum verwenden. Diese Beobachtungen sollen seinen Text nicht herabsetzen, sondern im Gegenteil zeigen, wie Sainte-Beuve einen mittleren Diskurs zwischen den (sich damals erst formierenden) Disziplinen Literatur-Literaturgeschichtsschreibung-Literaturkritik zu schreiben versteht und wie er die Rohmaterialien dafür bei einem anderen findet und ihnen seinen persönlichen Stempel aufdrückt. Sein Sonett ist ja buchstäblich ein Sekundärtext zu einem Primärtext.

Puškin hingegen rückt die Poesie in den Mittelpunkt, genauer: das *poiein*, die poetischen Mittel und Formen und ihre Funktion im dichterischen Schaffensprozess des romantischen Individuums. In jedem Dreizeiler kommt ein einschlägiges Stichwort: für Wordsworth das *oružie*, Instrument im technischen Sinn, für Mickiewicz das enge Sonettmaß, für Del'vig die Metren. Und das biographistische Motiv des in Eisen gefesselten Tasso hat Puškin gewandelt zum poetologischen Motiv des fesselnden Sonetts.

***

Die sukzessive Entwicklung der Formel »Scorn not the sonnet« im Textensemble ist besonders aufschlussreich. Man beachte die subtile grammatische und gedankliche Verschiebung: bei Wordsworth enthält der erste Vers zwei durch Semikolon getrennte Sätze, bei Sainte-Beuve wird daraus ein einziger versfüllender Satz. Wordsworth adressiert zuerst alle Leser, danach wendet er sich spezifischer an die Sonettkritiker unter ihnen. Sainte-Beuve wendet sich von vornherein an die notorischen Sonettkritiker. In beiden Fällen bleibt dahingestellt, ob professionelle Literaturkritiker gemeint sind (soweit man damals schon von Beruf sprechen konnte), ob das kritisierende Lesepublikum, ob in der Mitte dazwischen die Sonettverächter unter den Dichtern.

Die französische Formulierung ist nicht so gut geglückt wie die englische – und dies sieht man interessanterweise erst im russischen Text und vom russischen Text her! Puškins Motto kombiniert beide Vorlagen, übernimmt Sainte-Beuves Komma in Wordsworths Wendung hinein – ein intertextuelles Palimp-

Nicht zu verachten: das Sonettsonett

sest, das dem englischen Original den französischen Posttext aufprägt. Die entstandene Formel »Scorn not the sonnet, critic« hat überdies ein interessantes Lautmuster bzw. eine interessante anagrammatische Textur s-c-r-t-s-t, c-r-t-c. (Von da aus gesehen kann man doch Sainte-Beuve poetische Gerechtigkeit widerfahren lassen, denn dessen Apostrophe »o critique moqueur« besitzt ebenfalls ein eindrückliches Lautcluster: o-k-r o-k-r).

Das Motto weist in seiner bestechenden Schlichtheit eine große intertextuelle Dichte auf. Puškin hat im Motto gewissermaßen die zweistimmige Konstellation der *imitatio* memoriert. Sein Gedichttext hingegen imitiert nicht weiter, sondern löst sich vom Modell. Der französische Input ist auf der Oberfläche verschwunden, aber strukturell erhalten, durch das Komma, auch durch weitere Übernahmen wie die Binnengliederung und vor allem die Fortführung der bei Sainte-Beuve begonnenen Entmetaphorisierung. Die anstelle der Metaphern auffallenden Periphrasen spielen übrigens auf Puškins Standpunkte in den eminenten Debatten an: die Wendung ›Schöpfer des *Macbeth*‹ meint Shakespeare als den Ahnherrn des romantischen Theaters, wie ihn Puškin ein paar Jahre zuvor, noch vor den Franzosen, für sein Drama reklamiert hatte; die Wendung »Sänger Litauens« meint Mickiewicz als Galionsfigur der polnischen nationalen Befreiungsbestrebungen und politischen Romantik, für die auch Puškin einstand (wofür sich beide Autoren Exil einhandelten, Puškin im Kaukasus, Mickiewicz in Frankreich).

Der Begriff *critic* rückt im Motto pointiert ans Ende. Was die Bedeutung des Worts ›Kritiker‹ angeht, scheint durch die paratextuelle Stellung eine neue Nuancierung erreicht. Innerhalb der Dreierreihe spricht das Motto am stärksten die Metaebene der Literaturbetrachtung an, vielleicht just auch die professionelle Ebene, die mit dem französischen Literaturkritiker erreicht war, und es antizipiert auch heutige Literaturwissenschaftler (*literary critics*).

※※※

»Scorn not the sonnet, critic.« Kaum ein Genre der Weltliteratur hat solch extreme Wechsel zwischen Hoch- und Geringschätzung erfahren wie das Sonett – bei Literaturkritikern und Literaten. Und keine Literatur der Welt, das lässt sich wohl füglich sagen, hat so intensiv das Pro und Contra des Sonetts im Sonett erörtert wie die deutsche, die es bekanntlich sogar zu einem veritablen

Erika Greber

»Sonettkrieg«[33] gebracht hat. Bezeichnenderweise hat der Nationaldichter trotz zögerlicher Sonettproduktion doch tatkräftig mitgewirkt.[34] Selbigem Impetus entsprang auch das – für Hendrik Birus als Gabe zum Symposium ausersehene – Sonett *An den Genius der poetischen Gerechtigkeit* aus dem Karfunkel-Almanach, dem Höhepunkt und Ende des romantischen Sonettenkampfs.[35] In deutscher Zunge erklang schließlich auch das spöttischste aller kritischen Metasonette, Robert Gernhardts *Materialien zu einer Kritik der bekanntesten Gedichtform italienischen Ursprungs* (1981),[36] das seinerseits neue Kämpfe auslöste, die sich neuerdings ins Internet verlegt haben.[37] Daher lesen deutschsprachige oder deutsch sprechende Sonettleser und Komparatisten natürlich bei Puškins Zeile vom »eingeengten Maß« des Sonetts als Subtext nicht nur Wordsworths »scanty plot of ground« (aus dem *Prefatory Sonnet*) mit, sondern alle seit dem deutschen Sonettkrieg aufgehäuften kritischen Metaphern, alle Variationen des Topos vom Prokrustesbett, musste doch manch ein deutscher Sonettdichter dieses Bett mitunter leimen.

Im Übrigen könnte es gerade auch auf die Sprachlichkeit zurückzuführen sein, dass die deutsche Sonettliteratur so reich an Sonettsonetten und so reich an Sonettkritik ist. Denn ein springender Punkt für diese Produktivität ist mög-

---

[33] Vgl. dazu zuletzt Ulfert Ricklefs, »Polemische Textproduktion. Bemerkungen zum Literaturstreit der Gruppe um Voss mit den Romantikern«, in: Friedrich Strack (Hg.), *200 Jahre Heidelberger Romantik*, Berlin u. Heidelberg: Springer 2008, S. 343–367; Theodore Ziolkowski, »August Böckh und die ›Sonnettenschlacht‹ bei Eichstädt«, in: ebd., S. 207–223.
[34] Vgl. zuletzt Katrin Jordan, »*Ihr liebt und schreibt Sonette! Weh der Grille!*«. *Die Sonette Johann Wolfgang von Goethes*, Würzburg: Königshausen & Neumann 2008.
[35] Jens Immanuel Baggesen (Hg.), *Der Karfunkel oder Klingklingelalmanach. Ein Taschenbuch für vollendete Romantiker und angehende Mystiker*, Tübingen: Cotta o. J. [1809], S. 17.
[36] Vgl. Hans-Walter Schmidt-Hannisa, »Erniedrigen – um zu erhöhen. Sonettistische Sonettkritik bei Robert Gernhardt und einigen seiner Vorläufer«, in: Klaus H. Kiefer, Armin Schäfer u. Hans-Walter Schmidt-Hannisa (Hg.), *Das Gedichtete behauptet sein Recht. Festschrift für Walter Gebhard*, Frankfurt a. M., Bern u. New York: Peter Lang 2001, S. 101–114. – Gernhardts Sonett ist international noch kaum rezipiert. Immerhin findet sich online eine englische Nachdichtung: http://dict.leo.org/forum/viewWrongentry.php?idThread=736268&idForum=3&lp=ende&lang=de (zit. 30.07.2009).
[37] Um nur die besten deutschsprachigen Sonettforen zu nennen: »fulgura frango« (http://www.fulgura.de/), »Sonett-Archiv« (http://www.Sonett-Archiv.de), »omnipoesie« (http://www.omni-poe sie.de/sonett.htm), »Die Magie der Vierzehn Zeilen – Eine Hommage an das Sonett« (http://www.keinverlag.de/projektseite.php?projekt=371) und der Chat »The sonnet – out of fashion?« (http://bbs.oedilf.com) (zit. 30.07.2009).

Nicht zu verachten: das Sonettsonett

licherweise die metasprachliche Reimbarkeit: Im Deutschen reimt sich eben
›Sonett‹ auf ›Terzett‹ und ›Quartett‹. Und auf ›Prokrustesbett‹...
Umso bedauerlicher, dass das Textensemble kein deutsches Sonett enthielt.
Doch just vor dem Symposium zur poetischen Gerechtigkeit hat sich das geändert: ein neues Sonett kam hinzu, das den weltliterarischen Austausch über die Jahrhunderte fortsetzt und die sonettkomparatistische Tenzone fortspinnt. Das Sonett stammt von Ernst-Jürgen Dreyer, dem bekannten Petrarca-Nachdichter und versatilen scharfzüngigen Sonettdichter. Dieses Sonett, sozusagen ein postmodernes *sonetto di risposta*, ist eine Auftragsdichtung, die sich von vornherein außerhalb des Geniediskurses positioniert. Dieser Sonettdichter *will* leimen und stellt die zusammengeleimten Holzteile aus, bzw. er will zusammenstückeln und fabriziert ein ›Flickgedicht‹: ein Cento.

Scorn not the sonnet

Sonettsonett, kompiliert von Ernst-Jürgen Dreyer[38]

Die Sterne, die durch alle Zeiten tagen,
Ihr wollet sie mit frecher Hand zerschlagen
Und jeder leuchten mit dem eignen Lichte.
                        Eichendorff

Die du erlösen willst, sind längst verloren
in der Geschöpfe langen, dunklen Gassen –
du kannst sie tauschen, bis die Zeichen passen,
ob auch im Halogen die Flügel schmoren.

Mit seinen plumpen, ahnungslosen Massen
im Traum, im Fieber, im Gespräch mit Toren:
Reif... über Nacht... der Alte lag erfroren;
doch lachend gab man mir nur kaltes Hassen.

»Du lebst und wirst nur leere Taschen erben«
(und setzt sich an das dämmernde Spinett).
Und woher all die Tinte kommt, die Seiten

gefüllt mit Torsen und Amphorenscherben?
Sonette sind das Lautfossil der Zeiten.
O zartes Blau! verhüll – das Freudenbett!

---

[38] »Für Erika Greber, 8. 4. 2008«. (Erstpublikation)

Auch dieses Sonett kann nur eine begrenzte Anzahl von Namen memorieren. In dem von Puškin begonnenen Zeilen-Modus sind es nun 14 Plätze, gewissermaßen 14 Bücherregalbretter (auf dem letzten Brett stehen zwei Autoren; und zwei kommen zweimal vor; also sind es mit dem Motto zusammen 14 Dichter). Vielleicht ist es nicht uninteressant zu erwähnen, dass auch Wordsworth 1835 die Verszeilenpraxis des Cento genutzt hat.[39] Als Paratext – wie es beim Cento, das hohe Belesenheit voraussetzt, vorsichtshalber üblich ist – fügt Dreyer die Namensliste bei:

> Die vierzehn Zeilen stammen aus folgenden Sonetten[40]
> 1. Klaus M. Rarisch: Der Dichter: »Er sitzt auf seiner Insel, trinkt und schreibt«, Z. 11 (*Die Geigerzähler hören auf zu ticken*, MD 20, S. 84)
> 2. Nikolaus Lenau: Einsamkeit II: »Der Wind ist fremd«, Z. 8
> 3. Robert Wohlleben: Wandernder Engel: »Ich spann die Himmelszelte frei nach Wahl«, Z. 3 (*Sternzeichen*, MD 46)
> 4. Ernst-Jürgen Dreyer: Auburtini fabula docet: »Fehlt nur noch, daß ich hinter Bretter zwinge«, Z. 10 (*O zartes Blau des Nebels überm Stau*, MD 59, S. 19)
> 5. Richard Klaus: Bleibendes täuscht: »Wir wälzten manche Mulde in das Gras«, Z. 14 (*Eisprung I*, MD 13)
> 6. August von Platen: Sonett 79: »Wer wußte je das Leben recht zu fassen«, Z. 3
> 7. Gottfried Keller: Von Kindern I: »Man merkte, daß der Wein geraten war«, Fragmente aus Z. 12/13
> 8. Heinrich Heine: »Im tollen Wahn hatt' ich dich einst verlassen«, Z. 8
> 9. Klaus M. Rarisch: Die Flaschenpost des Kritikers: »Du Flaschenteufel willst betroffen sein«, Z. 14 (*Bilanz*, MD 35)
> 10. Gertrud Kolmar: Rose Chiffon: »Ein junges Mädchen aus verklungner Zeit«, Z. 11
> 11. Francesco Petrarca: »Io son già stanco«, deutsch von Geraldine Gabor und Ernst-Jürgen Dreyer, Z. 11 f. (*Canzoniere* 229)
> 12. Dieter Volkmann: Stunde: »Du legst die Stirne an die tote Stunde«, Teil von Z. 9 (*Fünfzehn maurerische Sonette für einen Holzschneider*, MD 15, Nr. 11)
> 13. HEL (Herbert Laschet-Toussaint): Zu Nr. 1: »Ein Scheibenschießen! Mir geht's auf den Geist«, Z. 9 (original Kleinschreibung), (*Hieb- & Stichfest*, MD 40, S. 34)
> 14a. Ernst-Jürgen Dreyer: Singt noch der Schwan: »Mit Geistesstärke tu ich Wunder auch«, Anf. von Z. 12 (*O zartes Blau des Nebels überm Stau*, MD 59, S. 34)
> 14b. Clemens Brentano: Verzweiflung an der Liebe in der Liebe: »In Liebeskampf, in Todeskampf gesunken?«, aus Z. 14

---

[39] Vgl. Brennan O'Donell, *Passion of Meter: A Study of Wordsworth's Metrical Art*, Kent u. Ohio: Kent State University Press 1995, S. 266.
[40] [Anm. des Autors]: MD = Meiendorfer Druck, Robert Wohlleben Verlag, Hamburg; wo keine Seitenzahlen angegeben sind, handelt es sich um unpaginierte Hefte.

Nicht zu verachten: das Sonettsonett

Zu ergänzen wäre die Quelle für das Motto: Eichendorffs Sonett *Mahnung* (Z. 2-4). Da für dieses neue Kanonsonett die deutsche Sonettistik gefragt war, sind es deutschsprachige Autoren. Wer gleichwohl nicht fehlt, ist Petrarca, nunmehr in deutscher Übersetzung, aus der von Dreyer selbst zusammen mit Géraldine Gabor besorgten Nachdichtung. Somit gelangen endlich auch Übersetzer/Nachdichter, sinnigerweise sogar ein Paar, in den Sonettolymp. Mit dem deutschen Petrarca-Zitat ist auch in diesem späten Beitrag das diskursstiftende Motiv der *translatio* eingearbeitet, ja durchgeführt. Noch internationaler konnte die Konstellation kaum werden, weil sich die Verse reimen müssen – und ein multilingual reimendes Cento würde allzu makkaronisch wirken.

Das Verfahren, Sonette aus dem Reim heraus zu konstruieren, ist in der Gattungstradition kanonisiert durch die Sonderform des so genannten *sonnet en bouts rimés* (Sonett auf vorgegebene Endreime) – ein ehemals viel geschmähtes ›kurioses‹ Sonettgenre von beträchtlichem kombinatorischem Witz.[41] Den notorischen Reimzwang hat Dreyer auf die Spitze getrieben, denn im Centonsonett müssen Reimpaare nicht *er*funden, sondern *ge*funden werden: in der bereits existierenden Sonettliteratur, und zwar mit passendem Metrum, hier dem 5füßigen Jambus, und mit passendem syntaktischen Anschluss – der semantische Anschluss fällt dann um so überraschender aus. Dies ist wahrlich ein Sonett für Sonettkenner. Wer sucht, wird auch in den entlegeneren Schatzkästen der Tradition fündig; und so bekommen auch die *poetae minores* ihre Chance: Während in den drei anderen Kanonsonetten Nationaldichter figurieren, fehlen hier die höchstrangigen deutsch(sprachig)en Klassiker zugunsten auch unbekannterer Namen. Erstmals gelangt auch eine Autorin in den Pantheon des Sonetts. Das Spektrum umfasst wie bei Puškin vergangene und gegenwärtige Epoche. Auch wird die Selbstkanonisierungsgeste der Vorläufer qua Zitieren einer eigenen Verszeile aufgegriffen. Sogar die Idee des Dichterwettstreits, die zum *aemulatio*-Konzept im historischen Trio gehört, ist unterschwellig mit enthalten, hatten doch einige der anzitierten Zeitgenossen manche Sonett-Tenzone miteinander bestritten und mit »hieb- und stichfesten« Versen »um die Wurst« gedichtet.[42] Selbstverständlich ist ein Cento stark intertextuell aufgeladen; es

---

[41] Vgl. Erika Greber, »Bouts-rimés – Kombinatorik und Spiel«, in: dies., *Textile Texte*, Kap. VI.
[42] Die eng mit dem Sonettforum *fulgura frango* verbundenen Autoren haben den Tenzonenbegriff explizit reaktiviert; die meisten Tenzonen stehen online (Inhaltsverzeichnis: http://www.fulgura.de/autor/tenzone.htm, zit. 30.07.2009); zwei Bändchen sind gedruckt: Lothar Klünner u. a., *Hieb- &*

vernetzt die vielfältigen Subtexte neu miteinander und erzeugt auf diese Weise ungeahnte neue Bedeutungen. So findet sich im Grunde das Verfahren der Vers-Suche autoreflexiv im 3. Vers thematisiert: »Du kannst sie tauschen, bis die Zeichen passen« – man stellt sich lebhaft vor, wie die Verse probiert, getauscht und gewechselt wurden, bis alle passten. Über Vers 9 kommt ein treffliches intertextuelles Bild ins Spiel: die »Flaschenpost des Kritikers«. Und für dieses über die Zeiten hinweg geführte weltliterarische Kritikergespräch bietet die vorletzte Verszeile ein verblüffendes Concetto: »Sonette sind das Lautfossil der Zeiten«. Im montierten Schlussvers »O zartes Blau! verhüll – das Freudenbett!« assoziiert man nolens-volens das Prokrustesbett und geht so mit Freuden dem verhüllten, verschwiegenen Reim auf den Leim.

Zum guten Schluss ist also der deutschen Sonettistik im internationalen Maßstab poetische Gerechtigkeit widerfahren.

---

stichfest. Streitsonette, Hamburg: Robert Wohlleben Verlag 1996; Matthias Koeppel u.a., *Um die Wurst. Sonette zur Lage*, Hamburg: Robert Wohlleben Verlag 2006. Vgl. dazu Tanja Holzinger, *Die Tenzone in der neueren deutschen Literatur*, Staatsexamensarbeit Universität Erlangen 2009.

JÜRGEN LEHMANN

Über die Gerechtigkeit von Vergleichen.
Thomas Manns Essay »Goethe und Tolstoj«

Der Essay »Goethe und Tolstoj« ist einer der wichtigsten Repräsentanten der Essayistik von Thomas Mann. Es ist ein recht umfangreicher und komplexer Text, den ich hier unter einer ganz bestimmten Perspektive skizzenhaft vorstellen und in Bezug auf die ihn prägende Vergleichung kritisch erörtern möchte, insbesondere in Bezug auf die in diesem Kontext vorgenommene Darstellung und Wertung des russischen Dichters Lev Nikolaevič Tolstoj. Die Essays von Thomas Mann sind bekanntlich in mehrfacher Hinsicht ein wesentlicher Bestandteil von dessen Gesamtwerk: als Begleitung und Ergänzung der dichterischen Werke, als Artikulation grundsätzlicher ästhetischer, ethischer und gesellschaftspolitisch relevanter Fragestellungen, als Zeugnisse selbstkritischer Befragung. Thomas Manns literarische Essays sind, wie ein großer Teil seines Gesamtwerkes, hochgradig autobiographisch, die in ihnen entworfenen Dichterbilder sind nicht selten Spiegelungen des eigenen Selbst, Versuche der Selbstfindung, der Selbstvergewisserung, der Standortbestimmung. Das gilt für die besonders geschätzten Autoren wie Fontane und Goethe ebenso wie für scheinbar entfernte wie Cervantes und Michelangelo. Die Essays werden dabei nicht selten zum Dichter-Bild, zum Entwurf eines Vor-Bildes, z. B. im frühen Fontane-Essay »Der alte Fontane« aus dem Jahre 1910. Hier erscheint das Vor-Bild, der ›Vater Fontane‹, als Projektion, mit dessen Hilfe eigene Schreibprobleme, eigene Selbstzweifel, eigene Wünsche artikuliert werden, z. B. die Wünsche, zur Klassizität zu reifen.

Im Vordergrund steht dabei meist die Person des Dichters. Nicht so sehr die dichterischen Werke, sondern die über autobiographische Zeugnisse vermittelte Persönlichkeit ist – bis in die 30er Jahre – von besonderer Relevanz.

Das generell zu den Essays Gesagte gilt nun auch für den Essay »Goethe und Tolstoj«, der vergleichend zwei weltliterarisch bedeutende Autoren, also Johann Wolfgang Goethe und Lev Nikolaevič Tolstoj, und darüber hinaus zwei Kulturen und Literaturen, also die deutsche und die russische, in den Blick nimmt. Dass es neben der deutschen gerade die russische Literatur ist, kann bei näherer

Jürgen Lehmann

Betrachtung kaum verwundern, spielt diese doch in Thomas Manns Denken und Dichten immer wieder eine wichtige Rolle; nur wenige deutschsprachige Autoren – zu nennen wären u. a. Rilke, Stefan Zweig, Celan – haben sich so intensiv mit russischer Literatur auseinandergesetzt wie Thomas Mann, in Arbeiten wie »Russische Anthologie«, in den Dostoevskij-Studien, bis hin zum späten Čechov-Essay.[1] Resultat dieser Auseinandersetzung sind bestimmte Verfahren wie die u. a. von Ivan Gončarov und von Lev Tolstoj übernommene Leitmotivik, die an Dostoevskij geschulte dialogische Beichte (strukturbildend z. B. in der Erzählung »Der Bajazzo«) oder die Zeichnung bestimmter russischer Dichterfiguren in den Essays. Die Vergleichung Goethes mit dem großen Dichter und Kulturkritiker Lev Nikolaevič Tolstoj ist nicht zufällig, spielt doch die Beschäftigung mit diesem Autor immer wieder eine wichtige Rolle: wie Turgenevs so stand auch sein Bildnis als Vorbild und Mahnung auf dem Schreibtisch des jungen Thomas Mann, als dieser an seinem ersten großen epischen Werk arbeitete, den *Buddenbrooks*. In der »Russischen Anthologie« wird Thomas Mann Tolstoj später als ›Stütze des Anfängers‹ bezeichnen. Darüber hinaus widmet er diesem und dessen Werk zwei Essays (»Tolstoj«, »Anna Karenina«), in denen er Tolstoj als großen plastischen Epiker und als – letztlich gescheiterten – Kulturkritiker vorzustellen versucht.

Noch umfassender präsent ist Goethe in Thomas Manns Gesamtwerk. Das beginnt mit einer besonderen Fixierung des Zeitpunktes der Geburt am Sonntag, den 6. Juni 1875 – in Anlehnung an Goethes *Dichtung und Wahrheit* verlegt Thomas Mann im »Lebenslauf« aus dem Jahre 1936 diesen Zeitpunkt von 10:15 Uhr auf »mittags 12 Uhr«[2] –, es setzt sich fort mit expliziten Goethe-Bezügen in Romanen wie *Lotte in Weimar*, den *Joseph*-Romanen (Joseph wird, wie Goethe von seiner Mutter, von seinen Brüdern »Hätschelhans« genannt) oder im *Doktor Faustus*, zeigt sich in Identifizierungen eigener Romanfiguren mit solchen aus Goethes Werk, also Tonio Kröger in der gleichnamigen Erzählung und vor allem Hans Castorp aus dem *Zauberberg* mit dem Werther, äußert sich in Reflexionen zur Gattung Roman am Beispiel von Goethes *Wilhelm Meister* (in *Die Kunst des Romans*). Darüber hinaus sind Goethe und sein Werk

---

[1] Z. B. in einigen Kapiteln der »Betrachtungen eines Unpolitischen«, in Essays wie »Dostojewski – mit Maßen« und »Versuch über Tschechow«.
[2] Thomas Mann, *Über mich selbst. Autobiographische Schriften*, Frankfurt a. M.: S. Fischer 1983, S. 146. (= *Gesammelte Werke in Einzelbänden*, hg. v. Peter de Mendelssohn.)

Über die Gerechtigkeit von Vergleichen

expliziter und impliziter Bestandteil einer hochgradig intertextuellen Struktur vieler Essays, sei es als Motto (in »Lübeck als geistige Lebensform«), sei es in vielfältigen Zitierungen und Anspielungen in fast allen anderen Essays, z. B. in den »Betrachtungen eines Unpolitischen«, Thomas Manns umfänglichstem essayistischem Werk, wo Goethe permanent als Gewährsmann erscheint. Ihre deutlichste Artikulation erreicht diese Goethe-Verehrung in den zahlreichen, speziell Goethe gewidmeten Essays, z. B. »Goethe als Repräsentant des bürgerlichen Zeitalters«, »Goethe's Laufbahn als Schriftsteller«, »Phantasie über Goethe«, »Über Goethe's Faust«, »Goethe und die Demokratie« und natürlich – der umfangreichste von allen – »Goethe und Tolstoj«, die erste zusammenhängende Arbeit von Thomas Mann über Goethe.[3]

Sowohl Goethe als auch Tolstoj sind also Autoren, die für das Selbstverständnis von Thomas Mann als Dichter von außerordentlicher Bedeutung sind. Vornehmlich sind sie Vor- und auch Gegenbild, in der Auseinandersetzung mit ihnen sucht er Orientierung, sucht er die ihn beunruhigenden zentralen poetisch und ethisch relevanten Fragestellungen zu beantworten. Das besondere Interesse an beiden Autoren resultiert dabei aus den sein Leben und Werk bestimmenden Reflexionen über das Verhältnis von Künstler und Bürger, von schöpferischem und sozialem Handeln, von Geist und Natur, von Ästhetik und Ethik, sowie aus der sich daraus ergebenden Frage nach der Rolle des Künstlers in der bürgerlichen Gesellschaft. Darüber hinaus setzt sich Thomas Mann im vorliegenden Essay auch mit sich selbst auseinander, bekämpft u. a. im hier entworfenen Tolstoj-Bild die ihn immer wieder verstörende sinnlich-animalische Komponente seiner Existenz. Im Essay »Goethe und Tolstoj« werden all diese Reflexionen allerdings Bestandteil einer über Kunst und Ästhetik, über subjektive Selbstbefragung hinausgehenden kulturpolitischen Standortbestimmung, in deren Rahmen und Verlauf nach Möglichkeiten einer Rehumanisierung der europäischen Nationen gefragt wird, vor dem Hintergrund einer durch Bolschewismus und Faschismus repräsentierten neuen Barbarei. Die Vermittlung der genannten Gegensätze zu bzw. in einer höheren Einheit in Gestalt einer zivi-

---

[3] Die Identifizierung vor allem des reifen Thomas Mann mit Goethe ist das Ergebnis eines langen, komplizierten Prozesses, zu dessen Beginn Goethe – insbesondre im Vergleich mit Schiller – durchaus kritisch gesehen wird. Zu dieser Entwicklung vgl. u. a.: Jutta Lindner, »Memento vivere.‹ Zu Thomas Manns Orientierung an Goethe«, in: Thomas Sprecher (Hg.), *»Was war das Leben? Man wusste es nicht!« Thomas Mann und die Wissenschaften vom Menschen*, Frankfurt a. M.: Klostermann 2008, S. 205–224.

lisierenden Kunst ermöglicht nach Auffassung Thomas Manns wahre, vollendete, also politisch-gesellschaftlich relevante Humanität, eine Thematik, deren Behandlung der Essay mit seinem Untertitel »Fragmente zum Problem der Humanität« explizit ankündigt. Goethe und Tolstoj sind für Thomas Mann zwei Autoren, in deren Leben und Werk diese Fragestellung geradezu paradigmatisch zu Sprache kommt. Die Wahl beider Autoren ist also wohl bedacht. Verstärkt wird die Affinität Thomas Manns zu ihnen dadurch, daß ihr Werk – wie das seine – in hohem Maße sowohl autobiographisch als auch pädagogisch orientiert, durch eine enge Verbindung von Bekenntnis und Erziehung geprägt ist, eine Eigenschaft, die im Essay noch besonders herausgearbeitet und akzentuiert wird.

Wenn hier von »Goethe und Tolstoj« die Rede ist, dann bezieht sich dieser Titel auf den Essay. Der Hinweis darauf ist insofern relevant, als mit dieser Titelformulierung mehrere Schriften Thomas Manns überschrieben sind:[4] Ein Konvolut von Notizen (entstanden zwischen April und Juli 1921), eine verloren gegangene Urhandschrift (Juni/Juli 1921), eine Vortragsfassung (Juli bis August 1921), eine erste Essayformulierung von 1925, ein weiteres Vortragsmanuskript von 1927 und schließlich die endgültige Buchfassung von 1932. Relevant im Rahmen einer langjährigen und nicht unkomplizierten Entstehungsgeschichte ist der Vortrag, den Thomas Mann am 4. September 1921 in Lübeck während der »Nordischen Woche« gehalten hat. Bereits dieser Vortrag enthält wichtige Aussagen des Essays, z. B. die zu der Naturhaftigkeit Goethes und Tolstoj. Allerdings gibt es auch deutliche Unterschiede. So wird im Vortrag noch, ganz im Sinn der »Betrachtungen eines Unpolitischen«, die genuine Wesenverwandtschaft von Russen und Deutschen betont, der Begriff des Völkischen wird weniger kritisch gesehen. Im Gegensatz zum noch eher konservativ gehaltenen Argumentationsgestus des Vortrages demonstriert der Essay von 1925 und noch stärker die Buchfassung von 1932 hingegen Thomas Manns Parteinahme für die Weimarer Republik, artikuliert seine Furcht vor dem heraufziehenden Faschismus.

Interessant ist Thomas Manns Art des Umgangs mit den von ihm verglichenen Autoren. Er hat in erstaunlich geringem Maße Primärtexte, also Werke von Goethe und Tolstoj, benutzt. Vielmehr sind vor allem Sekundärwerke verwen-

---

[4] Vgl. dazu v. a.: Herbert Lehnert u. Eva Wessel, *Nihilismus der Menschenfreundlichkeit. Thomas Manns »Wandlung« und sein Essay »Goethe und Tolstoj«*, Frankfurt a. M.: Klostermann 1991.

det worden, so intensiv und umfassend, daß viele Goethe- bzw. Tolstoj-Zitate aus ihnen, und nicht aus Werkausgaben stammen. Hauptquellen sind in Bezug auf Goethe Albert Bielschowsky, *Goethe. Sein Leben und seine Werke*[5], Riemers *Mitteilungen über Goethe*[6] und Eckermanns *Gespräche mit Goethe in den letzten Jahren seines Lebens*; in Bezug auf Tolstoj: Paul Birukof (Hg.), *Leo N. Tolstois Biographie und Memoiren. Autobiographische Memoiren, Briefe und biographisches Material*[7], Maxim Gorki, *Erinnerungen an Lew Nikolajewitsch Tolstoi*[8], sowie Dmitry Mereschkowski, *Tolstoi und Dostojewski als Menschen und Künstler*[9]. Von den genannten Autoren ist vor allem Merežkovskij argumentativ von besonderer Bedeutung. Dmitrij Sergeevič Merežkovskij (1865–1941), Philosoph, Kulturkritiker und Dichter, gehörte um die Jahrhundertwende zu den führenden russischen Intellektuellen und hatte sich vor allem durch eine an Hegel orientierte antithetisch argumentierende Geschichtsphilosophie einen Namen gemacht. Dieser philosophische Ansatz sieht europäische Geschichte geprägt vom Kampf zwischen Heidentum und Christentum, zwischen Wissen und Glauben, Geist und Fleisch, und in diesem Kontext hat Merežkovskij dann auch Autoren wie Dostoevskij, Tolstoj, Gončarov und Turgenev neu interpretiert.[10] Dazu gehörte auch die typologisierende Gegenüberstellung von Tolstoj als Vertreter der Natur, des Fleisches, und von Dostoevskij als Repräsentant von Geist, Askese, eine Gegenüberstellung, die für Thomas Manns Argumentation im Essay »Goethe und Tolstoj« von entscheidender Bedeutung sein wird. Thomas Mann hat Merežkovskij zeit seines Lebens hoch geschätzt, hat ihn als

---

[5] Albert Bielschowsky, *Goethe. Sein Leben und seine Werke*, München: Beck [8]1905.
[6] Friedrich Wilhelm Riemer, *Mitteilungen über Goethe*, hg. v. Arthur Pollmer, Leipzig: Insel 1921.
[7] Paul Birukof (Hg.), *Leo N. Tolstois Biographie und Memoiren. Autobiographische Memoiren, Briefe und biographisches Material*, Wien u. a.: Perles 1906 u. 1909.
[8] Maxim Gorki, *Erinnerungen an Lew Nikolajewitsch Tolstoi*, München: »Der neue Merkur« 1920.
[9] Dmitry Sergewitsch Mereschkowski, *Tolstoi und Dostojewski als Menschen und Künstler*, Leipzig: Schulze 1903.
[10] Relevant in diesem Kontext sind vor allem die Schriften »Večnye sputniki« (dt.: »Ewige Gefährten«), »O pričinach upadka i o novych tečenijach sovremennoj russkoj literatury« (dt.: »Über die Ursachen des Verfalls und über neue Tendenzen in der modernen russischen Literatur«) und »Tolstoj i Dostoevskij« (dt.: »Tolstoj und Dostoevskij«). Zum Verhältnis Thomas Mann – Dmitrij Merežkovskij vgl. vor allem: Hans Dieter Heimendahl, *Kritik und Verklärung. Studien zur Lebensphilosophie Thomas Manns in den »Betrachtungen eines Unpolitischen«, »Der Zauberberg«, »Goethe und Tolstoj« und »Joseph und seine Brüder«*, Würzburg: Königshausen & Neumann 1998, S. 225 ff.; sowie Urs Heftrich, »Thomas Manns Weg zur slavischen Dämonie. Überlegungen zur Wirkung Dmitri Mereschkowskis«, in: *Thomas-Mann-Jahrbuch* 8 (1995), S. 71–91.

»genialsten Kritiker und Weltpsycholog seit Nietzsche«[11] gefeiert, insbesondere nach der Lektüre von Merežkovskijs Buch *Tolstoj und Dostoevskij.*

Wie bereits erwähnt, gehört »Goethe und Tolstoj« zu den umfangreichsten und kompliziertesten Essays von Thomas Mann. Der Essay besteht aus achtzehn Kapiteln von verschiedener Länge. Der sprachliche Gestus ist geprägt von einer Mischung aus Erzählung, Zitierung, Porträtierung und Reflexion. Auffallend ist eine Tendenz zur Dialogizität. Diese besteht nicht nur in den vielen rhetorischen Fragen oder in der Anrede eines imaginären Gegenübers, sondern auch in einer, um mit Michail M. Bachtin zu reden, inneren Dialogizität, also in einer ständigen Antizipation von möglichen Einwänden dieses Gegenübers, durch welche die eigene Argumentation motiviert und legitimiert werden soll. Bezeichnend dafür sind Wendungen wie: »Sie sind offenbar weit entfernt, sich zufriedenzugeben« (S. 33)[12], »Man muß fürchten, des Mystizismus geziehen zu werden« (S. 47), »Niemand ist verwehrt, diesen Ausdruck als logischen Widersinn zu bezeichnen« (S. 72), »Wir haben alle Befugnis in Händen, zu behaupten« (S. 136) u. a. Ungewöhnlich oft bedient sich Thomas Mann fremder Rede, im Rahmen der erwähnten Zitierungen sowie in vielfältigen Anspielungen, bezogen auf die Werke Goethes und Tolstojs ebenso wie auf die Sekundärliteratur, von der er in bedenklichem Ausmaß abhängig ist. Häufig stammen die Goethe- bzw. Tolstoj-Zitate nicht aus entsprechenden Werkausgaben, sondern aus den erwähnten Schriften von Bielschowsky, Birjukov und Merežkovskij. Das gilt auch für andere Dichter-Bilder, z. B. für das sich an den dänischen Literaturhistoriker Georg Brandes und an Nietzsche anlehnende Dostoevskij-Porträt, wo Thomas Mann von der »tiefen, bleichen, leidvoll-heiligen Verbrechermiene Dostojewski's« spricht (S. 79).

Wie erwähnt, trägt Thomas Manns Essay den Untertitel »Fragmente zum Problem der Humanität«. Sein Anliegen ist also nicht ein rein literarisches, vielmehr ist auch diese Schrift von der Thomas Mann zeitlebens beschäftigenden Frage nach dem Verhältnis von Leben und Geist, von Geist und Tat, von Narzissmus und gesellschaftlichem Handeln geprägt. Diese Polarisierung bestimmt

---

[11] Formuliert u. a. in: »Russische Anthologie«, in: Thomas Mann: *Die Forderung des Tages*, Frankfurt a. M.: Fischer 1986, S. 105. (= *Gesammelte Werke in Einzelbänden*, hg. v. Peter de Mendelssohn.)

[12] Zitiert wird der Essay »Goethe und Tolstoj« unter einfacher Angabe der Seitenzahl nach dem Band *Leiden und Größe der Meister*, Frankfurt a. M.: Fischer 1982. (= *Gesammelte Werke in Einzelbänden*, hg. v. Peter de Mendelssohn.)

Über die Gerechtigkeit von Vergleichen

nicht nur den Inhalt, sondern auch die Argumentation des Essays. Dabei steht wie so oft in den Essays nicht so sehr das Werk, sondern die Gestalt des Dichters im Vordergrund. Thomas Mann fragt nach Voraussetzungen, Möglichkeiten und Grenzen einer Vermittlung von Geist und Natur, von Kritik und Schöpfertum in der Biographie der betreffenden Autoren, und zwar nach einer von Mühen und Leid begleiteten Vermittlung, die für ihn Grundlage jeglicher Kultur und damit auch Humanität ist:

> Mühelose Natur, das ist Roheit. Müheloser Geist ist Wurzel- und Wesenlosigkeit. Eine hohe Begegnung von Geist und Natur auf ihrem sehnsuchtsvollen Weg zueinander. Das ist der Mensch. (S. 110)

Die ›Hoheit‹ dieser Begegnung ist freilich nicht überall möglich, nicht durch jeden Menschen realisierbar. Vielmehr ist es vor allem der Künstler, der nach einer solchen Vermittlung strebt bzw. streben soll; es ist der Künstler, an dessen Denken und Schaffen dies anschaubar gemacht werden kann. Ausgehend davon stehen in »Goethe und Tolstoj« große Künstler im Mittelpunkt, Künstler, die in verschiedener Weise das genannte Verhältnis von Natur und Geist repräsentieren. Diese Vermittlung von Geist und Natur geschieht in vielfältiger und verschiedener Weise, personifiziert durch unterschiedliche Künstlertypen. Thomas Mann erläutert diesen Sachverhalt ausführlich im Rahmen einer zweifachen Vergleichung. Im Rahmen der ersten werden zwei Künstlertypen einander gegenübergestellt: die naturverbundenen, gesunden Plastiker Goethe und Tolstoj auf der einen und die geist-orientierten, kranken, ›leibesgehässigen‹ Schiller und Dostoevskij auf der anderen Seite. In einer zweiten Vergleichung werden dann die ›Antäus-Gestalten‹ Goethe und Tolstoj einander gegenübergestellt. Die erste Vergleichung wird mit Hilfe eines Ensembles von Kategorien und argumentativen Verfahren formuliert, die Thomas Mann aus Texten von Schiller, Nietzsche und Goethe, sowie aus Arbeiten des bereits erwähnten russischen Dichters und Literaturkritikers Dmitrij Merežkovskij bezieht und die er – ohne Rücksicht auf die unterschiedlichen philosophischen Kontexte – neu gruppiert. Von besonderer Relevanz sind dabei die Kategorienpaare naiv-sentimental, klassisch-romantisch, objektiv-subjektiv, gesund-krank, erdverbunden-transzendenzbezogen.

> Wir haben hier also eine Anordnung der Dinge, nach welcher sich das Naive, das Objektive, das Gesunde und das Klassische auf der einen Seite und das Sentimenta-

lische, das Subjektive, das Pathologische und das Romantische auf der andern Seite als identisch erweisen. (S. 52 f.)

So demonstrieren Schiller und Dostoevskij mit ihrer Existenz und ihrem Werk die Dominanz des Geistigen, eine Dominanz, die ›diktatorisch, fieberhaft‹ die Profilierung des Geistig-Seelischen, der Reflexion, bis an die Grenze des Krankhaften führt, paradigmatisch erkennbar an »Dostojewski's krankhaft verzückter Traum- und Seelenwelt« (S. 65). Ihnen stehen die vitalen, gesunden Erdensöhne Tolstoj und Goethe gegenüber, die Epiker, die Plastiker, die mit der Natur unmittelbar verbundenen, im Schillerschen Verständnis naiven Künstler.

> Die Sage erzählt von dem Riesen Antäus, der unbesieglich war, weil ihm aus der Erde, seiner Mutter, immer neue Kräfte zuströmten, solange er sie berührte. Die Erinnerung an diesen Mythos drängt sich in gleicher Weise immer wieder auf, wenn man das Leben Goethe's und das Tolstois betrachtet. Söhne der mütterlichen Erde alle beide, unterscheiden sie sich nur darin, daß der eine sich der Art seines Adels bewußt war, der andere nicht. Es gibt Stellen in Tolstois bußfertigen ›Bekenntnissen‹, Stellen, wo er die Erde berührt und wo auf einmal die innigste Sinnlichkeit seine Worte, die, solange sie theoretisierten, hölzern und verworren waren, mit einer Lebenskraft und Frische durchtränkt, der keine Seele widersteht. [...] Wie beherrscht das Antäus-Bewußtsein Goethe's ganze Existenz! Wie stetig waltet es durch sein Forschen und Formen! Die Natur ist ihm »Heil und Behagen« nach den Heimsuchungen der Leidenschaft; und während er wohl weiß, daß zu ihrer Erkenntnis »alle Manifestationen des menschlichen Wesens zu einer entschiedenen Einheit ausgebildet« sein müssen, daß wahres Forschertum nicht ohne die Gabe der Phantasie zu denken ist, meidet er wohlweislich das Phantastische, meidet die naturphilosophische Spekulation, hütet sich, die Berührung mit der Erde zu verlieren, und nennt die Idee das »Resultat der Erfahrung«. Seine Forscherphantasie ist Intuition, ist, noch richtiger gesagt, die eingeborene Sympathie des Naturkindes mit dem Organischen. Sie ist antäisch, wie die Einbildungskraft, die sein Künstlertum bestimmt und die ebenfalls nicht phantastischer Art, sondern exakt und sinnlich ist. Dies ist die Phantasie der Plastiker. Diejenige der Söhne des Gedankens, der Idee, des ›Geistes‹ ist eine andere. Wir wollen nicht sagen, daß die eine mehr Wirklichkeit schafft als die andere, aber die Gestalten der plastischen Phantasie besitzen die Wirklichkeit des Seins, während die Wirklichkeit der Gestalten des Sentimentalikers sich nur durch Handeln herstellt, wie Schiller selbst unterscheidet. (S. 63 f.)

Im Gegensatz zur ›Leibesgehässigkeit‹ ihrer Antipoden Schiller und Dostoevskij ist der Selbstbezug solcher Dichter wie Tolstoj und Goethe, ausgehend von einem ›heidnischen Natur-Aristokratismus‹, von einer naturhaft gegebenen Vornehmheit, von wenig Reflexion, von der Freude am eigenen Körper, von der Freude am Eros geprägt. Dies und ein aus dem genannten Aristokratismus resultierendes ›starkes Ich-Gefühl‹ macht beide Autoren nach Ansicht Thomas Manns anziehend, erklärt ihre ungewöhnlich starke Rezeption. Zugleich sind Goethe und Tolstoj in den Augen Thomas Manns allerdings auch durchaus problematische, leiderfahrene Naturen, weil das sie prägende Naturhafte von ihnen auch als bedrohlich, quälend und negativierend erfahren wird. Deshalb tendieren sie – bei aller Dominanz des Naturhaften – in gleichsam sentimentalischer Weise zur geistigen bzw. geistlichen Sphäre. Vornehmlich deshalb, auf Grund der von ihnen betriebenen Vermittlung von Natur und Geist, erscheinen sie besonders geeignet, als Beispiel für Möglichkeiten und Grenzen der Humanisierung vorgestellt zu werden. Dieses Streben nach Vermittlung des Naturhaften und Geistigen in Gestalt der Kunst zeigt sich bei beiden in der Präferenz für Erziehung und Bildung, für Selbsterziehung und Selbstbildung. Die dafür relevanten Gattungen sind die Autobiographien und der autobiographisch geprägte Erziehungsroman, die Argumentation bewegt sich also im Kontext von Goethes *Dichtung und Wahrheit* und von dessen *Wilhelm Meister* sowie von Tolstojs autobiographischer Romantrilogie *Kindheit, Knabenzeit, Jugend* und von dessen *Bekenntnis*. Es sind Texte, die für Thomas Mann – im Rahmen der geforderten Vermittlung von Natur und Geist – die Vervollkommnungs- und Erziehungsbedürftigkeit des naturhaften Menschen paradigmatisch artikulieren (vgl. S. 121). Das geschieht in zweifacher Weise:

1. in der Darstellung eines solchen Vorgangs am Beispiel einer Romanperson wie dem Wilhelm Meister und
2. im autobiographischen Schreiben und Gestalten, in dessen Rahmen und Verlauf sich das schreibende Ich selbst objektiviert, wo dieses Ich sich als Aufgabe erfährt, als sittlich-ästhetische kulturelle Verpflichtung (vgl. S. 121). Hier wird die Symbiose von künstlerischem und gesellschaftlichem, von ästhetischem und ethischem Handeln besonders deutlich.

Dabei, also bei der Realisierung der genannten Vermittlung von Geist und Natur, genauer: der Vergeistigung des Naturhaften, gehen Goethe und Tolstoj nach Auffassung von Thomas Mann nun allerdings verschiedene Wege, eine Verschiedenheit, die im Verlauf des Essays immer stärker akzentuiert wird. Eine der wichtigsten Ursachen dafür sind die unterschiedlichen Arten der Verwurzelung in der Natur sowie die verschiedenen Wege zu deren Vergeistigung. In diesem Zusammenhang erscheint Tolstoj geprägt durch einen tiefgehenden

Animalismus, durch einen starken, ›russisch kraftschwelgerischen Geschlechtstrieb‹ (S. 113), durch eine tierhafte, übermäßig starke, den Menschen Tolstoj immer wieder neu überwältigende Sinnlichkeit. Bedingt durch diese Animalität sowie durch die fehlende Bindung an die Antike, durch ein ›unklassisches Heidentum‹, vermag Tolstoj die für die Konstituierung einer wahren Humanität notwendige organische Verschmelzung von Natur und Geist nicht zu leisten, die betreffenden Versuche seien Selbsttäuschung, Maskerade, Kindlichkeit. Im Gegensatz zu Goethe ist er nicht fähig zur Selbstbildung im Rahmen von Selbstüberwindung, zu stetigem disziplinierten Arbeiten an sich selbst. Alle Bemühungen, die eigene »wilde, vormenschliche Natur zu humanisieren«, erscheinen letztlich als ein anarchisches, »radikalistisch-hilfloses, im Halbwilden und Absurden steckengebliebenes Vergeistigungswerk«. (S. 84) Entsprechend negativ beurteilt Thomas Mann Tolstojs Wirken als Erzieher. Dessen pädagogische Neigungen seien nicht organisch gewachsen, sondern rational erzwungen, die daraus resultierenden erzieherischen Aktivitäten seien geprägt durch konzeptloses Experimentieren, durch Anarchie, durch asiatische Gesetzlosigkeit.

> Dem gegenüber erscheint nun Goethe als Inkarnation gebildeter Natur, die das Sinnliche mit dem Geistigen, das Subjektive mit dem Sozialen zu verbinden weiß. Das geschieht im Verlauf eines durch Entsagung, Zucht und Selbstbeschränkung gezeichneten organischen Reifungsprozesses, an dessen Ende die von Thomas Mann erstrebte humane Gesinnung erworben ist. Mit diesen Eigenschaften wird Goethe zum wahren Erzieher seines Volkes, sein Weg zu einer Natur und Geist, Nationalbewusstsein und Kosmopolitismus verbindenden Humanität wird Bestandteil einer »nationalen sittigenden Sendung«. (S. 95)

Mit dieser antithetischen Argumentation leitet Thomas Mann zu seinem eigentlichen Anliegen über, der Diagnose der Gegenwart angesichts einer durch den europäischen Faschismus repräsentierten neuen Barbarei in Europa. Mit Hilfe der Gegenüberstellung von Goethe und Tolstoj geht er der Frage nach, inwieweit die Europa spätestens seit dem 18. Jahrhundert prägende klassisch-humanistische Kultur eine alle Epochen überdauernde Lebensform oder an die Entwicklung eines liberalen Bürgertums gebunden ist und letztlich gemeinsam mit diesem untergehen muss. Auf letzteres deutet das Erstarken des Faschismus auf der Iberischen Halbinsel und in Italien, aber auch in Deutschland hin, wo sich der Nationalismus zu einer Judentum und Christentum negierenden ›ethischen Religion‹ entwickelt hat, zu einem völkischen Heidentum, geprägt durch Wotanskult, durch romantische, also antiintellektuelle, krankhafte Barbarei.

Über die Gerechtigkeit von Vergleichen

Der anti-liberale Rückschlag ist mehr als klar, er ist kraß. Er äußert sich politisch in der überdrußvollen Abkehr von Demokratie und Parlamentarismus, in einer mit finsteren Brauen vollzogenen Wendung zur Diktatur und zum Terror. [...] Überall aber sind – als zugehöriges Zeichen anti-liberaler Verfassung und als Folge des Krieges – die Wasser des Nationalismus mächtig angeschwollen; das truthahnmäßige Selbstgefühl der einzelnen europäischen Völker, eine kollerige Selbstvergötterung, steht in sonderbarem Gegensatz zur Ärmlichkeit und Gesunkenheit des Erdteils als eines Ganzen genommen. (S. 137 f.)

Geistige Hilfestellung gegen diese Re-Barbarisierung ist von außen nicht zu erwarten, auch nicht vom revolutionären Russland, denn die Oktoberrevolution markiert für Thomas Mann das Ende des europäischen, des zivilisierenden Petrinischen Russland. Sie eröffnet Russland den Rück-Weg nach dem wilden Osten, nach Asien, den *Heimweg* nach Asien. Thomas Mann hingegen propagiert eine Humanität, die er durch Goethe, z.B. durch dessen *Iphigenie* verwirklicht sieht, er verbindet seine Vorstellung also mit einem Bildungskonzept, das der deutschen Klassik verpflichtet ist, bestimmt vom Individuum und Nation, individuelle Vervollkommnung und gesellschaftliches Engagement verbindenden Prinzip der »Entsagung«:

Was Maß, was Form ist an ihm, seine Gestalt, sein Standbild, wie es heute der Nation vor Augen steht, ist Werk der Entsagung. [...] Goethe's Entsagungspathos – oder, da es sich um Dauerndes, die Existenz Durchwaltendes handelt –, sein Entsagungs*ethos* ist persönlicherer Art, ist Schicksal, ist der Instinkt-Befehl seiner besonderen nationalen Sendung, die eine wesentlich *sittigende* Sendung war. (S. 95)

In Kapitel »Natur und Nation«, dem längsten des Essays, wird deshalb Goethe zum Träger eines spezifischen, humanen, jedem blinden Nationalismus abholden Deutschtums stilisiert, denn allein sein ›entsagendes‹ Werk ist zivilisierend, ist Ausdruck eines »deutsch-erzieherischen Verzichts auf die Avantagen des Barbarismus« (S. 96). Das garantiert – in Verbindung mit dem Bewusstsein, Volk der Mitte zwischen Osten und Westen zu sein – eine deutsche Form von Humanität, die Antike und Christentum, Nationalismus und Weltbürgertum verbindet.

Der Essay gibt in vielerlei Hinsicht Anlass zu kritischen Bemerkungen. Das gilt insbesondere für die Art und Weise der ihn prägenden Vergleichung, in deren Rahmen und Verlauf zwei weltliterarisch bedeutende Autoren unter dem Gesichtspunkt der Versöhnung von Natur und Geist miteinander in Beziehung gesetzt werden. Problematisch erscheinen die erwähnte Kategorienbildung, die darauf gegründete antithetische Argumentation, die darauf aufbauende Konstruktion der zwei Dichterbilder sowie die damit verbundenen Wertungen. Das methodisch Bedenkliche seines Vorgehens hat Thomas Mann selbst zu Beginn seines Essays angesprochen, insbesondere im Hinweis auf die ambivalente, sowohl verbindende als auch trennende Funktion der Konjunktion »und«, sowie im Rahmen einer Reflexion über ›Rangfragen‹, also darüber, inwieweit ein Vergleich den verglichenen Sachverhalten bzw. Personen gerecht wird. Leider bleiben die in diesem Kontext aufgeworfenen Fragen rhetorisch; ›gerecht‹ verfährt der Essayist Thomas Mann bestenfalls ansatzweise mit den verglichenen Autoren; insbesondre das im Rahmen der Vergleichung entworfene Tolstoj-Bild, auf das ich mich im Folgenden konzentrieren möchte, ist alles andere als angemessen.

Dass die Vergleichung im wahrsten Sinne des Wortes ›frag-würdig‹ ist, liegt zunächst einmal an der Art ihrer Kontextualisierung. Der anfangs erwähnten Hauptintention des Essays – Kampf gegen eine Re-Barbarisierung der europäischen Kultur im Gefolge von Faschismus, Nationalsozialismus und Bolschewismus – entsprechend dient der Vergleich der Konstruktion eines Gegensatzes zwischen Humanität und Barbarei, der von Thomas Mann im Verlauf des Essays zunehmend als Gegensatz zwischen Westeuropa und Russland profiliert wird. Als kulturtypologische Repräsentanten der einander gegenüber gestellten Bereiche erscheinen Goethe und Tolstoj. Für den Vergleich bedeutet diese Kontextualisierung, dass beide Autoren auf bestimmte Eigenschaften reduziert und die auf sie bezogene Darstellung von Beginn an mit weltanschaulich begründeten Wertungen überfrachtet wird.

Eine wichtige Voraussetzung der angesprochenen Probleme ist zunächst die völlig unzureichende Berücksichtigung der Primärtexte sowie eine intensive, zugleich aber sehr selektive Verarbeitung von einschlägiger Sekundärliteratur. Wie bereits erwähnt, hat Thomas Mann vor allem die genannten Arbeiten von Bielschowsky zu Goethe sowie die von Birjukov und Gor'kij zu Tolstoj als Informationsquelle benutzt. Geradezu verhängnisvoll ist seine Abhängigkeit von dem bereits erwähnten Literaten und Kritiker Dimitrij Merežkovskij und dessen Gegenüberstellung von Tolstoj und Dostoevskij. Die mangelnde Beschäftigung mit den Quellen führt zu unsachgemäßen bzw. undifferenzierten Aussagen, sowohl in Bezug auf die beiden Autoren, als auch hinsichtlich der durch sie repräsentierten Kulturen. Das beginnt mit unkorrekten Angaben über das Verhältnis

Über die Gerechtigkeit von Vergleichen

Goethes zu Russland, setzt sich fort mit undifferenzierten Ausführungen zum Autor Tolstoj, zeigt sich in inkompetenten Begriffsverwendungen (Slavophilentum) und endet mit z. T. völlig haltlosen Bezugnahmen und Zuschreibungen, z. B. der Tolstojs zum Bolschewismus.

Sachlich ungenau bzw. fehlerhaft sind bereits die Ausführungen über Goethes Verhältnis zu Russland und den Slawen; sie demonstrieren, dass sich Thomas Mann mit diesem Aspekt Goethischer Interessen nicht ernsthaft beschäftigt hat.

Er berührt das Slawentum gelegentlich einer Reise ins Oberschlesisch-Polnische: seine Eindrücke sind »meist negativ merkwürdig«. Er beobachtet Mangel an Kultur, Unwissenheit, Stumpfheit, niedrige Lebenshaltung. Er fühlt sich »fern von gebildeten Menschen«. Sein patriotisch anstößiges Verhalten zur Zeit des Befreiungskrieges, die bewunderungsvolle und innerlich freundschaftliche Ehrerbietung, die er der klassischen Erscheinung Napoleons widmete (»Der Mann ist euch zu groß«), gehören in diesen Zusammenhang. »Es ist wahr«, sagte er 1813, »Franzosen sehe ich nicht mehr und nicht mehr Italiener, dafür aber sehe ich Kosaken, Baschkiren, Kroaten, Magyaren, Kassuben, Samländer, braune und andere Husaren.« Diese Aufzählung östlicher Stämme hat außerordentlich verächtlichen Akzent. Daß die Kosaken und Kassuben als Verbündete im Lande sind, die Franzosen aber als Feinde dort waren, scheint ihm nichts auszumachen. Er gesteht zwar, daß auch er froh ist, die gallische Soldateska los zu sein; aber offenbar fehlt nicht viel, daß er das Bündnis mit Rußland, die Abhängigkeit Deutschlands vom Osten, als erniedrigender empfindet denn seine Unterjochung durch den Westen, und gewiß ist, daß die Humanität des Dichters der ›Iphigenie‹ mit der westeuropäischen Humanität, deren Form die Zivilisation ist, mehr sympathisiert als mit der weichen, wilden Menschlichkeit Halbasiens. (S. 102 f.)

Die hier, im Kapitel »Natur und Nation«, formulierten Aussagen über Goethes Verhältnis zum Slawentum sind höchst einseitig, weil sie auf marginalen frühen Äußerungen Goethes anlässlich einer Stippvisite nach Polen im Gefolge Carl Augusts von Weimar beruhen; bezogen auf Goethes gesamtes Leben sind sie schlicht und einfach falsch, weil sie nicht einmal ansatzweise dessen spätestens seit Beginn des 19. Jahrhunderts dokumentierte intensive Auseinandersetzung mit slawischer Kultur und Literatur berücksichtigen. Insbesondere nach der Verheiratung der russischen Prinzessin und späteren Erbgroßherzogin Maria Pawlowna an den Weimarer Hof im Jahre 1804 beschäftigt sich Goethe intensiv mit politischen, historischen und kulturellen Phänomen Russlands und ganz Osteuropas, vermittelt durch Lektüre einschlägiger Werke wie Olearius' *Vermehrte Beschreibung der Moscowitischen und Persischen Reise* von 1663

u. a., Bowrings *Anthologie russischer Dichtung* von 1821 u. a., durch Briefe und durch Gespräche. Dieses Interesse ist dokumentiert in den Tagebüchern und in Briefen; zudem enthielt Goethes Privatbibliothek eine erstaunlich große Zahl slawischer Literaturwerke, insbesondere Sammlungen slawischer Volksdichtung.[13]

All das hat Thomas Mann entweder nicht wahrgenommen oder bewusst ignoriert, weil es seine Typologisierung in Frage gestellt hätte, in deren Rahmen Tolstoj als Inkarnation und Goethe als Antipode eines negativ gezeichneten Slawentums profiliert werden soll. Diese Ignoranz hat also Methode, denn sie dient der Konstruktion eines Gegensatzes zwischen Westeuropa und Russland, zwischen Kultur und Humanität auf der einen und – wie der Schluss des Zitats andeutet – wildem asiatischem Barbarentum auf der anderen Seite. Geprägt ist diese Konstruktion durch Verfahren wie Reduktion, Selektion und Neukombination. Thomas Mann vergleicht nicht real existiert habende Autoren, sondern konstruierte, von ihm mit Hilfe anderer Autoren entworfene Dichterbilder.

Dabei erscheint nun insbesondere das Tolstoj-Bild als eine von früheren positiven Darstellungen abweichende Konstruktion, mit deren Hilfe am Beispiel eines weltliterarisch bedeutenden Autors und Kulturkritikers das Scheitern einer erstrebten Versöhnung von Natur und Geist demonstriert werden soll. Die Notwendigkeit dieses Scheiterns wird in Teilen biographisch-psychologisch, vor allem aber ethnisch und kulturkritisch mit Tolstojs tiefer Verwurzelung im als anarchisch, unzivilisiert asiatisch-wild charakterisierten Russen- bzw. Slawentum begründet. Dabei bedient sich Thomas Mann verschiedener Argumentationsverfahren, von denen ich hier nur einige nennen kann.

Das erste ist die weitgehend unkritische Übernahme von bereits vorliegenden typologisierenden Vergleichen. Für die Charakterisierung Tolstojs (und in Teilen auch Goethes) verwendet Thomas Mann Elemente aus Merežkovskijs literaturhistorischen Essays, insbesondere aus der von Merežkovskij vorgenommenen Vergleichung zwischen Dostoevskij und Tolstoj im gleichnamigen Werk. Dort wird Tolstoj von Merežkovskij reduktionistisch unter der erwähnten religionsphilosophischen Perspektive charakterisiert und bewertet. Dabei wird vor allem der Aspekt des Körperlichen und Animalisch-Sinnlichen akzentuiert; Tol-

---

[13] Vgl. dazu: Jürgen Lehmann, »Die Literaturen Osteuropas im Dichten und Denken Goethes«, in: Jochen Golz u. Wolfgang Müller (Hg.): »*Von Pol zu Pol Gesänge sich erneun ...*«, *Das Europa Goethes und seine Nationalautoren*, Weimar: Verl. Hermann Böhlaus Nachf. 2001, S. 47–63.

stoj erscheint bei Merežkovskij so dominant als ›Seher des Fleisches‹, der in der Hinwendung zum Animalischen das Göttliche, in der Gestaltung des Leiblichen den Weg zum Geistig-Göttlichen sucht.

Thomas Mann ignoriert weitgehend Merežkovskijs weltanschauliche Argumentation, übernimmt aber dessen reduzierende, den Aspekt des Körperlichen betonende Betrachtungsweise und besetzt die auf ihr aufbauende Charakteristik Tolstojs im Verlauf des Essays mehr und mehr mit negativen Wertungen. So wird – ausgehend vom Verzicht auf eine ästhetische Würdigung der literarischen Werke Tolstojs – das Sinnlich-Animalische auf das Geschlechtliche reduziert, u. a. mit Hilfe einer undifferenzierten Identifizierung von Romanpersonen und Autor. Bestimmte, von der russischen Literaturkritik, z. B. vom erwähnten Merežkovskij, als dominant animalisch-sinnlich charakterisierte Romanpersonen werden als Beleg für Tolstojs Animalismus vorgestellt, z. B. wenn Thomas Mann die Hauptpersonen des Romans *Anna Karenina*, Wronski und dessen Geliebte Anna Karenina, mit Hengst und Stute vergleicht:

> Neben dem Liebespaar Eduard und Charlotte in den *Wahlverwandtschaften* wirken Wronski und Anna Karenina wie ein schöner starker Hengst und eine edle Stute; – der animalische Vergleich ist nicht von mir, man hat das oft bemerkt, und Tolstois Animalismus, sein unerhörtes Interesse für das körperliche Leben, sein Genie im Sichtbarmachen des leiblichen Menschen, ist oft geradezu als anstößig empfunden worden, auch von der russischen Kritik [...]. (S. 65)

Hier wird das im Rahmen der Typologisierung über das Animalische bei Tolstoj Gesagte von den genannten Romanpersonen her begründet, womit nicht nur diese, sondern der gesamte Roman auf den Aspekt des Geschlechtlichen reduziert werden.

Das Zitat demonstriert darüber hinaus die wenig differenzierte Art des hier vorgenommenen Vergleichens zwischen Goethes Roman *Die Wahlverwandtschaften* und Tolstojs Roman *Anna Karenina*, eine oberflächliche Art des Vergleichens, die auch durch andere Beispiele belegbar ist, z. B. wenn Tolstojs Flucht in die Steppe ohne nähere Begründung mit Goethes Italienreise verglichen wird. Weil Thomas Mann typologisierend vergleicht, verliert er weitgehend den Blick für das Individuum Tolstoj, dessen komplexe psychische Verfassung im Essay bisweilen angedeutet, dann aber wieder ignoriert wird. Das gilt übrigens auch für das von ihm entworfene Dostoevskij-Bild, das den russischen Autor weitgehend auf den Aspekt Krankheit und Leiden reduziert.

Der negativen Profilierung des Animalisch-Sinnlichen dient eine weitere problematische Art des Argumentierens, nämlich die ethnisch-rassistische Begründung des Animalisch-Sinnlichen mit Hilfe bestimmter Images, von Bildern also, die sich Nationen voneinander machen. Images artikulieren eine spezifische Sichtweise des Anderen, des Fremden, Sehweisen, die sich häufig zu festgefügten, über Generationen tradierten Bildern vom Anderen entwickeln. Mit Hilfe von Images werden Differenzen markiert, sie gehören zu den Strategien, über Abgrenzung zu eigener Identität zu finden. Was Thomas Manns Umgang mit solchen Fremdbildern betrifft, so befindet er sich im Rahmen seiner Tolstoj-Konstruktion in bedenklicher Nähe zu Russlandbildern, die den barbarischen, antizivilisatorischen und inhumanen Charakter dieses Landes betonen. Solche Images finden sich bereits in deutschsprachigen Texten um die Mitte des 19. Jahrhunderts, u. a. in abgrenzender Funktion bei August Heinrich Hoffmann von Fallersleben in dessen Gedicht »Ewige Grenzsperre«:

> Was kann aus Russland kommen,
> Zu unserm Nutz und Frommen?
> Die russische Cultur
> Die passt für Russland nur.[14]

Oder – das Anti-Humane, Barbarische betonend – in einem langen Widmungsgedicht des jungen Theodor Fontane an seinen Freund Wilhelm Wolfsohn, einem der wichtigsten Vermittler russischer Literatur in Deutschland im 19. Jahrhundert:

> Nicht um eine Fürstenkrone
> Wär ich in das Land geeilt,
> Wo das Volk sich in Spione,
> Sklaven und Tyrannen teilt;
> [...]
>
> Freund, dort – wie im Reich der Toten –
> Herrscht noch Nacht und finstres Graun,
> Während wir den Sonnenboten,
> Wir die Morgenröte schaun;
> [...][15]

---

[14] August Heinrich Hoffmann von Fallersleben, *Auswahl in drei Teilen*, hg. v. Augusta Weldler-Steinberg, Berlin u. a.: Bong o. J. [1912], 2. Teil, S. 99.

Über die Gerechtigkeit von Vergleichen

Weniger primitiv und polemisch, aber auch den Aspekt des Antizivilisatorischen betonend, erneuern Autoren wie Nietzsche, Lou Andreas-Salome, Rilke und andere Autoren und Literaturkritiker gegen Ende des 19. Jahrhunderts dieses Image, wobei das Naturhafte, Antizivilisatorische, Ursprüngliche, das im Schillerschen Verständnis Naive je nach weltanschaulichem Standpunkt positiv oder negativ gewertet wird. In der negativen Version, z. B. in den Schriften von Adolf Bartels oder Bernhard Stern, wird um 1900 das Barbarische und Animalische als etwas Bedrohliches profiliert. Dies geschieht im Rahmen einer den Gegensatz zwischen Russland und Europa akzentuierenden Imagebildung, die dann von Publizisten, Literaturkritikern und Dichtern wie Adolf Bartels, Leo Berg, Paul Ernst u. a. auch auf Tolstoj übertragen wird. So äußert sich 1902 der Naturalist Paul Ernst über das Barbarentum russischer Autoren, auch Tolstojs, mit folgenden Worten. »Tolstoi [...] ist ein großer Dichter, aber Kind eines barbarischen Volkes, das auch noch nicht ahnt, was Humanität ist«.[16]

Korrespondierend zu solchen Äußerungen identifiziert Thomas Mann die Gestalt Tolstojs mehr und mehr mit einem negativ besetzten Russlandbild, dem aber nun – im Rahmen eines weiteren, dritten Argumentationsschrittes – eine zusätzliche negative Komponente hinzugefügt wird.

Denn er beschwört im Rahmen dieser Identifizierung ein der westlichen Zivilisation nicht nur gegenüberstehendes, sondern diese auch bedrohendes slawisches Barbarentum. Gleichsam aufgeladen wird dieses negative Tolstoj-Bild mit Hinweisen auf dessen Affinität zu westeuropäischen anarchischen bzw. revolutionären Bestrebungen:

> Es ist sehr merkwürdig, wie in dieser anarchischen Grundlehre des großen Russen sein Asiatentum, das seinerseits schon eine Mischung aus unterschiedlichen seelischen Bestandteilen, aus orientalischer Passivität, religiösem Quietismus und einer unleugbaren Neigung zu sarmatischer Wildheit darstellt, wiederum eine Verbindung eingeht mit Bestandteilen westeuropäischen Revolutionarismus, mit den pädagogisch-

---

[15] Theodor Fontane, *Gedichte. Einzelpublikationen. Gedichte in Prosatexten. Gedichte aus dem Nachlaß*, hg. v. Joachim Krueger und Anita Golz, Berlin: Aufbau ²1995, S. 333. (= *Grosse Brandenburger Ausgabe*, hg. v. Gotthard Erler.)

[16] Zitiert nach: Markus Fischer, »›Keime aus russischem Boden.‹ Zum Russlandbild des Naturalismus«, in: Mechthild Keller (Hg.), *Russen und Russland aus deutscher Sicht. 19/20 Jahrhundert. Von der Bismarckzeit bis zum Ersten Weltkrieg*, München: Fink 2000 (= Lev Kopelev [Hg.]: *West-Östliche Spiegelungen. Russen und Russland aus deutscher Sicht und Deutsche und Deutschland aus russischer Sicht von den Anfängen bis zum 20. Jahrhundert*, Reihe A, Band 4), S. 652.

Jürgen Lehmann

politischen Ideen Rousseau's und seines Schülers Pestalozzi, in denen dies Element der Wildheit, der Rückkehr zum Urstande, ebenfalls lebendig ist. (S. 129)

Was hier im Rahmen der Erörterung pädagogischer Aspekte zu Tolstojs Beschäftigung mit Rousseau und Pestalozzi gesagt wird, erfährt wenige Seiten später eine Erweiterung in Richtung russischer Oktoberrevolution, z. B. wenn Thomas Mann zunächst von Tolstojs ›pädagogischem Bolschewismus‹ spricht, um dann generell dessen Asiatentum mit einer von den Bolschewiki vollzogenen Wendung Russlands nach Osten gleichzusetzen (S. 137), eine Argumentation, in deren Rahmen der Gegensatz zwischen Europa und Russland besonders stark akzentuiert wird. Tolstoj erscheint nun als Vorläufer einer antiwestlichen, asiatisch orientierten bolschewistischen Umwälzung. Um das Unsinnige einer solchen Identifizierung zu erkennen, braucht man nur die Tolstoj gewidmeten Aufsätze Lenins von 1908 und 1910/11 zu lesen, in denen Tolstoj als naiver und lächerlicher Prophet hingestellt wird: »Tolstojs Lehre ist unbedingt utopisch und, ihrem Inhalt nach, reaktionär in der wahrsten und tiefsten Bedeutung dieses Wortes« (Vl. I. Lenin: »Lev Tolstoj als Spiegel der russischen Revolution«).[17] Bedauerlich ist zudem, dass Thomas Mann sich dabei einmal mehr, und zwar völlig unkritisch, auf den Gewährsmann Merežkovskij stützt, der – wie Urs Heftrich nachgewiesen hat – bereits 1921 Tolstoj als Vorläufer der russischen Oktoberrevolution hingestellt hatte.[18]

Ein weiterer, die Konstruktion des Tolstoj-Bildes betreffender Problembereich ist die unsachgemäße und unangemessene Übernahme von geistesgeschichtlich bedeutsamen und in diesem Kontext semantisch festgelegten Begriffen. Beispielhaft zeigt sich dies an der Verwendung des Begriffs »Slavophilentum«. Thomas Mann ergänzt seine Ausführungen über Tolstojs Asiatentum, über dessen ›russische Heimkehr nach Osten‹ mit mehrfachen Hinweisen auf Tolstojs Slavophilentum. Damit stellt er ihn in den Kontext einer für Russland bedeutsamen geistesgeschichtlichen Auseinandersetzung im 19. Jahrhundert, in deren Rahmen und Verlauf zwei Gruppierungen, die sog. Westler und Slavophilen, Russlands Position zwischen Europa und Asien zu bestimmen versuchten. Während die Westler eine Erneuerung des Landes in Orientierung an West- und Mitteleuropa befürworteten, empfahlen die Slavophilen die Rückbesinnung auf

---

[17] Zitiert nach: Edith Hanke, *Prophet des Unmodernen. Leo N. Tolstoi als Kulturkritiker in der deutschen Diskussion der Jahrhundertwende*, Tübingen: Niemeyer 1993, S. 125.
[18] Heftrich, »Thomas Manns Weg zur slavischen Dämonie«, S. 88 f.

Über die Gerechtigkeit von Vergleichen

die eigene Geschichte, Religion und Kultur. Rückbesinnung auf Russland also, aber keineswegs Rückkehr oder gar Heimkehr nach Asien ist ihre Devise. Thomas Manns Verwendung des Begriffs Slavophilentum ist also unkorrekt; er verortet Tolstoj in einem Slavophilentum, das es in der von ihm charakterisierten Form nicht gegeben hat. Nur angemerkt sei in diesem Zusammenhang, daß es zu Beginn des 20. Jahrhunderts eine russische Gruppierung gegeben hat, die den Bezug zu Asien zur Grundlage ihres dichterischen und kulturtheoretischen Programms gemacht hat. Es handelt sich um die von Thomas Mann offenkundig nicht wahrgenommene Bewegung der »Skythen«, zu deren Mitgliedern u. a. die bedeutenden Lyriker Alexander Blok und Sergej Esenin gehörten. Die »Skythen« begrüßten die Revolution als kosmisches Ereignis, als schöpferische Wiedergeburt aus dem Geist eines positiv verstandenen Barbarentums.

Die Problematik des Vergleichs gründet also vor allem in der Konstruktion eines einseitig gezeichneten und deshalb unangemessenen Tolstoj-Bildes sowie in der Art der argumentativen Inanspruchnahme dieses Bildes für eine politisch intendierte, kulturkritisch argumentierende Bestandsaufnahme der Gegenwart. Im Bemühen, Goethe als Garanten einer geistig-kulturellen Erneuerung Deutschlands zu profilieren, reduziert Thomas Mann Tolstoj mehr und mehr zu einem negativen Gegenbild, vor dem sich die Gestalt Goethes besonders positiv abhebt. Zwar betont er zu Beginn seines Essays, im Rahmen seines Vergleichs keine Werturteile abgeben zu wollen, doch genau dies tut er im zweiten Teil in einer Weise, die Tolstoj geradezu zu einem Zerrbild werden lässt, übrigens auch mit Hilfe bewusster Veränderungen von Tolstoj-Zitaten. Dessen soziales Engagement wird als Maskerade und Selbsttäuschung desavouiert, die pädagogische Tätigkeit als anarchisch, asiatisch, antiwestlich herabgewürdigt. Geradezu Betroffenheit erregend ist Thomas Manns selbstgerecht anmutendes Urteil über das Tolstoj sein ganzes Leben bestimmende selbstquälerische Befragen des eigenen Ich, das von Mann als ›halbwildes, hilfloses, anarchisches Vergeistigungswerk‹ (S. 84) diskreditiert wird. Angesichts solcher Formulierungen fragt man sich, warum Tolstoj spätestens seit den 90er Jahren des 19. Jahrhunderts zu einem weltweit anerkannten und gesuchten Erzieher und Mentor werden konnte. Hätte sich Thomas Mann mit den sprachkünstlerischen Transformationen dieser Selbstbefragung, mit den dichterischen und autobiographischen Sublimierungen von Trieb, Angst und Verzweiflung eingehender beschäftigt, z. B. mit der mehrfach erwähnten, aber offenkundig nicht gelesenen Autobiographie *Meine Beichte* oder mit einigen den Problemen der Sexualität und des Todes gewidmeten Erzählungen (»Kreutzersonate«, »Drei Tode«, »Der Tod des Ivan Ilič«), dann wäre ihm vielleicht aufgegangen, wie Tolstoj in seinen Sprachkunstwerken die im vorliegenden Essay geforderte Verbindung von Natur und Geist, Sinnlichkeit und Reflexion in Gestalt von Kunstwerken beispielhaft realisiert hat. Es hätte ihm u. a. die Erkenntnis vermittelt, dass das für Goethe und sein Werk reklamierte Prinzip der Entsagung in diesen Kunstwerken eine nicht geringe Rolle spielt, beispielhaft vorgestellt an Gestalten wie Pierre Bezuchov und Andrej Bolkonskij in *Krieg und Frieden*. Und es hätte ihn vielleicht daran erinnert, dass ein großer Teil von Tolstojs Lebenswerk dem Bestreben gewidmet ist, mittels der Tätigkeit als Sprachkünstler human zu wirken –, in der die ganze Existenz beanspruchenden Gestaltung des Animalisch-Sinnlichen zur es bändigenden Kunstform ebenso wie in der Intention, mit Hilfe dieser Kunstform gesellschaftlich zu handeln. Darüber hinaus akzentuiert die Vergleichung – und das macht sie besonders problematisch – einen zuvor bereits überwunden geglaubten Gegensatz zwischen Russland und Europa, womit eigentlich ein Hauptanliegen dieses Essays konterkariert wird, nämlich die Beförderung einer als schöpferische Verschmelzung von Gegensätzen verstandenen Humanität.

So ist der Essay also einmal mehr eine Referenz an Goethe; Goethe wird erneut zu einer Identifikationsfigur, so wie es Thomas Mann, den preußischen Offizier Ernst von Pfuel zitierend, an anderer Stelle, in seiner Rede anlässlich der Einweihung des erweiterten Goethe-Museums, formuliert hat:

> Ich staune nicht vor Goethe, sondern er gefällt mir darum so unendlich wohl, weil ich ihn begreife, mich in ihm spiegele, mich in ihm ständig wiederfinde, und zwar klarer und deutlicher und gefälliger als in mir selbst.[19]

Tolstoj hingegen wird instrumentalisiert, um den deutschen ›Humanistengott‹ als Leitfigur einer geistigen und gesellschaftlichen Erneuerung Deutschlands zu profilieren. Das erklärte Bemühen, zu dieser Erneuerung literarisch beizutragen, ist respektabel, die im Essay verwendeten Mittel erscheinen eher problematisch. Das gilt für die versuchte Wiederbelebung eines an der Literatur der deutschen Klassik orientierten, spätestens nach dem ersten Weltkrieg jedoch obsolet gewordenen Bildungskonzepts, noch mehr aber für den Versuch, dieses Konzept mit Hilfe des vorgestellten Vergleichs zu legitimieren. Hier hätte der

---

[19] Thomas Mann, »Ansprache bei der Einweihung des erweiterten Goethe-Museums in Frankfurt am Main«, in: Mann, *Leiden und Größe der Meister*, S. 365.

Über die Gerechtigkeit von Vergleichen

Goetheverehrer Thomas Mann vielleicht eine Warnung seines Idols beherzigen sollen, eine Warnung vor dem Vergleichen, die Goethe in den *Noten und Abhandlungen zum Westöstlichen Divan* mit folgenden Worten formuliert hat:

> Jedermann erleichtert sich durch Vergleichung das Urteil, aber man erschwert sich's auch: denn wenn ein Gleichnis, zu weit geführt, hinkt, so wird ein vergleichendes Urteil immer unpassender, je genauer man es betrachtet.[20]

---

[20] Johann Wolfgang Goethe, *Goethes Werke. Hamburger Ausgabe in 14 Bänden*, hg. v. Erich Trunz, München: Beck [11]1978, Bd. 2, S. 182.

AAGE A. HANSEN-LÖVE

Literarische Hinrichtungen – von Puškin zu Nabokov

1. Der Aufstand der Helden

Es gibt Autoren, die zu ihren Helden ein geradezu intimes Verhältnis pflegen, ja als ›auktoriale Helden‹ selbst in deren Haut schlüpfen, um das fiktionale Wunder der Identifikation am eigenen/fremden Leib vorzuexerzieren: Dabei geht es gleichzeitig aber auch darum, für die Leser selbst als Bezugsfigur aufzutreten, damit das in diesem Falle fundamentale Werk der Stellvertretung, quasi eine ›Nachfolge Christi‹ oder des dionysischen Heroen, gelingen möge:[1] Wer mein Blut trinkt... wer mein Fleisch isst, der ist in mir und ich in ihm... Dem ›Gott-Essen‹ (im Sinne von Jan Kotts Tragödientheorie)[2] entspricht auf einer abstrakteren Entwicklungsstufe die Inkorporierung des Autors über das Medium des Helden. Die christliche Version kulminiert in der Kommunion des *corpus Christi*, also im Verzehr des Logos, dessen säkularisierte und ästhetisierte Zustandsform im poetischen Wort konsumierbar wird. Der Autor als *auctor mundi* opfert seinen Helden, damit wir über seine Inkorporierung am Göttlichen Wesen teilhaben.[3]

Dieser ›eucharistische‹ Typus ist wohl der geläufigste und auch trivialste der Literaturgeschichte – quasi der Normalfall einer Mimetik, die nicht nur literarisch, sondern geradezu sozial das Mitleiden und Nachempfinden zur zentralen Kulturleistung des Narrativen erhebt.

Die eher apollinisch gestimmten Autoren dagegen verweigern diesen Akt der *communio*: Sie setzen bewusst eine unüberwindliche Distanz zwischen sich und ihre Helden, die sie eher wie Schachfiguren durch die Welt bewegen, und deren markierte Differenz zur eigenen Position alle Versuche einer Verwechslung mit dem Autor verhindert.

---

[1] Zum dionysischen vs. apollinischen Kunsttyp vgl.: Aage A. Hansen-Löve, »Eine Ästhetik der ›Kalyptik‹. Apollinische Motive bei Vladimir Nabokov«, in: Susi K. Frank (Hg.), *Gedächtnis und Phantasma. Festschrift für Renate Lachmann*, München: Sagner 2001 (= *Die Welt der Slaven*. Sammelbände, Bd. 13), S. 524–555.

[2] Jan Kott, *Gott-Essen. Interpretationen griechischer Tragödien*, München u. Zürich: Piper 1975.

[3] Zum Welt-Text-Essen vgl. auch: Aage A. Hansen-Löve, »Velimir Chlebnikovs poetischer Kannibalismus«, in: *Poetica* 19 (1987), H. 1-2, S. 88–133.

Aage A. Hansen-Löve

Das Motto für diese Emanzipation des Autors von seinen Figuren[4] können wir in Puškins Versroman *Evgenij Onegin* entdecken, wo er schreibt:

Всегда я рад заметить разность
Между Онегиным и мной,
Чтобы насмешливый читатель,
Или какой-нибудь издатель
Замысловатой клеветы,
Сличая здесь мои черты,
Не повторял потом безбожно,
Что намарал я свой портрет,
[...]
Как будто нам уж невозможно
Писать поэмы о другом,
Как только о себе самом. (1: LVI)

Und stets vermerk ich mit Genusse,
worin ich nicht Onegin gleich',
Auf daß kein Leser sich mokiere
Und kein Verleger der Papiere,
Die die Verleumdung ausgeheckt,
Wenn meine Züge er entdeckt,
Behaupte lästerlich und kläglich,
Ich malte hier mein Selbstporträt
[...]
Ganz so, als wär' es uns nicht möglich,
Was andrem Versgestalt zu leihn
Als ausgerechnet uns allein. (1: LVI)[5]

Ein solches Bekenntnis zur Freiheit der Dichtung vor der Identifikationswut ihrer Leser findet sich aber nicht nur bei Puškin, dem eingefleischten Ritter der Kunstautonomie, wir lesen sie auch beim jungen Dostoevskij, der nach dem fulminanten Erfolg seines Romanerstlings *Arme Leute* alle Hände voll zu tun

---

[4] Zur umgekehrten Emanzipation des Helden aus der auktorialen Obhut vgl.: Michail Bachtin, *Autor und Held in der ästhetischen Tätigkeit*, hg. v. Rainer Grübel, Edwald Kowalski u. Ulrich Schmid, Frankfurt a. M.: Suhrkamp 2008.
[5] Aleksandr Sergeevič Puškin, *Evgenij Onegin*, in: ders., *Sobranie sočinenij v desjati tomach*, Moskva: Chudožestvennaja literatura 1974-1978, Bd. 5, S. 5–180, dt. Übers.: Alexander Puschkin, *Jewgeni Onegin*, a. d. Russ. v. Rolf-Dietrich Keil, München: Piper 1987 (beides zitiert unter Angabe von Kapitel und Strophe).

hatte, sich vor der Vorbildwirkung seiner literarischen Helden in Sicherheit zu bringen: »Man ist gewohnt«, schreibt er in diesem Zusammenhang an seinen Bruder, »in allem die Fratze des Autors zu sehen; ich aber habe die meine nicht vorgezeigt. Es gefällt ihnen nicht, dass Devuškin spricht und nicht ich, und dass Devuškin anders gar nicht sprechen kann«.[6]

Alle Merkmale des ›schlechten Stils‹, die von den Zeitgenossen an der frühen Prosa Dostoevskijs kritisiert wurden[7] – die ewigen Wiederholungen, die geradezu pathologischen Sprachstörungen der Romanfiguren, ihr unzusammenhängendes Gestammel, eine elendige Langatmigkeit und schließlich die scheinbare Schwäche im Handlungsbau –, sie alle gehören (nach der Meinung des Autors selbst) in die Welt der dargestellten Figuren und nicht in die Kompetenz eines sich den Lesern präsentierenden Autors. Die absichtlich ›schlecht‹ geschriebenen Passagen sollten es dem Leser ermöglichen, Rückschlüsse auf die Weltsicht der Romanhelden zu ziehen, ohne dabei auf einen direkten Kommentar durch den Autor angewiesen zu sein.[8]

Die im Westen verbreitete Missdeutung der Bachtischen Dialogizität oder gar Polyphonie im Roman (zumal Dostoevskijs) tut so,[9] als würde damit dem autonomen Stimmrecht einer Romanfigur gegenüber ihrem Schöpfer realiter zum Durchbruch verhelfen, während doch tatsächlich dieser Fall die Prädominanz des Autors, der sich solches leistet, geradezu ins Unermessliche steigert. Der Autor inszeniert das freie ›Stimmrecht‹ seiner Helden bis hin zu deren Autorschaft, die freilich in eben dem Maße ad absurdum geführt wird, als er sie entoder wollen wir eher sagen: ab-wickelt. Im heutigen Russland ist dieser Fall auch als ›gelenkte Demokratie‹ politisch im Schwange, was Wahltagen, wie wir sie unlängst erleben konnten, ihre unerwünschte Spannung nimmt...

Worum es also im Weitern gehen soll, sind jene – zugegebenermaßen extremen – Fälle, da die Romanfiguren rebellisch werden: Und was könnte mehr

---

[6] Fëdor M. Dostoevskij, zit. nach: Aage A. Hansen-Löve, »Nachwort«, in: Fëdor M. Dostoevskij, *Der Doppelgänger*, a. d. Russ. v. E. K. Rahsin, München: Piper 1989, S. 894–944, hier: S. 896.
[7] So in erster Linie Dostoevskijs ›Entdecker‹ Vissarion Belinskij, vgl.: Hansen-Löve, »Nachwort«, S. 894 ff.
[8] Zum absichtlich ›schlechten Stil‹ bei Dostoevskij vgl.: Aage A. Hansen-Löve, »Zum Diskurs des End- und Nullspiels bei Dostoevskij«, in: *Die Welt der Slaven* XLI (1996), S. 299–324.
[9] Vgl. die kritischen Äußerungen dazu bei Wolf Schmid, »Bachtins ›Dialogizität‹ – eine Metapher«, in: *Roman und Gesellschaft. Internationales Michail-Bachtin-Colloquium*, Jena: Friedrich-Schiller-Universität 1984, S. 70–77.

Rebellion für eine solche Autorschaft bedeuten, als ihr Anspruch, selber zu schreiben: Dafür aber müssen sie schwer büßen – sei es durch ihre Exekution als Figuren der auktorial bestimmten Welt auf der Bühne des Geschehens, sei es – und das ist der schlimmste Fall – durch einen Akt der *literarischen Hinrichtung* – oder beides.

Darüber hinaus stehen wir hier vor dem subtilen Problem, dass der Autor in ›seinem‹ Text, der Anspruch auf höchste Kunstfertigkeit erhebt, den Text des ›anderen‹, des Helden, als einen minderwertigen, banalen, wertlosen, misslungenen präsentiert, wobei eben dieser ›andere Text‹ seinerseits vom Autor stammt. Dieser legt seinen Helden quasi ihr eigenes Todesurteil in den Mund, wohl wissend, dass eben diese Helden sein ›eigenes‹ Werk darstellen, ex negativo duplizieren.

Autoren dieser Art – und zu ihnen zählt in der russischen Literatur ihr erster Hauptheld Aleksandr S. Puškin samt seinen Nachfolgern – ist dieser Text gewidmet.[10] Zum ›Club der toten Dichter‹, der in Russland traditionell immer stark überbelegt war, gesellt sich so der Club der toten Helden, deren undankbare Aufgabe darin besteht, sich als Autoren zu blamieren.

2. Onegin und Lenskij oder die Erschießung des schlechten Dichters

Gemeinhin wird angenommen – und das vor allem unter dem unsäglichen Einfluss der gleichnamigen Oper[11] – Onegin würde aus reinem Übermut und nihilistischem Leichtsinn gegen seinen eigenen Freund Lenskij die Pistole erheben und an ihm ein Exempel statuieren. Folgt man dem Text in seinen literarischen Dimensionen – und genau seinen Figuren zum Schicksal –, meint es Onegin

---

[10] Das Unheil nimmt eben da seinen Lauf, wo ich vor mehr als einem Jahr stehen geblieben war, als es in meinem Vortrag anlässlich der Verabschiedung von Hendrik Birus in Seeon um ›Onegins Fingernagel‹ ging, also um jenen krassen Fall eines mehrfachen und grausamen ›Heldentodes‹, den die Romanfiguren in Puškins *Evgenij Onegin* zu sterben haben: Aage A. Hansen-Löve: »Das Buch als solches. Russische Beispiele von Puškin bis Mandelstam«, in: Phöbe A. A. Häcker u.a. (Hg.), *textern. Beiträge zur literaturwissenschaftlichen Kontext-Diskussion*, München: Martin Meidenbauer Verlagsbuchhandlung 2008, S. 173–198.

[11] Einen Vergleich zwischen Puškins Versroman und Čajkovskijs Oper liefert Rainer Grübel, »›Ja k vam pišu […]‹ – mediale Transformationen des Erzählens. Tat'janas Liebesbrief in Puškins Versroman Evgenij Onegin, Petr Čajkovskijs gleichnamiger Oper und Martha Fiennes titelgleichem Kinofilm«, in: Lazar Fleishman, Christine Gölz u. Aage Hansen-Löve (Hg.), *Analysieren als Deuten. Wolf Schmid zum 60. Geburtstag*, Hamburg: Hamburg University Press 2004, S. 631–664.

durchaus ›ernst‹ mit seinem Duell. Indem Onegin Lenskij liquidiert, löscht er auch eine spezifisch romantische Poetik, die solchermaßen als Kitsch diskreditiert – abserviert wird. Lenskij muss sterben, weil er ein schlechter Dichter ist. Und Onegin muss – nach dem Duell und nach der Trennung von Tatjana – weiterleben: als Anti-Held ebenso wie als Anti-Autor.

Solchermaßen haben wir mit Onegin und Lenskij auch das Duell zweier Romantik-Typen vor uns:[12] das Byroneske, Englische und das Deutsche aus Göttingen, während der auktoriale Erzähler als drittes Modell eine ironische Spätromantik kultiviert, die ihrerseits an den vorromantischen ›Sternismus‹ anknüpft und diesen ad absurdum und zugleich an die Schwelle des Realismus führt. Diese wird dann Michail Lermontov – seinerseits im Duell mit Puškin – endgültig überschreiten.[13]

Onegin nimmt in diesen durchaus ungleichen Positionskämpfen die undankbare Rolle des Jolly Joker ein, der selbst nicht nur nicht schreibt, sondern ›nichts‹ schreibt und ›nichts‹ ist (1, XLIII: »Nichts | Rann aus seiner Feder«), während Lenskij – dies freilich fehlgeleitet und im ›falschen Stil‹ – nicht ein Meister der »Leere« gleich Onegin, sondern einer der ›(Über-) Fülle‹ ist. Er ist gewissermaßen permanent im Dienst – genauer: im Musendienst.

Lenskij ist der Romantiker der ›Göttinger Schule‹ (2, VI) aus dem ›nebligen Deutschland‹, der ein poetisches Direktprogramm vertritt, in dem Enthusiasmus, Freiheitsliebe des Sturm und Drang und schulterlange »schwarze Locken« zusammenfließen: Er ist die Verkörperung einer ›rührenden Naivität‹: »Mit der Leier wanderte er durch die Welt | unter dem Himmel von Schiller und Goethe« (2, IX), die hier taxfrei zu Romantikern erklärt werden:

По имени Владимир Ленский,
С душою прямо геттингенской,
Красавец, в полном цвете лет,
Поклонник Канта и поэт.
Он из Германии туманной
Привез учености плоды:
Вольнолюбивые мечты,
Дух пылкий и довольно странный,

---

[12] Vgl. dazu: Wolf Schmid, »Zur Evolution der späten Elegik Puškins«, in: *Wiener Slawistischer Almanach* 32 (1993), S. 89–113.
[13] Ausführlich dazu: Aage A. Hansen-Löve, »Pečorin als Frau und Pferd und anderes zu Lermontovs ›Geroj našego vremeni‹«, 1. Teil, in: *Russian Literature* XXXI (1992), S. 491–544.

Всегда восторженную речь
И кудри черные до плеч. (2: VI)

Ein Jüngling in der schönsten Blüte,
Der Kant las und für Dichtung glühte.
Wladimir Lenski hieß der Mensch;
An Seele wahrhaft göttingensch,
Bracht er aus Deutschlands Nebeln mit sich
Die Früchte der Gelehrsamkeit:
Den Traum von freier, beßrer Zeit,
Den Geist recht sonderbar und hitzig,
Der Rede stets erhabnen Klang
Und schwarze Locken schulterlang. (2: VI)

Gemäß dem chiastischen Beziehungsspiel bei Puškin, das ja von der Laut- bis in die interpersonale Konfiguration reicht,[14] muss denn auch Onegins intrigantes – und im übrigen durchaus dem 18. Jahrhundert verhaftetes – ›Liebesspiel‹ die chiastische Korrelation durch- und vorexerzieren: Onegin gibt vor, in Lenskijs Olga verliebt zu sein, die er von Anfang an als blöde Gans, als ›dummes‹ Mondgesicht identifiziert (3, V) und provoziert damit dessen Eifersucht ebenso wie das Duell.

Im Grunde ist Tatjana ebenso der ›Verführung‹ verfallen (und eben nicht einer personalen Liebe) wie der ›Modeheld und Tyrann‹ Onegin selbst (3, XV), sie ist fixiert auf die Sehnsucht und nicht auf eine essentielle Kernerfahrung. Nicht Liebe also, ›Verliebtheit‹, nicht Sonnen-, sondern ›Mond‹-Gefühle (3, XX), nicht das russische Original, sondern die Übersetzung, genauer: die Fremdsprache ist es, in welcher der schicksalhafte Liebesbrief Tatjanas an Onegin kodiert ist.[15] Zugleich wird dieser französische Brief (3, XXVI) im Versroman *Evgenij Onegin* selbst in der fiktiven Rückübersetzung des Autors gebracht und

---

[14] Gemeint ist damit Puškins Vorliebe für inversive Konstruktionen wie: A B B A. Wir finden sie bei ihm sowohl auf der Ebene der Syntax (man denke an sein berühmtes Gedicht »Ich liebte sie...« [»Ja vas ljubil...«] oder an die inversive Motivfolge in seinen Novellen, etwa in: *Der Schuss*). Näheres zur syntaktischen Inversion in der Poetik Puškins findet sich in Roman Jakobsons klassischer Studie: »Poesie der Grammatik und Grammatik der Poesie« [1961], a. d. Russ. übers. u. komm. v. Sebastian Donat, in: ders., *Poesie der Grammatik und Grammatik der Poesie. Sämtliche Gedichtanalysen. Kommentierte deutsche Ausgabe*, hg. v. Hendrik Birus u. Sebastian Donat, Berlin u. New York: Walter de Gruyter 2007, Bd. 1, S. 257–301, hier: S. 274–280.

[15] Zu Tatjanas Brief vgl.: Jurij M. Lotman, *Puškin. Biografija pisatelja. Stat'i i zametki 1960-1990. »Evgenij Onegin«. Kommentarij*, Sankt-Peterburg: Iskusstvo-SPB 1995, S. 395 f.

damit in eben jene Sphäre der Nicht-Identität verlagert, die ihn insgesamt auch so unglaubwürdig macht. All dies spricht im Übrigen dafür, dass Onegin nicht aus Hochmut oder Eitelkeit das Liebeswerben Tatjanas verschmäht, sondern eigentlich aus der klaren Einsicht in die Haltlosigkeit ihrer ›Sehn-Süchte‹, die ihn selbst durchaus nicht als konkrete Person meinen, sondern ein leeres Scheinbild konstruieren, das ihm freilich zum Schicksal werden sollte.

Der ›rührende Unsinn‹ von Tatjanens Brief gerät aber in der ›schwachen Übersetzung‹ des Autors (3, XXXI) durchaus nicht originalgetreu – und ist doch wiederum das im Roman Evgenij Onegin vorliegende authentische Textstück einer großen Dichtung: Indem wir Tatjanas Brief lesen, lesen wir zugleich Puškins Versroman, Fleisch vom Fleische des Meisters. So realisiert die junge russische Dichtung ihr Eigenwesen, ausgehend vom Experiment einer doppelten Übersetzung: nämlich eines imaginären Originals der russischen Textvorlage Tatjanas, die ihren fremdsprachigen Brief an Onegin innerfiktional schreibt, während auf einer metapoetischen Ebene der Autor die Übersetzung dieses Fremdtextes in der ›eigenen Sprache‹ so inszeniert, dass er zugleich ›unvollkommen‹ ist auf der Ebene der fiktionalen Relation Tatjana-Onegin – und vollkommen auf jener des Autors in Bezug auf seinen ›literarischen Leser‹: jenen der Zukunft, in welcher unser Versroman ein Klassiker gewesen sein wird.

Onegin beschämt Tatjana durch eine im Grunde nicht unehrliche »Predigt« (4, XVII), in der er seine Eheuntauglichkeit bezeugt, genauer: wo er die Ehe als unvermeidlichen Liebeskiller hinstellt, wodurch sein Eheverzicht quasi eine moralische Rettung der reinen Liebe (der unschuldigen Tatjana) darstellt, um die es ihm bei all dem doch gar nicht geht. Onegin ›lügt die Wahrheit‹, wie wir dies bei Puškin des Öfteren erleben können.

Auch hier praktiziert Puškin jenes Doppelverfahren des ›perfekten Dilettantismus‹, bei dem der ›schlechte‹ Stil, die misslungene Dichtung (Lenskijs Kitsch) zugleich vorgeführt und im doppelten Sinne ›exekutiert‹ wird. Puškin lierfert in den folgenden Strophen alle Versatzstücke der von ihm perhorreszierten falschen Romantik, indem er seine Stilparodien als Konzentrat jener Stereotypen präsentiert, die zugleich positive Bestandteile des Romantexts des Evgenij Onegin repräsentieren.

Schließlich und endlich kommt es zur Katastrophe, als Onegin auf einem Ball sich entschließt, »Lenskij bis zur Raserei zu treiben« (5, XXXI), wobei auch diese Rache Onegins sich nicht auf ein moralisches, sondern ein ästhetisches Fehlverhalten seines Opfers, ja der ganzen (Ball-) Gesellschaft bezieht! (5, XXXI ff.). Onegin fehlen jedenfalls alle inneren wie äußeren Gründe für ein Duell, das er bei einiger Vernunft ohne Einbuße vermeiden hätte können. So wird aus einem Zweikampf ein leichtsinniger Totschlag, wenn nicht Mord.

Gemildert wird dieser Eindruck einzig durch die unerträgliche Geschmacklosigkeit Lenskijs, der, den Ernst der Situation verkennend, sich in lyrischem Selbstmitleid und elegischen Eitelkeiten suhlt (6, XIX). Damit senkt er das Lesermitleid beträchtlich ab und begibt sich solchermaßen des Mitgefühls seines Publikums. Eine nächtliche Abschiedselegie krönt dann noch die peinlichen Duellvorbereitungen (6, XX), wobei der Autor perfiderweise nochmals den aktuellen Elegiestreit ins Spiel bringt. Lenskijs Gedicht wird im Volltext zitiert (6, XXI) – eine Elegie also, die zugleich seriös gemeint ist und als Parodie. Dass derselbe vertrackte Text ganz ungebrochen einer saftigen Arie jener Oper zum Libretto dient, wirft ein grelles Schlaglicht auf die fundamentale Humor- und Ironiefreiheit von Čajkovskijs Musikdrama und seinen völlig anders gelagerten Intentionen:

Стихи на случай сохранились;
Я их имею; вот они:
»Куда, куда вы удалились,
Весны моей златые дни?
Что день грядущий мне готовит?
Его мой взор напрасно ловит,
В глубокой мгле таится он.
Нет нужды: прав судьбы закон.
[...]
А я – быть может, я гробницы
Сойду в таинственную сень,
И память юного поэта
Поглотит медленная Лета,
Забудет мир меня; но ты
Придешь ли, дева красоты,
Слезу пролить над ранней урной
И думать: он меня любил,
[...]
Сердечный друг, желанный друг,
Приди, приди: я твой супруг!..« (6: XXI-XXII)

Die Verse haben sich gefunden,
Zum Glück besitz ich sie noch heut:
»Wohin, wohin bist du entschwunden,
Du meines Frühlings güldne Zeit?
Was wird der neue Tag mir bringen?
Vergebens sucht mein Blick zu dringen
Ins tiefe Dunkel, das ihn hüllt.
Wozu? Mein Schicksal wird erfüllt.
[...]
Doch meiner harrt vielleicht im Grabe
Geheimnisvoller Schattenhag.
Des jungen Dichters Angedenken
Wird Lethes stiller Strom ertränken,
Vergessen mich die Welt; doch du
Wirst du der frühen Urne Ruh,
O Schöne, deine Zähre borgen
Und denken: Ja, er liebte mich,
[...]
Ersehnte Herzensfreundin mein,
O komm: dein Gatte harret dein!...« (6: XXI-XXII)

»Wohin, wohin seid ihr geflogen« (»Kuda, kuda vy udalilis'...«, 6, XXI) besteht, worauf auch Nabokov in seinem berühmten Evgenij Onegin-Kommentar verweist,[16] aus Versatzstücken zeitgenössischer Elegien der russischen, französischen, deutschen Poesie jener Zeit (um 1826), ja es gibt sogar Selbstzitate aus Puškins eigener Elegiedichtung seines Frühwerks (1817-1820), wo der von ihm perhorreszierte ›Liebesblödsinn‹ das Feld beherrschte.

Im Duell von Onegin tödlich getroffen, sinkt Lenskij nieder, und sogleich wird er überhäuft von jenen unvermeidlichen Stilblüten der Thanatopoetik,[17] die er selbst eben noch so freigiebig geflochten hatte:

---

[16] Vladimir Nabokov, *Pushkin. Eugene Onegin,* vierbändige englische Ausgabe und Kommentare, New York: Pantheon Books 1964, hierzu bes. Bd. III, S. 24 ff.

[17] Zur Thanatopoetik Puškins vgl.: Wolfgang Stephan Kissel, *Der Kult des toten Dichters und die russische Moderne. Puškin – Blok – Majakovskij,* Köln, Weimar u. Wien: Böhlau Verlag 2004; vgl. auch den Sammelband: Aage A. Hansen-Löve (Hg.), *Thanatologien. Thanatopoetik. Der Tod des Dichters. Dichter des Todes,* München: Sagner 2007 (= *Wiener Slawistischer Almanach,* Bd. 60).

Его уж нет. Младой певец
Нашел безвременный конец!
Дохнула буря, цвет прекрасной
Увял на утренней заре,
Потух огонь на алтаре!.. (6: XXXI)

Der junge Sänger ist nicht mehr.
Ein allzu frühes End fand er,
Sturm ließ die Blüte seines Lebens
Verwelken, als noch Morgen war,
Das Feuer losch auf dem Altar!... (6: XXXI)

So steht Onegin zuletzt vor dem verblassenden Freund, »mit der Hand die Pistole umklammernd« (XXXV) und ist zu Tode erschrocken. Und was in den nachfolgenden Kapiteln noch folgt, ist seine langsame, grausame Demontage. Onegin verliert schrittweise alles, worauf er zunächst stolz war und aus Ennui verzichtet hatte: die Poesie, den Stil, die Geliebte, die Selbstachtung, die Jugend, das Leben. Jetzt ist es Tatjana, die in der Rolle des Kompturs vor Onegin hintritt und seine zuletzt erwachten Liebeshoffnungen – blutenden Herzens – zunichte macht.

Tatjana verzichtet auf jene stolze ›Predigt‹, wie sie sie einstmals Onegin als Antwort auf ihren Brief gehalten hatte, sondern äußert sich ohne alle Anführungszeichen und ganz ohne Pedal: Hier wird Klartext gesprochen und alles Literarische demaskiert. Tatjanas völlig uneitle und unaggressive Rede ist die eigentliche Hinrichtung dieses Romans – eine postliterarische: ohne Schafott, ohne Henkersbeil, ohne Podium. Hier spricht nicht, wie Generationen literarischer Eheberater beteuerten, das Inbild partnerschaftlicher Treue, die russische Gattin, die ihrem ›General‹ Gehorsam leistet: Hier spricht die Ent-Täuschung einer Frau, ja, fast wollen wir es glauben, *der* Frau, die nicht so sehr ihrem Gatten treu bleibt, als vielmehr sich selbst: dabei aber auf den früheren, eigentlichen Geliebten verzichten muss.

Schon klirren im Hintergrund die Sporen des Generals – und der Autor fordert die erstarrten Leser auf, samt Onegin den Saal – ›in einem für unseren Helden schlimmen Augenblick‹ – auf immer zu verlassen. Schnell, allzu schnell geht nun alles dem Ende entgegen, so dass wir uns gar nicht recht verabschieden können von Onegin und Puškin, ja vom Roman und vom Leben selbst, das da plötzlich zu Ende geht, gegangen ist. Aber es ist besser so, nicht das ganze, lange Leben austrinken zu müssen:

> Блажен, кто праздник жизни рано
> Оставил, не допив до дна
> Бокала полного вина,
> Кто не дочел ее романа
> И вдруг умел расстаться с ним,
> Как я с Онегиным моим.
> КОНЕЦ (8: LI)

> Glückselig, wer, solang noch dauert
> Das Fest des Lebens, es verläßt,
> Den Kelch nicht austrinkt bis zum Rest,
> Aufs Ende des Romans nicht lauert,
> Und Abschied nehmen kann im Nu,
> Wie ich es von Onegin tu. ENDE (8: LI)

So scheint es zuletzt eine Überlebensfrage zu sein, dass sich der Autor von seinem Held ›trennen konnte‹, indem er ihn letztendlich zum Leben verurteilt hatte – die schrecklichste ›literarische Hinrichtung‹, die sich denken läßt: Operation gelungen, Held tot.

3. Lermontovs Duell mit Puškin

Während Puškin literarische Klischees reihenweise demaskiert, geht Michail Lermontov den genau umgekehrten Weg, indem er die literarischen Schablonen verstärkt, hypertrophiert und dem Helden zum ›Schicksal‹ werden lässt. Sind Onegin wie Tatjana, ganz zu schweigen von Lenskij, noch tragikomische Opfer ihrer eigenen Lektüre, tritt bei Lermontov der Held als Repräsentant seiner Zeit auf, die insgesamt von der Literatur verschluckt erscheint.[18]

Lermontovs kurz vor seinem Duell-Tod 1841 erschienener Roman entfaltet sich in fünf Episoden um die Hauptfigur Pečorin, der als *Ein Held unserer Zeit* einer geradezu medizinischen Differenzialdiagnose unterworfen wird, der aber auch selbst als Autor und Manipulator seines Lebensexperiments zu Wort kommt. Im Abschnitt »Die Fürstin Mary« verfasst Pečorin das Tagebuch seiner

---

[18] Vgl. Aage A. Hansen-Löve, »Pečorin als Frau und Pferd und anderes zu Lermontovs ›Geroj našego vremeni‹« 1. Teil, in: *Russian Literature* XXXI (1992), S. 491–544; 2. Teil, *Russian Literature* XXXIII–IV (1993), S. 413–470.

amourösen Intrigen im Geiste von Laclos' *Les liaisons dangereuses* (1782), wobei auch hier – immer mit Seitenblick auf Puškin – ein sehr fragwürdiges Duell inszeniert wird: Es ist zum einen das Duell zwischen den Rivalen im Kampf um die junge Fürstin, dem verbannten Soldaten Grušnickij und Pečorin, zum andern ist es aber auch ein Duell zwischen diesem und dem Schicksal, das als auktorialer deus ex machina den Plänen des schreibenden Helden im Wege steht.

So lesen wir in Pečorins »Tagebuch«:

> Грушницкий – юнкер. Он только год в службе, носит, по особенному роду франтовства, толстую солдатскую шинель. У него георгиевский солдатский крестик. Он хорошо сложен, смугл и черноволос; [...] Говорит он скоро и вычурно: он из тех людей, которые на все случаи жизни имеют готовые пышные фразы, которых просто прекрасное не трогает, и которые важно драпируются в необыкновенные чувства, возвышенные страсти и исключительные страдания. Производить эффект – их наслаждение; они нравятся романтическим провинциялкам до безумия.[19]

> Grušnickij ist Fähnrich. Er befindet sich seit einem Jahr im Dienst und trägt aus ganz besonderer Geckenhaftigkeit einen dicken Soldatenmantel. Er besitzt das Georgskreuz für Soldaten. Er ist gut gebaut, sonnengebräunt und schwarzhaarig. [...] Er spricht rasch und geziert: er gehört zu denjenigen Menschen, die für alle Lebenslagen hochtrabende Phrasen bereit haben, welche das einfach Schöne nicht rührt, die sich dekorativ in ungewöhnliche Gefühle, erhobene Leidenschaften und außergewöhnliche Leiden hüllen. Effekt machen ist ihr Hauptvergnügen. Romantischen Damen aus der Provinz gefallen sie bis zum Irrsinn.[20]

Während sich *Der Mantel* in Gogol's gleichnamiger Erzählung regelrecht entfaltet zu einem metonymischen wie metaphorischen Ersatzgeliebten, wird hier in Lermontovs Roman Grušnickijs Regimentsmantel zum Requisit eines Kommunikationsspiels und damit den Phrasen der modischen Konversation gleichgestellt. Erwähnt sei, dass Gogol's Arbeit an *Der Mantel* zur Entstehung von Lermontovs Roman synchron läuft:

> Приезд его на Кавказ – также следствие его романтического фанатизма: я уверен, что накануне отъезда из отцовской деревни он говорил с мрачным видом какой-нибудь хорошенькой соседке, что он едет не

---

[19] Michail Lermontov, *Geroj našego vremeni. Polnoe sobranie sočinenij, tom 3: Proza i pis'ma*, Moskva u. Leningrad 1948, S. 68.
[20] Michail Lermontow, *Ein Held unserer Zeit. Roman aus dem Kaukasus*, a. d. Russ. v. Heinrich Lützeler, München: Wilhelm Goldmann Verlag 1959, S. 91.

так, просто, служить, но что ищет смерти, потому что... тут он, верно, закрыл глаза рукою...²¹

Grušnickijs Fahrt in den Kaukasus war ebenfalls eine Folge seiner romantischen Besessenheit. Ich bin überzeugt, dass er am Tage, bevor er sein väterliches Dorf verließ, mit finsterer Miene irgendeiner hübschen Nachbarin gesagt hat, er fahre nicht so, einfach um den Dienst anzutreten, sondern er suche den Tod, weil..., hier hat er gewiss die Augen mit der Hand bedeckt...²²

Nun, den Tod sollte er tatsächlich finden und das auf eine in jeder Hinsicht niederschmetternde Weise... Der schlechte, falsche Stil liefert unsere der Hybris verfallenen Romanfiguren wie hier Grušnickij ans Messer – bei Puškin ebenso wie später bei Nabokov. Der Held als schreibender Autor ist zum Tode verurteilt.

An die Stelle einer literarischen Maske tritt für Pečorin in grausamer Klarheit seine soziale und psychische Rolle, die er für die anderen zu spielen hat; er beschreibt diese Funktion gleichwohl mit den Mitteln der (romantisch-sentimentalen) Schicksalstragödie, womit er das Melodramatische der Pseudoliteratur für die ethische Lügenhaftigkeit seiner eigenen Existenz verantwortlich macht. Wenn die anderen ihn schon literarisch heroisieren wollen, dann dürfen sie sich nicht wundern, dass sie ihn – aufgrund ihres schlechten, banalen Trivialgeschmacks – zu einem ebenso trivialen Vollstrecker literarischer Schicksale machen: Der Held unserer Zeit wird zum Rächer ihres schlechten Geschmacks.

»Ich war« – bekennt Pečorin – »die unumgängliche Gestalt des Fünften Aktes: immer spielte ich wider Willen die klägliche Rolle des Henkers oder Verräters. Was bezweckte das Schicksal damit? Bin ich von ihm zum Urheber von bürgerlichen Tragödien und Familienromanen bestimmt?«²³ – »Wie das Henkersbeil bin ich auf das Haupt der verurteilten Opfer herabgefallen, oft ohne bösen Willen, immer ohne Bedauern...«²⁴

Was nun folgt, ist die Inszenierung eines Duells, für das zunächst Grušnickij die Autorschaft oder jedenfalls Regie übernehmen will, indem er die Pistolen manipuliert, so dass sein Gegner Pečorin im entscheidenden Moment ohne Munition dastehen würde. Dieser aber – wie nicht anders zu erwarten – entdeckt die

---

[21] Lermontov, *Geroj našego vremeni*, S. 69.
[22] Lermontow, *Ein Held unserer Zeit*, S. 92.
[23] Lermontow, *Ein Held unserer Zeit*, S. 131.
[24] Lermontow, *Ein Held unserer Zeit*, S. 152.

Intrige, ohne dass dies Grušnickij zunächst mitbekommt: Erst während des Duells muss dieser erkennen, dass er zum Opfer seines eigenen Betrugs geworden ist. Pečorin hat ihn in die Falle gelockt und provoziert nun eben jenen ›Ehrenhandel‹, der sich letztendlich als Totschlag herausstellt: Ebenso wie Pečorin im Spiel der Liebe als Scharfrichter agiert, tritt er auch im Spiel des Todes als fataler Todesengel auf: Im Grunde richtet er seine – nunmehr wohl geladene – Pistole auf einen wehrlosen Gegner, den er aus ›Stilgründen‹ abknallt: »Manchmal verachte ich mich...«, gesteht Pečorin ein: »Ich habe Angst, mir selbst lächerlich zu erscheinen.«[25] Der auktoriale Held will dem Übervater in sich selbst – seinem »Puškin« – gefallen, indem er sich als Über-Onegin geriert und solchermaßen dessen Totschlag als Mord fortsetzt...

Я выстрелил...
Когда дым рассеялся, Грушницкого на площадке не было. Только прах легким столбом еще вился на краю обрыва.
Все в один голос вскрикнули.
– Finita la comedia! – сказал я доктору.
Он не отвечал и с ужасом отвернулся.[26]

Ich schoß...
Als sich der Rauch verzogen hatte, war Grušnickij nicht mehr zu sehen. Nur eine leichte Staubwolke schwebte noch am Rande des Abgrundes.
Ein einstimmiger Schrei ertönte.
»Finita la commedia!« sagte ich zum Doktor.
Er antwortete nicht, sondern drehte sich mit Abscheu um.[27]

Lermontovs Abrechnung mit der Literatur der (verblassenden) Romantik – ebenso wie mit dem verehrten Übervater Puškin – trägt alle Merkmale eines Überbietungsspiels, genauer: einer mimetischen Zwangshandlung, die den postromantischen und damit post-puškinschen Dichter dazu zwingt, ebenfalls wie der Meister fünf Jahre vorher im Duell das ganze Leben aufs Spiel zu setzen – um im Dichter-Tod das grausame Spiel der Literatur zu gewinnen: Indem Lermontov in seinem Roman eine hochkomplexe Duell-Intrige zwischen Pečorin und Grušnickij inszeniert, spielt er gleichzeitig die tragischen Verstrickungen des Puškin-Duells *nach* – und die seines eigenen Duells *voraus*: Kurz nach der

---
[25] Lermontow, *Ein Held unserer Zeit*, S. 143.
[26] Lermontov, *Geroj našego vremeni*, S. 135.
[27] Lermontow, *Ein Held unserer Zeit*, S. 162.

Veröffentlichung seines Romans *Ein Held unserer Zeit* fiel Lermontov an der Südfront der russischen Literatur als *der* Dichter seiner Zeit im finalen Fangschuss seines Lebensromans.

Im Vorgriff auf Nabokov lässt sich an dieser Stelle vermerken, dass Nabokovs Vater – auch ein Vladimir Nabokov – noch vor der Revolution und der Flucht aus dem Bürgerkriegsrussland eine erschöpfende Abhandlung über die juristischen Probleme von Duellen publiziert hatte. Wie eben dieser Vater seinerseits nur knapp einem möglicherweise tödlichen Duell entging, hat Nabokov in seinem zauberhaften Erinnerungsbuch *Andere Ufer* vorgeführt.[28] Und anzumerken bleibt an dieser Stelle auch, dass dieser heiß geliebte Vater des Dichters selbst einem Anschlag zu Opfer gefallen war: Ganz zufällig geriet er in die Schusslinie eines Attentäters, der einen führenden Emigrationspolitiker (Miljukovs) an einem Berliner Abend im Jahre 1922 zu erschießen trachtete: Nabokov junior konnte die Heldentat seines Vaters zeitlebens nicht verschmerzen und musste sie – vielleicht – an jenen Helden rächen, die er selbst als Attentäter auf seine eigene Autorschaft in die Welt gesetzt hatte.

Dies klingt kompliziert – und ist es auch. Und doch hatte es Nabokov immer abgelehnt, sich der Dienste des ›Wiener Scharlatans‹ zu versichern, um diesen ödipalen Zweikampf zu gewinnen. Die Frage ist, wie er ihn literarisch bestreiten sollte.

4. Nabokovs »Einladung zur Enthauptung«

Vladimir Nabokovs Verachtung für Dostoevskij ist legendär: In einer Anwandlung von Ekel hat er einmal dessen Romanwelt mit einem Zimmer verglichen, das am Tage mit einer elektrischen Glühbirne beleuchtet wird. Tolstoj dagegen findet seine ungeteilte Zustimmung, und mehr noch Lermontovs Roman, dem er eine inspirierte Studie gewidmet hat.[29] Und doch: wie im Falle Kafkas oder Prousts, Freuds oder Bergsons – auch die Dostoevskij-Kritik dokumentiert Nabokovs massive *anxiety of influence* in dem Sinne, dass er eben jene zu verhöhnen beliebte, denen er am allermeisten zu verdanken hatte. Nabokov

---

[28] Vladimir Nabokov, *Conclusive Evidence*, New York: Harper & Bros. 1951 [*Drugie berega*, New York: Chekhov Publishing House 1954; dt.: *Andere Ufer. Ein Buch der Erinnerung*, Reinbek b. Hamburg: Rowohlt 1964, hier S. 135 ff.].

[29] Vladimir Nabokov, *Three Russian poets. Selections from Pushkin, Lermontov and Tyutchev*, New York: New Directions Books 1944.

ist wahrhaftig ein eifersüchtiger Gott in seinem Kunstreich gewesen, und was er am allerwenigsten mochte – wir ahnen es schon – waren eigene Romanfiguren, die sich die Rolle des Autors anmaßten und selber zur Feder griffen. Noch schlimmer erging es da nur mehr den Literaturkritikern und Philologen, denen der *poeta doctus* in grimmiger Abneigung verbunden war. Als leuchtende Ausnahme kann da der tollpatschige Sympathieträger Pnin gelten, dem Nabokov in seinem gleichnamigen Roman des Jahres 1957 ein berührendes Denkmal gesetzt hat.[30]

Das Scheitern des literarischen Helden resultiert bei Nabokov zumeist daraus, dass dieser seine Gemachtheit und Fremdbestimmtheit nicht wahrhaben will, ja dass er sich selbst zum Demiurgen und damit in Konkurrenz zu seinem Erschaffer – dem Autor – aufwirft. Es ist jene schlechte, geschmacklose, banale Autorschaft, der er faktisch und fiktional zum Opfer fällt. Einerseits schreibt er seinen eigenen Figurentext, anderseits entstammt er als Romanfigur der Feder des Über-Autors (Nabokov), so dass seine eigene Autorschaft als ein zweiter Text scheinbar den übergeordneten Gesamttext zu paralysieren droht.[31]

Im Grunde begegnen wir diesem Drama zwischen Autor und Held in allen Romanen Nabokovs zumeist in einer grausamen Variante – eher selten, aber dann umso beglückender, in einer freundlichen: so in seinem Roman *Invitation to a Beheading* (1937) und dem gleichzeitig entstandenen letzten Roman der Berliner Periode *Dar* (1937/38) – *The Gift* (1963) – *Die Gabe* (1993).[32] Der schlimmste Fall einer ›literarischen Hinrichtung‹ des Romanhelden durch seinen Autor liefert aber Nabokovs Roman *Otčajanie*,[33] den es auch – im Gegensatz zu seiner amerikanischen ›Fortsetzung‹ *Lolita* – in einer kongenialen Verfilmung gibt: jener von Fassbinder mit Dirk Bogarde in der Hauptrolle, Drehbuch Tom Stoppard (1977).

---

[30] Vladimir Nabokov, *Pnin*, Garden City u. New York: Doubleday 1957.
[31] Zur Autorschaft von Nabokovs Helden vgl.: Hansen-Löve, »Eine Ästhetik der ›Kalyptik‹«, S. 528 ff.
[32] Vladimir Nabokov, *Dar*, gekürzt: Paris 1937/38; vollst.: New York 1952; engl.: *The Gift*, New York: Putnam 1963; dt.: *Die Gabe*, Reinbek b. Hamburg: Rowohlt 1993.
[33] Vladimir Nabokov, *Otčajanie*, Berlin: Petropolis 1931; engl.: *Despair*, London: Weidenfeld and Nicolson 1966; dt.: *Verzweiflung*, Reinbek b. Hamburg: Rowohlt 1972. Umfassend dazu der Sammelband: Igor P. Smirnov (Hg.), *Hypertext Otčajanie/Sverchtekst Despair*, München: Sagner Verlag 2000.

Literarische Hinrichtungen – von Puškin zu Nabokov

Nabokovs inszenierter Gegenspieler in seinem ›Verzweiflungs‹-Roman ist Täter und Opfer in einem: Als Täter plant und vollführt er das aus seiner Sicht ›vollkommene Verbrechen‹, als Opfer seiner eigenen Hybris schreibt er auch in einem peinlich-präpotenten Unstil den Roman dieses Verbrechens, während er zugleich zum Opfer des Verbrechens dieses Romans wird, mit dem sich der explizite Autor Vladimir Nabokov an dessen fiktivem Krimiautor rächt: Der gesamte Erzähltext, der ja fiktiv vom Haupthelden stammt – ähnlich dem *Lolita*-Roman (1955), der ja auch als Verteidigungsrede Humbert Humberts an die Geschworenen präsentiert wird –, der gesamte Erzähltext von Hermann Karlovičs Kriminalgeschichte deckt sich mit Nabokovs Romantext, in dem die auktoriale Stimme nie direkt zum Vorschein kommt. Hermanns wie Humbert Humberts ›perfekter Mord‹ scheitert nicht nur auf der Ebene der Fabula bzw. Intrige, sondern auch und gerade in seiner narrativen Präsentation.

Die Grausamkeit dieser Hinrichtung, die auch im Werk Nabokovs nicht seinesgleichen kennt, besteht eben darin, dass der explizite Autor Nabokov seinen auktorialen Helden – nach der nun schon bekannten Dostoevskij-Methode – an seinem eigenen schlechten Stil ersticken lässt, dessen unfreiwillige Komik dem fiktiven Erzähler durchaus nicht bewusst wird – im Gegenteil: Der strotzt nur so vor peinlichem Selbstlob. So schon in den ersten Zeilen:

If I were not perfectly sure of my power to write and of my marvellous ability to express ideas with the utmost grace and vividness... So, more or less, I had thought of beginning my tale.[34]

Wenn ich meines schriftstellerischen Vermögens und meiner erstaunlichen Fähigkeit, Vorstellungen mit höchster Anmut und Lebendigkeit auszudrücken, nicht völlig sicher wäre... So etwa wollte ich eigentlich meine Geschichte beginnen.[35]

Und das ist nicht der einzige Fall einer Selbstdarstellung, die ihr eigenes Scheitern auf offener Bühne erlebt und erbarmungslos gezwungen wird, bis zum bitteren Ende durchzuhalten. Wie Dostoevskijs Devuškin aus den *Armen Leuten* (1846), scheitert unser Held nicht nur im übertragenen Sinne am ›Stil‹, also ›Stylos‹, am Schreibstift,[36] sondern auch an allen möglichen phallischen Stöcken,[37] die als Wegweiser die ›Ähnlichkeit des Unähnlichen‹ wie die ›Un-

---

[34] Nabokov, *Despair*, S. 13.
[35] Nabokov, *Verzweiflung*, S. 11.
[36] Hansen-Löve, »Nachwort«, in: Dostoevskij, *Der Doppelgänger*, S. 907.
[37] Das Motiv des ›Stocks‹ ist auf derart penetrante Weise ›entblößt‹ eingesetzt, dass seine Funktion als indizialer Wegweiser fast in sein Gegenteil kippt.

ähnlichkeit des Ähnlichen‹ signalisieren.[38] Der Stock ist es denn auch, über den unser Meistermörder und Krimiautor in lächerlichster *slap stick*-Manier stolpert, denn genau dieser Stock ist es, der als *corpus delicti* am Mordplatz liegen bleibt und die Identität des Opfers und damit des Täters verraten wird.

Das Idiotische des Kriminalfalles besteht eben darin, dass es nicht an Hinweisen und Indizes bzw. Indizien[39] mangelt, sondern geradezu ein ›Overkill‹ an Signalen präsentiert wird, die allesamt den Täter verraten und seiner Blindheit überführen: Hermann ist mit einer eher komischen als tragischen Blindheit geschlagen, weil er die Grundidee seiner Tat, seine Ähnlichkeit mit dem Mordopfer und damit die Möglichkeit, einen Versicherungsbetrug zu inszenieren, total verfehlt: Sein vermeintliches Double[40] sieht ihm in Wahrheit gar nicht ähnlich, und die gesamte von Hermann ins Spiel gebrachte Wirklichkeit entpuppt sich als ein Spiegelkabinett von fatalen Selbsttäuschungen. Hermann scheitert nicht so sehr infolge seines idiotischen Plans, als vielmehr wegen seiner Hybris, als genialer Krimiautor in seiner eigenen Inszenierung zu brillieren. Das Verbrechen als Kunstwerk im Sinne von de Quinceys Romantitel, der *Mord als eine Schöne Kunst betrachtet*, muss scheitern,[41] weil das Kunstwerk zum Verbrechen an den literarischen Gesetzen wird:

> Let us discuss crime, crime as an art [...]. Oh, Conan Doyle! [...] But what are they – Doyle, Dostoevsky, Leblanc, Wallace – what are all the great novelists who wrote of nimble criminals, what are all the great criminals who never read the nimble novelists – what are they in comparison with me? Blundering fools![42]

---

[38] Vgl. den gleichnamigen Titel bei: Viktor Šklovskij, *Tetiva. O neschodstve schodnogo*, Moskva: Sovetskij Pisatel' 1970.

[39] Zum Index als Indiz vgl.: Jacques Lacan, »Das Seminar über E.A. Poes ›Der entwendete Brief‹«, in: ders., *Schriften I*, hg. v. Norbert Haas, Olten u. Freiburg/Br.: Walter-Verlag 1973, S. 7–60; vgl. auch: Thomas A. Sebeok u. Jean Umiker-Sebeok, »*Du kennst meine Methode*«. *Charles S. Peirce und Sherlock Holmes*, Frankfurt a. M.: Suhrkamp 1982; vgl. auch: Aage A. Hansen-Löve, »Zur Struktur der Autoreflexivität künstlerischer Texte«, in: *Semiotics Unfolding*, hg. v. Tasso Borbé, Berlin, New York u. Amsterdam: Mouton Publ. 1984, S. 841–847.

[40] Zum Doppelgänger vgl.: Renate Lachmann, »Der Doppelgänger als Simulakrum. Gogol', Dostoevskij, Nabokov«, in: dies., *Gedächtnis und Literatur. Intertextualität in der russischen Moderne*, Frankfurt a. M.: Suhrkamp 1990, S. 463–488; vgl. auch: Renate Lachmann, »Mystifikation. Die andere Wirklichkeit – Nabokovs Roman ›Verzweiflung‹«, in: dies., *Erzählte Phantastik. Zur Phantasiegeschichte und Semantik phantastischer Texte*, Frankfurt a. M.: Suhrkamp 2002, hier: S. 436–455.

[41] Thomas De Quincey, *On Murder Considered as one of the Fine Arts*, Edinburgh 1827 u. 1839.

[42] Nabokov, *Despair*, S. 121 f.

Literarische Hinrichtungen – von Puškin zu Nabokov

»Sprechen wir vom Verbrechen«, prahlt am Gipfel seiner literarischen Selbstbeweihräucherung unser Pseudoautor, »[sprechen wir] vom Verbrechen als einer Kunst [...]. Oh, Conan Doyle! [...] Aber was sind sie schon – Doyle, Dostojewski, Leblanc, Wallace – , was sind all die großen Romanschriftsteller, die über flinke Verbrecher schrieben, was sind all die großen Verbrecher, die nie eine Zeile der flinken Verfasser gelesen haben – was sind sie schon im Vergleich mit mir? Stümper und Narren!«[43]

Hermann – auf Russisch: German, der Germane bzw. Deutsche – ist wie sein Autor russischer Emigrant im Berlin der Zwanzigerjahre und somit eo ipso ein Opfer gespaltener Identitäten. Er ist insofern ein ›Idiot‹, als er alleine, als einziger, eine Ähnlichkeit zwischen sich und dem unglücklichen Landstreicher Felix konstatiert, ja sich permanent einredet, den er eben wegen dieser Pseudo-Ähnlichkeit ermordet, um seine eigene diskreditierte Existenz loszuwerden und an die Lebensversicherung zu kommen. Dümmer hätte der Verbrechensplan nicht sein können – Beispiele dafür ließen sich in der damaligen Presse genügend finden. Und in der Literatur...

Nicht Felix ist das Double Hermanns, Hermann selbst ist ein totales Double, ein Abschreiber wie jene Büroknechte, die allesamt aus Gogol's »Mantel« gekrochen sind, um vom Schreiber zum Schriftsteller aufzusteigen, während die Gogol's und Dostoevskijs nichts Eiligeres zu tun hatten, als umgekehrt den perfekten Stil und die professionelle Schreibweise durch eine gestammelte, hässliche, uneigentliche Diskurssschablone zu zersetzen: Das wirkt dann, um mit Nabokovs Hermann zu sprechen, »klebrig wie ein Fliegenfänger, in den man in einem stockfinsteren Zimmer nackt hineingelaufen ist. Und, was das Schlimmste ist, man kann den Lichtschalter nicht finden«.[44]

Die größte Schwierigkeit für Hermanns Schreiben erwächst freilich aus einer anderen Duplizität: nämlich der voranschreitenden Darstellungsperspektive des Täters, der sich nun allmählich dem Mord erzählerisch nähert – und der Perspektive jenes ›Gedächtnisses‹ ex post, das die Tat und vor allem die peinlichen Umstände von Hermanns fatalen Fehlleistungen schon kennt. Diese Doppelperspektive – von vorne und ex post – führt konsequent zu einem Stillstand der Darstellung: »*damals*, eben zu der Stunde, als die Zeiger meiner Geschichte ste-

---

[43] Nabokov, *Verzweiflung*, S. 91.
[44] Nabokov, *Verzweiflung*, S. 69.

henblieben, war ich stehengeblieben«[45], da hier die Konvergenz von Täter und Opfer, Vor- und Nachwissen, Plan und Durchführung, Inszenierung und Zufall, Erzählen und Erleben etc. quasi im Zenith ihrer wechselseitigen Aufhebung stillstehen.

Alles macht Halt, steht ›Habt Acht‹ unter dem Zeichen des großen Index: »Schließlich erhob sich in der Ferne, wie ein gelber Finger, der vertraute Pfahl«, der zum Marterpfahl unseres Helden geworden ist. All das wirkt freilich bewusst inszeniert und deshalb umso grausamer: »Zu meiner Rechten, jenseits des Feldes, war der Wald in einem stumpfen Grau auf den BÜHNENHINTERGRUND DES FAHLEN HIMMELS GEMALT.«[46]

»Finis. Lebewohl, Turgy! Lebewohl, Dosto!«[47]

5. Die doppelte Negation des Romans

Bevor wir zum bösen Ende und Höhepunkt von Hermann Karlovičs »Verzweiflung« gelangen, nehmen wir Nabokovs *Invitation to a Beheading* (1937)[48] einfach an und werden Zeugen einer Hinrichtung, mit der die negative Welt durch den neognostischen Akt einer negativen Ästhetik ins Positive kippen soll. *Minus durch Minus ergibt Plus.*[49] Der falsche Roman des falschen Autors – jenes falschen Demetrius – wendet letztendlich die falsche Welt ins Positive: dies freilich nicht in der Zone der Greifbarkeit, sondern anamorphotisch, als imaginäres Gleichnis des Seienden, das – wie in Kafkas »Gleichnis« – selbst ein Gleichnis ist… Oder auch nicht.

Insgesamt ist die Welt ein *Gefängnis*, jedenfalls für jene, die sich aus ihr zu befreien trachten, jene Zeichen-Träger wie Cincinnatus, die von Anfang an nicht ›dazu gehören‹, weil sie etwas ›Anstößiges‹ an sich haben: eben das, was so geheimnisvoll als ›gnostische Verworfenheit‹ (*gnostičeskaja gnusnost'*) die Stirne zeichnet: Cincinnatus, der ebenso zauberhafte wie zerbrechliche Held

---

[45] Nabokov, *Verzweiflung*, S. 115.
[46] Nabokov, *Verzweiflung*, S. 118.
[47] Nabokov, *Verzweiflung*, S. 129.
[48] Vladimir Nabokov, *Priglašenie na kazn'*, Paris: Dom knigi 1938 [Paris 1935/36; dt.: *Einladung zur Enthauptung*, Reinbek b. Hamburg: Rowohlt 1970]; vgl. dazu auch: Renate Lachmann, »Mythos oder Parodie. Buchstabenspiele in Nabokovs ›Einladung zur Enthauptung‹«, in: dies., *Gedächtnis und Literatur*, S. 439–462.
[49] Vgl.: Nabokov, *Einladung zur Enthauptung*, S. 129; dazu: Aage A. Hansen-Löve, »Eine Ästhetik der ›Kalyptik‹«, S. 547.

in Nabokovs *Invitation*, war »des schrecklichsten aller Verbrechen«, nämlich: gnostischer Verworfenheit, angeklagt,

> so selten und unaussprechlich, daß Umschreibungen wie »Undurchdringlichkeit«, »Opazität«, »Okklusion« benutzt werden mußten; für dieses Verbrechen war er zum Tode durch Enthaupten verurteilt; in der Festung gefangen, um das unbekannte, aber nahe und unerbittliche Datum zu erwarten.[50]

Der alte gnostische Trick besteht schlichtweg darin – die *Negation der Negation* zu wagen: dem Zerrbild der demiurgischen Material-Welt und ihren Täuschungen eben einen analogen Zerr-Spiegel entgegenzuhalten: Als Ergebnis dieser Deformation einer Deformation, dieser Kopie der Kopie, dieser Fälschung einer Fälschung springt dann das Urbild hervor: frisch-fröhlich, perplex, zart und scharf geschnitten zugleich.

Das große biblische JaJa, auf das sich wahrhaftige Rede beschränkt – andere nannten es DaDa – korrespondiert mit dem verdoppelten NonNon: der ebenso komischen wie kosmischen Doppelgängerfigur, die sich als abgesunkenes Kulturgut im Kinderzimmer wiederfindet.[51]

> Вот я помню: когда была ребенком, в моде были [...] такие штуки, назывались »нетки«, – и к ним полагалось, значит, особое зеркало, мало что кривое – абсолютно искаженное, [...] зеркало, которое обыкновенные предметы абсолютно искажало, теперь, значит, получало настоящую пищу, то есть, когда вы такой непонятный и уродливый предмет ставили так, что он отражался в непонятном и уродливом зеркале, получалось замечательно; нет на нет давало да, все восстанавливалось, все было хорошо, – и вот из бесформенной пестряди получался в зеркале чудный стройный образ.[52]

Als ich klein war [...] gab es zum Beispiel etwas, das *nonnon* hieß und sehr beliebt war [...] und dazu gehörte ein besonderer Spiegel [...], der nicht nur schief, sondern völlig verzerrt war. [...] der Spiegel, der gewöhnliche Gegenstände vollkommen entstellte, kriegte jetzt richtiges Futter [...], das heißt, wenn man eine dieser unbegreiflichen, verkrümmten Sachen so hinstellte, daß sie sich in dem unbegreiflichen, ungeheuerlichen Spiegel spiegelte, dann passierte etwas Wunderbares; minus durch minus ergab plus, alles war wiederhergestellt, alles war gut, und die formlose Sprenkelung und Verkrüppelung wurde im Spiegel zu einem prächtigen, sinnvollen Bild.[53]

---

[50] Nabokov, *Einladung zur Enthauptung*, S. 70.
[51] Vgl. dazu: Aage A. Hansen-Löve, »Eine Ästhetik der ›Kalyptik‹«, S. 547.
[52] Vladimir Nabokov, *Priglašenie na kazn'*, Moskva: Sovremennik 1990, S. 393–524, hier: S. 469 f.
[53] Nabokov, *Einladung zur Enthauptung*, S. 129.

Die Guillotine selbst und der Scharfrichter – sie alle: die Ehr- und Kopfabschneider – bilden die große Allegorie der doppelten Verneinung: Ins Karnevalische gewendet, exekutiert der Scharfrichter eine Realität, die im Niedersausen des Schlachtbeils sich selbst irrealisiert, ins Nichts umkippt – und die Kulissen zum Einsturz bringt.

> Зрители были совсем, совсем прозрачны, и уже никуда не годились, и все подавались куда-то, шарахаясь, – только задние нарисованные ряды оставались на месте. [...] Мало что оставалось от площади. Помост давно рухнул в облаке красноватой пыли. [...] Свалившиеся деревья лежали плашмя, без всякого рельефа, а еще оставшиеся стоять, тоже плоские, с боковой тенью по стволу для иллюзии круглоты, едва держались ветвями за рвущиеся сетки неба. Все расползалось. Все падало [...] и Цинциннат пошел среди пыли и падших вещей, и трепетавших полотен, направляясь в ту сторону, где, судя по голосам, стояли существа, подобные ему.[54]

> Die Zuschauer waren völlig durchsichtig und völlig nutzlos, sie wogten und entfernten sich – lediglich die hinteren Reihen, die ja aufgemalt waren, blieben an Ort und Stelle. [...] Wenig war übrig von dem Platz. Das Gerüst des Schafotts war längst in einer Wolke rötlichen Staubs zusammengefallen. [...] Die gestürzten Bäume lagen flach und ohne Relief da, während die noch stehenden Bäume, auch sie zweidimensional und mit einer seitlichen Schattierung des Stammes, die Rundung vortäuschen sollte, sich mit ihren Zweigen nur noch mühsam an dem reißenden Netzwerk des Himmels hielten. Alles löste sich auf. Alles fiel [...] und inmitten des Staubes, inmitten der fallenden Dinge, inmitten der schwankenden Kulissen schritt Cincinnatus in jene Richtung, wo, nach den Stimmen zu urteilen, ihm verwandte Wesen standen.[55]

Eine ergreifendere Himmelfahrt lässt sich schwerlich denken als dieser finale Grenzübertritt, der die verkrüppelten Geschöpfe des Prometheus zu bloßen Statisten und Kulissenschiebern degradiert, die in einer Schüleraufführung das ›Höhlengleichnis‹ – oder ist es ein ›Höllengleichnis‹? – durchexerzieren...

6. Das Coming-out des Helden

Ganz anders und auf erstaunliche Weise doch sehr ähnlich gestalten sich die Umstände des Finales in Hermann Karlovičs *Despair*. Im Vorgriff auf Nabokovs doppelten Humbert Humbert in *Lolita* verkommt unser Verzweiflungsroman zuletzt auch zu einem paranoiden *road movie*: Der gehetzte Hermann

---
[54] Nabokov, *Priglašenie na kazn'*, S. 523 f.
[55] Nabokov, *Einladung zur Enthauptung*, S. 213 f.

Literarische Hinrichtungen – von Puškin zu Nabokov

landet auf der Flucht in einem obskuren Hotel nahe den Pyrenäen, wo ihm die Häscher längst auf der Spur sind. Wir befinden uns im Übrigen auf jenen Fluchtrouten, die wenige Jahre später die Flüchtlinge aus Nazideutschland wählen mussten.

Die Verfolger unseres ›Verzweifelten‹, Zweifachen und doch in seiner Idiotie so Ein-Fältigen Hermann Karlovič hatten jenes mehr als bereit liegende *corpus delicti*, den Stock des ermordeten Landstreichers Felix mitsamt seinem eingebrannten Namenszug gefunden[56], so dass kein Zweifel mehr an der Identität auch des Täters bleiben konnte. Und dieser ›Fehler‹ des perfekten Verbrechens, diese Fehlleistung des perfekten Romans dupliziert jenen existenziellen Defekt, der eben niemals verziehen wird: die Stil-losigkeit, die aus der ›Stock-losigkeit‹ erwächst: der im perfekten Mordfall übersehene, im Bild des Tathergangs übersehene Stock, den Felix noch unübersehbar als Zeigestab verwendet hatte, genau diesen leitmotivisch permanent auftauchenden Fingerzeig hatte Hermann übersehen: »Der Mensch ist sein Stil« mochte für die Welt der spazierstockschwingenden Dandys oder Chaplins gelten, für Hermann reduzierte sich zuletzt alles auf eine Stock- und Stilfrage: auf jenen kleinen aber schicksalhaften Lapsus, der das ganze Unternehmen rückwirkend »in ein Häufchen Dreck« verwandelte[57] – samt seinen Autor: »und ich lächelte das Lächeln des Verdammten und schrieb mit einem stumpfen, vor Schmerz aufschreienden Bleistift [auch so ein Stil] rasch und unerschrocken auf die erste Seite meines Werkes: ›Verzweiflung‹, ›Despair‹, ›Otčajanie‹«[58]. Das Finale schließlich eröffnet den letzten Ausweg – die Annahme, das ganze sei bloß eine Filmaufnahme, das Set einer Verfilmung, die übrigens durch Fassbinders Filmfassung mit Dirk Bogarde – anders als im Falle von Kubricks *Lolita*-Verfilmung – eine späte intermediale Rechtfertigung lieferte:

> Maybe it is all mock existence, an evil dream; and presently I shall wake up somewhere; on a patch of grass near Prague. [...] How about opening the window and making a little speech... »Frenchmen! This is a rehearsal. Hold those policemen. A famous film actor will presently come running out of this house. He is an archcriminal but he must escape. You are asked to prevent them from grabbing him. This is part of the plot. French crowd! [...] Hold those policemen, knock them down, sit on them – we pay them for it. This is a German company, so excuse my French.

---

[56] Nabokov, *Verzweiflung*, S. 142.
[57] Nabokov, *Verzweiflung*, S. 145.
[58] Nabokov, *Verzweiflung*, S. 146.

Les preneurs de vues, my technicians and armed advisers are already among you. *Attention!* I want a clean getaway. That's all. Thank you. I'm coming out now.«[59]
Vielleicht ist das Ganze nur eine Scheinwirklichkeit, ein böser Traum; und gleich werde ich irgendwo aufwachen; auf einem Flecken Gras in der Nähe von Prag. [...] Wie wär's, wenn ich das Fenster öffne und eine kleine Rede halte... »Franzosen! Wir proben jetzt eine Szene. Haltet die Polizisten auf. Ein berühmter Filmschauspieler wird gleich aus diesem Haus gestürzt kommen. Er ist ein Erzverbrecher, aber er muß entrinnen. Wir bitten Sie, die Polizei am Zupacken zu hindern. Das gehört zur Handlung. Franzosen, die ihr hier versammelt seid! [...] Haltet die Polizisten fest, schlagt sie nieder, setzt euch auf sie drauf – wir bezahlen Sie dafür. Unsere Filmgesellschaft kommt aus Deutschland, deshalb entschuldigen Sie bitte mein Französisch. *Les preneurs des vues*, meine Techniker und Helfer sind schon schußbereit in Ihrer Mitte. *Attention!* Ich möchte eine saubere Flucht sehen. Das wär's. Danke. Ich komme jetzt heraus.«[60]

Anführungszeichen geschlossen. Ende. Licht an. Der Film kann beginnen.

---

[59] Nabokov, *Despair*, S. 205.
[60] Nabokov, *Verzweiflung*, S. 151 f.

VITTORIA BORSÒ

Audiovisionen der Schrift an der Grenze des Sagbaren und Sichtbaren: zur Ethik der Materialität

Nach Siegfried Zielinskis Buch zu *Audiovisionen* verbindet man mit diesem Begriff die medialen Umbrüche, die mit der audiovisuellen Technik von Film und Fernsehen neue Formen kinetischer Wahrnehmung herbeigeführt haben.[1] Doch ist die zentrale Perspektive ebenso ein Dispositiv der Sichtbarkeit, wie die Guckkastenbühne die von Vasari und Brunelleschi errechnete privilegierte Perspektive audiovisuell umgesetzt hat. Diese wenigen Anmerkungen sollen auf die fundamentalere Ebene einstimmen, auf der hier die Diskussion geführt werden soll. Mit Audiovisionen möchte ich die verborgene Verknüpfung des Auditiven und Visuellen ins Spiel bringen, jene Szenographie, die Gilles Deleuze bei seiner Lektüre der Archäologie von Michel Foucault in Bezug auf das Sichtbare und Sagbare analysiert hat. Deleuze zeigte dabei, dass Sichtbares und Sagbares zwar heterogene Bereiche sind, die aber durch die nachträgliche und kontingente Konfigurierung diskursiver Ordnungen aufeinander bezogen und verähnlicht werden. Sichtbarkeit und Sagbarkeit sind also wechselseitig äußerlich;[2] sie stehen zueinander im Verhältnis der Nicht-Isomorphie und kommen nur diskursiv in eine Relation der Ähnlichkeit. Die Nicht-Isomorphie wird von der modernen Ästhetik zum Ereignis gemacht, wie Foucault in seiner Analyse von Magrittes »Ceci n'est pas une pipe«[3] gezeigt hat. Das Gemälde ist eine provokative Betonung des Rahmens, der Bild und Referenz trennt, die still-

---

[1] Siegfried Zielinski, *Audiovisionen. Kino und Fernsehen als Zwischenspiele in der Geschichte*, Reinbek bei Hamburg: Rowohlt 1994.
[2] Gilles Deleuze, »Topologie: Anders Denken«, in: ders., *Foucault*, übers. v. Hermann Kocyba, Frankfurt a. M.: Suhrkamp 1987, S. 69–172, S. 85.
[3] Michel Foucault, *Dies ist keine Pfeife*, übers. v. Walter Seitter, München: Hanser 1974, S. 43 f. u. S. 31, wo Foucault den Ausdruck ›Nicht-Beziehung‹ von Blanchot aufnimmt. Vgl. Besprechung durch Deleuze, »Topologie«, S. 89.

schweigende Annahme der Ähnlichkeitsbeziehung durchstreicht und die Nicht-Beziehung oder die Heterogenität dessen betont, was in der realillusionistischen Ökonomie der Diskurse durch das Sagbare verähnlicht wurde. Magritte entzieht der platonischen (moralischen) Lektüre den Boden, die die Wahrheit des Bildes an einen externen Referenten delegiert. Bild und Referenz können hier nicht mehr verwechselt werden; die platonische Topographie über die Wahrheit wird umgekehrt. Dieses Bild behauptet, dass sich die ›Wahrheit‹ des Bildes nicht jenseits des Rahmens befindet, in einem externen Inhalt, dessen symbolische Bedeutung in einer Tiefenschicht des Bildes liegt, sondern auf der Oberfläche, in der Materialität des Bildraums selbst, wo das Bildgeschehen, d. h. Visualität, zum Ereignis kommt.[4] Die Sichtbarmachung des Rahmens befreit uns also von den Ketten der platonischen Höhle. Wir bewegen unseren Blick weg vom Abbild und entdecken die Wahrheit des Bildes in der Materialität des Bildraums. Dies impliziert auch eine grundsätzliche Wende hin zur Immanenz des Bildes und der Sprache. Hier finden die subversiven transversalen Operationen der Visualität und der Textualität eine Stätte, und die Heterogenität von Sagbarkeit und Sichtbarkeit sowie die sie verbindenden Regeln werden in Szene gesetzt. In der ästhetischen Repräsentation ist deshalb die Sprachbildlichkeit nicht versöhnlich. An ihrer Grenze, »die das eine mit der anderen in Beziehung setzt und die zwei asymmetrischen Gesichter trägt, blinde Rede und stummer Blick«,[5] ist eine ganze Serie von »Überkreuzungen oder wechselseitigen Attacken« möglich.[6] Und genau diese Dissonanzen, die zum Prinzip des experimentellen Kinos

---

[4] Ich unterscheide zwischen Visualität und Visibilität oder Sichtbarkeit: Entsprechend der lateinischen Etymologie sind *visibilia* die sichtbaren Dinge nach naturalistischen Ordnungsregeln. Die ›Visibilität‹ (Sichtbarkeit) bezeichnet das Regime der Sichtbarkeit, d. h. die ›logische‹ Ordnung der Repräsentation, die das Auge auf die Welt projiziert und die Illusion erzeugt, das Subjekt könne die (kartesianische) Grenze zum ›Ding‹ durchqueren. ›Visualität‹ geht dagegen etymologisch auf *visus* zurück und drückt die Potentialität des Sehens aus, die entsteht, wenn das Material dem naturalistischen Blick Grenzen entgegenbringt. So unterscheidet auch Georges Didi-Huberman zwischen »vision« (Visibilität) und »le visuel« (Visualität). Vgl. Georges Didi-Huberman, *Devant l'image, question posée aux fins d'une histoire de l'art*, Paris: Minuit 1990, insb. S. 9–64.
[5] Diese Überkreuzungen beschreibt Deleuze mit den Worten Foucaults als »einen Sturz von Bildern inmitten der Wörter, verbale Blicke, die die Bilder durchzucken« (Foucault, *Dies ist keine Pfeife*, S. 27 f. und S. 43–45, zit. nach Deleuze, »Topologie«, S. 94).
[6] So Foucault in *Die Ordnung der Dinge [Les mots et les choses]*, zit. nach Deleuze, »Topologie«, S. 94.

Audiovisionen der Schrift an der Grenze des Sagbaren und Sichtbaren

jenseits des Aktionsfilms werden,[7] denaturalisieren die stillschweigende Szenographie, die die Sichtbarkeit dem Sagbaren unterwirft.[8]

Die Unterwerfung der Sichtbarkeit unter die Sagbarkeit[9] arretiert diese Bewegungen und impliziert diskursive Selektionsmechanismen, die Materielles abtragen und die Wahrnehmung organisieren. Dieses heute von neurokognitiven Befunden empirisch nachgewiesene Prinzip hat eminent politische Implikationen, denn das Sinnliche wird, wie es Jacques Rancière demonstriert hat, politisch verteilt.[10] Wenn also die Szenographie des Sagbaren und Sichtbaren eine nachträgliche Konfiguration ist, so muss auch eine Dimension mitgedacht werden, die vorgängig ist, ohne ursprünglich zu sein: das heterogene Material des Visuellen und des Sprachlichen. Genau darin liegt, folgt man Foucault, das Ziel der dekonstruktiven Arbeit von Magritte, der die Äquivalenz von Schrift und Bild im Kalligramm zerstört, welches die leere Seite nach der Distribution des Diskurses graphisch konfiguriert und die Sprache zur Ergänzung der Figur macht. Als »calligramme défait«,[11] als zerschlagenes Kalligramm, produziert das Bild Magrittes dagegen die Divergenz von Bild und Sprache. Während das Kalligramm die ikonischen Mängel der Sprache durch die visuelle Konfigura-

---

[7] Dass dieses Kino, wie Deleuze es postuliert hat, selbst theoretische und philosophische Begriffe hervorbringt, hat unter anderem der Filmessay von Jean Luc Godard zur Geschichte des Kinos demonstriert. Godard entfaltet die Möglichkeiten einer Kritik des Kinos, die sich selbst in der Sprache des Films mitzuteilen weiß. Vgl. Georges Didi-Huberman, *Devant le temps. Histoire de l'art et anachronisme des images*, Paris: Minuit 2000.
[8] Jean Luc Godard zielt auf die Veränderung des Sagens durch eine andere Art des Sehens ab. Vgl. Jean Luc Godard, *Das Gesagte kommt vom Gesehenen. Drei Gespräche*, a. d. Frz. v. Jessica Beer u. Thomas Kramer, Zürich: Gachnang & Springer 2000/01.
[9] Mit dem Begriff des ›Sagbaren‹ übergeht Mirjam Schaub die von Deleuze auf der Basis der Foucault-Studie entfaltete Problematik, um die es hier geht. Mit ›Kino des Sagbaren‹ thematisiert sie vielmehr die sukzessive Artikulation der Tonspur im Film. Das Sagbare (Tonspur) trennt das Aktuelle scharf vom Virtuellen (Unsichtbaren). Dabei fokussiert Schaub auf Grund ihrer Lektüre der Kinotheorie von Deleuze ähnliche Phänomene der Dissoziation von Sagbarem und Sichtbarem, etwa weil das Sichtbare im kinematischen Bild gleichzeitig das Sagbare und seinen Gegensinn enthalten kann. (Vgl. Mirjam Schaub, *Gilles Deleuze im Kino. Das Sichtbare und das Sagbare*, München: Fink 2003).
[10] Jacques Rancière, *La Mésentente. Politique et philosophie*, Paris: Galilée 1995 und *Le partage du sensible. Esthétique et politique*, Paris: La Fabrique 2000.
[11] »La diablerie, je ne peux m'ôter de l'idée qu'elle est dans une opération que la simplicité du résultat a rendue invisible mais qui seule peut expliquer la gêne indéfinie qu'il provoque. Cette opération, c'est un calligramme secrètement constitué par Magritte, puis défait avec soin.« (Michel Foucault, »Le calligramme défait«, in: Ders., *Ceci n'est pas une pipe*, Paris: Fata Morgana 1973, S. 19).

Vittoria Borsò

tion kompensiert,[12] verlängert Magritte den Text in das Bild hinein und umgekehrt. Die Buchstaben sind Fragmente des Bildes wie das Bild zum potentiellen Keim der Sprache wird, so Foucaults Analyse der Produktion eines Dazwischen zwischen Bild und Text, ausgehend von der Betonung der wechselseitigen Äußerlichkeit beider.

Genau dieses Dazwischen, das etwa die interessante Seite intermedialer Produktionen darstellt,[13] restituiert die vorgängige (nicht ursprüngliche) Unbestimmtheit des Materials, in der Gilles Deleuze und Giorgio Agamben, die Materie von der Abhängigkeit von der Form befreiend, die Potenz gesehen haben, Form zu werden oder auch nicht.[14] Vor diesem Hintergrund ist das Verhältnis von Form und Materie zu revidieren: Als Konfiguration der Ordnung bedeutet die Form eine Reduzierung von Potentialitäten und von Diversität. Materialität ist gewiss nicht direkt wahrnehmbar.[15] Sie zeigt sich als Ereignis,[16] als Präsenz des sinnlichen Lautes bei gleichzeitigem Sinnentzug, als materieller

---

[12] Das Kalligramm habe eine dreifache Funktion: »compenser l'alphabet; répéter sans le secours de la rhétorique; prendre les choses au piège d'une double graphie« (Ebd., S. 20).

[13] Vgl. Georg Christoph Tholen, »Dazwischen. Zeit, Raum und Bild in der intermedialen Performance«, in: Harald Hillgärtner u. Thomas Küpper (Hg.), *Medien und Ästhetik*, Bielefeld: transcript Verlag 2003, S. 275–291; Joachim Paech, »Intermedialität: Mediales Differenzial und transformative Figurationen«, in: Jörg Helbig (Hg.), *Intermedialität – Theorie und Praxis eines interdisziplinären Forschungsgebiets*, Berlin: Schmidt 1998, S. 14–30; zur medienhistorischen Perspektivierung des »Zwischen-den-Medien« vgl. Friedrich Kittler u. Ana Ofak (Hg.), *Medien vor den Medien. Übertragung, Störung, Speicherung bis 1700*, München: Fink 2006; Vittoria Borsò, »Das mediale Intervall: Inter-Medialität und Visualität am Beispiel des spanischen Kinos«, in: Joachim Paech u. Jens Schröter (Hg.), *Intermedialität analog/digital. Theorien – Modelle – Analysen*, München: Wilhelm Fink Verlag 2008, S. 361–379.

[14] Ich verweise auch auf Deleuzes und Agambens Überlegungen zur Potenz des Sagens anhand von Melvilles *Bartleby* und von Beckett. Vgl. Giorgio Agamben u. Gilles Deleuze, *Bartleby, la formula della creazione*, Macerata: Quodlibet 1993 und Giorgio Agamben, *Bartleby oder die Kontingenz gefolgt von Die absolute Immanenz*, übers. v. Andreas Hiepko u. Maria Zinfert, Berlin: Merve 1998. Zu erwähnen ist auch die unbestimmte Topologie bei Borges, etwa in der berühmten Erzählung »Der Garten der Pfade, die sich verzweigen«. Vgl. Vittoria Borsò, »Topologie als literaturwissenschaftliche Methode. Die Schrift des Raums und der Raum der Schrift«, in: Stephan Günzel (Hg.), *Topologie. Zur Raumbeschreibung in den Kultur- und Medienwissenschaften*, Bielefeld: transcript Verlag, S. 279–295.

[15] So etwa Judith Butler: Die Materie ist weder irreduzibel noch ursprünglich; sie ist lediglich eine Auswirkung des binären Diskurses seit Aristoteles, ja Materie sei der Ort selbst des binären Systems. Materialität dagegen ist ohne Körperschema zu denken (Butler, *Körper von Gewicht*, übers. v. Karin Wördemann, Berlin: Berlin-Verlag 1995, S. 83).

[16] Mit Bezug auf Emmanuel Levinas deutet Dieter Mersch das Heideggersche Ereignis als ein nicht intentionales Sich-Zeigen: Für die Stimme ist es die Anrufung, für die Sprache das Antlitz.

Audiovisionen der Schrift an der Grenze des Sagbaren und Sichtbaren

Rest und Überschuss, als Friktion in der Schrift, als Geräusch im Medium, allesamt Spuren von etwas Vorgängigem, das nicht in die Ordnung des Sichtbaren bzw. Sagbaren integriert werden kann. Als solche ist Materialität also eine die Sichtbarkeit und Sagbarkeit übersteigende Exteriorität, die insoweit ethisch ist, als sie eine Anrufung des Subjektes bedeuten kann, bei der Produktion der Konfigurationen des Selben und des Anderen zu seiner Verantwortung zu stehen.[17]

Die Argumentation, die wir bisher auf das Visuelle orientiert haben, lässt sich auch auf das Akustische beziehen. Nachstehend soll es um die Rolle des akustischen Materials im Zusammenspiel mit einer Visualität gehen, die nicht dem Sagbaren untergeordnet ist.[18] Nennen wir vorläufig das akustische Material ›Geräusch‹ und meinen ein Ereignis, das sich akustisch zeigt. Akustisches Material ist bspw. die Stimme, jene Körnigkeit, die die Materialität des Körpers indiziert. Materialitäts-Ereignisse visueller oder akustischer Art kommen auf das Subjekt zu, sie verlangen – wie Klangobjekte im experimentellen Theater[19] – das Nachdenken über eine Neukonfigurierung des Verhältnisses von Subjekt und Objekt, wie dies Roland Barthes für die Körnigkeit der Stimme und das Punktum der Photographie vorgeschlagen hat, oder Michel Foucault im Zusam-

---

Vgl. Dieter Mersch, *Was sich zeigt. Materialität, Präsenz, Ereignis*, München: Wilhlem Fink Verlag 2002, insb. S. 65 f.

[17] Judith Butler teilt Levinas' Konzept der Anrufung zwar nicht, entfaltet jedoch die Bedeutsamkeit der »Materie des Körpers« als Verletzlichkeit und Offenheit zur Exteriorität des Anderen und als Grundlage einer Analyse der ethischen Verantwortung angesichts der Totalität von Gewalt. Anrufung kann gewaltsam sein; Verletzlichkeit bleibt eine Ansprache in der Gewalt. (Judith Butler, *Precarious Life. The Powers of Mourning and Violence*, London u. New York: Verso 2004 und *Kritik der ethischen Gewalt*, übers. v. Reiner Ansén, Frankfurt a. M.: Suhrkamp 2007).

[18] Insofern scheint mir die glatte Trennung zwischen Akustischem mit einem temporalen Ereignis und Visuellem mit räumlicher Dominanz für die Argumentation unzureichend. Vgl. Dieter Mersch, »Wort, Bild, Ton, Zahl – Modalitäten medialen Darstellens«, in: Ders. (Hg.), *Die Medien der Künste. Beiträge zur Theorie des Darstellens*, München: Wilhelm Fink Verlag 2003, S. 9–49, hier S. 36.

[19] Danielle Cohen-Levinas untersucht die Modalitäten des Materials ›Stimme‹ bei Boulez, Xéreakis, Kagel, Nono, Michaël Levinas, aber auch in Texten von Valéry und Artaud. Vgl. Danielle Cohen-Levinas, *La voix audéla du chant: une fenêtre aux ombres*, Paris: Vrin 2006. Schon Kafka hatte die Ambivalenz von Klang und Geräusch inszeniert. So bei der Einführung der sonderbaren Kunst von Josefine:»Eine Ahnung dessen, was gesagt ist, haben wir alle und dieser Ahnung nun entspricht Josefines Kunst eigentlich nicht. Ist es denn überhaupt Gesang? Ist es vielleicht doch nur ein Pfeifen?« (Franz Kafka, *Josefine, die Sängerin oder Das Volk der Mäuse. Ein Landarzt und andere Drucke zu Lebzeiten*. Frankfurt a. M.: Suhrkamp 1994, S. 274–294, hier S. 275.) Vgl. Karl Ivan Solibakke, »Stimme und Ritual. Zu Kafkas ›Josefine, die Sängerin oder Das Volk der Mäuse‹«, in: *Links*, Jahrgang VI (2006), S. 99–108.

menhang mit dem Kino und am Beispiel von Antonionis *Blow Up* postulierte. Foucault sah die spezifische Leistung des Tonfilms im Ereignis der Stimme, deren Materialität, Geste und Akzente die Potenz haben, ein *Blow Up*, d. h. ein »phénomène d'éclatament«, ein starkes akustisches und visuelles Ereignis in alltäglichen Dingen zu produzieren, eine Art »matérialisme de l'incorporel«.[20]

Dieses Moment ist nicht erst mit dem audiovisuellen Medienumbruch von Interesse,[21] sondern der *écriture* inhärent. Poesie impliziert von Anfang an akustische und visuelle Ereignisse, die die Modalitäten des Wahrnehmens und des Erinnerns verändern können. Darauf hat Walter Benjamin eindrücklich hingewiesen, etwa dahingehend, dass die Schriftbildlichkeit ein Archiv von Verspannungen zwischen dem Geschriebenen und dem Gesprochenen ist, die die Wahrnehmung beeinflussen.[22] In *De la parole à l'écriture*,[23] einem kleinen, dichten Essay aus *Le grain de la voix*, hat Roland Barthes zwischen der persuasiven und nicht-phonologischen Schrift unterschieden. Dabei geht er – wie auch Niklas Luhmann – von der These aus, dass das Medium der Sprache als Reihenfolge von Lautkörpern ein an sich indiskretes Medium ohne feste Form ist und eine Ausdifferenzierung je nach technologischen Bedingungen erfolgt. Demnach ist zunächst die mündliche Medienform persuasiv, denn zur Stärkung des flüchtigen Kanals im mündlichen Gespräch aktiviert die physika-

---

[20] Michel Foucault, *L'Ordre du discours*, Paris: Gallimard 1971, S. 60. Das Ereignis des »éclatement« impliziert sowohl das gewaltsame, geräuschvolle Sich-Lösen eines Fragments als auch einen starken, plötzlichen Lichteffekt.

[21] Die Übergänge zwischen Schrift und audiovisuellen Medien wie dem Kino wurden nicht zuletzt durch die von Alexandre Astruc postulierte Analogie zwischen *Nouvelle Vague* und *écriture* demonstriert. Alexandre Astruc, »Naissance d'une nouvelle avant-garde: la caméra-stylo«, in: *L'Écran Français*, no. 144, 30. März 1948, auch *Du stylo à la caméra et de la caméra au stylo* (1942–1984), Paris: L'Archipel, 1992, S. 326.

[22] Ich beziehe mich u. a. auf folgende These: »So ist der Sinnzusammenhang, der in den Lauten des Satzes steckt, der Fundus, aus dem erst blitzartig Ähnliches mit einem Nu aus einem Klang zum Vorschein kommen kann.« (Walter Benjamin, »Lehre vom Ähnlichen« [1933], in: Ders., *Ges. Schriften*, Bd. II/1, Frankfurt a. M.: Suhrkamp 1977, S. 204–210, hier S. 209.)

[23] Roland Barthes, »De la parole à l'écriture«, in: Ders., *Le grain de la voix. entretiens 1962–1980*, Paris: Seuil 1981, S. 10–13. Zu der impliziten Theorie der Schrift vgl. zuletzt Vittoria Borsò, »Écriture et présence. Remapping the Literary Discourses Beyond the Spatial, Iconic and Performative Turns«, in: Dieter Stein u. Richard Begam (Hg.), *Text and Meaning*, Düsseldorf: düsseldorf university press 2010.

lische Bedingung der Körper-Nähe[24] eine Vielzahl semiotischer Systeme mit phatischer Funktion. Damit kompensiert das mündliche Gespräch das Ephemere am akustischen Medium und arretiert etwaige akustische Interferenzen. Sprache dient hier, so Barthes, als pädagogisches und persuasives Instrument der sozialen oder symbolischen Botschaft. In den technologischen Bedingungen der Schrift geht zwar die Körper-Nähe des Gesprächs verloren; es muss jedoch zwischen der persuasiven und nicht-phonologischen Funktion der schriftlichen Medienform differenziert werden. Eine phatische Form der Vertextung dient dazu, das phonologische Modell in das Medium der Schrift zu transkribieren, die Schrift jenem (dem Diskurs) zu unterordnen. Hier wird die phatische Funktion durch strenge diskursive Kohärenz gestärkt. Die Materialität des Mediums selbst wird dabei indifferent oder mutiert zu einer Plattform symbolischer Prozesse, die das Material der Schrift zum transparenten Kanal der Vermittlung von Informationen macht. Analog dem mündlichen Gespräch gehorcht dieser Gebrauch der schriftlichen Medienform einer ›pädagogischen‹ Funktion. Das Medium wirkt als durchsichtiges Fenster zum kollektiven Sinn. Diese Form des Mediums Sprache nennt Barthes »Sprache minus Körper«.[25] Erst die performative Möglichkeit, durch den Schreib- und Leseakt die Temporalität der Zeichen zu restituieren, öffnet eine zweite Möglichkeit der Schrift, die Roland Barthes *écriture* nennt. Die Zeitlichkeit des Mediums verräumlicht den Lautkörper, die Iterativität führt zu differentiellen Prozessen. Die ästhetischen und methodologischen Entscheidungen dieser antihermeneutischen Schriftkonzeption[26] sind u. a. mit der Phonologie-Kritik Derridas konform. Das Medium der Schrift hat dabei unterschiedliche Artikulationen. Neben der Vermittlung von Sinn ist ›Schrift‹ – als *écriture* – der topologische Spurenraum der Materialität, in der der Sinn durch Überschüsse, Brüche und materielle Formen von Opazität als komplexer Produktionsprozess entsteht oder entwendet wird.[27] Der Raum

---

[24] So auch die linguistische Mündlichkeitsforschung. Vgl. z. B. Peter Koch u. Wulf Oesterreicher, *Gesprochene Sprache in der Romania. Französisch, Italienisch, Spanisch*, Tübingen: Niemeyer 1990.
[25] Barthes, »De la parole à l'écriture«, S. 12.
[26] Vgl. Hans Ulrich Gumbrecht, *Diesseits der Hermeneutik. Die Produktion von Präsenz*, Frankfurt a. M.: Suhrkamp 2004.
[27] Die 2009 an der Heinrich-Heine-Universität angenommene Habilitationsschrift von Timo Skrandies mit dem Titel *Arbeit und Ästhetik I – Fortschritt, Strategie, Körper* beleuchtet die performative

der *écriture* untersteht dem Regime des Körperlichen, Sinnlichen.[28] Das Subjekt ist nicht äußerlich,[29] es ist ›im Medium‹. Subjekt und Welt, Mensch und Dinge, Geist und Körper, artikulieren sich im (nicht zentrierten) materiellen Fluss des Schreibens.

Materialität der Schrift:
Visuelles und Akustisches an der Grenze der Sprache

> Le problème d'écrire: L'écrivain, comme dit Proust, invente dans la langue une nouvelle langue, une langue étrangère en quelque sorte. Il met à jour de nouvelles puissances grammaticales ou syntaxiques. Il entraîne la langue hors de ses sillons coutumiers, il la fait délirer. Mais aussi le problème d' écrire ne se sépare pas d'un problème de voir et d'entendre, en effet, quand une autre langue se crée dans la langue, c'est le langage tout entier qui tend vers une limite ›asyntaxique‹, ›agrammaticale‹, ou qui communique avec son propre dehors. La limite n'est pas en dehors du langage, elle en est le dehors: elle est faite de visions et d'auditions non-langagières, mais que seul le langage rend possible. [...] C'est à travers les mots, entre les mots, qu'on voit et qu'on entend. [...] C'est le délire qui les invente, comme processus entraînant les mots d'un bout à l'autre de l'univers. Ce sont des événements à la frontière du langage [...] La littérature est une santé.[30]

Eben an der Grenze der Sprachformen werden »forces« emergent, die das »Außen« in die Sprache einschreiben;[31] der *écriture*, also der nicht phonologischen Schrift, ist das Außen inhärent, nämlich in Form von ›Visionen‹ und ›Au-

---

Kraft der Entwendung in visueller Kunst und Schrift als eine der öffnenden Formen der ästhetisch produzierenden Arbeit.

[28] In der Proustschen *écriture* situieren sich die Zeichen zwischen Materie und Sprache, Körper und System (Deleuze, *Proust et les signes*, Paris: PUF 1971, 7. Kapitel).

[29] So die These von Hayden White in Bezug auf die Auseinandersetzung zwischen Michel Foucault und Roland Barthes hinsichtlich der »radikalen Intransitivität« der modernen Schrift. (Hayden White, »Schreiben im Medium«, in: Hans Ulrich Gumbrecht u. K. Ludwig Pfeiffer (Hg.), *Schrift*, München: Wilhelm Fink Verlag 1993, S. 311–318, hier S. 313).

[30] Gilles Deleuze, *Critique et clinique*, Paris: Minuit 1993, S. 9.

[31] »Man müsste die Kraft im Sinne Nietzsches wiederfinden, die Macht im besonderen Sinne des ›Willens zur Macht‹ [›volonté de puissance‹], um dieses Außen als Grenze zu entdecken, als äußersten Horizont, von dem aus das Sein sich faltet« (Deleuze, »Topologie: Anders denken«, S. 159). Das »Denken des Außens« geht auf Michel Foucaults Analyse von Maurice Blanchot zurück (Michel Foucault, *La Pensée du dehors*, Montpellier: Fata Morgana 1986) und wird von Deleuze übernommen. Während für Foucault, Deleuze und auch Merleau-Ponty das Außen ein in der Immanenz der Sprache und an ihren Grenzen bestehendes, dissidentes Potential ist, bedeutet das Außen für Derrida und Lévinas ein Moment der Transzendenz, wie Giorgio Agamben betont (vgl. Agamben, *Bartleby oder die Kontingenz*, S. 118 und S. 126 f.).

Audiovisionen der Schrift an der Grenze des Sagbaren und Sichtbaren

ditionen‹, die das Andere der Sprache darstellen, so Gilles Deleuze im obigen Zitat. Deshalb bewegt sich in der Schrift die Sprache zu einer ›asyntaktischen‹ Grenze, oder zu den Grenzen der syntaktischen Logik. Es sind anarchistische Bewegungen,[32] die eine Art ›Fremdsprache‹ produzieren. So wird die Schrift zur Materialisierung einer anderen sinnlichen Ordnung, der Deleuze eine Heilwirkung zuschrieb.[33]

Ich werde meine Analysen mit einem der meistinterpretierten Texte von Giacomo Leopardi beginnen, dem italienischen Dichter und Philosoph des beginnenden 19. Jahrhunderts: »L'infinito«, dabei zunächst eine symbolische Lektüre des Textes nachvollziehen, um dann aber auf die Herausforderungen der materiellen Visionen und Auditionen einzugehen.

Sempre caro mi fu quest'ermo colle,
e questa siepe, che da tanta parte
de l'ultimo orizzonte il guardo esclude.
Ma sedendo e mirando, interminati
spazi di là da quella, e sovrumani
silenzi, e profondissima quiete
io nel pensier mi fingo; ove per poco
il cor non si spaura. E come il vento
odo stormir tra queste piante, io quello
infinito silenzio a questa voce
vo comparando: e mi sovvien l'eterno,
e le morte stagioni, e la presente
e viva, e il suon di lei. Così tra questa
immensità s'annega il pensier mio:
e il naufragar m'è dolce in questo mare.[34]

---

[32] Nach Deleuze ist die Verbindung Charlus-Jupien für die Ordnung der Zeichen subversiv. Das, was Marcel dabei entdeckt, ist nicht allein das Geheimnis der Homosexualität, sondern auch ein anderes Regime der Zeichen: »leurs communications transversales aberrantes« (Deleuze, *Proust et les signes*, S. 210).

[33] Das Delirium ist eine Krankheit, wenn es vom Standpunkt der Ordnung aus betrachtet wird. Für das Denken des Außens, das Deleuze u. a. am Modell der Schizophrenie zeigt, ist umgekehrt die Arretierung der Metamorphosen des Kulturellen eine ›politische‹ Krankheit (vgl. Deleuze, *Critique et Clinique*, S. 15).

[34] »Lieb war mir stets hier der verlaßne Hügel / und diese Hecke, die vom fernsten Umkreis / so viel vor meinem Blick verborgen hält. / Doch hinter ihr – wenn ich so sitze, schaue, / endlose Weiten formt sich dort mein Denken, / ein Schweigen, wie es Menschen nicht vermögen, / und tiefste Ruhe; da beschleicht die Seele / ein leises Graun. Und wenn des Windes Rauschen / durch diese Bäume geht, halt ich die Stimme / dem Schweigen, dem Unendlichen, entgegen, / ihm zum Vergleich:

»L'infinito« gilt zu Recht als eines der berühmtesten Gedichte der Weltliteratur, aber auch als die poetisch-philosophische *summa* von Leopardi. Das Szenario des 1819 entstandenen Gedichts mutet als die Hymne an die Macht der Einbildungskraft an, die im Anblick empirischer Grenzen (Hügel [Monte Tabor], der die Sicht versperrt, V. 2) diese überwindet und die Unendlichkeit des Raums dem inneren Auge preisgibt (V. 4–7). Derartige Interpretationen der poetischen Symbolik sind die Regel. In diesem im Jahre 1819 entstandenen Gedicht scheint der Topos der Romantik vollends realisiert zu sein: Wie die europäische Welt nach der französischen Revolution[35] und dem napoleonischen Kaiserreich, erleidet das Subjekt Schiffbruch (V. 15). Die Vernunft kollabiert angesichts der Vorstellung der Unbegrenztheit von Raum und Zeit (V. 8), um aber im zweiten Teil des Gedichtes neue, dynamischere Formen zu erlangen (etwa die Spannung zwischen Gegenwart und Vergangenheit, Leben und Tod, V. 11–12). Der im Meer der Imagination erfolgende Schiffbruch der Vernunft führt letztendlich zur süßen Erfahrung des Erhabenen[36] und zur Erstarkung des Ichs. So wird die Imagination zu einem poetischen Wert, der auf das politische Scheitern antwortet, indem sie das Ich ermächtigt, sich durch einen Sprung in die Unendlichkeit von irdischen Begrenzungen zu erheben. Es ist das Szenario des romantischen Dichters als säkularisierten Priester des Unendlichen,[37] als ein durch die Alteritätserfahrung potentiertes Ich. Eine modernere Variante dieser Interpretation, die sich auf den in eine verwüstete Welt (»ermo colle«) entlassenen und auf sich selbst verwiesenen Menschen bezieht, interpretiert »L'infinito« als Transformation des metaphysischen Unendlichen in das ästhe-

---

des Ewigen gedenk ich, / der toten Jahreszeiten und der einen, / die heute lebt und tönt. Und so versinken / im Unermesslichen mir die Gedanken, / und Schiffbruch ist mir süß in diesem Meere« (Giacomo Leopardi, »Gesänge, Dialoge und andere Lehrstücke«, in: Ders., *Werke*, a. d. Ital. v. Hano Helbling u. Alice Vollenweider, München: Winkler 1978, S. 92 f.).

[35] In Bezug auf die französische Revolution als Manifestation des Schiffbruchs der Vernunft und der Verwilderung der Sitten in Folge von Fortschrittsmythen vgl. Leopardi, »Zibaldone«, in: Ders., *Opere*, hg. v. Giovanni Getto, komm. v. Edoardo Sanguineti, Mailand: Mursia 1967, S. 571–572).

[36] Leopardi nimmt auf den klassischen Begriff des Erhabenen nach Longinos Bezug (Pseudo-Longinos, *Vom Erhabenen*, a. d. Griech. v. Reinhard Brandt, Darmstadt: WBG 1966), um den Verfall der erhabenen Dichtung bei zeitgenössischen italienischen Autoren zu beklagen (vgl. ebd., S. 533–634.).

[37] Vgl. z. B. Franz-Rutger Hausmann, »Giacomo Leopardi: ›L'infinito‹« in: Vera Alexander u. Monika Fludernik (Hg.), *Romantik*, Trier: WVT 2000, S. 201–215.

Audiovisionen der Schrift an der Grenze des Sagbaren und Sichtbaren

tisch Vage,[38] das die Imagination erst anregt. In diesen Deutungen öffnet das Ästhetische den Weg zu einer alternativen Welt der Kunst – so das versöhnliche Bild der Differenz von Politik und Ästhetik seit der historischen Moderne.

Weiterreichend ist der Hinweis von Italo Calvino: Ausgehend von einer mathematischen sowie sensualistischen Konzeption von Raum und Zeit, setze sich Leopardi mit dem unbegrenzten Endlichen auseinander – so Calvino in *Lezioni americane*.[39] Damit nimmt Leopardi eine im abendländischen Denken zentrale Frage wieder auf, nämlich die betreffend das Verhältnis zwischen der Imagination des Unendlichen und der Erfahrung des Endlichen. Nicht das Unendliche, sondern die sinnlich erfahrene Unbegrenztheit (immenso) des Raums im Diesseits[40] führe das starke Ich zum Schiffbruch. Doch wird in »L'infinito« gerade der Rückzug des starken Ichs zur Bedingung sinnlichen Genusses. Der von diesem Gedicht postulierte Wert ist also nicht mehr das starke Subjekt der Imagination, sondern die schon in der mystischen Erotik süße Erfahrung der Depotenzierung des Ichs. Gerade angesichts eines in radikalen Materialismus mündenden Sensualismus zeigt sich ein modernerer Leopardi. Folgen wir der Spur von Calvinos Interpretation, so treffen wir im Szenario des Gedichtes auf eine besondere Form des Verhältnisses von Sichtbarkeit, akustischer Erfahrung und Imagination: Der Anfang des Gedichtes betont die Begrenzung der Sichtbarkeit durch den Hügel als wiederholte Urszene des Imaginationsprozesses: »Sempre caro mi fu quest'ermo colle, / e questa siepe che da tanta parte / dell'estremo orizzonte il sguardo esclude.« Dieser romantische Topos wird hier zur Szene der Exteriorität, mit der sich das Subjekt konfrontiert sieht, möchten wir mit Emmanuel Levinas sagen.[41] Die vom *enjambement* zwischen Vers 2

---

[38] Vgl. z. B. Winfried Wehle, *Leopardis Infinito indefinito: vom Ende des Denkens und der Not des Dichtens*, Tübingen: Narr 1999.

[39] Italo Calvino, *Lezioni Americane, Sei proposte per il prossimo millennio*, Milano: Garzanti 1989, S. 62.

[40] Zahlreiche Passagen des »Zibaldone« belegen dies, z. B. »Da quella parte della mia teoria del piacere dove si mostra come degli oggetti veduti per metà, o con certi impedimenti ecc. ci destino idee *indefinite*, si spiega perché piaccia la luce del sole o della luna, veduta in un luogo dov'essi non si vedano e non si scopra la sorgente della luce [...] osservo che il piacere della varietà e dell'incertezza prevale a quello dell'apparente infinità, e dell'immensa uniformità« (Leopardi, *Opere*, S. 685–686, Hervorhebung VB). Das Undeterminierte gilt deshalb als poetische Sprache *par excellence* (z. B. ebd., S. 696.).

[41] Emmanuel Levinas, *Totalität und Unendlichkeit*, Freiburg u. München: Alber 1987, S. 23. In seiner Habilitationsschrift, die eine politisch-ethische Relevanz hat, wendet sich Levinas gegen die

und 3 betonte topographische Trennung, die die panoramische Extension des Blickes in die Weite jenseits der Grenzen verhindert,[42] ist eine Umkehrung der topischen Szene der Romantik.[43] Hindernisse führen die okulozentrische Vereinnahmung der Welt zum Scheitern: einmal der Hügel und, in Reihungsstil gehäuft, auch die Hecke. Während die Imagination in romantischer Manier den Grenzen des Sinnlichen trotzt – so die durch »doch« (»ma«) zum Auftakt von Vers 4 betonte Widerspruchsgeste –, und während die Fiktion den menschlichen Raum entgrenzt und eine übermenschliche Stille imaginiert, so erschreckt sich dagegen das Herz (V. 8), so Leopardi in Übereinstimmung mit Blaise Pascals »raison du cœur«, eine für den italienischen Dichter bedeutende Referenz.[44] Der erste Teil des Gedichtes ist also eine Absage auf die poetische Ermächtigung des Ichs durch Expansion der Sichtbarkeit in die Totalität des Raums.[45]

Ontologie als totalisierende Seinslehre, die die Alterität des Anderen zerstört. Im Kapitel zur Exteriorität geht es um die Qualität des Raums, die Sichtbarkeiten produziert. Dabei setzt sich Levinas mit den Fundamenten totalitärer Raumproduktionen kritisch auseinander. Zur Ethik der Exteriorität vgl. Vittoria Borsò, »Die Exteriorität des Blickes oder die Ethik der Rahmenverschiebungen (Calvino, Levinas)«, in: Claudia Öhlschläger (Hg.), *Narration und Ethik*, München: Wilhelm Fink Verlag 2009, S. 127–144.

[42] Sobald sich das Außen panoramenhaft entfaltet und dem Auge offenbart, wird es vom Selben verwaltet. Der ›äußere‹ Raum wird in die Transparenz der ›Heimat des Selben‹ integriert, einschließlich der an ihren Randzonen noch unbekannten oder verborgenen Gebiete. (Vgl. Levinas, *Totalität und Unendlichkeit*, S. 35).

[43] Caspar David Friedrichs Gemälde »Der Mönch am Meer« (1808/09) ist emblematisch für dieses Szenario: Trotz der Größe des Unendlichen im Verhältnis zur kleinen Gestalt, die auf das Meer schaut, wird der Betrachter des Bildes in romantischer Manier dazu eingeladen, durch die Einbildungskraft die Potenz seines Auges, des Organs der Ferne, ins Unendliche zu dehnen. Vgl. Vittoria Borsò, »Grenzen, Schwellen und andere Orte. › ... La géographie doit bien être au cœur de ce dont je m'occupe‹«, in: dies. u. Reinhold Görling (Hg.), *Kulturelle Topographien*, Stuttgart: Metzler 2004, S. 13–41.

[44] Durch den Bezug auf die Vernunft des Herzens weist Leopardi die instrumentelle Vernunft in ihre Grenzen, entsprechend dem berühmten Aphorismus von Blaise Pascal aus »Pensées sur la religion« (1670): »Le cœur a ses raisons que la raison ne connaît pas; on le sait en mille choses. Je dis que le cœur aime l'être universel naturellement, et soi même naturellement selon qu'il s'y adonne; et il se durcit contre l'un ou l'autre à son choix. Vous avez rejeté l'un et conservé l'autre: est-ce par raison que vous vous aimez?« (Blaise Pascal, *Les pensées*, hg. v. Francis Kaplan, Paris: Editions du Cerf 1982, S. 588). Die Übersetzung von Helbing/Vollenweider bleibt mit »Seele« in einer christlich-romantischen Deutung.

[45] Genau die Verhinderung dieser Ausdehnung ist ein Effekt der Exteriorität, die nicht mit einem ›äußeren Raum‹ zu verwechseln ist, zu dem das Subjekt durch Erkenntnisprozesse durchdringen könnte (Dies ist dagegen die traditionelle ›romantische‹ Interpretation in der Übersetzung von Helbling/Vollenweider: »esclude« wird als »verbergen« gedeutet, das auf Enthüllung wartet). Ex-

Audiovisionen der Schrift an der Grenze des Sagbaren und Sichtbaren

Die Absage erfolgt nicht als intentionaler Akt des Ichs wie im Falle der Imagination (»io nel pensier mi fingo«, V. 7), sondern als Antwort auf eine Exteriorität, die das Herz, das Zentrum von Hoffnung und Erinnerung, trifft. Im Kontrast zum aktiven Handeln des Ichs im imaginativen Denken des Unendlichen (»fingere«) handelt es sich beim passiven Erschreckt-sein des Herzens um ein sinnliches Widerfahrnis.[46] »Pensier« und »cor«, Vernunft und Herz, sind zwei Dimensionen des Ichs, deren Spaltung Leopardi in einem seiner letzten Gedichte explizit reflektiert.[47] Erst jetzt, nachdem die Vernunft des Herzens dem okulozentrischen Willen des Subjektes Grenzen setzt,[48] kann sich das Ich für den sinnlichen Austausch mit der Welt öffnen, die sich selbst als unbegrenzt und diversifiziert zeigt.[49] Erst hier kann es dem Rauschen des Windes zuhören

---

teriorität ist vielmehr die Spur einer für die Erkenntnis undurchdringlichen Alterität, eine Nicht-Sichtbarkeit im Sichtbaren, die das Erkenntnissubjekt begrenzt.

[46] Zum Begriff des Widerfahrnisses vgl. Bernhard Waldenfels, *Grundmotive der Phänomenologie*, Frankfurt a. M.: Suhrkamp 2006. Widerfahrnis ist eine eindringliche Widerlegung der Sinnintentionalität und der Wahrnehmung als »Erstheit«, so dass »Dinge erst zu dem *werden*, was sie in der Folge sind« (S. 72).»Alles, was als etwas erscheint« sei zu beschreiben als »etwas, wovon wir getroffen, affiziert, gereizt, überrascht und auf gewisse Weise verletzt werden. Ereignisse, in denen dies geschieht, sind eben das, was ich als *Pathos*, als *Widerfahrnis*, als *Af-fekt* bezeichne.« (S. 73). So beschreibt Waldenfels auch das Widerfahrnis des Fremden im Blick (Waldenfels, *Sinnesschwellen*, Frankfurt a. M.: Suhrkamp 1999, S. 140). Ähnlich hatte Wilhelm Kamlah in seiner *Philosophischen Anthropologie* zwischen Handlung und Widerfahrnis unterschieden. Letzteres sei ein Ereignis, dem man ausgesetzt ist, etwas, das einen unvorbereitet trifft, und »deswegen dann eben auch be-trifft« . (Wilhelm Kamlah, *Philosophische Anthropologie. Sprachkritische Grundlegung und Ethik*, Mannheim: Bibliographisches Institut 1973 [1972], S. 34 ff.).

[47] Blaise Pascal folgend, widerspricht das Herz als Sitz eines unbestimmten Begehrens und als energetische Quelle des Subjektes der instrumentellen Vernunft. Die gespaltene Topologie des Ichs ist Thema von »A se stesso« (XXVIII), einem der letzten *Canti* aus dem Jahr 1833.

[48] Exteriorität ist eine Geste, sagt Levinas, die »nicht mehr ganz Sehen ist« und weiter geht als Sehen, sie ist eine Geste, die die Sicht deformiert, »aber gerade dadurch gestattet es der Exteriorität [...] sich zu sagen« (Levinas, *Totalität*, S. 420). Exteriorität destabilisiert kolonialisierende Blicke, und nur dies gestattet dem Anderen eine selbständige, aktive, ja anarchische Funktion.

[49] In *Zibaldone* setzt sich Leopardi mit dem Begriff des »Infinito« auseinander und unterscheidet zwischen einer »grandezza infinita«, die aus sinnlicher Erfahrung hervorgeht, und einer abstrakten Idee des Unendlichen, die lediglich das Werk der Imagination ist, welche das Begrenzte benötigt, um den Sprung in das Unendliche zu vollziehen: »almeno quando l'idea di una grandezza infinita che ci deve presentare deriva da quella grandezza che cade sotto i sensi, e non è opera totalmente dell'immaginazione, la quale, come ho detto, si compiace alcune volte del circoscritto, e di non vedere più che tanto per potere immaginare ecc. (25 Luglio 1820)«. (Leopardi, *Opere*, S. 582). Mit der Übersetzung von »immenso« (unbegrenzt) als »unermeßlich« führen Helbling/Vollenweider das materiell-sinnliche Moment des Unbestimmt-Unbegrenzten ins Metaphysische.

und mit der Stille der Unendlichkeit vergleichen; erst hier situiert sich das Ich in das eigene materielle Umfeld. Die deiktische Partikel »queste« (piante) (V. 9), indiziert den Raum ganz nah am Ich, ebenso wie »questa voce« auf die nahe Stimme des Windes hindeutet, und es ist als akustisches Material, als Klang, dass sich die Präsenz materiell zeigt (»e la presente e viva, e il suon di lei«). Im gesamten Werk Leopardis, den *Canti* ebenso wie in *Zibaldone di pensieri* (»Gedankensammelsurium«) oder in den *Operette Morali* sind Klang und Geräusche als temporales Ereignis ein indexikalisches Zeichen für Leben und auch für dessen Vergehen. Ebenso nahe ist »questa immensità«, die hier nur noch die Grenzenlosigkeit des Endlichen, die Grenzenlosigkeit der sinnlichen Erfahrung meint, die das Denken zum Rückzug zwingt, ja zum Ertrinken führt, und es ist »dieses Meer«, es ist eine ganz nahe Erfahrung des Fließens, das den süßen Schiffbruch des *cogito* herbeiführt und zu einer anderen, intensiven Qualität des Raums öffnet. Im Endlichen und Vergänglichen ereignet sich die materielle Intensität des sinnlichen Erfahrens, ereignet sich für das Subjekt *hic et nunc* die Gegenwart des Lebens als Prozess. Das ist für Leopardi das Szenario des Dichtens. In den gebrochenen Idyllen der *Canti* wird ›Leben‹ lediglich im Augenblick des Erinnerns im Fluss sein und die Potenz finden, das hoffnungslose Bild des mortifizierten Lebens, der »vita mortale«, aufzubrechen. Und in allen Fällen wird die akustische Erfahrung das Einsetzen der Präsenz im Erinnern markieren und modulieren. Es ist stets eine Präsenz, die wie das akustische Material rasch vergeht. Das akustische Ereignis generiert indes eine visuelle Arbeit, die keineswegs das Ich ermächtigt. Vielmehr überfallen es Bilder von der Exteriorität her und fliehen vorbei mit der Geschwindigkeit des Geräuschs. Leopardi bereitet schon den Weg für die *écriture* der Erinnung von Marcel Proust vor. Beim italienischen Dichter ist das Ereignis der Präsenz des Erinnerns vom Affekt des Verlustes und der unüberwindbaren Kluft zwischen Gegenwart und Vergangenheit tragisch geprägt. In der situierten Erfahrung des Ichs gibt es kein Entrinnen mehr von der »finitudine«, von der Endlichkeit des Lebens. Das Erhabene erhält hier einen Akzent, der das ästhetische Subjekt politisch verantwortet, wie Leopardi selbst in dem zu Recht als sein Vermächtnis verstandenen Langgedicht »La Ginestra« eindrücklich zeigt.

Gewiss steht bei Marcel Proust die Visualität im Zentrum der *écriture* – ist der Hinweis der Proust-Forschung obligatorisch, der Stil von Proust, wie jener

Audiovisionen der Schrift an der Grenze des Sagbaren und Sichtbaren

von Flaubert, sei ein »instrument optique«;[50] doch ist auch hier das akustische Sich-ereignen die Markierung der Ankunft einer Exteriorität, die die Visualität in Bewegung setzt. Dies wird direkt und indirekt in *Le temps retrouvé*, dem letzten Roman des Zyklus *A la recherche du temps perdu*, aufgearbeitet. In den teils kompakten, teils verstreuten metatheoretischen Reflexionen auf der Matinee Guermantes in den »Esquisses« und im Roman *Le Temps retrouvé* zeigt sich, dass Proust nach den Bedingungen des Bildes sucht, die die Visualität und das Bild zum Ereignis werden lassen und erneut ein temporales Ereignis jenseits der Chronologie implizieren,[51] oder wie Proust sagt, »l'essence pure du temps«.[52] Deshalb wird bei Proust die Temporalität zum Stil der *écriture*. Das Ich gibt sich dem ankommenden temporalen Bild hin, dessen Exteriorität gegenüber dem Subjekt Julia Kristeva und Bernhard Waldenfels demonstriert haben.[53] Proust selbst weist in diesem Zusammenhang auf den Widerstand der *matière*, auf die sich im Material einschreibenden Alteritätszeichen hin. Es sind Zeichen eines Widerfahrnisses, Zeichen der Fremdheit der ankommenden Erinnerung, die sehr oft akustischer Natur sind – es sind die Pflastersteine im Hof der Guermantes, das Klappern des Geschirrs oder der Klang der Gläser im Salon.[54] Die Analogie zum Ereignis des Erinnerns in der Lyrik Leopardis wird hier abermals evident.

---

[50] Stil selbst ist eine »question non de technique mais de vision«, wie Proust postuliert. (Proust, *À la recherche du temps perdu*, Paris: Bibliotheque de la Pléiade 1987–89, Bd. IV, S. 490, S. 474).

[51] Diese Ästhetik findet im Kino ein privilegiertes Medium für Erinnerungsbilder als Generatoren von visuellen und sinnlichen Ereignissen, wie Gilles Deleuze 1985 in seiner Analyse des italienischen Neorealismus und der *Nouvelle Vague* bzw. dem *Nouveau Cinéma* gezeigt hat. Zur Strukturanalogie der in *Le temps retrouvé* implizierten Theorie des Erinnerungsbilds mit dem Kino verweise ich auf meine Analyse. Vittoria Borsò, »Proust und die Medien: Écriture und Filmschrift zwischen Sichtbarkeit und Unsichtbarkeit«, in: Uta Felten u. Volker Roloff (Hg.), *Proust und die Medien*, München: Fink 2005, S. 31–60.

[52] Proust, *À la recherche du temps perdu*, Bd. IV, S. 203.

[53] Zur Erfahrung der Zeitlichkeit als Ankunft vgl. Julia Kristeva, »Proust mit Heidegger neu lesen«, in: Ursula Link-Heer u. Volker Roloff (Hg.), *Marcel Proust und die Philosophie*, Frankfurt a. M.: Insel Verlag 1997, S. 198–212, hier S. 203 und Bernhard Waldenfels, »Die verspätete Antwort«, in: Ursula Link-Heer u. Volker Roloff (Hg.), *Marcel Proust und die Philosophie*, S. 175–197, hier S. 177.

[54] In *Le temps retrouvé* wird die direkte visuelle Wahrnehmung als Generator von Abbildern diskreditiert. Dabei wird zwischen den bildproduzierenden Verfahren der *écriture* und den toten Abbildern der technischen Medien unterschieden.

Vittoria Borsò

Wenn in *Le temps retrouvé* das akustische Ereignis die Ankunft der flüchtigen Gegenwart des Erinnerungsbildes signalisiert, so paart sich in *Sodome et Ghomorre*[55] die akustische Markierung der Exteriorität mit einer verstörenden Dissozierung von Diskurs und Sichtbarkeit. In diesem Roman ist die Affizierung Marcels bei seiner ersten Begegnung mit der Homosexualität, als sich ihm die Sicht auf die wenn auch nicht unerwartete, doch überraschende Vereinigung von Charlus und Jupien eröffnet, ein zentrales Motiv. Hier betritt Marcel einen unbekannten Raum, begibt sich auf die Suche nach einem gefährlichen Kontinent, in dem das Selbstidentische auf dem Spiel steht. Die Vergleiche mit dieser »colonie différente« oder »race différente« treffen auf »localisations étranges« (624); ihre Interpretation befindet sich in einem ständigen Aufschub; körperliche Intensitäten treffen auf unbestimmte und deshalb gefährliche Zonen an der Grenze der Ordnung, wo sich das ›Unmögliche‹ in der Ordnung selbst offenbart: die unscharfen Grenzen der »homme-femme«. Während der Initiation auf die unbekannte Zeichenwelt verlässt sich Marcel nicht auf die Sicht, sondern auf das Gehör.[56] Auf die Gefahr hin, entdeckt zu werden, kriecht er an den Mauern des Hofs der Germantes entlang statt sich des unterirdischen Gangs zu bedienen, um den benachbarten Raum rasch zu erreichen, von wo aus er Charlus und Jupiens intimer Begegnung lauschen kann. Tatsächlich verzichtet Marcel, während er Charlus und Jupien bei ihrer Liebesbegegnung zuhört, auf den panoptischen Blick des Voyeurs – er hätte durch die Luke an der Zwischentür dem Austausch von Intimitäten wie im Guckkastentheater zuschauen können, zieht es aber vor, sich einer akustischen Wahrnehmung hinzugeben. Als Hörer verliert Marcel die Komplizität des Voyeurs; er ist isoliert. Die Dissoziation von Sinn und sinnlichem Hör-Erlebnis produziert Affekt und Nähe.[57] Das Ohr, als Organ der Nähe, verstärkt dabei die Erfahrung von Lauten oder Klängen, und die intensive Präsenz des Erlebnisses einer nur gehörten Szenerie

---

[55] Pierre Clarac u. André Ferré (Hg.), *Sodome et Gomorrhe. A la recherche du temps perdu*, Bd. 3, Teil II, Paris: Gallimard 1954.
[56] Zur Analyse der Visualität der Szene vgl. Vittoria Borsò, »Dazwischen: Marcel Proust, Deleuze und die Medialität der Wahrnehmung«, in: Uta Felten u. Volker Roloff (Hg.), *Die Korrespondenz der Sinne. Wahrnehmungsästhetische und intermediale Aspekte im Werk von Proust*, München: Fink 2008, S. 249–268.
[57] Deleuze zitiert Proust: »Les paroles elles-mêmes ne me renseignaient qu'à la condition d'être interprétées à la façon d'un afflux de sang à la figure d'une personne qui se trouble, à la façon encore d'un silence subit« (zit. nach Deleuze, *Proust et les signes*, S. 113).

Audiovisionen der Schrift an der Grenze des Sagbaren und Sichtbaren

gleicht der Intensität eines Tatorts. Die Stimmen erzeugen das Begehren nach ihrer Verkörperung, weil sie auf Körpertechniken zurückgeführt werden.[58] So wird das Ereignis des Hörens zur Erfahrung der Nähe,[59] und deshalb muss das Sichtbare ständig retardiert werden. So verbleibt der Text auf der Suche nach diskreten Zeichen, ohne semantisch definitiv zu unterscheiden – etwa zwischen »souffrance« und »plaisir«. Zu Beginn von *Sodome et Gomorrhe* stärkt der mäandrierende Rhythmus von Ritualen und Klängen die Unbestimmtheit der botanischen Metapher, die ca. 30 Seiten lang die Vereinigung von Jupien und Charlus mit der von zwei Orchideen und einer Hummel vergleicht. Auch dann, wenn Marcels Sicht Zugang zur Abschiedsszene von Jupien und Charlus hat, wird das Sehen aufgeschoben. Wie die bildlichen Umschweife der Metaphorik, so sind die arabesken Bewegungen des immer gleichen Blicks, den Charlus Jupien zuwirft,[60] ebenfalls ziellose Ornamente. Die für Marcel stumme optische Situation während des langen Abschieds von Jupien und Charlus gleicht einer Pantomime. Die Wiederholungen des musikalischen Motivs, mit dem Marcel das Abschiedsritual vergleicht, führen zu immer neuen Arabesken des Blickes und zu immer neuem Fragen:

> Telle, toutes les deux minutes, la même question semblait intensément posée à Jupien dans l'œillade de M. de Charlus, comme ces phrases interrogatives de Beethoven, répétée indéfiniment – à intervalles égaux, et destinées – avec un luxe exagéré des préparations – à amener un nouveau motif, un changement de ton, une ›rentrée‹. (S. 605)

Die Visualität bleibt enigmatisch, ohne dass sich Sichtbarkeiten offenbaren. Weil abwechselnd das Sehen oder das Hören suspendiert wird,[61] materialisiert sich das Ereignis – möchten wir mit der Aussage von Proust am Ende des Ro-

---

[58] Thomas Macho, »Stimmen ohne Körper. Anmerkungen zur Technikgeschichte der Stimme«, in: Doris Kolesch u. Sybille Krämer (Hg.), *Stimme. Annäherung an ein Phänomen*, Frankfurt: Suhrkamp 2006, S. 130–146.
[59] Waldenfels, *Grundmotive der Phänomenologie*, S. 105.
[60] Vgl. »Mais justement la beauté de ces regards de M. de Charlus et de Jupien venait, au contraire, de ce que, provisoirement du moins, ces regards ne semblaient pas avoir pour but de conduire à quelque chose« (Proust, *Sodome et Gomorrhe*, S. 605), »leur accord semblait conclu et ces inutiles regards n' être des préludes rituels« (ebd., S. 606).
[61] »Enfin au bout d'une demi-heure environ (pendant laquelle je m'étais hissé à pas de loup sur mon échelle afin de voir par le vasistas que je n'ouvris pas), une conversation s'engagea. Jupien refusait avec force l'argent que M. de Charlus voulait lui donner.« (ebd., S. 609). Mehr erfahren wir nicht. Die Darstellung des Inhalts ist unbedeutsam.

mans betonen: »Maintenant l'abstrait s'était matérialisé, l'être enfin compris avait aussitôt perdu son pouvoir de rester invisible« (S. 614). Resistenzen und Opazitäten verflüssigen kodifizierte Rahmungen, unterbrechen das mortifizierende Einfrieren der Bewegung in einem Bild und restituieren somit die Diversität des Lebens. Erst also die Materialität macht die Medialität zum Artikulationsraum von Potentialitäten. So wird die Literatur zu einer Art Fremdsprache. Es ist ein Anderswerden (»devenir-autre«) der Sprache, eine Art »Minorisierung der Majoritätssprache«, ein Delirium, das die Majoritätssprache mitreißt, die Sprache verhext, so Deleuze mit Bezug auf Kafka.[62]

Wechseln wir in die Mitte des 20. Jahrhunderts und auf einen anderen Kontinent. Der mexikanische Schriftsteller Juan Rulfo hat in seinem schmalen Œuvre, insbesondere mit seinem Roman *Pedro Páramo* (1955) und den Photographien,[63] die er in seiner Tätigkeit als Direktor des Indigenistischen Instituts von Mexiko Stadt bis 1955 anfertigte, die Potenz des Sagens an den Grenzen des Sagbaren und Sichtbaren ausgelotet. Der autobiographische Erzähler, Juan Preciado, ist nach dem Tod seiner Mutter Dolores nach Comala gekommen, um seinen legitimen Vater, Pedro Páramo, zu suchen. Als Kazike und – paradoxerweise – Nutznießer der Revolution hatte dieser sein Dorf ausgebeutet und unterdrückt. Nur über seine zweite Frau Susana San Juan, die er unerwidert begehrt, hat Pedro keine Macht. Der letzte Satz des Romans zeigt Pedro zusammenfallend wie ein Haufen Steine (»piedra« heißt im Spanischen Stein). Der Ort ist ein »páramo«, eine verwüstete Öde, deren Natur unentscheidbar ist – man weiß nicht definitiv, ob Juan, der autobiographische Erzähler, Gespenstern begegnet oder ob es sich um seine verstörte Wahrnehmung der letzten Bewohner Comalas handelt, eines Orts, der der Hölle gleicht. Diese Unbestimmtheit durchzieht die gesamte Architektur des Romans, welcher gespannt ist, einerseits zwischen der Desintegrationskraft der fragmentarischen und paradoxalen Narration und andererseits der überaus reichen Intertextualität mit der Weltliteratur sowie mit indigenen Traditionen – nach prähispanischer Vorstellung existieren die Toten über ihre Stimmen weiter. Die Chronologie ist aufgehoben – der Roman besteht aus 21 Fragmenten. Der Diskurs unterscheidet nicht zwischen Traum und Rea-

---

[62] Deleuze, *Critique et Clinique*, S. 5 und Gilles Deleuze *Deleuze, Felix Guattari, Kafka. Pour une litterature mineure*, Paris: Minuit 1975.
[63] Vgl. den Fotografien-Band *Inframundo*, hg. v. Frank Janney, Mexiko-Stadt: Ediciones del Norte 1983, u. a. mit Kommentaren von Gabriel García Márquez und Carlos Monsiváis.

lität oder Erinnerung und Wahrnehmung, die Topographie ist orientierungslos. Sämtliche Interpretationsansätze sowie Deutungen der literarischen Intertexte erweisen sich als falsche Fährten. Selbst die Kategorie des magischen Realismus ist fragwürdig. Es gibt nichts Wunderbares in Comala, nichts Magisches. Diese Welt widersteht der Vereinnahmung durch Klassifikationen und den Versuchen, den vermeintlich Anderen zu enthüllen.[64] Nirgendwo wird klar, ob Juan Preciado sich unter real existierenden Wesen oder in der fiktiven Welt der Toten befunden hat, bevor er in der Mitte des Romans selbst stirbt und von einem Grab aus spricht. Der Leser wird zum Hörer von »murmullos«, von wispernden Stimmen aus den Gräbern. Weil in Comala, jenem gespenstischen Ort, in dem nur die Toten sprechen, die Demarkationslinie der binären Grenzen zwischen Tod und Leben zerstört ist, gibt es in der Topographie des Romans keine bevorzugte Ebene, an der sich die Rekonstruktion der Ordnung verlässlich orientieren könnte.[65] Dies verstört auch das Sehen. Bei seinen ersten Begegnungen mit den Gestalten dieser Welt bezeichnet Juan Preciado die unhintergehbare Grundsituation des Romans:

> Yo creí que aquella mujer [Eduviges] estaba loca. Luego yo no creí nada. Me sentí en un mundo ajeno y me dejé arrastrar.[66]

Die Stimmen der Toten muten buchstäblich ›akusmatisch‹ an. Sie sind ein akustisches Ereignis, dessen Erklingen nicht in direktem Zusammenhang zu seinem Ursprung steht. Flüstern, Säuseln und Klagen kommen aus den Gräbern, aber man weiß nicht recht, wo der Ursprung der jeweiligen Stimme liegt. Der

---

[64] Vgl. meine ausgedehnte Analyse des Romans (Vittoria Borsò, *Mexiko jenseits der Einsamkeit. Versuch einer interkulturellen Analyse*, Frankfurt a. M: Vervuert 1994). In einem einzigen Fragment kommen Indios in diesem Roman vor, wenn sie unvermittelt aus Apango, einem Dorf in den umliegenden Bergen, – die Atmosphäre ist die eines verregneten Sonntagsmarktes – nach Comala kommen. Es ist ein kurzes, prägnantes und vitalistisches Bild der Indios. Die Isolation vom Rest des Romans und die Einmaligkeit dieses Fragments sind Symptom der Bemühungen Rulfos um Schutz der Exteriorität der ›indigenas‹. Vgl. auch Borsò, *Mexiko jenseits der Einsamkeit*, S. 264 f.
[65] Carlos Monsiváis nennt es eine »solución magistral«, dass Comala ein totes Dorf ist, wo die Figuren als Spektren herumirren oder mit ihren Stimmen aus den Gräbern ihre Erinnerungen äußern, in einer Zeitkonstellation, die keine diskrete, trennende Zuordnung ermöglicht. Comala ist kein geometrisch-kartesianischer Ort (vgl. Carlos Monsiváis, »Sí, tampoco los muertos retonan. Desgraciadamente«, in: Frank Janney (Hg.), *Inframundo*, S. 27–37).
[66] Juan Rulfo, *Pedro Páramo*, México: FCE 1981 [1955], S. 17; »Ich dachte, die Frau ist verrückt. Dann dachte ich gar nichts mehr. Ich fühlte mich in einer fremden Welt und ließ mich treiben« (J. Rulfo, *Pedro Páramo. Roman; Der Llano in Flammen. Erzählungen*, a. d. Span. v. Mariana Frenk, München, Wien: Carl Hanser: 1984, S. 16).

erste Titel des Romans sollte tatsächlich »Murmullos« sein.[67] Das akustische Material zwischen langen Pausen der Stille und dem Raunen verwirrter Winde, die das Gestrüpp dort zum Flüstern bringen, wo zwischen zerfallenen Mauern die Echos der Erinnerung hallen, ist insgesamt verstörend – eine Strategie, welche die Souveränität des Panoptikums vernichtet, Sagbares und Sichtbares unbestimmt macht und auf die Ankunft der Exteriorität bereitet. Diese ist ein zentrales Moment des Raums, in dem die Sicht stets auf Grenzen trifft oder in der Weite der Öde zwischen Nähe und Ferne nicht fokussieren kann – beides in Analogie zu den Fotografien. Eine derartige Szenographie zeigt sich im Dialog mit dem illegitimen Sohn von Pedro und seinem Halbbruder Abundio:

> En la reverberación del sol, la llanura parecía una laguna transparente, deshecha en vapores por donde se traslucía un horizonte gris. Y más allá, una línea de montañas. Y todavía más allá, la más remota lejanía. (S. 9)[68]

Durch die Widerspiegelungen des Lichtes in der vom verdampften Wasser durchdrungenen Lagune scheint ein grauer Horizont auf. Jenseits dieser Widerspiegelung indiziert die Linie der Berge nur noch die sich dem Blick entziehende Unbegrenztheit des Raums »la más remota lejanía«) – gewiss symbolisch den Entzug von Metaphysik indizierend –, und je mehr das Auge die Ferne erreichen möchte, desto mehr begrenzt das Bild den Blick.

Akustisch und visuell verschafft sich dabei eine andere Ordnung der Sinne Raum. Es ist die Intensität der flüchtigen Gegenwart der Erinnerung. Die Präsenz des Erinnerns ›zeigt‹ sich als materielle Erfahrung, und der Stoff der Dinge bestimmt die Intensität der Bilder: Luft, Licht, die Farbe des Himmels, die Ge-

---

[67] Die Vertonung des Spanischen von dem in Mexiko lebenden Komponisten Julio Estrada (*Murmullos del páramo*), der eine Analyse der Stimme und Geräusche von *Pedro Páramo* verfasst hatte (Julio Estrada, *El sonido en Rulfo*, México: UNAM 1990) wurde am 16./17. Juli 2006 während des ISCM World New Music-Festivals unter der Regie von Sergio Vela in Stuttgart uraufgeführt. Der musikalische Stil basiert auf einem stufenlosen Kontinuum von Klängen und Rhythmen unter Beibehaltung des fragmentarischen Kompositionsprinzips und der filmischen Traumsequenzen von Rulfo.

[68] »Im grellen Glanz der Sonne glich die Ebene einem durchsichtigen See. Sie war in Dunstschwaden aufgelöst, durch die hindurch ein grauer Horizont schimmerte. In einiger Entfernung sah man die Linien einer Bergkette und hinter den Bergen die weite Ferne« (Juan Rulfo, Pedro Páramo. Roman, S. 9). In der in Bezug auf die klangvollen Alliterationen kongenialen Übertragung von Mariana Frenk geht aber das Moment des sich dem Blick entziehenden Horizonts nicht nur verloren, sondern wird ausdrücklich umgekehrt, so etwa durch die Übersetzung von »remota lejanía« mit »weite Ferne«.

räusche, Gerüche und Geschmäcker, die mit der Erde Jaliscos verbunden sind.[69] Diese materiellen Sinnlichkeiten, die mit dem Akt des Erinnerns unerwartet auf das Subjekt einströmen und es für einen osmotischen Austausch mit der Welt öffnen, markieren auch die Intensität der romanesken Figuren, eine Intensität, die Rulfo auf die Stimme bezieht: »la voz humana misma que el hombre presta a la poesía.«[70] So ist auch seine Prosa voller Sonoritäten. Mal kommt Leben in die öde Landschaft durch das ›ambivalente‹ (weil auch totbringende) Bild der vorbei fliegenden Krähen, deren Krächzen onomatopoetisch reproduziert wird: »Una bandada de cuervos pasó cruzando el cielo vacío, haciendo cuar, cuar, cuar.« (S. 10), mal begleiten eine Reihe von Alliterationen die onomatopoetischen Wörter. Diese Sonoritäten sind Geräusche, die aus dem ›Off‹ die Ordnung des Sichtbaren stören und Brüche in den Raum schlagen, damit sich in dieser Öde auch Leben ereignet:

> El agua que goteaba de las tejas hacía un agujero en la arena del patio. Sonaba: plas plas y luego ota vez plas, en mitad de una hoja de laurel que daba vueltas y rebotes metida en la hendidura de los ladrillos. Ya se había ido la tormenta. Ahora de vez en cuando la brisa sacudía las ramas del granado haciéndolas chorrear una lluvia espesa, estampando la tierra con gotas brillantes que luego se empañaban. (S. 17)[71]

Das akustische Material unterstützt hier die dem Roman eigene kinematographische Ästhetik. Wie in der Photographie die Exteriorität, so nutzt Rulfo im Roman die Spannung zwischen dem Rahmen und dem ›Off‹ des Bildes, um

---

[69] Darauf verweist Juan Rulfo: »[...] conservé intacto en la memoria el medio en que vivía. La atmósfera en que se desarrolló mi infancia, el aire, la luz, el color del cielo, el sabor de la tierra, eso yo mantuve [...] lo que mi memoria me devuelve son esas sensaciones [...]« (»Rulfo: conversaciones con un gigante silencioso«, *Sábado*, 241, 19.6.1982, S. 3, zit. nach Francesca Polito di Sabato, »Modulaciones temáticas en Conversazione in Sicilia de Elio Vittorini y Pedro Páramo de Juan Rulfo«, in: Víctor Jiménez, Alberto Vital u. Jorge Zepeda (Hg.), *Tríptico para Juan Rulfo. Poesía, fotografía, crítica*, Mexiko-Stadt: Fundación Juan Rulfo 2006, S. 457–500, hier S. 467). Obwohl die Parallelen mit Proust evident sind, wird der sinnliche Bezug auf Jalisco, seine Herkunftsregion, oft als regionalistische Abhängigkeit vom territorialen Ursprung missverstanden.

[70] Juan Rulfo, »En su discurso de ingreso a la Academia, Rulfo recordó a Gorostiza«, *Excélsior*, 27.9. 1980, S. 6B, zit. nach di Sabato, »Modulaciones temáticas«, S. 460.

[71] »Das Wasser, das von den Dachpfannen tropfte, höhlte ein Loch in den Sand des Hofes. Platsch, platsch, und wieder platsch, klatschte es auf ein Lorbeerblatt, das in einer Spalte zwischen den Ziegeln eingeklemmt, sich um sich selbst drehte und wieder zurückschnellte. Das Unwetter war vorbei. Ab und zu zerrte der Wind an den Zweigen des Granatapfelbaumes, wehte eine schwere Regenlast herunter und betupfte die Erde mit blinkenden Tropfen, die sofort ihren Glanz verloren« (Juan Rulfo, *Pedro Páramo. Roman*, S. 17).

in Sichtbarkeiten auch Unsichtbarkeiten zu produzieren. Geräusche sind Ereignisse aus dem ›Off‹, die die Bilder entrahmen und die Ordnung entgrenzen.[72] Im verlassenen, verwüsteten Ort von Comala wecken die Geräusche die Sinne und die Erinnerung. Selbst der Kazike erinnert sich an sein Begehren für Susana San Juan.

> Por la noche volvió a llover. Se estuvo oyendo el borbotar del agua durante largo rato; luego se ha de haber dormido, porque cuando despertó sólo se oía una llovizna callada. Los vidrios de la ventana estaban opacos, y del otro lado las gotas resbalaban en hilos gruesos como de lágrimas. ›Miraba caer las gotas iluminadas por los relámpagos, y cada vez que respiraba, suspiraba, y cada vez que pensaba, pensaba en ti, Susana.‹ (S. 21)[73]

Nicht die Sichtbarkeit (»Los vidrios de la ventana estaban opacos, y del otro lado las gotas resbalaban en hilos gruesos como de lágrima«), sondern das Hören leitet ein in die Sprache des Begehrens. Es ist der Rhythmus der vom Seufzen unterbrochenen Atmung im Körpergedächtnis. Die Geräusche des Regens sind – wie die Träne – das Material einer anderen Ordnung: die Ordnung der (unerwiderten) Sehnsüchte Pedros, die den steinernen Kaziken von innen her zerstören.

Mit einer alternativen Aufteilung des Sinnlichen im Ort der Macht siegt Susana San Juan, und hier ist es, wo die Politik des Ästhetischen von Juan Rulfo gegen die totalitäre Macht der Politik den Kampf für das Leben gewinnt.[74] Wie bei Giacomo Leopardi, verflüssigen erneut akustische Ereignisse das mortifizierte Leben: die Schreie und Spiele der Kinder auf den Straßen, das Wispern

---

[72] Ich verweise auf meine Analyse der Nutzung der Spannung von »cadre« und »cache« (Deleuze) in Texten, Fotografien und Kino von Juan Rulfo: Vittoria Borsò, »Rulfo intermedial: passages entre textos, fotografía y cine«, in: Uta Felten u. Isabel Maurer Queipo (Hg.), *Intermedialität in Hispanoamerika. Brüche und Zwischenräume*, Tübingen: Stauffenburg Verlag 2007, S. 203–220.

[73] »Am Abend regnete es wieder. Lange Zeit horchte er auf das Prasseln des Regens. Dann schlief er wohl ein. Als er aufwachte, hörte er nur noch ein leises Nieseln. Die Fensterscheiben waren beschlagen, und draußen glitten die Tropfen, wie strömende Tränen, in dicken Schnüren an ihnen herab. ›Ich sah die Tropfen rinnen, ich sah, wie sie in den Blitzen aufleuchteten, und jeder Atemzug war ein Seufzer und jeder Gedanke ein Gedanke an dich, Susana‹« (Juan Rulfo, *Pedro Páramo*, Roman, S. 20).

[74] Vgl. Yvette Jiménez de Báez, *Juan Rulfo, del páramo a la esperanza. Una lectura crítica de su obra*, Mexiko-Stadt: El Colegio de México 1990, z. B. S. 135. Ebenso Alberto Vital, »Las lomas de ›la época del aire‹ y el mar de Susana indican esa ›multitud de caminos‹ que en Rulfo entraña una esperanza« (Alberto Vital, *Noticias sobre Juan Rulfo, 1784–2003*, Mexiko-Stadt: FCE 2003, S. 115).

Audiovisionen der Schrift an der Grenze des Sagbaren und Sichtbaren

der Toten. Echos und Geräusche weiten den Raum in einer unbegrenzten Freiheit, die freilich jenseits der Sichtbarkeiten und Sagbarkeiten der politischen Ordnung besteht. Zu Beginn eines Fragments, das der Aussage von Abbundio folgt: »›Pedro Páramo murió hace muchos años‹« (12), zeigt sich tatsächlich das Leben mit dem akustischen Ereignis der Schreie der Kinder: »Era la hora en que los niños juegan en las calles de todos los pueblos, llenando con sus gritos la tarde. Cuando aún las paredes negras reflejan la luz amarilla del sol« (12).[75] Das Sich-akustisch-zeigen des Lebens in der verstörenden Topographie von *Pedro Páramo* ist subversiv. *Pedro Páramo* ist kein Roman über die Ohnmacht der *vencidos*, sondern ein Roman der Widerstandskraft des Ästhetischen, ausgedrückt etwa durch die Glocken, die zur Unzeit läuten, oder die Zeit zum ›Schrumpfen‹ bringen,[76] durch Susanas Träume oder durch die Klagen der Toten. Rulfo blickt transversal auf die Totalisierung der Macht und öffnet deshalb andere Räume. Comala ist heterogen und paradoxal wie die Macht selbst. Es ist der Ort, in dem die Macht biopolitische Grenzen setzt, aber auch der qualitative Ort der Träume, die die Macht an ihre Grenzen führen. Es ist der Ort des Ausschließens aber auch des Öffnens für das Begehren, das selbst den politischen Machthaber Pedro Páramo überfällt. Dieser ›andere‹ Raum hat eine ethisch-politische Verantwortung. Seit dem Scheitern der politischen Utopien nach dem Massaker an ca. 3000 Studierenden auf dem Platz von Tlatelolco am 2. Oktober 1968 hat sich in Mexiko die »cultura popular«, für den der Mediensoziologe und Schriftsteller Carlos Monsiváis sowie die Journalistin und Schriftstellerin Elena Poniatowska stehen, diesen Raum zueigen gemacht und sich als Gegenkultur gegen die politische Elite positioniert. Carlos Monsiváis, der die Widerstandskraft in *Pedro Páramo* als exemplarisch für die profanierende Subversivität der Populärkultur betrachtete, spricht sich heute für die Widerstandskraft

---

[75] So das Ende des ersten Fragments: »Pedro Páramo ist seit vielen Jahren tot« und der Beginn des zweiten: »Es war um die Stunde, da in allen Dörfern die Kinder auf der Straße spielen und den sinkenden Abend mit ihrem Gelärme erfüllen, die Stunde, die das gelbe Licht der Sonne noch von den schwarzen Mauern zurückstrahlt« (Juan Rulfo, *Pedro Páramo. Roman*, S. 11–12).

[76] »El reloj de la iglesia dio las horas, una tras otra, una tras otra, como si hubiera encogido el tiempo« (Juan Rulfo, *Pedro Páramo*, S. 22); »Die Kirchenuhr schlug die Stunden, eine nach der andern, eine nach der andern, als wäre die Zeit eingeschrumpft« (Juan Rulfo, *Pedro Páramo. Roman*, S. 21).

von massenmedialen Strategien der Populärkultur in der globalisierten Welt des 21. Jahrhunderts aus.[77]

Die Politik des Ästhetischen und die Ethik der Materialität

Seit der Französischen Revolution steht der politische Terror im Dienste des moralischen Rechtes und einer absoluten Wahrheit. Mit der Französischen Revolution beginnt deshalb die moderne Krise der Moral, so Jean-François Lyotard in seiner Analyse des Erhabenen. Seitdem sind in der Topographie des Terrors eine moralische Bewertung und eine eindeutige Wahrheit nicht mehr möglich.[78] Angesichts dieser Ambivalenz betrifft die Frage der Ethik die Art und Weise, in der Subjekte ihr Verhältnis zur Welt und zu den Anderen verhandeln und eine Verantwortung gegenüber diesem Handeln übernehmen. Gerade aber die Definition des Anderen oder der Anderen ist mit der Moderne ebenfalls problematisch geworden, ist doch die Konstellation von Selbst und Anderem oder von Subjekt und Objekt nicht mehr von einer klaren, kartesianischen Grenze geregelt. Vielmehr befindet sich das moderne Subjekt in einem ambivalenten Raum der Unbestimmtheit,[79] weshalb die Ästhetik zu einer der wichtigsten »école de regard« geworden ist.[80]

Das Ästhetische hat also seit der Moderne in besonderer Weise eine ethische Funktion.[81] Ethos ist eine selbstreflexive Geste. Sie impliziert nicht nur eine Analyse der eigenen Positionierungen zur Welt und zu den Anderen, son-

---

[77] Vgl. meine Analysen der »cultura popular«, u. a. »Machtgrenzen und Körperschwellen. Zur performativen Macht des Populären in der Literatur und Massenkultur Mexikos (Rulfo, Monsiváis, Poniatowska)«, in: Marianne Braig, Ottmar Ette, Dietmar Ingenschay u. Günther Maihold (Hg.), *Grenzen der Macht – Macht der Grenzen. Lateinamerika im globalen Kontext*, Frankfurt a. M.: Vervuert 2005, S. 103–134.
[78] Jean François Lyotard, *L'enthousiasme. La critique kantienne de l'Histoire*, Paris: Galilée 1986.
[79] Die Unbestimmtheit ist eine der zentralen Figuren seit der klassischen Moderne, die in heutigen Kulturtheorien wieder aufgegriffen wird. Vgl. z. B. Vittoria Borsò »Migrationelle Transkriptionen im Raum der Schrift (Borges, Barthes, Deleuze)« , in: Walter Bruno Berg u. a. (Hg.), *Migrations et transcriptions*, im Druck, 2009.
[80] So Calvino in dem 1960 erschienenen »Il mare dell'oggettività«, einem Essay, der sich mit dem experimentellen Roman seit dem französischen Existentialismus und des nouveau roman befasst. (Italo Calvino, »Il mare dell'oggettività«, in: *Una pietra sopra. Discorsi di letteratura e società*, Mailand: Mondadori 1995, S. 47–68, hier S. 47). Ähnlich wie Leopardi betont Calvino den Verlust des Ichs, nämlich das Versinken in das Meer der unbestimmten Objektivität (S. 48).
[81] Von dieser These geht auch der Vorschlag einer »Ethik der Ästhetik« aus. Vgl. Dietmar Kamper, Hans Ulrich Gumbrecht u. Christoph Wulf (Hg.), *Ethik der Ästhetik*, Berlin: Akademie-Verlag 1995.

Audiovisionen der Schrift an der Grenze des Sagbaren und Sichtbaren

dern auch eine Reflexion über die Formen, die Wahrnehmungen und Einstellungen mediatisieren. Verschiedentlich ist im Rahmen der vorangehenden Analyse auf die Ethik der Exteriorität und damit auf Emmanuel Levinas Bezug genommen worden. Levinas entsprechend ist der Kerngedanke der modernen Ethik die Sprengung der Autonomie des freien, sich selbst okulozentrisch autorisierenden Subjektes. Deshalb ist die Begrenzung der Sichtbarkeit, des Vermögens der totalisierenden Objektivation,[82] Levinas zufolge, ein erster Schritt der Ethik, denn erst die Begrenzung des Okulozentrismus macht das abendländische Subjekt zur Betroffenheit und Verletzlichkeit fähig. Das im (akustischen, visuellen, taktilen) Material ankommende Ereignis des Widerfahrens in der Visualität und im Sagen ist hierbei ein zentrales Moment der Nähe, das die Bedingungen stellt, um zu neuen Konfigurationen von Subjektivität und Welt zu kommen. Die Ästhetik, welche in der *écriture* oder den technischen Medien die Verknüpfung von Sichtbarkeit und Sagbarkeit aufs Spiel setzt, scheint nach dem Fall der politischen Utopien im 20. Jahrhundert eine privilegierte Form der Reflexion zu sein, weil sie der Sprache die Geste des Sagens restituiert.[83]

Mit dem Kantischen Erhabenen analysiert Lyotard die politisch-historische Derealisierung des 20. Jahrhunderts, mit der auch die ästhetische Derealisierung Hand in Hand gegangen ist. Das Eintreten des Schreckens aufgrund des Erhabenen sei kaum noch möglich. Eine Unterscheidung von Politik und Kunst ist deshalb komplex geworden. Nach Ende der politischen Utopien partizipiert die Kunst auf schreckenerregende Art und Weise an der Topographie des Terrors, dessen Dramaturgie sie selbst übernimmt.[84] Eben aus diesen Gründen ist die ambivalente Topographie des Terrors die größte Herausforderung der gegenwärtigen Kultur, bei der aber das Ästhetische dann zum privilegierten Ort

---

[82] Emmanuel Levinas, Totalität und Unendlichkeit, S. 23. Hier ist auf die Nähe zu Merleau-Pontys Begriff des »sehenden Sehens« als Depotenzierung des panoptischen Blickes hinzuweisen (Maurice Merleau-Ponty, *Le visible et l'invisible*, Paris: Seuil 1964 und Waldenfels' These des »Blickes, der aus dem Rahmen fällt«, in: ders., Sinnesschwellen, S. 140–147).
[83] So Foucault, der seit *Les mots et les choses* der Literatur die Funktion zuschreibt: »ramener le langage au pouvoir dénudé de parler« (Foucault, *Les mots et les choses*, Paris: Gallimard 1966, S. 316). In die Richtung der Unbestimmtheit geht auch Emmanuel Levinas' Versuch, die Unendlichkeit jenseits der Sprache der Ontologie, in der Geste des Sagens (»dire«) statt im Logos des »Gesagten« zu positionieren.
[84] Vgl. z. B. Thomas Macho u. Kristin Marek (Hg.), *Die neue Sichtbarkeit des Todes*, München: Fink Verlag 2007.

kritischen Denkens werden kann, wenn die Kunst des Undarstellbaren den Zusammenbruch der Formen in Szene setzt und die Arroganz des großen Projekts ästhetisierter Politik zum Kollaps führt.[85] Lyotard plädiert deshalb für eine Ästhetik des Erhabenen, die nicht mehr den Triumph der Imagination und des Spektakels des Terrors darstellt, sondern sich mit der Inszenierung des Terrors gegen die Darstellung selbst richtet. Beide Modi, nämlich »Imagination des Erhabenen« und »Ästhetik des Erhabenen«, manifestieren sich in der Geschichte der modernen Kunst. Tatsächlich zeigt sich einerseits das Spektakel des Todes, das heißt die Zurschaustellung des Scheiterns der Vernunft, der Entmenschlichung der Welt, des Terrors, um jedoch die allgemeine Souveränität der Vernunft umso deutlicher zu bestätigen; andererseits haben wir aber auch die *mise en scène* des Scheiterns der Darstellungsmedien durch eine Materialität des Visuellen und Akustischen, die sich der Unterordnung unter das Sagbare entzieht.[86] Erst hier, wenn die Verknüpfung von Sichtbarkeiten und Sagbarkeiten aufs Spiel gesetzt wird, und das Material der Bilder und der Sprache das Ereignis des Sagens und des Sehens in Gang setzt, kann sich auch eine Selbstreflexion über die Verantwortung für Modalitäten der Darstellung, der Wahrnehmung und der Szenographie der Sichtbarkeit einstellen.

---

[85] Jacques Rancière betont auf diese Weise die Umdeutung des kantischen Erhabenen durch Jean François Lyotard. Vgl. Jacques Rancière, *Le partage du sensible*, Paris: La Fabrique 2000, S. 8 f.
[86] In *Der Augenblick, Newman* postuliert Lyotard eine Ästhetik des Erhabenen im Sinne des »erhabenen Augenblicks« und als Bild der Zeit, wie in der Malerei Newmans (Jean-François Lyotard, *Sam Francis – Lesson of Darkness....like the paintings of a blind man...* Venice, Calif.: Lapis Press, 1993). Ähnlich plädiert Jacques Derrida für den »Ruin« der Repräsentation (*Mémoires d'aveugle. L'autoportrait et autres ruines*, Paris: Ed RMN 1990, u. a. mit Bezug auf Diderots *Lettre sur les aveugles à l'usage de ceux qui voient*, Paris: Flammarion 1972). Eine solche Ästhetik hat Parallelen zur Ästhetik des »Entsetzens«, für die Walter Benjamin in kritischer Distanzierung zum Surrealismus und als Auseinandersetzung mit der »Kritik der Gewalt« eingetreten ist. Vgl. Vittoria Borsò, »Walter Benjamin – Theologe und Politiker«, in: Bernd Witte u. Mauro Ponzi (Hg.), *Theologie und Politik. Walter Benjamin und ein Paradigma der Moderne*, Berlin: Erich Schmidt Verlag, 2005, S. 58–69.

HENDRIK BIRUS

Die Entziehung der Hirse.
Oder: Wie ich lernte, Brecht gerechter zu werden

Wie hätte ich als Heranwachsender Brecht gerecht werden können? Sein einziges Stück in den DDR-Lehrplänen der fünfziger Jahre, *Die Gewehre der Frau Carrar*, fiel so gegen alles ab, was wir, durch Störsender nicht vollständig überlagert, allsonntäglich von RIAS Berlin – »gleiche Welle, gleiche Stelle, Ihr Friedrich Luft!« – über Beckett, Ionesco, Genet und andere hören konnten. Die Lektüre der *Mutter Courage*, des *Kaukasischen Kreidekreises* und anderer seiner inzwischen kanonisierten Dramen war auch nicht dazu angetan, uns von seiner Aktualität zu überzeugen. Von Brechts Prosa konnte man nur eine Taschenbuchausgabe der *Kalendergeschichten* erwerben – da lasen wir lieber Kafka, Musil oder Joyce (wenn wir sie denn in die Finger bekamen).

Und Brechts Lyrik? Zwar hatte Wieland Herzfelde bereits 1951 im Aufbau-Verlag seine Auswahl der *Hundert Gedichte*[1] vorgelegt, über die Peter Suhrkamp im Vorwort zu seiner eigenen Auswahl der *Gedichte und Lieder* nobel bemerkte, sie sei »durchaus nicht einseitig, aber doch politisch akzentuiert«.[2] Doch statt ihrer war im DDR-Buchhandel der fünfziger Jahre nur Siegfried Strellers politisch einseitiger Auszug *ad usum delphini* verfügbar.[3] Als dann Brechts Witwe »Zum 60. Geburtstag von B.B.« ein Bändchen *Gedichte und Geschichten* (mit einem abschließenden »Brief an Junge Pioniere, wie man ein Gedicht zu lesen hat«) an die Schüler mit den besten Deutsch-Noten verteilen ließ, fanden wir darin, von Elizabeth Shaw neckisch illustriert, Gedichte wie das *Vom kriegerischen Lehrer*:[4]

---

[1] Korrigierter Wiederabdruck: Bertolt Brecht, *Hundert Gedichte. 1918–1950*, Berlin u. Weimar: Aufbau-Verlag 1987.
[2] Bertolt Brecht, *Gedichte und Lieder*, Auswahl Peter Suhrkamp, Berlin u. Frankfurt a. M.: Suhrkamp 1958 [1956], S. 5.
[3] Bertolt Brecht, *Gedichte*, Auswahl u. Nachwort v. Siegfried Streller, Leipzig: Reclam o. J.
[4] Bertolt Brecht, *Gedichte und Geschichten*, Berlin: Volk und Wissen 1958, S. 12 f. [im Buchhandel nicht erhältlich].

VOM KRIEGERISCHEN LEHRER

Da war der Lehrer Huber
Der war für den Krieg, für den Krieg.
Sprach er vom Alten Fritzen
Sah man sein Auge blitzen
Aber nie bei Wilhelm Pieck.

Da kam die Waschfrau Schmitten
Die war gegen Dreck, gegen Dreck.
Sie nahm den Lehrer Huber
Und steckt' ihn in den Zuber
Und wusch ihn einfach weg.

Daraufhin legten wir Brecht einfach weg und lasen statt dessen wieder und wieder Georges *Jahr der Seele* (Giftschrank, wegen Dekadenz!) oder Rilkes *Neue Gedichte* und seine *Duineser Elegien*, bis uns 1959 die (selbst beim Umtauschkurs von 1:4 erschwingliche und noch dazu leicht zu schmuggelnde) rororo-Ausgabe von Kurt Pinthus' Anthologie *Menschheitsdämmerung* den ganzen Kontinent expressionistischer Lyrik eröffnete.

Wenn wir damals Brecht verächtlich einen ›Kollaborations-Lyriker‹ nannten, so bezog sich dies vor allem auf sein Gedicht *Die Erziehung der Hirse*, das mit den unvergesslichen Versen beginnt:

> Tschaganak Bersijew, der Nomade
> Sohn der freien Wüsteneien im Land Kasakstan
> In den Steppen am Fluß Uil, wermutbewachsen
> Ließ er nieder sich und baute Hirse an.[5]

---

[5] Bertolt Brecht, *Die Erziehung der Hirse*, Berlin: Aufbau-Verlag 1951; zit. nach dem Wiederabdruck unter dem Titel »Tschaganak Bersijew oder Die Erziehung der Hirse«, in: Bertolt Brecht, *Gedichte 5. Gedichte und Gedichtfragmente 1940–1956*, bearb. v. Jan Knopf u. Brigitte Bergheim, unter Mitarb. v. Annette Ahlborn, Günter Berg u. Michael Duchardt, Berlin u. Weimar: Aufbau-

Die Entziehung der Hirse. Oder: Wie ich lernte, Brecht gerechter zu werden

Unvergesslich nicht nur wegen ihrer pittoresken Eigennamen, sondern nicht minder dank ihrer Tonbeugungen (»ím Land«, »wermútbewáchsen«), ihrer nachgestellten Parenthesen (wer oder was, um Himmelswillen, ist »wermutbewachsen«: der »Fluß Uil«, die »Steppen«, das »Land Kasakstan« oder gar »der Nomade«?) und sonstigen Inversionen (»ließ er nieder sich«, in Strophe 32 gar: »in der Wissenschaft Akademie«). Ich verdanke dem den bleibenden Triumph, einmal im Leben nicht vor Ruth Klügers Lyrikgedächtnis kapituliert zu haben, indem ich ihr auf einem Alpen-Spaziergang *Die Erziehung der Hirse* Strophe für Strophe aufsagen konnte, als wäre es Schillers *Bürgschaft*, bis sie »Genug, genug!« rief.[6] Aus ähnlich obsessiven Erinnerungen an Reproduktionen von Sowjetgemälden (Gerasimovs *Lenin auf der Tribüne* oder Serovs *Bauernvertreter treffen V. I. Lenin*, Iogansons *Vernehmung der Kommunisten* oder Neprintsevs *Nach der Schlacht*, Čuikovs *Eine Tochter Sowjetkirgisiens* oder Tokarevs *Die Kasachin* – auch hier Kasakstan!) in den Lesebüchern und Klassenzimmern unserer Schule sowie Picassos Stalin-Porträt von 1953 sind Georg Baselitz' grandiose *Russenbilder* (1998–2002) gespeist.[7]

Brecht war für *Die Erziehung der Hirse* 1954 zu Recht mit dem Internationalen Stalin-Friedenspreis ausgezeichnet worden.[8] Denn wie er ein Jahr zuvor in der Sondernummer der Zeitschrift *Sinn und Form* verkündet hatte:

Den Unterdrückten von fünf Erdteilen, denen, die sich schon befreit haben, und allen, die für den Weltfrieden kämpfen, muß der Herzschlag gestockt haben, als sie hör-

---

Verlag, Frankfurt a. M.: Suhrkamp 1993 (Große Kommentierte Berliner und Frankfurter Ausgabe, Bd. 15), S. 228–238; Kommentar: ebd., S. 449–452.

[6] Ich lese es als spätes Echo unseres Gesprächs, wenn Ruth Klüger in ihrer »Dankansprache zum Preis der Frankfurter Anthologie« betont: »Aber auch Brecht konnte sich ungewollt parodieren und den Realismus der Trivialität und damit der Lächerlichkeit preisgeben« und dies an drei Strophen der *Erziehung der Hirse* exemplifiziert – mit dem Resümee: »Sie sehen, Brecht scheiterte dort, wo das Gedicht eine Sublimierung fordert, die der Dichter, überzeugt von der schon vorhandenen Poesie von Schafmist und Fünfjahrplan, ihm verweigert.« (Ruth Klüger, »Über Lyrik reden«, in: Dies., *Gemalte Fensterscheiben. Über Lyrik*, Göttingen: Wallstein ²2007, S. 240–253, hier S. 251 f.)

[7] Vgl. die Abbildungen und Einzelnachweise im Katalog: Georg Baselitz, *Russenbilder*, red. v. Arne Ehmann, Saint-Etienne: Musée d'Art Moderne, Hamburg: Deichtorhallen, Salzburg u. Paris: Galerie Thaddaeus Ropac 2007.

[8] Vgl. Klaus Völker (Hg.), *Brecht-Chronik. Daten zu Leben und Werk*, München: Deutscher Taschenbuch Verlag 1984, S. 151.

ten, Stalin ist tot. Er war die Verkörperung ihrer Hoffnung. Aber die geistigen und materiellen Waffen, die er herstellte, sind da, und da ist die Lehre, neue herzustellen;[9] so widmet er ihm in seinem Langgedicht die 20. Strophe (mit der denn auch der Vorabdruck im *Neuen Deutschland* am 26. September 1950 begann):

Josef Stalin sprach von Hirse
Zu Mitschurins Schülern, sprach von Dung und Dürrewind
Und des Sowjetvolkes großer Ernteleiter
Nannt die Hirse ein verwildert Kind.[10]

Doch selbst wenn man sich entschließt, die aberwitzigen Enjambements (»sprach von Hirse | Zu Mitschurins Schülern«) und Elisionen (»nannt« oder »verwildert Kind«) zu goutieren, so verdirbt einem die Erinnerung an die in Brechts Umkreis in den dreißiger Jahren heftig diskutierten Moskauer Schauprozesse den Genuss an der folgenden Strophe:

Nicht die Hirse war die Angeklagte
Als die launische Steppentochter ward verhört
In Lyssenkos Treibhaus, fern in Moskau, sagte
Aus sie, was ihr hilft und was sie stört.[11]

Wie aktuell dies noch in der Spätphase des Stalinismus war, wird im letzten Band von Uwe Johnsons *Jahrestagen*[12] vorgeführt, wenn Gesine Cresspahl am 14. 8. 1968 nochmals ihre verschiedenen Schulfächer samt deren Lehrern resümiert. Aus dem Biologieunterricht erinnert sie sich vor allem an »den Lieblingssohn Stalins, den sowjetischen Biologen Trofim Denissowitsch Lyssenko«:

brav rezitierten wir [...], es komme bei Pflanzen allein auf die Umweltbedingungen an, wenn sie erworbene Eigenschaften vererben sollten. Daß sie es taten, es war nun einmal unsere einzige Wissenschaft auf einem Fachgebiet [...]. (S. 1816)

Als Anita, eine Mitschülerin, bei der Betriebsbesichtigung eines Saatzuchtguts deren Leiter um eine »Auskunft über Mitschurin und dessen Zögling Lyssenko« gebeten hatte, erwiderte dieser wenig linientreue Professor (»erbost, streng wie ein Geheimrat«):

---

[9] Bertolt Brecht, »[Zum Tod Stalins]«, in: Ders., *Schriften 3. 1942–1956*, bearb. v. Barbara Wallburg, unter Mitarb. v. Marianne Conrad, Sigmar Gerund, Werner Hecht u. Benno Slupianek, Berlin u. Weimar: Aufbau-Verlag, Frankfurt a. M.: Suhrkamp 1993 (Große Kommentierte Berliner und Frankfurter Ausgabe, Bd. 23), S. 225.
[10] Brecht, »Tschaganak Bersijew oder Die Erziehung der Hirse«, S. 232.
[11] Ebd.
[12] Uwe Johnson, *Jahrestage. Aus dem Leben von Gesine Gresspahl* 4, Frankfurt a. M.: Suhrkamp 1983 – künftig zit. unter einfacher Angabe der Seitenzahl.

Die Entziehung der Hirse. Oder: Wie ich lernte, Brecht gerechter zu werden

> es möge eine Fixierung genetischer Eigenschaften auf somatischem Umwege vielleicht in 10 hoch 6 Millionen Jahren vorkommen, da andernfalls Theorie von der Weiterentwicklung des Lebens hinfällig. Bei mir gibt es keine Lyssenko-Beete, junge Frau! [...] – Heil Moskau und Lyssenko! sagte die Schülerin Gantlik [...]. (S. 1816 f.)

Von dieser Episode aus ist es nur noch ein kleiner Sprung zur Erinnerung an die Behandlung der *Erziehung der Hirse* im Deutschunterricht: Wie sie das Gedicht (zitiert werden die fatalen Strophen 20 und 21) »ernsthafter Miene« aufgesagt hatten und wie die Mitschülerin Anita die »poetischen Ziele dieser Zeilen« erläuterte:

> nämlich die naturwissenschaftliche Grundlage für die marxistische Auffassung von gesellschaftlicher Entwicklung, die Prägung des Menschen durch sein soziales Milieu sowie auch die Vererbung der so erworbenen Tugenden (samt Unterschied zu den Milieu-Theorien von Marx' Zeitgenossen; unter strikter Vermeidung des Terminus Soziologie, damals noch geächtet als Ausdruck imperialistischer Afterwissenschaft). (S. 1818)

Gegen Ende der fünfziger Jahre war dann das stalinistische Duo Mitschurin & Lyssenko klammheimlich auf den ersteren (mit dem zäh haftenden Spottvers: »Mitschurin hat festgestellt, | Daß Marmelade Fett enthält«) reduziert worden. Und die pseudowissenschaftliche Theorie der Vererbung erworbener Eigenschaften fand nur noch ein blasses Echo in Chrustschows Kampagne für Rinderoffenställe, die folgerichtig auch in der DDR praktiziert wurde – und poetisch gefeiert, etwa mit Versen wie den folgenden:

> Rinder haben dralle Waden, dralle Waden
> In dem Selbstbedienungsladen
> Rinderoffenstall.[13]

Brecht im Deutschunterricht der DDR – damit verbindet Johnsons Heldin noch die Erinnerung an seinen *Herrnburger Bericht*: »eine poetische Erinnerung an den Empfang, der den westdeutschen Besuchern des Deutschlandtreffens von 1950 am Grenzübergang Herrnburg bereitet wurde von ihrer Schupo [...] – mit einem Befund über zwei Parteivorsitzende in der Bundesrepublik:

> Schuhmacher, Schuhmacher, dein Schuh ist zu klein,
> In den kommt ja Deutschland gar nicht hinein.

---

[13] Der Name des Dichters ist mir, gnädigerweise, entfallen.

Adenauer, Adenauer, zeig deine Hand,
Um dreißig Silberlinge verkaufst du unser Land.[14]

Das wurde aufgeführt zu den III. Weltjugendfestspielen der F.D.J. in Berlin, und die englischen Mädchen mit dem sozialistischen Gewissen um unseren Hg. Knick in kurzen Hosen mochten es gewiß *awful* finden, was er ihnen übersetzte:

> Deutsche wurden von Deutschen gefangen
> Weil sie von Deutschland nach Deutschland gegangen.
> ... Schlagbaum und Schanzen
> Hat das denn Zweck?
> Seht doch, wir tanzen
> Drüber hinweg.« (S. 1819).[15]

Als die Schüler, »albern genug«, gar eine Inszenierung dieses Chorwerks vorschlugen, wurde dies von ihrer linientreuen Musiklehrerin verhindert:

> der schwante etwas von unserer Verwunderung über einen Dichter, der sich empörte über westdeutsche Polizeikontrolle, weil er von der ostdeutschen meistens verschont wurde. Aber das Lehrziel erreichte die Schule. Indem sie uns nur die Brotarbeit Brechts vorführte, mit einem Nationalpreis (hunderttausend Mark) als Belohnung dazu, verleidete sie uns seine »Hundert Gedichte«, die im selben Jahr 1951 auf den Markt kamen; die durften wir auch als madig verdächtigen. (S. 1819 f.)

(Der Witz ist nur, dass – ungeachtet hymnischer Kommentare in der DDR-Presse – die Partei- und FDJ-Führung nicht nur nörgelnde Detailkritik übte und durchsetzte, sondern auch so wenig mit dem Ganzen zufrieden war, dass sie zu Brechts Empörung weitere Aufführungen unterband.[16])

Übrigens war ja auch *Die Erziehung der Hirse* von Brecht als »Kantate« konzipiert:

> Sie ist für Schulen bestimmt. Die Musik sollte auskommen mit einer einzigen Weise für die Hauptstrophen; jedoch sollte den Kindern eine Anzahl von Varianten für die freie Benutzung zur Verfügung gestellt werden.[17]

---

[14] Vgl. den Abdruck in: Brecht, *Gedichte 5*, S. 246–253, hier S. 252. Die Verse bilden den Schluss jeder der beiden Strophen des »Spottlieds«; bei Brecht lautet der Name des SPD-Vorsitzenden korrekt »Schumacher« statt »Schuhmacher«.
[15] Johnsons Zitat ist – durch die drei Punkte angedeutet – eine Montage des Mottos des *Herrnburger Berichts* (ebd., S. 246) und des Refrains des »Tanzlieds« (S. 249).
[16] Vgl. den Kommentar in: Brecht, *Gedichte 5*, S. 455–461.
[17] Zit. nach Brecht, *Gedichte 5*, S. 449 (Kommentar).

Die Entziehung der Hirse. Oder: Wie ich lernte, Brecht gerechter zu werden

Brecht schwebte dabei offenkundig eine Art des Musizierens vor, die er »Misuk« nannte und die Hanns Eisler im 2. Brecht-Sonderheft von *Sinn und Form* (1957) folgendermaßen erläuterte:

> Es ist für einen Musiker schwer, Misuk zu beschreiben. Sie ist vor allem nicht dekadent und formalistisch, sondern im höchsten Grade volkstümlich. Sie erinnert am ehesten an den Gesang arbeitender Frauen in Hinterhöfen an den Sonntagnachmittagen. [...]
> Dies niederschreibend, erinnere ich mich, daß Brecht mir vorgeworfen hat, ich hätte gegenüber seiner Erfindung, der Misuk, eine skeptische, herablassende Haltung. Er hatte leider recht.[18]

Kein Wunder, dass Eisler, der Brechts Wünschen oft genug nachgekommen war, sich in diesem Fall dazu außerstande erklärte.

Als willfähriger erwies sich wieder einmal Paul Dessau, der schon den *Herrnburger Bericht* komponiert hatte. Obwohl ihm Brecht einschärfte, »die ihm vorgestellten Beispiele Meyerscher Oratorienmusik mit ihrem Schmalzersatz und Kunsthonig zu mißachten und lediglich daran zu denken, wie er Kindern – eventuell nach einiger Belehrung – Spaß bereiten kann«,[19] zielte Dessau genau in die entgegengesetzte Richtung, wenn er in einem Programmheft-Text zu seiner Vertonung der *Erziehung der Hirse* volltönend erklärte: »Es ist ein Hohelied von der Umgestaltung der Erde durch menschliche Anstrengung im Sozialismus.«[20] Wie freilich schon die hier gegebenen Notenbeispiele vermuten ließen, zeigt die 258-seitige Partitur seines »Musikepos«,[21] wie ideologische Größen-

---

[18] Hanns Eisler, »Bertolt Brecht und die Musik«, in: Ders., *Materialien zu einer Dialektik der Musik*, hg. v. Manfred Grabs, Leipzig: Reclam 1973, S. 249–251, hier S. 251.
[19] Bertolt Brecht, *Journale 2: 1941–1955*, bearb. v. Werner Hecht, Berlin u. Weimar: Aufbau-Verlag, Frankfurt a. M.: Suhrkamp 1995 (Große Kommentierte Berliner und Frankfurter Ausgabe, Bd. 27), S. 337 (Tagebuch, 15. 11. 1952). Wes Geistes Kind Ernst Hermann Meyer, der Komponist des *Mansfelder Oratoriums* (nach Stephan Hermlin) und einer Reihe weiterer linientreuer Kantaten, war, zeigt allein schon sein »Vorwort zum ersten Band der Lieder und Kantaten von Hanns Eisler« mit scheelen Seitenblicken auf »preziös-entpersönlichte und sogar abstrakte Elemente seiner Schönbergvergangenheit« (wieder abgedruckt in: Hanns Eisler. *Eine Auswahl von Reden und Aufsätzen*, hg. v. Winfried Hönsch, Leipzig: Reclam o. J., S. 137–142, hier S. 141).
[20] Paul Dessau, »Die Erziehung der Hirse« (1954), in: Ders., *Notizen zu Noten*, hg. v. Fritz Hennenberg, Leipzig: Reclam 1974, S. 72–74, hier S. 71.
[21] Paul Dessau, *Die Erziehung der Hirse. Musikepos für einen Sprecher, eine Singstimme, gemischten Chor, Jugendchor und großes Orchester. Worte: Bertolt Brecht*, Berlin: Verlag Neue Musik 1959.

phantasien mit musikalischer Banalität übereinkommen können. Hierzu heißt es in Johnsons *Jahrestagen* (S. 1818) so mokant wie zutreffend:

> Überdies war »Die Erziehung der Hirse« verziert mit einer Vertonung, das ließ sich singen mit Längen auf dem jeweils letzten a:
>
> > Tschaganak Bersijew, der Nomaaade
> > Sohn der freien Wüsteneien im Land Kasakstaaan –

Was aber diese prästabilierte Harmonie von Text und Vertonung angeht, so lasen wir mit grimmigem Vergnügen im Vorabdruck des ersten der Brechtschen *Flüchtlingsgespräche* (ebenfalls im 2. Brecht-Sonderheft von *Sinn und Form*) über das »glückliche« Gleichgewicht von schlechtem Bier und schlechten Zigarren und wohl auch schlechtem Kaffee:

> Sie brauchen den Vergleich miteinander nicht zu scheun und können Seit an Seit die ganze Welt herausfordern, keiner von ihnen find einen bessern Freund und ihre Zusammenkünfte verlaufen harmonisch. Anders, wenn der Kaffee zum Beispiel ein Kaffee und nur das Bier kein Bier wär, möchte die Welt leicht das Bier minderwertig schimpfen, und was dann?[22]

Fanden wir so – wie auch durch die Publikation seiner frühen Dramen – unsere Aversion gegen Brecht als DDR-Autor zugleich bestätigt und in Frage gestellt, so empfanden wir es als eine Sensation, als nach Erscheinen von Marianne Kestings Brecht-Monographie[23] in der DDR Abschriften von zwei streng sekretierten *Buckower Elegien* kursierten: *Die Lösung* – mit dem Schluss »Wäre es da | Nicht doch einfacher, die Regierung | Löste das Volk auf und | Wählte ein anderes?«,[24] und *Böser Morgen* – mit dem Schluss »Unwissende! schrie ich | Schuldbewußt.«[25] Gewiß, die meisten von uns waren unwissend über Brechts Differenzen zur DDR-Kulturpolitik gewesen; aber war dies nicht weitgehend seine Schuld?

---

[22] Vollständiger Abdruck: Bertolt Brecht, *Flüchtlingsgespräche*, in: Ders., *Prosa 3. Sammlungen und Dialoge*, bearb. v. Jan Knopf, unter Mitarb. v. Michael Duchardt, Ute Liebig u. Brigitte Bergheim, Berlin u. Weimar: Aufbau-Verlag, Frankfurt a. M.: Suhrkamp 1995 (Große Kommentierte Berliner und Frankfurter Ausgabe, Bd. 18), S. 195–305, hier S. 198.

[23] *Bertolt Brecht in Selbstzeugnissen und Bilddokumenten*, dargestellt v. Marianne Kesting, Hamburg: Rowohlt 1959.

[24] Ebd., S. 141; Wiederabdruck in: Bertolt Brecht, *Gedichte 2. Sammlungen 1938–1956*, bearb. v. Jan Knopf, Berlin u. Weimar: Aufbau-Verlag, Frankfurt a. M.: Suhrkamp 1988 (Große Kommentierte Berliner und Frankfurter Ausgabe, Bd. 12), S. 310. In den kursierenden Abschriften fehlte (wie bei Kesting) das »doch«.

[25] Kesting, *Bertolt Brecht*, S. 142; Wiederabdruck in: Brecht, *Gedichte 2*, S. 310 f.

Die Entziehung der Hirse. Oder: Wie ich lernte, Brecht gerechter zu werden

Gleichviel, wir begannen wieder, ihn aufmerksam zu lesen. Das brachte mich alsbald in eine gefährliche Situation – und sollte mich aus ihr retten. Und das geschah so: Mitschüler waren kurz vor dem Abitur denunziert worden, weil sie es abgelehnt hatten, am 1. Mai, dem Kampftag aller Werktätigen, an der Spitze der Schule die Fahne der Arbeiterklasse – den »roten Lappen«, wie sie sie abfällig genannt hatten – zu tragen. Um diesen Frevel zu ahnden und zugleich ›freiwillige‹ Meldungen für die Offiziersausbildung der Nationalen Volksarmee zu erpressen, wurden FDJ-Versammlungen der betroffenen Klassen einberufen, in denen uns sogenannte ›Arbeiterveteranen‹ einheizen sollten. Die Tonart solcher Tribunale findet sich erschreckend genau im Kapitel 45 »Die Papierrepublik« von Uwe Tellkamps Roman *Der Turm* evoziert, in dem die Attacken eines Parteidichters in der Tirade kulminieren:

> Wir sollten bei allen Entscheidungen, bei jeder Beurteilung politischer Ereignisse von einer einfachen Grundfrage ausgehen. Sie lautet: Wer gegen wen? Bertolt Brecht, ›Das Lied vom Klassenfeind‹, letzte Strophe, ja, gern, Genossen, erheben wir uns, Improvisationen stehen nicht im Protokoll, erfrischen aber das Leben; sicherlich können die meisten von uns Brechts Worte mitsprechen: ›Da mag dein Anstreicher streichen / Den Riß streicht er uns nicht zu / Einer bleibt und einer muß weichen / Entweder ich oder du / Und was immer ich auch noch lerne / Das bleibt das Einmaleins: / Nichts habe ich jemals gemeinsam / Mit der Sache des Klassenfeinds / Das Wort wird nicht gefunden / Das uns beide jemals vereint: / Der Regen fließt von oben nach unten / Und du bist mein Klassenfeind.‹[26]

In Erwartung solcher Hetzreden hatte ich mir, ohne weiteres Nachdenken, mein Reclam-Bändchen Brecht-Gedichte in die Jackentasche gesteckt. Und nun, in einem Moment lauernden Zögerns, schlug ich vor, zur Eröffnung ein Gedicht Brechts vorzulesen – gewiß nicht das sattsam bekannte *Lied vom Klassenfeind* oder das *Lob der Partei*, aber welches dann? Wie aus einer Eingebung heraus begann ich, aus den *Svendborger Gedichten* das *Gleichnis des Buddha vom brennenden Haus*[27] vorzulesen:

> Gothama, der Buddha, lehrte
> Die Lehre vom Rade der Gier, auf das wir geflochten sind und empfahl
> Alle Begierde abzutun und so
> Wunschlos einzugehen ins Nichts, das er Nirwana nannte.

---

[26] Uwe Tellkamp, *Der Turm. Geschichte aus einem versunkenen Land. Roman*, Frankfurt a. M.: Suhrkamp 2008, S. 632.
[27] Brecht, *Gedichte*, hg. v. S. Streller, S. 114–116; zit. nach: Brecht, *Gedichte 2*, S. 36 f.

Da fragten ihn eines Tags seine Schüler:
Wie ist dies Nichts, Meister? Wir alle möchten
Abtun alle Begierde, wie du empfiehlst, aber sage uns
Ob dies Nichts, in das wir dann eingehen
Etwa so ist wie dies Einssein mit allem Geschaffenen
Wenn man im Wasser liegt, leichten Körpers, im Mittag
Ohne Gedanken fast, faul im Wasser liegt oder in Schlaf fällt
Kaum noch wissend, daß man die Decke zurechtschiebt
Schnell versinkend, ob dies Nichts also
So ein fröhliches ist, ein gutes Nichts, oder ob dies dein
Nichts nur einfach ein Nichts ist, kalt, leer und bedeutungslos.
Lange schwieg der Buddha, dann sagte er lässig:
Keine Antwort ist auf euere Frage.

(Spätestens jetzt fragten sich Freunde und Feinde, wie ich an ihren Mienen sah, ob ich noch ganz bei Sinnen sei. Doch da ich keine Alternative sah, setzte ich die Lesung des Gedichts fort:)

Aber am Abend, als sie gegangen waren
Saß der Buddha noch unter dem Brotbaum und sagte den andern
Denen, die nicht gefragt hatten, folgendes Gleichnis:
Neulich sah ich ein Haus. Es brannte. Am Dache
Leckte die Flamme. Ich ging hinzu und bemerkte
Daß noch Menschen drin waren. Ich trat in die Tür und rief ihnen
Zu, daß Feuer im Dach sei, sie also auffordernd
Schnell hinauszugehen. Aber die Leute
Schienen nicht eilig. Einer fragte mich
Während ihm schon die Hitze die Braue versengte
Wie es draußen denn sei, ob es auch nicht regne
Ob nicht doch Wind ginge, ob da ein anderes Haus sei
Und so noch einiges. Ohne zu antworten
Ging ich wieder hinaus. Diese, dachte ich
Müssen verbrennen, bevor sie zu fragen aufhören. Wirklich, Freunde
Wem der Boden noch nicht so heiß ist, daß er ihn lieber
Mit jedem andern vertauschte, als daß er da bliebe, dem
Habe ich nichts zu sagen. So Gothama, der Buddha.

(In diesem Moment wußte ich, warum mich der Teufel geritten hatte, ausgerechnet dieses scheinbar exotische Gedicht zu wählen. Denn damals, im Frühjahr 1961, kamen täglich um die 2000 Flüchtlinge in West-Berlin an, wobei mindestens ebenso vielen dieser Versuch misslang; und auch ich selbst sah kei-

Die Entziehung der Hirse. Oder: Wie ich lernte, Brecht gerechter zu werden

ne Alternative dazu. Doch wenn mir nun das Wort entzogen würde, wären ich und meine Eltern geliefert. Also ohne Atempause weiter:)

> Aber auch wir, nicht mehr beschäftigt mit der Kunst des Duldens
> Eher beschäftigt mit der Kunst des Nichtduldens und vielerlei Vorschläge
> Irdischer Art vorbringend und die Menschen lehrend
> Ihre menschlichen Peiniger abzuschütteln, meinen,

(Samiel, hilf!)

> daß wir denen, die
> Angesichts der heraufkommenden Bombenflugzeuggeschwader des
> Kapitals noch allzulang fragen
> Wie wir uns dies dächten, wie wir uns das vorstellten
> Und was aus ihren Sparbüchsen und Sonntagshosen werden soll nach
> einer Umwälzung
> Nicht viel zu sagen haben.

(Ungläubiges Staunen über diese linientreue Wendung, die mir niemand glaubte, der aber niemand widersprechen durfte. Jeder durchschaute mich, aber keiner konnte mir etwas anhaben. Zumindest nicht in diesem Moment. – Ein Vierteljahr später hielt ich in der Aula unserer Schule die Abiturientenrede. Und nochmals zwei Monate später fand in derselben Aula eine Versammlung aller Schüler statt, in der einstimmig »Mit Abscheu und Empörung« meine Republikflucht verurteilt wurde.)

So wie ich Thomas Manns *Doktor Faustus* lebenslang dafür dankbar bin, dass er mich aus der Enge der DDR befreite (doch das ist eine andere Geschichte[28]), so weiß ich, daß mir die Flucht aus ihr ohne den Beistand dieses von mir gegen den Strich gelesenen Gedichts wohl vereitelt worden wäre. Ja, aus welcher trüben Quelle auch immer gespeist,[29] hat es mir in jener dramatischen Situation ein für allemal das Tor zum Buddhismus wie überhaupt zum asiatischen Denken und Dichten aufgestoßen. Seither bin ich ein so treuer wie widerspenstiger Brecht-Leser.

---

[28] Ich erzählte sie in meinem Beitrag zu dem Wolfgang Beck gewidmeten Band *Ein Buch, das mein Leben verändert hat*, hg. v. Detlef Felken, München: 2007, S. 55–57: »Von Kaiseraschern nach Pacific Palisades: ein Wegweiser aus dem ›Tal der Ahnungslosen‹ in die ›Freie Welt‹«.
[29] Die Quelle von Brechts Gedicht war Karl Gjellerups *Der Pilger Kamanita. Ein Legendenroman* (Frankfurt a. M. 1913). Dazu heißt es in Jan Knopfs Kommentar: »Das Buch ist keine authentische Darstellung über Buddha; die Gleichnisse sind Erfindungen des Autors.« (Brecht, *Gedichte 2*, S. 369.).

Postscriptum:
All dies gesagt, kann ich doch Daniel Kehlmanns Eröffnungsrede zum Augsburger Brecht-Festival 2008,[30] die ihren Ausgang mit einer Polemik gegen die *Erziehung der Hirse* (»sein berüchtigtes Preisgedicht auf die antidarwinistischen Hochstapler Lyssenko und Mitschurin, vorgebliche Erfinder einer sowjetischen Genetik«) als ›schlechten Witz‹ nimmt, in keinem wesentlichen Punkt widersprechen. Freilich: »Es ist fruchtlos, Toten den Prozess, es ist albern, ihnen Vorwürfe zu machen. Lernen wir aber nicht aus ihren Irrtümern, dann haben sie diese umsonst begangen. [...] Nein, wir sind nicht klüger als sie, aber rückblickend sollten wir auch nicht den Schrecken leugnen und tun, als wären sie klüger gewesen, als sie waren.« Der gerechteste Ausweg aus diesem fatalen Dilemma ist wohl die »Nachsicht«, die sich Brecht im letzten Vers seines Gedichts *An die Nachgeborenen* erhofft.

---

[30] Daniel Kehlmann, »Der gute Mensch von Augsburg: Es ist nicht weniger als unser aller Glück, dass die Welt nicht so geworden ist, wie Bertolt Brecht sie sich gewünscht hat«; abgedruckt in: *Süddeutsche Zeitung*, Nr. 167, 19./20. 7. 2008, S. 17.

MICHAEL ESKIN

Gedicht-Logik und Ethik bei R. M. Rilke –
»Du mußt dein Leben ändern«

Für Harald Fricke

[...] Be sure this song is just for you.
It will, no doubt, be wasted on a few –
unmoved by the recto or the verso,
they stand before Apollo's ancient torso
and all it says is *You must lose some weight*.
Let's not count you among their number.

(Don Paterson)

I.

Nähme man Dichtung beim Wort – als Wirklichkeitsaussage, um mit Käte Hamburger zu sprechen –, und nicht als vom unmittelbaren Realitätskontext losgelöste Äußerung ohne direkte pragmatische Relevanz, dann müsste man etwas tun, reagieren, handeln nach der Lektüre von Versen wie diesen aus Rilkes berühmtem Sonett »Archaïscher Torso Apollos«: »[...] denn da ist keine Stelle, / die dich nicht sieht. Du mußt dein Leben ändern«.[1] Denn, wie auch immer

---

[1] Zum Begriff der Wirklichkeitsaussage, vgl. Käte Hamburger, *Die Logik der Dichtung*, München: DTV 1987, S. 15–56; zum Begriff der Dichtung (der Lyrik im besonderen) als »Wirklichkeitsaussage«, vgl. ebd. S. 207–208. Jede Aussage, so Hamburger, »*ist immer Wirklichkeitsaussage, weil das Aussagesubjekt wirklich ist, weil, mit anderen Worten, Aussage nur durch ein reales, echtes Aussagesubjekt konstituiert wird*« (ebd., S. 49; kursiv im Original). Im Lichte von Michail Bachtins Einsicht, dass jede sprachliche Äußerung – auch die dichterische – immer auch eine Replik in der »Kette der sprachlichen Kommunikation« (Übers. d. Verf.) ist, d. h., eine Wirklichkeitsaussage im Sinne Käte Hamburgers, lässt sich Hamburgers Begriff der Wirklichkeitsaussage auf Dichtung (d. h., Literatur) im allgemeinen ausweiten (vgl. Michail Bachtin, *Voprosy literatury i estetiki. issledovaniya raznykh let*, Moskva: Khudožestvennaya literatura 1975, S. 93–94; Michael Eskin, *Ethics and Dialogue in the Works of Levinas, Bakhtin, Mandel'shtam, and Celan*, Oxford: Oxford University Press 2000, S. 104–112). Rilke wird im Folgenden zitiert mit Band- und Seitenangabe nach: Rainer Maria Rilke, *Werke in drei Bänden*, Frankfurt a. M.: Insel 1966 (hier: Bd. 1, S. 313 [die letzten beiden Verse aus dem Gedicht »Archaïscher Torso Apollos«; Erstveröff. in *Der Neuen Gedichte anderer Teil* [1908]).

man dieses Sonett als Ganzes lesen mag – als von der dargestellten Skulptur selbst, von dem Gott Apollo oder von dem lyrischen Ich bzw. dem Dichter gesprochen und sich an den imaginierten Betrachter der Skulptur, das lyrische Ich bzw. den Dichter oder an den Leser wendend – rein strukturell wird man nicht umhin können, die das Gedicht abschließende Apostrophe zumindest immer auch schon als vom Dichter selbst geäußert und sich somit immer auch schon an den Leser wendend zu verstehen.[2]

Wie oft haben wir diese berühmten Zeilen Rilkes gehört, gelesen, zitiert? Und wie oft haben wir unser Leben oder auch nur etwas an ihm geändert auf Rilkes Aufforderung hin? Ich würde wagen, zu behaupten – man verzeihe mir die folgende, verallgemeinernde, jedoch, wie ich meine, nicht ganz falsche Unterstellung –, dass wohl die meisten von uns Rilkes Gedicht nicht als tatsächliche, referentialisierbare Handlungsaufforderung lesen, sondern eher als ein uns viel zu denken gebendes Artefakt, das uns in einen Zustand des diffusen, meditativen Nachsinnens entlässt, der sich treffend mit Hilfe des Kant'schen Begriffs der »ästhetischen Idee« fassen lässt: »[...] unter einer ästhetischen Idee aber verstehe ich«, schreibt Kant, »diejenige Vorstellung der Einbildungskraft, die viel zu denken veranlasst, ohne daß ihr doch ein bestimmter Gedanke, d. i. Begriff, adäquat sein kann [...]«[3]. D. h., anstatt unser Leben zu ändern oder zumindest ernsthaft darüber nachzu*denken*, ob wir unser Leben auf die Lektüre des Rilke'schen Gedichts hin ändern sollten bzw. was es überhaupt zutiefst bedeutet, sein Leben zu ändern (dies allein wäre ja schon gewissermaßen eine Weise, sein Leben zu ändern), lassen wir den Text auf uns eher als verklärend-(syn)ästhetische Anregung wirken, ohne dass unser Dasein davon *wirklich* und im von Rilke veranschlagten, existentiellen Sinne betroffen wäre.

---

[2] Zur Anredestruktur dieses Sonnets, schreibt William Waters: »Many critics raise and variously settle the question of the ›participant roles‹ – to use a linguistic term – involved in this address. Some readings assume that it is the statue speaking, others the god Apollo, and still others the speaker or the poet; ›du‹, in turn, means the beholder of the statue, or the poet/speaker again, or the reader of the sonnet« (vgl. ders., »Answerable Aesthetics: Reading ›You‹ in Rilke«, in: *Comparative Literature* 48/2 (1996): S. 128–49 [hier: S. 128–29]). Vgl. auch W. Waters, *Poetry's Touch. On Lyric Address*, Ithaca: Cornell University Press 2003. Eine eingehende Diskussion des Interpretationsspektrums dieses Sonetts aus historisch-kritischer Sicht bietet Harald Fricke in seinem Aufsatz »›Du musst dein Leben ändern‹: Rilkes ›Torso‹ und die Ästhetik der Individualität«, in: *Sprachkunst. Beiträge zur Literaturwissenschaft* 30/1 (1999), S. 11–28.

[3] Vgl. Immanuel Kant, *Kritik der Urteilskraft*, hg. v. Gerhard Lehmann, Stuttgart: Reclam 1963, S. 246 (§ 49).

Gedicht-Logik und Ethik bei R. M. Rilke – »Du mußt dein Leben ändern«

Wir tun dies, meine ich, weil wir gewöhnt sind, Dichtung im Allgemeinen und Lyrik im Besonderen – unter Ausschluss von ausdrücklicher Propagandaliteratur – als nicht unmittelbar und handlungsorientiert auf unsere Lebenswelt bezogen zu lesen. D. h., dass wir unser Leben nicht ändern im Angesicht der Rilke'schen Verse hat nicht so sehr damit zu tun, dass wir uns von Rilke aus welchen Gründen auch immer nicht sagen lassen, wie wir unser Leben zu leben haben, oder dass wir keinen Grund sehen unser Leben zu ändern, sondern damit, dass wir Rilkes dichterische Äußerung erst gar nicht als Aufforderung an uns verstehen. Unsere Lesegewohnheiten stützen sich dabei vor allem auf die strukturelle Unbestimmtheit dichterischer Anrede sowie auf die vermeintliche Lockerung bzw. Durchbrechung der sprachlichen Referentialität in der Dichtung.[4] Im Falle von Rilkes Sonett werden unsere Lesegewohnheiten auch noch dadurch bestärkt, dass Rilke selbst seine Dinggedichte als nicht unbedingt weltzugewandt verstanden wissen will. Ebenso wie die Skulpturen Rodins, so Rilke, wendet sich auch das Dinggedicht »nicht an die Welt; es scheint seine Gerechtigkeit in sich selbst zu tragen [...]«; was es auszeichnet ist sein »Ganz-mit-sich-Beschäftigtsein«.[5] Und doch kann das Ding und somit auch das Dinggedicht *qua* Ding scheinbar nicht umhin, wie Rilke anmerkt, »wieder in [unser]

---

[4] Vgl. Aristoteles, »On Interpretation«, 17a1–5, 17a25 (in: Ders., *The Organon I. The Categories, On Interpretation, Prior Analytics*, a. d. Gr. v. H. P. Cooke u. H. Treddenick, Cambridge, Mass.: Harvard University Press 1938); Giovanni Boccaccio, *Boccaccio on Poetry. Being the Preface and the Fourteenth and Fifteenth Books of Boccaccio's Genealogiae Deorum Gentilium*, a. d. Ital. v. C. G. Osgood, Princeton: Princeton University Press 1930, S. 65; Sir Philip Sidney, *An Apology for Poetry or The Defence of Poesy*, hg. v. G. Shepherd, London: Nelson and Sons 1965, S. 123; Gottlob Frege, »Über Sinn und Bedeutung«, in: *Zeitschrift für Philosophie und philosophische Kritik* 100 (1892), S. 25–50 (hier: S. 32), und ders., *Kleine Schriften*, hg. v. I. Angelelli, Hildesheim: Olms 1967, S. 347; Bertrand Russell, *Introduction to Mathematical Philosophy*, London: Allen and Unwin 1919, S. 347, und ders., *Logic and Knowledge*, New York: Macmillan 1956, S. 46, 54; Roman Jakobson, »Linguistics and Poetics«, in: Ders., *Language in Literature*, hg. v. Krystyna Pomorska and Stephen Rudy, Cambridge, Mass.: Harvard University Press 1987, S. 62–94; J. L. Austin, *How to Do Things With Words*, hg. v. J. O. Urmson & M. Sbisà, Cambridge, Mass.: Harvard University Press 1975, S. 12; John R. Searle, »The Logical Status of Fictional Discourse«, in: *New Literary History* 6/2 (1975), S. 319–32 (hier: S. 330); Gérard Genette, *Fiction and Diction*, a. d. Frz. v. C. Porter, Ithaca: Cornell University Press 1991, S. 25.

[5] Vgl. Rilke, *Werke*, Bd. 3, S. 367, 369. Obwohl auf die Plastiken Auguste Rodins gemünzt, lassen sich diese Zitate ebenso als auf die im Bann Rodins geschriebenen Ding-Gedichte Rilkes bezogen lesen. Es sei daran erinnert, dass Rilkes Überlegungen zu Rodins Schaffen in *Neue Gedichte* (1907) und *Der Neuen Gedichte anderer Teil* (1908) – welche sich ganz der Poetik des Dinggedichts verschreiben – ihr poetisch-poetologisches Pendant finden.

Leben ein[zu]treten«. Auf den archaïschen Torso Apollos bezogen heißt dies, dass die Aufforderung, mein Leben zu ändern, tatsächlich mich angeht, sich an mich richtet. Diese Ebene des Gedichts im Namen unserer antrainierten Lesegewohnheiten zu überspringen, hieße, um mit Rilkes Zeitgenossen Edmund Husserl zu sprechen, die »natürliche Einstellung« aufgeben zugunsten einer wie auch immer gearteten Ausklammerung der tatsächlichen Erfahrung des sprachlichen Ereignisses im Dialog mit dem Gedicht.[6] Denn zunächst bedeutet »Du mußt dein Leben ändern« genau das: Du musst – in diesem Fall, ich muß – dein – d. h., mein – Leben ändern. Das ›Du‹ im Gedicht als des Dichters Anrede an sich selbst zu lesen z. B., ist eine Abstraktionsleistung, die bereits die Erfahrung des faktischen Apostrophiertwerdens voraussetzt.

Ich möchte im Folgenden dieser ›naiveren‹ – ethisch ausgerichteten – Leseeinstellung nachdenken und mir einen Leser vorstellen, der die Aufforderung des Gedichts wörtlich nimmt und zumindest darüber nachdenkt, ob er sein Leben – in welcher Hinsicht auch immer – ändern sollte auf den Rilke'schen Aufruf hin und wenn ja, weshalb?[7] Die Frage, die ich im Besonderen stellen möchte, ist folgende: Wie muss Rilkes Gedicht beschaffen sein, damit sein Leser durch seine Lektüre zum Handeln veranlasst werde? Denn anders als im Falle der biblischen Gebote oder der Anweisungen bestimmter, über uns Autorität besitzender Personen bzw. Institutionen (Eltern, Schule usw.) kann sich Rilkes Text weder auf eine vermeintlich nicht weiter hinterfragbare Autorität (Gott) noch auch auf eine institutionell verbürgte Autorität berufen, die es uns gleichsam unmöglich bzw. sehr schwer machen würde, nicht auf ihr Geheiß zu handeln. Mit anderen Worten, als ein von einem ›gewöhnlichen‹ und nicht über uns gebietenden Sterblichen verfasster Text kann Rilkes Gedicht uns nur zum Handeln bringen durch seine poetische Überzeugungskraft (es sei denn, wir hätten Grund Rilke blind zu folgen, was aber eben nicht der Fall ist). Um uns von der Notwendigkeit zu handeln zu überzeugen bzw. uns zum Handeln zu bewegen, muss Rilkes Text einen Gedankengang entwickeln, der, wenn nicht als Geschichte, dann zumindest als logische Struktur das Handeln sozusagen syllogistisch nahe legt. D. h., die ethische Schlagkraft bzw. Autorität des Ril-

---

[6] Vgl. Edmund Husserl, *Ideen zu einer reinen Phänomenologie und phänomenologischen Philosophie*, Tübingen: Niemeyer 2002, §§ 27–32.
[7] Ich verwende den Begriff ›ethisch‹ ganz im Aristotelischen Sinne als auf die jeweilige Lebensführung bezogen. Vgl. Aristoteles, *The Nicomachean Ethics*, a. d. Gr. v. H. Rackham, Cambridge, Mass.: Harvard University Press 1999, 1095a5–7.

Gedicht-Logik und Ethik bei R. M. Rilke – »Du mußt dein Leben ändern«

ke'schen Gedichts muß sich auf eine ganz bestimmte »Gedicht-Logik« stützen können, will sie nicht von vornherein als ›bloß ästhetische, pragmatisch unwirksame verpuffen.[8] Dieser Gedicht-Logik möchte ich nun meine Aufmerksamkeit widmen.

II.

Um der Logik von Rilkes Gedicht beizukommen, müssen wir uns zuerst darüber verständigen, wovon es ›handelt‹.

ARCHAÏSCHER TORSO APOLLOS

Wir kannten nicht sein unerhörtes Haupt,
darin die Augenäpfel reiften. Aber
sein Torso glüht noch wie ein Kandelaber,
in dem sein Schauen, nur zurückgeschraubt,

sich hält und glänzt. Sonst könnte nicht der Bug
der Brust dich blenden, und im leisen Drehen
der Lenden könnte nicht ein Lächeln gehen
zu jener Mitte, die die Zeugung trug.

Sonst stünde dieser Stein entstellt und kurz
unter der Schultern durchsichtigem Sturz
und flimmerte nicht so wie Raubtierfelle;

und bräche nicht aus allen seinen Rändern
aus wie ein Stern: denn da ist keine Stelle,
die dich nicht sieht. Du mußt dein Leben ändern.

Wie schon der Titel bedeutet, wird uns ein Torso präsentiert – ein »archaïscher« Torso des Gottes Apollo: kopflos, vermutlich am oberen – bzw. mittleren Oberschenkel sowie an den Oberarmen amputiert, die Genitalien vermutlich nur noch in Ansätzen erkennbar. Obwohl »entstellt und kurz« – einem geschundenen und verstümmelten Körper gleich – ist die vorgestellte Skulptur doch voller Leben: der Torso »glüht«; das »Schauen« der Augen, die längst nicht mehr da

---

[8] »Zu jeder Logik«, schreibt Durs Grünbein, »gibt es eine Gedicht-Logik, zu jedem Satz einer Erkenntnislehre einen Gedichtsatz« (zitiert in: Ders., »Mein Babylonisches Hirn« in: Urs Engeler (Hg.), *Die Schweizer Korrektur. Durs Grünbein, Brigitte Oleschinski, Peter Waterhouse*, Basel: Engeler 1995, S. 33).

sind, »hält« sich und »glänzt« auch weiterhin, wenn auch »zurückgeschraubt«; die Brust blendet »dich«; vom »Drehen / der Lenden« geht ein »Lächeln [...] / zu jener Mitte, die die Zeugung trug« – sprich: die Leistenmuskulatur richtet sich der Mundform eines Lächelns gleich auf die (nur noch als Spur präsenten?) Genitalien aus; der ganze Torso »flimmer[t] wie Raubtierfelle« und bricht »aus allen seinen Rändern / aus wie ein Stern«. Soweit die Beschreibung dessen, was vorgestellt und wahrgenommen ist.

Worum geht es hier aber? Zunächst um Zeit – um das Problem der Vergänglichkeit und die Frage nach der Möglichkeit, der Vergänglichkeit Paroli zu bieten und ihr eine dauernde (und dauerhafte?) Gegenwart entgegenzusetzen. Denn das, was den Betrachter in Rilkes Gedicht so fasziniert, ist die Spannung zwischen der tiefen Vergangenheit der Entstehung der Skulptur – als sie noch nicht ein Torso, sondern ein vollständiger Körper war – und der Erfahrung der andauernden Kraft ihrer vermeintlichen Ausstrahlung, ihres dialogischen Potentials, trotz ihres offensichtlichen graduellen Verfalls. »[...] vielleicht«, fragt Rilke in seinem Rodin-Vortrag von 1907, »waren die frühesten Götterbilder Anwendungen dieser Erfahrung, Versuche aus Menschlichem und Tierischem, das man sah, ein Nicht-Mitsterbendes zu formen, ein Dauerndes [...]: ein Ding«?[9] Und bereits in einem Brief an Lou Andreas-Salomé vom 8. August 1903 – im unmittelbaren Umkreis seiner Rodin-Studien also – schreibt Rilke: »Das Ding ist bestimmt, das Kunst-Ding muß noch bestimmter sein; von allem Zufall fortgenommen, jeder Unklarheit entrückt, *der Zeit enthoben und dem Raum gegeben*, ist es dauernd geworden, fähig zur Ewigkeit«.[10]

Es geht in dem Gedicht also auch um denjenigen, der das Kunst-Ding herstellt: um den Künstler selbst, der mit und durch seine Kunst dem Vergehen der Zeit etwas Dauerndes entgegen zu halten vermag. In diesem Sinne kann »Archaïscher Torso Apollos« – selbst ein Kunst-Ding – nicht nur als eine verbale Dublette der thematisierten Skulptur gelesen werden – mithin als poetisch-poetologische Reflexion auf die Arbeit des Dichter-Bildhauers –, sondern auch (und vor allem) als sprachliche Restitution der einstmaligen Ganzheit der lädierten Plastik: Ist doch Rilkes Sonnet alles andere als »entstellt und kurz«. Ebenso wie Rodin, so Rilke, seine Plastiken als Fortführung der Baudelaire'schen Dich-

---

[9] Vgl. Rilke, *Werke*, Bd. 3, S. 420.
[10] Zitiert in: Eudo C. Mason, *Rainer Maria Rilke. Sein Leben und sein Werk*, Göttingen: Vandenhoeck & Ruprecht 1964, S. 65.

Gedicht-Logik und Ethik bei R. M. Rilke – »Du mußt dein Leben ändern«

tung im Medium der Skulptur verstand, ebenso versteht Rilke selbst seine Ding-Gedichte als Fortführung der plastischen Kunst im Medium der Sprache.[11] Der Dichter selbst entpuppt sich als Bildhauer, der im Angesicht des verstümmelten Torsos dem Vergehen der Zeit Dauer und Bestand entgegenzusetzen vermag, indem er das Wirken der Zeit in der Vollendung seiner eigenen, verbalen Skulptur aufhebt. Die »heißen Händ[e] des Dichters«, die Rilke in seiner Beschreibung von Baudelaires Schaffen als auch in dem, sich mit dem »atemlose[n] blinde[n] Spiel« des Daseins auseinandersetzenden Gedicht »Das Karussell« nennt, vermögen es, Zeit in dauerhafte Formen zu gießen, ihr in und durch die Kunst Paroli zu bieten.[12]

Jedoch scheint Rilke mehr im Sinn zu haben als nur die bloße Wiederaufnahme des klassischen Topos »vita brevis, ars longa« im modernen Kleide des Ding-Gedichts.[13] Ging es Horaz z. B. vor allem darum, die bloße Möglichkeit der künstlerischen Überwindung der Vergänglichkeit zu benennen und poetisch umzusetzen, so scheint es Rilke darum zu gehen, die Dynamik bzw. den Prozess des Aktes selbst, der in der Zeit dem Lauf der Zeit zu widerstehen vermag – des Aktes der subjektiven, materiellen wie semantischen, Gestaltung von Materie – poetisch einzuholen: Denn nur dem »Wir« und dem »du« erscheint die verstümmelte Statue Apollos als unendlich belebt, schauend, glühend usw. »[D]ie Büste aus Marmor«, schreibt Husserl, ist »ein Ding wie irgendein anderes; erst die neue Auffassungsweise macht es zum Bilde, es erscheint nun nicht bloß das Ding aus Marmor, sondern es ist zugleich und aufgrund dieser Erscheinung eine Person [...] gemeint«.[14] Um die »neue Auffassung« – um die »Bedeutung

---

[11] »Und von Dante kam er zu Baudelaire [...] Und in diesen Versen gab es Stellen, die heraustraten aus der Schrift, die nicht geschrieben, sondern geformt schienen, Worte und Gruppen von Worten, die geschmolzen waren in den heißen Händen des Dichters, Zeilen, die sich wie Reliefs anfühlten, und Sonette, die wie Säulen mit verworrenen Kapitälen die Last eines bangen Gedankens trugen. Er fühlte dunkel, daß diese Kunst, wo sie jäh aufhörte, an den Anfang einer anderen stieß, und daß sie sich nach dieser anderen gesehnt hatte; er fühlte in Baudelaire einen, der ihm vorangegangen war, einen, der sich nicht von den Gesichtern hatte beirren lassen und der nach den Leibern suchte, in denen das Leben größer war, grausamer und ruheloser« (Rilke, *Werke*, Bd. 3, S. 362).

[12] Vgl. Rilke, *Werke*, Bd. 3, S. 362; Bd. 1, S. 286–87.

[13] Vgl. Hippokrates, »Aphorisms«, in: *Hippocrates. Heracleitus on the Universe*, a. d. Gr. v. W. H. S. Jones, Cambridge, Mass.: Harvard University Press 1998, S. 97–223 (hier: S. 97); Horaz [Quintus Horatius Flaccus], *Odes and Epodes*, a. d. Lat. v. C. E. Bennett, Cambridge, Mass.: Harvard University Press 1999, S. 278.

[14] Vgl. Husserl, *Logische Untersuchungen II/2. Elemente einer phänomenologischen Aufklärung der Erkenntnis*, Tübingen: Niemeyer 1993, § 14. Vgl. hierzu auch Käte Hamburgers Versuch Ril-

verleihenden [...] Akte« des Betrachters bzw. Dichters – von materiell bezeugter Vergänglichkeit geht es Rilke in den *neuen* Gedichten, deren »anderen Teil« der apollinische Torso ja eröffnet.[15] Was die Kunst-Dinge so dauerhaft macht gegenüber der Vergänglichkeit bloßer Materie ist nicht das Faktum der Kunst selbst etwa, sondern die ästhetische Leistung des Künstlers im weitesten Sinne (und auch der bloße Betrachter ist in diesem Sinne Künstler), die sich wiederum dem ethischen Postulat der Notwendigkeit zu handeln verdankt. Während Horaz die Faktizität des ›monumentum‹ – das Kunstprodukt selbst – in den Vordergrund seiner poetischen Reflexion auf die Spannung zwischen Vergänglichkeit und Dauer rückte, hebt Rilke Rolle und Bedeutung des Schöpferischen – seine gleichsam unendliche Aufgabe, sein ständiges *Sollen* – als Transformator von Vergänglichkeit in Dauer hervor. Die Betonung liegt hier also weniger auf dem Kunstprodukt als auf dem Prozess seiner Herstellung, auf dem Schöpfungsakt selbst.

Kehren wir nun zu der Frage nach der Logik von Rilkes Gedicht zurück, insofern sie meinen imaginierten naiven Leser dazu zu bringen vermag, tatsächlich zu handeln.

Der Leser erweist sich dem Gedicht gegenüber als in einer analogen Situation befindlich wie der Betrachter bzw. das lyrische Ich bzw. der Dichter gegenüber der apollinischen, im Gedicht thematisieren Skulptur. Und ebenso wie Betrachter bzw. lyrisches Ich bzw. Dichter von der Skulptur, so wird auch der Leser von der sprachlichen Skulptur des Gedichts, das ja selbst ebenso vor Leben sprüht, glüht, blendet, schaut usw. wie der dargestellte Torso, angeregt Sinn zu stiften, Bedeutung herzustellen im Angesicht von der nach Sinn verlangenden Materie – des Marmors bzw. der Sprache. Und nur der sinnstiftende Akt, nur die Schöpfung von Bedeutungsdauer vermag der Eitelkeit des Daseins Widerstand zu leisten, so die Rilke'sche Aussage.

Wenn also der Leser von dem Gebot des Gedichts zum Handeln veranlasst wird, dann deshalb, weil es den Leser mit aller Deutlichkeit daran zu erinnern vermag, dass ihm die Zeit davonläuft und dass er etwas tun muss, solange er

---

ke mit Husserl zu lesen (»Die phänomenologische Struktur der Dichtung Rilkes«, in: Dies., *Die Philosophie der Dichter – Novalis, Schiller, Rilke*, Stuttgart: Kohlhammer 1966, S. 179–275) und Wolfgang Müllers Kritik (»Rilke, Husserl und die Dinglyrik der Moderne«, in: Manfred Engel u. Dieter Lamping (Hg.), *Rilke und die Weltliteratur*, Zürich: Artemis/Winkler, 1999, S. 214–235.).

[15] Vgl. Husserl, *Logische Untersuchungen II/2*, § 2.

noch Zeit hat: *Memento mori.* So banal dieses neo-barocke Argument auch klingen mag – es ist deswegen nicht weniger bedeutsam: Ist denn nicht am Ende das, was große Kunst ausmacht, gerade ihr unhintergehbares, ethisches Wesen? – Ihre unerklärliche Fähigkeit, uns aus dem »atemlose[n] blinde[n] Spiel« des Daseins für den Moment ihrer unendlichen Dauer herauszureißen, uns an die Vergänglichkeit und die Sterblichkeit zu gemahnen und so zum Handeln zu motivieren – sei es in der Form des Umdenkens, Umfühlens, Umkehrens oder Umgestaltens – auf jeden Fall aber im Modus der Sinngebung und Bedeutungsverleihung? Nichts anderes, meine ich, sagt uns Rilkes Schlussapostrophe: Tue etwas Sinnvolles, denn auch du wirst bald nur ein Torso sein ...

III.

Die ethischen Anforderungen, die das Gedicht an uns stellt, können sich, wenn sie denn nicht ihres ethischen Wesens verlustig gehen wollen, nicht vor allem auf den Rezeptionsvorgang selbst konzentrieren bzw. beschränken – darauf also, dass dem Text selbst die größtmögliche hermeneutisch-kritische Gerechtigkeit widerfahre, wie es z. B. William Waters vorgeschlagen hat.[16] Rilkes zutiefst metapoetisches Gedicht macht nur allzu deutlich, dass es in der Dichtung um unser Leben geht – um das Leben des Dichters wie um das Leben des Lesers. Und nur um den Preis des »echt absolut Reellen«, als das Novalis die Poesie bezeichnet hat, kann dieser Lebenskonnex desavouiert bzw. unterschlagen werden. Die »Gedichtzeile«, schreibt Durs Grünbein, wird aus dem »Ereignis« geboren – und nur im Ereignis des Lebens kann sie ihre Wirkung wirklich entfalten.[17] Als geübter kritischer Leser vergesse ich oft, dass es sich bei Gedichten um Lebensdokumente handelt, die auch nur im Leben Sinn machen. Und jedes Mal, wenn ich mich im Intratextuellen verrenne, dann erinnert mich mein imaginierter, naiver Leser daran, dass es um mein Leben geht: *tua res agitur.*

IV.

Zum Abschluss meiner Überlegungen möchte ich dem Begriff des Ereignisses nachdenken, um das es sich bei Rilkes Gedicht (um nicht zu sagen bei der

---

[16] Vgl. Waters, »Answerable Aesthetics«, S. 149. Mit Einschränkungen trifft dies auch auf Derek Attridge zu (vgl. ders., *The Singularity of Literature,* London: Routledge 2004).
[17] Vgl. Durs Grünbein, *Galilei vermißt Dantes Hölle und bleibt an den Maßen hängen. Aufsätze 1989–1995,* Frankfurt a. M.: Suhrkamp 1996, S. 97.

Kunst im Allgemeinen?) handeln mag. Denn tatsächlich ist ja Rilkes Gedicht das Zeugnis eines Ereignisses – und nicht nur das: Ist es doch auch selbst bereits eine Replik, Erwiderung, und somit auch Handlung auf das bezeugte Ereignis hin, welche nun ihrerseits zum (potentiellen) Ereignis für weitere Erwiderungen, Repliken, Handlungen zu werden vermag, wie sie denn in der ethischen Anordnung der letzten beiden Verse thematisch projiziert bzw. antizipiert sind.

Von welchem Ereignis zeugt das Gedicht? Es zeugt von einer Begegnung zwischen einem Menschen und einer Skulptur – also einem Kunstwerk –, von einer Begegnung, die Stiftungscharakter hat, insofern sie das Leben der Person ganz in ihren Bann zieht, es einnimmt und eine im Sinne der oben dargestellten *memento-mori*-Thematik erwirkte Veränderung der Lebensausrichtung bedeutet ... Irgendetwas ist geschehen – irgendetwas hat sich bereits im Vollzug der Begegnung selbst im Leben des Betrachters von innen heraus verändert ... Und dieses Ereignis nun wird gleichsam poetisch dokumentiert, niedergeschrieben und als Ereignis- bzw. Handlungsofferte an den Leser weitergereicht.

Um das von Rilke poetisch eingefangene Ereignis konzeptuell genauer zu fassen, möchte ich in einem letzten Denkschritt die Überlegungen der französischen Philosophen Alain Badiou und Gabriel Marcel zu Begriff und Phänomen des Ereignisses und der von diesem ausgehenden Dynamiken in meine Erörterungen mit einbeziehen. Badious and Marcels Gedanken zum Begriff des Ereignisses sind an dieser Stelle insofern heuristisch relevant, als sie es meiner Ansicht nach in besonderem Maße erlauben, das von Rilke dargestellte Phänomen begrifflich-thematisch einzuholen; zudem ist der Einbezug des Ereignisdenkens gerade dieser beiden Philosophen historisch motiviert.[18]

---

[18] So hat Marcel sich intensiv mit Rilke auseinandergesetzt und erweist sich somit an dieser Stelle als ein besonders geeigneter Dialogpartner (vgl. ders., *Homo Viator. Prolégomènes à une métaphysique de l'espérance*, überarb. Aufl., Nachwort v. Pierre Collin, Paris: Association Présence de Gabriel Marcel 1998, S. 281–344). Badiou seinerseits verdankt seinen zentralen Begriff der Ereignistreue in starkem Maße Marcels Begriff der »fidélité créatrice« (s. unten). Zudem arbeitet Badiou seine Ereignis- bzw. Treuephilosophie im Rekurs auf die Lyrik als exemplarischen Ort des Ereignisses aus (vgl. insb. Badiou, *Petit manuel d'inesthéthique*, Paris: Seuil 1998, S. 31–59). Die folgenden Überlegungen stützen sich z. T. auf meine Ausführungen in *Poetic Affairs. Celan, Grünbein, Brodsky*, Stanford: Stanford University Press 2008 (insb. S. 19–22). Im folgenden sind alle Übersetzungen aus dem Französischen von mir angefertigt. Es sei an dieser Stelle auch auf Jonathan Cullers, Barbara Johnsons und Virginia Jacksons Reflexionen auf das Problem dichterischen Apostrophierens (insbesondere im Hinblick auf seine Ereignishaftigkeit) verwiesen. Dabei sei jedoch ausdrücklich betont, dass die Anrede des Rilke'schen Gedicht hier gerade nicht als Apostrophe im figurativen

Gedicht-Logik und Ethik bei R. M. Rilke – »Du mußt dein Leben ändern«

Ein »Ereignis« ist, laut Badiou, eine Begebenheit – z. B. eine Begegnung, eine Handlung, eine Erfindung bzw. Schöpfung – die die jeweils gegebene Situation transzendiert und zwar derart, dass es aus ihr heraus nicht erklärt bzw. nicht innerhalb der in ihr geltenden Interpretations- und Existenzmuster verrechnet werden kann. Unter »Situation« wiederum versteht Badiou allgemein »einen Zustand von Tatsachen« – »un état de choses«.[19] Das Ereignis »supplementiert« die jeweils gegebene Situation und »ist weder benennbar noch darstellbar mit den innerhalb der Situation zur Verfügung gestellten Mitteln«.[20] Als ein solches Ereignis kann z. B. Dichtung auftreten – so auch Rilkes Sonett –, insofern sie den Ort stellt, in und aus dem heraus eine gegebene Situation – wie auch immer diese beschaffen sein mag – transzendiert zu werden vermag. »Das Gedicht«, schreibt Badiou, ist wesentlich »weder Beschreibung noch Ausdruck, [sondern] Ereignis«.[21]

Ein Ereignis in diesem Sinne, so Badiou, zeitigt »Wahrheit« – eine Wahrheit, die sich relativ zur gegebenen Situation entfalten mag und sich in der gelebten »Treue zum Ereignis« seitens des in der Ereigniswahrheit stehenden bzw. von der Ereigniswahrheit erfassten Subjekts artikuliert und sich derart je und je als Wahrheit bestätigt.[22] Die Wahrheit des Ereignisses obwaltet und entfaltet sich »im realen Prozess der Treue zum Ereignis« – »der Treue zu den vom Ereignis eröffneten Möglichkeiten«.[23] »Treue« wiederum bedeutet, ganz im Sinne Marcels, der Badiou bei seinen Ausführungen zum Ereignis Pate steht, »ein bestimmtes Verhältnis, das als unausweichlich empfunden wird und das eine

---

Sinne verstanden wird, d. h. als eine der rhetorischen Figuren innerhalb des semantischen Gefüges des Gedichts, sondern als die eigentliche *Seinsweise* des Gedichts als pragmatisch ausgerichteter Aussage. Diese Lesart dichterischer Anrede distanziert sich von derjenigen Cullers und Johnsons. Vgl. Jonathan Culler, »Apostrophe«, in: Ders., *The Pursuit of Signs. Semiotics, Literature, Deconstruction*, Ithaca: Cornell University Press 1981, S. 135–54; Barbara Johnson, »Apostrophe, Animation, Abortion«, in: Robyn R. Warhol u. Diane Price Herndl (Hg.), *Feminism. An Anthology of Literary Theory and Criticism*, New Brunswick: Rutgers University Press 1991, S. 630–643; Virginia Jackson, *Dickinson's Misery. A Theory of Lyric Reading*, Princeton: Princeton University Press 2005.

[19] Vgl. Badiou, *Manifeste pour la philosophie*, Paris: Seuil 1989, S. 17.
[20] Ebd.
[21] Vgl. Badiou, *Petit manuel d'inesthéthique*, S. 50–51.
[22] Ebd., S. 46 (»fidélité à l'événement«).
[23] Vgl. Badiou, *Ethics. An Essay on Understanding Evil*, a. d. Frz. v. Peter Hallward, London: Verso 2002, S. 42, und ders., *Saint Paul. La fondation de l'universalisme*, Paris: Presses Universitaires de France [4]2002, S. 48.

dauerhafte Gewißheit impliziert«.[24] Diese Gewißheit um die Wahrheit des Ereignisses nun »fordert mich auf, einen *modus vivendi* zu erfinden, welchen mir vorzustellen ich ohne dieses Ereignis niemals angehalten wäre«.[25] Solche Treue ist demnach erfinderische, aktive Treue. Marcel nennt sie »fidélité créatrice« – »schöpferische Treue«.[26]

Um ein Ereignis solcher Art handelt es sich, meine ich, bei dem Sonett Rilkes – sowohl auf der intratextuellen, thematischen als auch auf der extratextuellen, pragmatischen Ebene im Sinne seiner abschließenden Aufforderung »Du mußt dein Leben ändern«. Was das Gedicht uns tun heißt, ist, der in ihm gezeigten Wahrheit, schöpferisch die Treue zu halten. Wie? – Das kann nur und muss wohl jeder von uns für sich selbst entscheiden.

CODA

Nach der öffentlichen Verlesung des Vortrags, auf dem dieser Aufsatz basiert, im Rahmen einer Tagung der Siemens-Stiftung in München im April 2008, kam einer der Teilnehmer auf mich zu, klopfte mir auf die Schulter und sagte: »Herr Eskin – Sie sind mein Widergänger!« Auf mein Unverständnis hin bat Harald Fricke mich, mit ihm zu Mittag zu essen – während des Essens wollte er mir erklären, wie dies zu verstehen sei ... Er erzählte mir, dass auch er einst einen Vortrag gehalten habe, der sich ganz mit Rilkes Apostrophe beschäftigte. Die Erfahrung des Todes eines geliebten Menschen sei es gewesen, die ihn dazu bewogen habe, Rilkes Gedicht als Ereignis anzunehmen und Überlegungen anzustellen, die den meinigen nicht unähnlich seien, auch wenn sie ein etwas anderes Ziel verfolgten. Ganz im Zeichen einer »schöpferischen Treue« zu Rilkes Sonett, meine ich, stand unser Gespräch. Für die Großzügigkeit and Offenheit, die mir in diesem seltenen Gespräch zuteil wurde, möchte ich meinem damaligen und jetzigen Gegenüber danken und ihm diese Zeilen widmen.

---

[24] Vgl. Marcel, *Essai de philosophie concrète*, Paris: Gallimard, 1999 [Erstpublikation unter dem Titel *Du refus à l'invocation* (1940)], S. 235–236.
[25] Ebd., S. 233.
[26] Ebd.

II

KARL EIBL

Poetische Gerechtigkeit als Sinngenerator[1]

Warren Buffett, angeblich der drittreichste Mann der Welt, hat anlässlich der Finanz- und Wirtschaftskrise 2008/2009 über das Geschäftsgebaren der Banker geäußert: »Da gibt es so etwas wie poetische Gerechtigkeit, die darin besteht, dass die Leute, die diese giftige Limonade gebraut haben, am Ende selbst sehr viel davon getrunken haben«.[2]

Mit Poesie haben Gerechtigkeiten dieser Art[3] jedoch wenig zu tun. Mag sein, dass die Rede von der ›poetischen Gerechtigkeit‹ dort eintritt, wo ein gerechter Ausgleich nicht von irdischen Behörden bewirkt wurde, aber auch nicht auf das Konto einer ›höheren‹ Gerechtigkeit geschrieben werden soll. So siedelt man die Gerechtigkeit eben im Feenland der Lieder an, wohin auch andere Werte und Ideale gerettet werden, die es in der Wirklichkeit schwer haben: Liebe, Heldentum, Selbstlosigkeit, Freiheit... Immerhin, auf diese Weise wird sie wenigstens in der nicht-literarischen Welt beachtet. In der literarischen jedoch scheint sie schon lange, seit dem späten 18. Jahrhundert, verabschiedet zu sein. In diesen Zusammenhang gehört als Standardzitat das Goethe/Schillersche Xenion:

> Der Poet ist der Wirt und der letzte Aktus die Zeche,
> Wenn sich das Laster erbricht, setzt sich die Tugend zu Tisch.

---

[1] Die folgenden Ausführungen gehören in eine Untersuchungsreihe, deren Gegenstand die literarische Verwendung angeborener Strukturierungsmuster ist. Vgl. Karl Eibl, »Epische Triaden. Über eine stammesgeschichtlich verwurzelte Gestalt des Erzählens«, in: *Journal of Literary Theory* 2.2 (2008), S. 197–208; Karl Eibl, »The Induction Instinct. The Evolution and Poetic Application of a Cognitive Tool«, in: *Studies in the Literary Imagination* 42.2 (2009), S. 43–60; einige grundsätzliche Stellungnahmen in: Karl Eibl, Art. »Literaturwissenschaft«, in: Philipp Sarasin, Marianne Sommer u. Thomas P. Weber (Hg.), *Evolution. Ein interdisziplinäres Handbuch*, Stuttgart: Metzler 2010, S. 257–266.

[2] *Die Welt*, 28.02.2009, http://www.welt.de/welt_print/article1646948/Warren_Buffett_sieht_poetische_Gerechtigkeit_in_der_Bankenkrise.html (zit. 09.06.2010).

[3] Weitere Beispiele: Der Gründungsdirektor des National Museum of the American Indian, W. Richard West Jr., nannte die Errichtung des Museums in einer bevorzugten Lage von Washington »poetic justice«. http://www.dexigner.com/art/news-g2490.html (zit. 09.06.2010) – Für den Rabbiner Chaim Rozwaski war es »so etwas wie poetische Gerechtigkeit«, dass sich in Berlin-Mitte wieder jüdisches geistiges Leben entwickelt. http://www.j-zeit.de/archiv/artikel.505.html (zit. 09.06.2010).

Karl Eibl

1. Poetische Gerechtigkeit – eine Erwartung

Doch gerade die Salve gegen die Bürgerlichen Trauerspiele, der dieses Distichon entstammt,[4] macht deutlich, wie virulent das Prinzip damals noch war. Die fast 250 gedruckten Dramen, die im 18. Jahrhundert unter dem Namen ›Bürgerliches Trauerspiel‹ segelten, sind fast ausnahmslos Abschreckungsdramen, welche dem Prinzip der poetischen Gerechtigkeit folgen.[5] Zu ähnlichen Befunden könnte man kommen, wenn man andere Texte mit Orientierung am Breitengeschmack des Publikums untersucht, etwa Heiligenlegenden oder Erbauungsliteratur oder die spätere Fabrikware wie die Novellenflut des 19. Jahrhunderts, den Groschenroman oder die Produktion der Fernsehanstalten. *Poetische Gerechtigkeit ist der Standardfall literarischer Moral.* Wenn sie befolgt wird, fällt sie so wenig auf wie Kausalität oder korrekte geographische Angaben. Das mag eine der Ursachen sein, weshalb sie relativ wenig theoretisches Interesse gefunden hat.[6] Sie gehört zu jenen Selbstverständlichkeiten, die man erst bemerkt, wenn von ihnen abgewichen wird.

Ein Sonderfall ist allerdings die Tragödie bzw. die Tragödiendiskussion. Es gibt da offenbar so etwas wie einen emotionalen Zielkonflikt, der latent schon in der *Poetik* des Aristoteles erscheint und schon da die poetische Gerechtigkeit problematisch macht. Zwar müssen die Helden mit einer *hamartia* behaftet sein, damit ihr Unglück eine gewisse kausale und/oder moralische Plausibilität erhält. Wenn vollkommene Helden ins Unglück stürzen, dann empfinden wir nicht ›Jammer und Schauder‹ (oder ›Furcht und Mitleid‹), sondern Abscheu.[7]

---

[4] Johann Wolfgang Goethe, *Gedichte 1756–1799*, hg. v. Karl Eibl, Frankfurt a. M.: Deutscher Klassiker Verlag 1987, S. 557 f.
[5] Cornelia Mönch, *Abschrecken oder Mitleiden. Das deutsche Bürgerliche Trauerspiel im 18. Jahrhundert*, Tübingen: Niemeyer 1993.
[6] Das *Metzler Lexikon Literatur- und Kulturtheorie* kennt sie auch in der 4. Auflage noch nicht. Auf zweieinhalb Seiten bringt es immerhin das *Reallexikon*: Hartmut Reinhardt, Art. »Poetische Gerechtigkeit«, in: *Reallexikon der deutschen Literaturwissenschaft*, Bd. 3, Berlin u. New York: de Gruyter 2003, S. 106–108. Mit anglistischem Schwerpunkt: Wolfgang Zach, *Poetic Justice. Theorie und Geschichte einer literarischen Doktrin*, Tübingen: Niemeyer 1986 (Rezension von Wulf Segebrecht in: *Arbitrium* 9 [1991] S. 267–272); Wulf Segebrecht, »Über ›Poetische Gerechtigkeit‹. Mit einer Anwendung auf Kafkas Roman ›Der Proceß‹«, in: Karl Richter, Jörg Schönert u. Michael Titzmann (Hg.), *Die Literatur und die Wissenschaften 1770–1930. Walter Müller-Seidel zum 75. Geburtstag*, Stuttgart: M & P, Verlag für Wissenschaft u. Forschung 1997, S. 49–67.
[7] Aristoteles, *Poetik. Griechisch/Deutsch*, übers. u. hg. v. Manfred Fuhrmann, Stuttgart: Reclam 1985, S. 39 (Kap. 13). Ob man den Begriff der poetischen Gerechtigkeit auf Aristoteles und die griechische Dramatik anwenden kann, ist umstritten. Fuhrmann meint im Kommentar, die ›Philan-

Poetische Gerechtigkeit als Sinngenerator

Andererseits aber müssen die Helden doch mehr leiden, als sie verdienen, denn wenn ihre Verfehlung und ihr Unglück in einer ›gerechten‹ Proportion stünden, dann empfänden wir nicht Jammer und Schauder, sondern allenfalls Genugtuung wie bei einem gerechten Richterspruch. Schon in der Antike kam dann oft ein deus ex machina, der die ›richtigen‹ Verhältnisse herzustellen hatte, und in neuerer Zeit wurden die Werke dann eben entsprechend bearbeitet. Denn schon das *drohende* Unglück genügt ja, um unsere Anteilnahme (›Spannung‹) zu erwecken, wenngleich diese Anteilnahme ganz anders geartet ist, als wenn das Unglück tatsächlich eintritt.

Der Wunsch nach dem *happy ending* hat seine Wurzeln wohl darin, dass wir das Unglück von Helden, deren Schicksal wir mit Sympathie verfolgt haben, grundsätzlich für ungerecht halten. Die Diskrepanz zwischen einer offenbar tief wurzelnden Gerechtigkeitserwartung und dem literarischen Text kann dann dazu führen, dass Tragödien im Sinne der Erwartung bearbeitet werden. Bekannt ist das vor allem von Dramen Shakespeares. Geradezu eine Mustersammlung der verschiedenen Mittel, mit denen poetische Gerechtigkeit hergestellt werden kann, bietet Goethes *Stella*. In diesem »Schauspiel für Liebende« (wie es im Untertitel annonciert wird) wird eine Dreiecksgeschichte durch das Projekt einer Ehe zu Dritt aufgelöst – eine ›gerechte‹ Lösung, gegen die freilich die bürgerliche Welt von 1775 große Vorbehalte vorbrachte. Der Zeitgenosse Johann Georg Pfranger (der auch Lessings *Nathan* ›rektifizierte‹) fügte dem Drama einen sechsten Akt an und stellt die Gerechtigkeit auf andere Weise her: Der Ehebrecher wird von der Stadtwache verhaftet und seiner gerechten Bestrafung zugeführt: »der Landstreicher und angebliche Baron Fernando« wird »wegen begangenen Jungferraub, Meineid, Ehebruch, Vielweiberey, Diebstahl [...] Andern zur Warnung am Pranger gestellt, alsdann in Eisen geschmiedet, und auf Lebzeiten zum Festungsbau verdammt«. Aber Fernando ist ja kein rich-

---

thropie‹, von der Aristoteles in diesem Zusammenhang spricht, entspreche der poetischen Gerechtigkeit. Gegenpositionen vertreten Kurt von Fritz, »Tragische Schuld und poetische Gerechtigkeit«, in: ders., *Antike und moderne Tragödie. Neun Abhandlungen*, Berlin: de Gruyter 1962, S. 1–112; ferner Michael Lurje, *Die Suche nach der Schuld. Sophokles' Oedipus Rex, Aristoteles' Poetik und das Tragödienverständnis der Neuzeit*, München u. Leipzig: Saur 2004 (Vgl. auch Anm. 9); Helmut Flashar, »Die Poetik des Aristoteles und die antike Tragödie«, in: ders., *Spectra. Kleine Schriften zu Drama, Philosophie und Antikerezeption*, Tübingen: Narr 2004, S. 61–75. – Meine Argumentation bewegt sich außerhalb dieser Kontroverse. Ich behandle poetische Gerechtigkeit als *Zuschauererwartung*. Wird diese Erwartung vom Werk enttäuscht, dann kann das, je nach Kontext, unterschiedliche emotionale Reaktionen hervorrufen, u. a. auch Jammer und Schauder.

tiger Bösewicht, er liebt nur etwas mehr als zulässig, und für die ohnedies unschuldigen Damen des Dreiecks ist es recht unbefriedigend, wenn der Geliebte Steine klopft. Deshalb bemühte sich ein anderer Zeitgenosse in einer *Stella Nummer zwey* um ein ›wahrhaft glückliches Ende‹ als gerechte Lösung. Fernando lässt seinen Zwillingsbruder kommen, so dass am Ende zwei Paare sich ihres Glückes freuen können.[8] – 1806 änderte Goethe dann selbst den Schluss, als wollte er die noch verbliebene Lücke in der Reihe der möglichen Lösungen schließen: Stella nimmt Gift, Fernando erschießt sich. Goethes Freund Zelter meinte, Goethe habe hier die »poetische Gerechtigkeit gegen die Schuldigen« hergestellt (war aber nicht recht zufrieden damit).[9]

Doch auch unsere eigene Zunft gibt eine Fülle von Beispielen für das Bedürfnis, eine ordentliche Schuld-Sühne-Relation notfalls herbeizuinterpretieren. Auch nach bald 2500 Jahren besteht unter den Klassischen Philologen Dissens darüber, was es mit der *hamartia* des *Königs Ödipus* auf sich hat. Gibt es eine solche Schuld des Ödipus überhaupt? Steht sein Unglück in einer angemessenen Proportion zu ihr? Oder leidet er unschuldig? Oder, so Lurje (der die »trostlose Deutungsgeschichte« auf fast 500 Seiten darstellt), ist die Frage ganz unangemessen?[10] – 200 Jahre lang haben Interpreten versucht, den Tod von Lessings *Emilia Galotti* einem vertretbaren Schuld-Sühne-Kalkül zu unterwerfen. Schon Goethe meinte, Emilia, wie Lessing sie darstelle, sei entweder eine Gans oder ein Luderchen, leide also entweder an einer massiven intellektuellen oder einer massiven moralischen *hamartia*.[11] Es gab eine regelrechte Schnüffelei nach der ›Schuld‹ der Emilia Galotti.[12] – In denselben Zusammenhang

---

[8] Die Texte befinden sich auf der CD (unter »Stella-Kontrafakturen«) der Ausgabe *Der junge Goethe in seiner Zeit. Texte und Kontexte in zwei Bänden und einer CD-ROM*, hg. v. Karl Eibl, Fotis Jannidis u. Marianne Willems, Frankfurt a. M.: Insel 1998.

[9] *Brief vom 5. Sept. 1821. Briefwechsel zwischen Goethe und Zelter. Zweiter Band 1819–1827*, hg. v. Max Hecker, Frankfurt a. M.: Insel 1987, S. 143. Die poetische Gerechtigkeit ist wohl auch hier schon zur Redensart heruntergekommen.

[10] Lurjes eigene Position: »Die Frage nach der Schuld fällt in der Tragödie des Sophokles sowohl auf der menschlichen als auch auf der göttlichen Ebene aus.« (Lurje, *Die Suche nach der Schuld*, S. 389.) Das beharrliche Schweigen des Sophokles schaffe die ideale ›Leerstelle‹, in die spätere Deuter sich einbringen konnten.

[11] Aus Riemers *Mitteilungen über Goethe*, zum 4.3.1812. Z. B. im Kommentar von Gotthold Ephraim Lessing, *Werke*, Bd. 2, München: Hanser 1971, S. 714.

[12] Da unterlaufen dann auch massive Lesefehler, die aufs Konto solcher Schuldsuche gehen. So meinte ein Interpret (und ließ es mehrfach nachdrucken), das »Gequieke und Gekreusche«, das die Orsina bei ihrer Ankunft hört, stamme von Emilia und dem Prinzen und deute auf ein »vorberei-

Poetische Gerechtigkeit als Sinngenerator

gehören Vorwürfe, die ich mir im Zusammenhang meiner Faust-Interpretation zugezogen habe: Eine »Preisgabe von sämtlichen Wertmaßstäben« und eine »Neutralisierung aller Werte« hätte ich mir da zu Schulden kommen lassen.[13] In der Tat, Faust ist ein Skandal der poetischen Gerechtigkeit – darüber hat sich seinerzeit schon Wolfgang Menzel empört, und das reicht eigentlich.

Aber mir geht es nicht darum, hier Rezeptionen als ›falsch‹ zu schelten, sondern meine Beispiele sollen verdeutlichen, dass die Erwartung poetischer Gerechtigkeit offenbar ein kaum vermeidbarer apriorischer Zugriff auf Texte ist. Sie leitet unsere Konkretisation von Leerstellen und Unbestimmtheitsstellen und kann poetische Ungerechtigkeiten sogar zu einem so unerträglichen Ärgernis werden lassen, dass man es durch entsprechende Manipulation des Textes zu beseitigen versucht. Wir haben starken Anlass zur Vermutung, dass unsere literarischen Sinnkonstruktionen maßgeblich durch unser Rechtsgefühl geleitet werden.

2. Das Rechtsgefühl als Maßnorm

Unter Rechtsgefühl verstehe ich eine angeborene moralische Maßnorm, vergleichbar den geometrischen Maßnormen des Kreises oder der Geraden oder der Symmetrie. Wir vermessen die Wirklichkeit, indem wir die Abweichungen von unseren apriorischen Kreis-, Gerade- und Symmetrieerwartungen notieren. So ähnlich kann man sich das Rechtsgefühl vorstellen: Eine apriorische Erwartung an die Wirklichkeit,[14] die es uns ermöglicht, die Wirklichkeit moralisch

---

tendes Liebesspiel«. Dabei ist der Prinz zu diesem Zeitpunkt gar nicht bei Emilia, Emilia ›quiekt‹ allein mit ihrer Mutter. (Wer wissen muss, wer so gedeutet hat, findet den Nachweis in Karl Eibl, *Die Entstehung der Poesie*, Frankfurt a. M.: Insel 1995, S. 267.)

[13] *Zeitschrift für Germanistik* XII.2 (2002), S. 415 f.

[14] Damit ist natürlich das Problem mentaler Universalien aufgerufen. Das derzeit maßgebliche Werk zum Universalien-Problem: Christoph Antweiler, *Was ist den Menschen gemeinsam. Über Kultur und Kulturen*, Darmstadt: Wissenschaftliche Buchgesellschaft 2007. Eine Stellungnahme zu Antweiler: Karl Eibl: »Universelle Dispositionen und manifeste Fast-Universalien«, in: *Erwägen Wissen Ethik* 20 (2009), Heft 3, S. 364–367. – Entsprechende Diskussion zum Rechtsgefühl: Ernst-Joachim Lampe (Hg.), *Das sogenannte Rechtsgefühl*, Opladen: Westdeutscher Verlag 1985. Älteres Standardwerk: Erwin Riezler, *Das Rechtsgefühl. Rechtspsychologische Betrachtungen*, München: Beck ³1969 (Erstauflage 1946). Riezler ist auch die maßgebliche Referenz des Antinativismus und zeigt dessen auch sonst häufig anzutreffenden Denkfehler in erfreulicher Klarheit: »Darin, dass jedes inhaltlich irgendwie bestimmte Rechtsgefühl unter wesentlicher Mitwirkung kognitiver Vorstellungen zustande kommt, die ihrerseits historisch und empirisch bedingt sind, erblicke ich den Haupteinwand gegen die Annahme eines ursprünglich angeborenen Rechtssinns.« (S. 43) Hier

zu vermessen – auch die ›Wirklichkeit‹, die uns in einem literarischen Werk präsentiert wird.

Woher kommt diese Maßnorm? In der idealistischen Tradition hat man als Ursprung der ›eingeborenen Ideen‹ Gott oder eine seiner Verbrämungen angesetzt. Wenn man hingegen die Evolutionstheorie für richtig hält, dann hat man gute Gründe, die Unterscheidung von Recht und Unrecht ebenso zu unserer evolvierten mentalen Grundausstattung zu zählen wie die Vorstellung von Kreis, Gerade und Symmetrie oder den Begriff der Kausalität. Gerade für Homo sapiens sapiens ist eine angeborene Disposition für diese Unterscheidung von besonderer Bedeutung. Denn sein Verhalten hat, verglichen mit anderen Lebewesen, einen sehr hohen Improvisationsanteil (›Freiheit‹) beim Gebrauch seiner ererbten Verhaltensprogramme. Das verlieh ihm eine immense Elastizität und Anpassungsfähigkeit des Verhaltens, aber im Gegensatz zu Arten, deren Verhalten fester ›verdrahtet‹ ist, musste er eine besondere Sensibilität bei der Handhabung von Recht und Unrecht (›Moral‹) entwickeln.

Soziobiologie und Evolutionäre Psychologie haben drei Faktoren ermittelt, die prosoziales Verhalten und damit auch entsprechende soziale Erwartungen und letztlich auch die Erwartung poetischer Gerechtigkeit regeln:[15] Blutsverwandtschaft, Reziprozität und Reputation.

Zunächst zur *Blutsverwandtschaft* (›kin selection‹, ›nepotistischer Altruismus‹[16]): Unter dem Gesichtspunkt der Individual-Fitness wäre die Aufzucht von Kindern eine absurde Veranstaltung. Wenn jedoch Blutsverwandte einan-

---

gilts zu unterscheiden: Selbstverständlich kommt jedes »*inhaltlich bestimmte*« Rechtsgefühl »unter wesentlicher *Mitwirkung* kognitiver Vorstellungen zustande«. Aber das geschieht auf der Basis angeborener Dispositionen!

[15] David M. Buss (Hg.), *The Handbook of Evolutionary Psychology*, Hoboken: Wiley 2005; Eckart Voland, *Die Natur des Menschen. Grundkurs Soziobiologie*, München: Beck 2007. Meine eigenen Versuche in Buchform: Karl Eibl, *Animal poeta. Bausteine der biologischen Kultur- und Literaturtheorie*, Paderborn: mentis 2004; ders.: *Kultur als Zwischenwelt. Eine evolutionsbiologische Perspektive*, Frankfurt a. M: Suhrkamp 2009. Speziell zu Fragen der Kooperation und des Rechts zusammenfassend: Eckart Voland, »Von der Ordnung ohne Recht zum Recht durch Ordnung. Die Entstehung von Rechtsnormen aus evolutionsbiologischer Sicht«, in: *Zur Entwicklung von Rechtsbewusstsein*, hg. v. Ernst-Joachim Lampe, Frankfurt a. M.: Suhrkamp 1997.

[16] Es haben sich – leider – für die Beschreibung dieser Zusammenhänge die Begriffe Altruismus und Egoismus eingebürgert, aus denen immer wieder moralische Konnotationen hervorlugen. Auch sonst steckt ja in der Verwendung von Alltagsbegriffen für wissenschaftliche Zwecke ein erhebliches Missverständnispotential: Chaos, Schwarze Löcher, Intelligenztests usw. Deshalb betone ich: Egoismus und Altruismus sind hier rein *technische* Begriffe.

der fördern, fördern sie damit auch die Reproduktion der eigenen Gene, u. a. jener Gene, die für solche Förderung zuständig sind (›kin selection‹). Und das gilt, wenn auch in abnehmendem Maße, auch für die fernere Verwandtschaft. Es gibt also so etwas wie einen ›natürlichen‹ Nepotismus, die Solidarität mit der eigenen Sippe.

Reziproker Altruismus nach dem Motto: »Kratz ich Deinen Rücken, kratzt Du meinen Rücken« lässt sich auch schon im Tierreich beobachten, und bei unseren nächsten Verwandten, den Schimpansen, führt das auch zu längerfristigen Freundschaften und Bündnissen. Sie sind aber vornehmlich dyadisch strukturiert, also von einem ›Gesellschaftsvertrag‹ weit entfernt. Immerhin kann man hier, als eine Kehrwert-Variante des reziproken Altruismus, auch die Rache ansiedeln. Spontane Bestrafungen wie Knurren, Beißen und Stoßen können ausgeweitet werden zu länger dauernden Feindschaften, und bei Menschen kann hier dann das Prinzip der Blutrache anknüpfen, das zu Dauerfeindschaften zwischen Sippen führt. Literarische Stoffe, von denen man annehmen kann, dass sie weit in vorschriftliche Zeiten zurückreichen, operieren fast ausschließlich mit Kategorien der Verwandtschaftsbindung und der Rache, und sie beziehen ganz besonderes dramatisches Konfliktpotential daraus, dass Verwandte in derartige Konflikte hineingeraten. Wenn Feinde aus verschiedenen Stämmen einander erschlagen, ist das sozusagen ein ästhetisch wenig reizvoller Normalfall. Wenn aber die Brüder Atreus und Thyest in unselige Racheverwicklungen geraten oder wenn Hildebrand und sein Sohn Hadubrand als Angehörige zweier feindlicher Heere aufeinander treffen, dann klingt das über die Jahrhunderte hinweg.

Die Brücke, über die der reziproke Altruismus zu den Menschen kommt und schließlich zu einem System von ›Gesellschaft‹ ausgebaut wird, war vermutlich das Teilen der Nahrung. Wer Pech hat beim Sammeln oder Jagen, bekommt etwas ab von dem, was der Glücklichere gefunden hat, und ein andermal gibt er es wieder zurück. Hier ist nun eine Vorstellung von Gerechtigkeit notwendig. Die Regelung des Verfahrens wird umso komplexer, je mehr Güter, Dienstleistungen und Personen in das Verfahren einbezogen werden.[17] Schon für die

---

[17] Dieses Prinzip der wechselseitigen Hilfe haben biologisch orientierte Autoren schon früh hervorgehoben und dem Prinzip der Individual-Konkurrenz entgegengehalten. Ein Klassiker der artbezogenen Gruppenselektion ist der russische ›Anarchist‹ Peter Kropotkin (1842–1921): *Gegenseitige Hilfe in der Tier- und Menschenwelt. Mit einem Nachwort von Henning Ritter*, übers. v. Gustav Landauer, Monte Verita: Trotzdem Verlag 1991 [Mutual Aid: A Factor of Evolution, 1902].

Situation ›A hilft B, B hilft C, C hilft A‹, braucht es eine Instanz der Überbrückung. Diese wurde in der Kategorie der *Reputation* gefunden. Reputation entsteht dann, wenn man sich durch altruistische Handlungen als vertrauenswürdiger Kooperationspartner erwiesen hat. Als subjektive Handlungsnorm firmiert sie als *Ehre*. Sie ist quasi die Währung, die noch vor der Erfindung des Geldes einen Leistungstausch über mehrere Stationen ermöglicht. Doch auch Reputation ist noch stark an Personen gebunden. Erst mit der Sprache und dann mit der *Schrift* ist es möglich, Gerechtigkeit in feste, unpersönliche Regeln zu gießen, die die Interaktion mit anonymen Partnern einigermaßen berechenbar machen – vorausgesetzt, es gibt eine ›Polizei‹, die auf Einhaltung der Regeln achtet.

Je stärker das Zusammenleben in Gruppen durch Kooperation gekennzeichnet ist, desto größer ist die Versuchung, Leistungen ohne Gegenleistung anzunehmen. Kooperatives Handeln erzeugt quasi automatisch Trittbrettfahrer (*free-rider*). Solches egoistisches Verhalten ist fast immer mit Reproduktionsvorteilen verknüpft, so dass die Gefahr besteht, dass die genetische Veranlagung zum Trittbrettfahrer überhand nimmt, u. a. mit der Folge, dass irgendwann keine ausreichenden Vorleistungen mehr erbracht werden und auch die Trittbrettfahrer keine Chance mehr haben. Bei funktionierenden Systemen gegenseitiger Hilfe muss man deshalb weitere, korrigierende Mechanismen annehmen, die einen Missbrauch verhindern oder zumindest so weit eindämmen, dass er nicht existenzbedrohlich wird. Das entspricht ja auch unserer Alltagserfahrung: Allzu unverfrorene Trittbrettfahrer machen sich auf die Dauer unbeliebt und werden schließlich für ihr Verhalten bestraft. (Wenn es ihnen allerdings gelingt, ihren Diebstahl am Allgemeingut ins Reputierliche zu lügen, hilft kein Gegenmittel mehr, und sie stehlen, bis der Topf leer ist.)

Bestrafung ist aber keineswegs so voraussetzungslos, wie das einfache Rachemodell es erscheinen lassen könnte. Das erste Erfordernis ist, dass man die Trittbrettfahrer überhaupt erkennt. Es kann als weitgehend empirisch gesichert angesehen werden, dass die Evolution den Menschen ein ›Betrüger-Suchgerät‹ (*cheater detector*) eingebaut hat, d. h. ein Werkzeug, das speziell auf das Entdecken von Betrügereien und Trittbrettfahrern eingestellt ist. In vielen Experimenten wurde gezeigt, dass logische Operationen, wenn sie dem Auffinden von Betrügern dienen, mit wesentlich größerer Zuverlässigkeit durchgeführt

Poetische Gerechtigkeit als Sinngenerator

werden als in anderen Anwendungsfällen.[18] Das zweite Erfordernis ist, dass jemand die Bestrafung vollzieht. Das ist keineswegs trivial. Auch Strafen ist ja mit Kosten verbunden. Wenn Strafen nur in dyadischen Beziehungen eingesetzt werden, kann das noch aus dem Eigeninteresse des Strafenden begründet werden. Wenn aber gemeinschaftsschädigendes Verhalten bestraft wird, profitieren alle davon, aber der Strafende selbst riskiert nicht nur Gegenwehr oder spätere Rache, sondern sein Aufwand kommt ihm generell nur zu einem Bruchteil zu Gute. Schlimmstenfalls sieht er sich einem Spontanbündnis potentieller Egoisten gegenüber. Ein Egoist würde deshalb das Strafen anderen überlassen. Die Bestrafung von gemeinschaftsschädigendem Verhalten wird deshalb mit dem Terminus *altruistic punishment*[19] bezeichnet. Auch hier allerdings steht im Hintergrund ein Vorteil: Altruistisches Bestrafen wird, wie andere altruistische Verhaltensweisen, durch Steigerung der Reputation belohnt! Der höchste Steigerungsfall des *altruistic punisher* ist demnach der rettende Held.

Das klingt nun alles immens rational. Man muss aber hinzudenken, dass hier Konstruktion und Funktionsweise eines Apparates beschrieben werden, die den Individuen keineswegs bewusst sein müssen, damit sie ihn bedienen können. Denn zu diesem Apparat gehören auch *Reize und Emotionen*, die ein entsprechendes Verhalten automatisch und ohne langes Nachdenken hervorrufen.[20] Sie sind sozusagen die Benutzer-Oberfläche des Apparates. Die Individuen werden primär durch Emotionen dazu angeleitet, prosozial zu handeln. Handlungen, die mit dem Mechanismus konform sind, erzeugen Wohlgefühl, nicht konforme

---

[18] Erstmals: Leda Cosmides, »The logic of social exchange. Has natural selection shaped how humans reason? Studies with the Wason selection task«, in: *Cognition* 31 (1989), S. 187–276.

[19] Vgl. u. a.: Ernst Fehr u. Simon Gächter, »Altruistic punishment in humans«, in: *Nature* 415 (10.1.2002), S. 137-140; Robert Boyd (u. a.), »The evolution of altruistic punishment«, in: *Proceedings of the National Academy of Sciences of the USA* 100.6 (18.3.2003), S. 3531–3535. Ferner: Manfred Milinski, »Egoismus schafft Gemeinsinn. Das Problem des Altruismus«, in: Ernst Peter Fischer u. Klaus Wiegand (Hg.), *Evolution und die Kultur des Menschen,* Frankfurt a. M.: Fischer 2010. – Zu ›altruistic punishment‹ und Literatur vgl. William Flesh, *Comeuppance. Costly Signaling. Altruistic Punishment and other Biological Components of Fiction*, Cambridge MA: Harvard UP 2007.

[20] Robert R. Frank, *Passions Within Reason. The Strategic Role of the Emotions*, New York: W. W. Norton 1988; L. Cosmides u. J. Tooby, »Evolutionary psychology and the emotions«, in: M. Lewis u. J. M. Haviland-Jones (Hg.), *Handbook of Emotion, 2nd Edition,* New York: Guilford 2000, S. 91–115. Speziell zur Rolle der Emotionen im Zusammenhang der Rezeption von Literatur vgl.: Katja Mellmann: *Emotionalisierung – Von der Nebenstundenpoesie zum Buch als Freund. Eine emotionspsychologische Analyse der Literatur der Aufklärungsepoche*, Paderborn: Mentis 2006.

Handlungen hingegen Abneigung. Betrüger erregen Abscheu, was ihre Bestrafung bedeutend erleichtert, Helden erregen Bewunderung. Die Emotionen sind gleichsam eine List der Evolution, die uns zum ›richtigen‹ Handeln bringt, ohne dass wir die Folgen dieses Handelns durchschauen müssten. – Damit sind wir an der Stelle, die den Begriff des ›Rechtsgefühls‹ durchaus legitim erscheinen lässt und die mehrfach vorgeschlagene Ersetzung durch ›Rechtsbewusstsein‹ gerade verfehlt erscheinen ließe. Wir beurteilen soziale Situationen mit »fast and frugal heuristics«[21], die aus der Steinzeit kommen und uns schnelle, wenngleich heute nicht immer angemessene Reaktionen ermöglichen, deren Implikationen uns gerade *nicht* ›bewusst‹ sind.

Beschrieben wurde hier der formale Apparat, der dem Rechtsgefühl zu Grunde liegt. Die materiale Füllung dieses Apparates ist jedoch kulturspezifisch. (In einer polygynen Gesellschaft ist *Stella* sicherlich kein Skandal.) Zwar gibt es auch Moraltendenzen inhaltlicher Art, die genetisch verankert sind. Musterbeispiel ist die Inzesthemmung, aber da Inzest in unterschiedlichen Kulturen auch sehr unterschiedlich definiert sein kann, ist die Inzesthemmung auch ein Musterbeispiel für die starke kulturelle Modifizierbarkeit solcher Moraltendenzen. Auch Eigentum dürfte einem ›natürlichen‹ Schutz unterliegen, aber es ist ein großer Unterschied, ob es sich dabei um bewegliche Habe in Gestalt eines Faustkeils oder um Ländereien oder ein Bankguthaben handelt. Das ist das Feld konkreter mentalitätshistorischer und ethnologischer Forschung. Es ist eine eigene, spannende Unternehmung, die konkreten Gerechtigkeitsvorstellungen einerseits auf den beschriebenen Apparat zurückzuführen und anderseits bis in die poetischen Realisierungen mit ihren besonderen Funktionen zu verfolgen.

3. Erste Einengung: Zweierlei Recht

Im Folgenden enge ich den Fokus der Argumentation ein auf *ein* Folgeproblem, das immer wieder der Literatur als der Stätte der Behandlung ungelöster, vielleicht unlösbarer Probleme übergeben wurde: Das Problem von zweierlei Recht.

---

[21] So die Formel von: Gerd Gigerenzer u. Christoph Engels (Hg.), *Heuristics and the Law*, Cambridge MA u. London: MIT Press 2006.

Die einschneidendste rechtlich-moralische Veränderung in der Geschichte der Menschheit war vermutlich die Entstehung der ›Gesellschaft‹.[22] Man muss erst etwas ideologischen Schutt wegräumen, um das Problem klar zu sehen. Ferdinand Tönnies hatte mit seinem Begriffsdual »Gemeinschaft und Gesellschaft«[23] einer Diskussion Begriffe zur Verfügung gestellt, die vor allem seit den zwanziger Jahren des letzten Jahrhunderts (unter dem Eindruck sowohl völkischer als auch sozialistischer Gemeinschafts-Ideologien) sehr engagiert und mit sehr starkem Wertungswillen geführt wurde.[24] Man kann diese Gegenüberstellung aber durchaus ins Deskriptive wenden. ›Gemeinschaft‹, die Welt von Verwandtschaft, Nachbarschaft und Freundschaft, entspräche dann ziemlich genau der Kleingruppenwelt der Altsteinzeit. Die Entwicklungen, denen wir unser Rechtsgefühl verdanken, spielten sich unter Sammlerinnen und Jägern ab. Schon das Sesshaftwerden im Neolithikum führt zu neuen Problemen, z. B. zu einer dramatischen Verschärfung der Probleme des Privateigentums und der Macht, von denen unsere älteren Vorfahren noch kaum etwas wussten. Die Ausrufung steinzeitlicher Verhältnisse in der Moderne wäre zwar in der Tat gefährlich unangemessen. Aber so viel ist als Diagnose richtig: Die ›Natur‹ hat uns nicht für den Staat oder die ›Gesellschaft‹ ausgestattet, sondern für *persönliche Beziehungen*:[25] die Familie, den Stamm, die Horde, für den Umgang mit Leuten, mit denen wir verwandt sind und/oder die wir persönlich kennen und denen wir immer wieder begegnen, d. h. die von unserem Vertrauen erreicht werden können. Wenn unser Handeln über diesen Bereich hinausgeht, müssen wir mit ›künstlichen‹ Hilfsmitteln operieren. Wir brauchen explizite Verträge, auf die hin gehandelt wird, Kommunikationsmittel, die über die Rufweite hin-

---

[22] Sehr gut beschrieben ist der evolutionäre Weg von der Verwandtschaft zur Gesellschaft von: Gerhard Vowinckel, *Verwandtschaft, Freundschaft und die Gesellschaft der Fremden. Grundlagen menschlichen Zusammenlebens*, Darmstadt: Wissenschaftliche Buchgesellschaft 1995.
[23] Ferdinand Tönnies, *Gemeinschaft und Gesellschaft. Grundbegriffe der reinen Soziologie*, Darmstadt: Wissenschaftliche Buchgesellschaft ³1991. (Neudruck der 8. Aufl. von 1935, Erstausgabe 1887.)
[24] Übrig geblieben ist vor allem der Beitrag von: Helmuth Plessner, *Grenzen der Gemeinschaft. Eine Kritik des sozialen Radikalismus*, Frankfurt a. M.: Suhrkamp 2001 [1924]. Siehe auch: Wolfgang Eßbach (Hg.), *Plessners ›Grenzen der Gemeinschaft‹. Eine Debatte*, Suhrkamp: Frankfurt a. M. 2002.
[25] Zu diesem Begriff der Soziologie und Sozialpsychologie vgl. nun: Karl Lenz u. Frank Nestmann (Hg.), *Handbuch Persönliche Beziehungen*, Weinheim: Juventa 2009 – leider ohne Berücksichtigung der evolutionären Perspektive.

ausgehen, Regeln und Gesetze von relativ hohem Allgemeinheitsgrad, die das Handeln typisieren, polizeiliche Vorkehrungen, damit die Regeln eingehalten und Verstöße sanktioniert werden, und bei alledem stoßen die Emotionen als Handlungsantriebe leicht ins Leere. Der Regelfall unter den Bedingungen der Moderne (und diese Moderne ist schon ein paar tausend Jahre alt!) ist, dass die Menschen in *zweierlei Ordnungen* leben: einer primär emotional und moralisch gesteuerten des Nahbereichs und einer überwiegend rational und telemedial gesteuerten des Fernbereichs.[26]

Diese Ordnungskonkurrenz wurde im abendländischen Denken von früh an in der Gegenüberstellung von Naturrecht und positivem Recht bedacht, und von früh an wurde (vergeblich) versucht, beide miteinander zu versöhnen. Die Frage ›Naturrecht oder Rechtspositivismus‹ z. B. flammt immer dann auf, wenn die Frage eines Widerstandsrechts oder gar einer Widerstandspflicht auf der Tagesordnung steht, und das war in der jüngeren deutschen Geschichte mindestens zwei Mal in größerem Umfang der Fall.[27] Doch auch im juristischen Alltag geben bei der Füllung vage formulierter Vorschriften des positiven Rechts Instanzen wie ›Treu und Glauben‹ oder die ›Sittenwidrigkeit‹ oder das »Anstandsgefühl aller billig und gerecht Denkenden« den Ausschlag – wie immer man das ermitteln und vom ›gesunden Volksempfinden‹ unterscheiden will. Über den Begriff der Epikie oder Billigkeit lässt sich das Problem bis zur *Nikomachischen Ethik* des Aristoteles zurückverfolgen. Schon für Aristoteles gibt es einen fundamentalen Webfehler des Rechtssystems, der durch Maßnahmen der ›Epikie‹ korrigiert werden muss. Diese Epikie geht dann unter dem Namen der *aequitas* in die lateinische, der *equity* in die angloamerikanische und unter dem Namen der ›Billigkeit‹ in die deutsche Rechtstradition ein.

> Hiernach ist von der *Billigkeit* und dem *Billigen* zu handeln und zu erklären, wie sich die Billigkeit zur Gerechtigkeit und das Billige zum Recht verhält. [...] daß das Billige zwar ein Recht ist, aber nicht im Sinne des gesetzlichen Rechtes, sondern als eine Korrektur desselben. Das hat darin seinen Grund, daß jedes Gesetz allgemein ist und bei manchen Dingen richtige Bestimmungen durch ein allgemeines Gesetz sich

---

[26] Von den vielfältigen Versuchen einer Hybridisierung (oder ›Synthese‹), etwa in der Parole der ›Volksgemeinschaft‹, sehe ich hier ebenso ab wie von aristokratischen Ansprüchen, dass nämlich die eigene Sippe oder die eigene Partei, die eigene Religionsgemeinschaft oder der eigene Klüngel dazu berufen sei, die Außenwelt zu leiten oder gar zu erlösen.

[27] Als Zusammenfassung von Diskussionen der Nachkriegszeit vgl.: Werner Maihofer (Hg.), *Naturrecht oder Rechtspositivismus?*, Darmstadt: Wissenschaftliche Buchgesellschaft 1962.

nicht geben lassen. Wo nun eine allgemeine Bestimmung zu treffen ist, ohne daß sie ganz richtig sein kann, da berücksichtigt das Gesetz die Mehrheit der Falle, ohne über das diesem Verfahren anhaftende Gebrechen im unklaren zu sein. Nichtsdestoweniger ist dieses Verfahren richtig. Denn der Fehler liegt weder an dem Gesetz noch an dem Gesetzgeber, sondern in der Natur der Sache. Denn im Gebiet des Handelns ist die ganze Materie von vornherein so (dass das gedachte Gebrechen nicht ausbleibt). Wenn demnach das Gesetz allgemein spricht, aber in concreto ein Fall eintritt, der in der allgemeinen Bestimmung nicht einbegriffen ist, so ist es, insofern der Gesetzgeber dieses außer acht lässt und, allgemein sprechend, gefehlt hat, richtig gehandelt, das Versäumte zu verbessern, wie es auch der Gesetzgeber selbst, wenn er den Fall vor sich hätte, tun, und wenn er ihn gewusst hätte, es im Gesetz bestimmt haben würde. Daher ist das Billige ein Recht und besser als ein gewisses Recht, aber nicht besser als das Recht schlechthin, sondern als jenes Recht, das, weil es keinen Unterschied kennt, mangelhaft ist.[28]

Im vorliegenden Argumentationszusammenhang ist dieser Dualismus aber nur Ausdruck einer Dualitätserfahrung, die auch in anderen Deutungszugriffen verarbeitet werden konnte: organische und mechanische Ordnung, Wesenswille und Kürwille, Kultur und Zivilisation, Drinnen und Draußen, Gottesstaat und Weltstaat, privat und öffentlich usw.[29] Wie alle Duale hat auch dieser eine Affinität zu Gut und Böse. Aber die Zuordnung kann in unterschiedlichen Kontexten unterschiedlich verteilt sein. Die Berufung auf eine kosmisch-göttliche Ordnung kann z. B. sowohl das subjektive Rechtsempfinden gegen eine bloß äußerliche Gesetzgebung rechtfertigen als auch die Objektivität des Rechts gegen die bloße Subjektivität. In jedem Fall geht es um die letztlich unaufhebbare Aporie eines Nebeneinanders von zwei gleichermaßen, doch aus unterschiedlichen Gründen verpflichtenden Rechtssystemen.

4. Zweite Einengung: Drama

Wie wirkt die Gerechtigkeitserwartung als Sinngenerator, wenn die Literatur diese Aporie behandelt? Gleich vorweg sei schon verraten, dass die Literatur sich in aller Regel auf die Seite des Kleingruppenrechtes schlägt. Oder etwas raffinierter: dass die Rezeption sich auf diese Seite schlägt und, ganz im

---

[28] Aristoteles, *Nikomachische Ethik*, hg. u. übers. v. Eugen Rolfes, Hamburg: Meiner [4]1985, S. 125 (V,14).
[29] Im vorliegenden Zusammenhang verwirrend ist möglicherweise, dass auch die Dichotomie ›Moral‹/›Recht‹ in diesem Sinne verwendet wird: Die Nahweltverpflichtungen fielen dann unter ›Moral‹, die Fernweltverpflichtungen unter ›Recht‹.

oben skizzierten Sinn, vom Text Gerechtigkeit für die Kleingruppenmoral einfordert. Gerecht ist dann, was unserem Sammler- und Jäger-Rechtsempfinden entspricht. Ich enge den Fokus erneut ein, wähle als Beispiel den Bereich des Dramas, einfach deshalb, weil da die Konfliktführung in der Regel recht geradlinig und auf eine Haupthandlung konzentriert ist.

Die Welt der großen Dramen ist voll vom Konflikt zwischen zweierlei Recht. Einige Nennungen aus dem Fundus der deutschen Klassik mögen vorweg als Beleg genügen. Es ist kein Zufall, dass die Stoffwahl sich auffällig auf die Zeit des Übergangs zur Herrschaft der absolutistischen Territorialstaaten konzentriert. In Goethes *Götz von Berlichingen* wird die Zentralfigur zerrieben zwischen dem alten, auf persönlichen Beziehungen basierenden Lehens- und Fehderecht und dem neuen Römischen Recht. Die *Egmont*-Figur vertraut auf die ständische Ordnung und das persönliche Loyalitätsverhältnis zum Herrscher und begreift nicht die neuen Macht- und Rechtsverhältnisse des absolutistischen Staates. Schillers *Don Carlos* war als ›Familiengemälde in einem königlichen Hause‹ konzipiert worden und demonstriert in der Schlussfassung die Fremdheit von Familien- und Freundschaftsbund in der Kälte der neuen Staatenwelt. Im *Wallenstein* finden wir ein höchst komplexes Geflecht persönlicher Beziehungen, die in Konflikt mit dem Kontext überpersönlicher, abstrakter, gleichwohl unentbehrlicher Rechtsordnungen liegen. Mit entsprechend bewaffnetem Auge lässt sich die Grundproblematik auch in anderem Gewand finden: In *Iphigenie* kollidieren Sippensolidarität und Priesteramt. In der *Jungfrau von Orleans* wie im *Wilhelm Tell* wird die Hauptfigur aus der arkadischen Kleingruppenwelt herausgeholt in die ›Große Welt‹, gewiss mit unterschiedlichen Folgeproblemen. Die Reihe ließe sich beliebig fortsetzen zu Kleist, Grillparzer, Hebbel und weiter. Doch stattdessen seien drei Exemplare der Weltliteratur etwas näher betrachtet.

Tragödie: Antigone

Als erster Text soll hier die *Antigone* des Sophokles angesehen werden. Es wird dabei nicht um jene Feinheiten gehen, die z. B. George Steiner dem Werk und dem Stoff abgelauscht hat, sondern, dem Rahmenthema entsprechend, nur um das Problem von zweierlei Recht und die Gerechtigkeitserwartung des Publikums. Kurz zur Erinnerung: Ödipus hat zwei Söhne hinterlassen, Eteokles und Polyneikes, und zwei Töchter, Ismene und Antigone. Eteokles beherrscht Theben, doch sein Bruder führt Krieg gegen ihn. Im entscheidenden Zweikampf töten sie sich gegenseitig. Ihr Onkel Kreon, der nun Herrscher von Theben wird, verfügt, dass niemand den Landesfeind Polyneikes begraben darf. Der Unbegrabene aber wird nicht nur zum Raub der wilden Tiere, sondern wird auch nicht zur Seelenruhe finden. Deshalb begräbt Antigone den Bruder trotz des Verbots. Kreon beschließt, Antigone einmauern und verhungern zu lassen. Der Seher Teiresias eröffnet ihm jedoch in einem konflikthaften Gespräch, dass sein Sohn Haimon, der Verlobte Antigones, sterben wird. Kreon wendet sich an den Chor (das Volk) um Hilfe und wird aufgefordert, Polyneikes würdig zu begraben und Antigone freizulassen. Zu spät: Antigone hat sich, um dem Hungertod zu entgehen, erhängt, Haimon folgt ihr in den Tod. Als Kreons Gattin davon erfährt, tötet auch sie sich. Kreon wünscht sich selbst den Tod, als ein vom Schicksal Geschlagener.

Antigone erläutert ihre Handlungsweise:

KREON: Und hast gewagt, dieses Gesetz zu übertreten?
ANTIGONE *sehr schlicht*:
Es war nicht Zeus, der mir dies ausgerufen,
Noch sie, die mitwohnt bei den unteren Göttern, Dike,
Die beide dies Gesetz den Menschen aufgestellt
Auch meint ich nicht, daß deine Ausgebote
So mächtig seien, daß die ungeschriebenen
Und wankenlosen Satzungen der Götter
Einer, der sterblich wäre, überholen könnte.
Denn nicht seit heut und gestern sind sie: diese leben
Von je her, und weiß niemand, woher sie gekommen.
Indem ich diese bräche, mocht ich nicht, aus Furcht
Vor irgendeines Mannes Dünkel, vor den Göttern
Strafe erleiden. (v. 449–460)[30]

So ›ungeschrieben‹ sind die »wankenlosen Satzungen der Götter«, dass »niemand [weiß], woher sie gekommen«, also ohne mythisch erzählten Anfang in der Zeit. Solches Recht kann nur intuitiv, durch Lauschen auf die Stimme des eigenen Herzens (des *daimonions*) erkannt werden.

Kreon hingegen ist Vertreter des positiven Rechts – des Rechtsstaates, wie er ihn in seiner ›Regierungserklärung‹ verkündet:

---
[30] Zitate nach: Sophokles, *Antigone*, hg. u. übertragen v. Wolfgang Schadewaldt, Frankfurt a. M.: Insel 1974, S. 27. – Die Verszählung folgt dagegen der zweisprachigen Ausgabe: Sophokles, *Antigone. Griechisch/Deutsch*, übers. u. hg. v. Norbert Zink, Stuttgart: Reclam 1981.

Und wem für höher als sein eigen Land
Der Freund gilt, diesen achte ich für nichts!
Denn ich das wisse Zeus, der allzeit alles sieht –,
Ich schwiege nicht, säh ich Verderben
Über die Bürger kommen statt des Heils,
Und würde nie den Mann als Freund erachten,
Der Feind der Stadt ist, in der Einsicht, daß
Nur sie es ist, die uns erhält:
Auf ihr an Bord, solang sie aufrecht fährt,
Mögen allein auch Freunde wir gewinnen.
Nach solcher Satzung will ich mehren diese Stadt.
(v. 182–191)[31]

Selbstverständlich stehen wir auf der Seite Antigones. Kreon gilt uns als Tyrann (im modernen, einschränkungslos pejorativen Sinne), sein Handeln als verwerflich, und dass er am Ende vernichtet dasteht, bestätigt unser Urteil, geschieht ihm Recht. »Kreon ist Hitlers Anfang«, so fasst ein moderner, psychoanalytisch inspirierter Deuter seine Abscheu zusammen.[32] Das *kann* eine angemessene Rezeptionsweise sein, angemessen nach Maßgabe der Rezeptionssituation: Von 1939 bis 1944 gab es auf Deutschlands Bühnen 16 Produktionen der Antigone mit insgesamt etwa 150 Aufführungen.[33] Die Veranstalter konnten sich auf die heimliche Parteinahme der Zuschauer verlassen.

Es gibt freilich auch andere Stimmen, am vernehmlichsten die Hegels.

Auf eine plastische Weise wird die Collision der beiden höchsten sittlichen Mächte gegen einander dargestellt in dem absoluten Exempel der Tragödie Antigone; da kommt die Familienliebe, das Heilige, Innere, der Empfindung Angehörige, weshalb es auch das Gesetz der unteren Götter heißt, mit dem Recht des Staats in Collision. Kreon ist nicht ein Tyrann, sondern ebenso eine sittliche Macht, Kreon hat nicht Unrecht: er behauptet, daß das Gesetz des Staats, die Auctorität der Regierung geachtet werde und Strafe aus der Verletzung folgt. Jede dieser beiden Seiten verwirklicht nur die eine der sittlichen Mächte, hat nur die eine derselben zum Inhalt, das ist die Einseitigkeit, und der Sinn der ewigen Gerechtigkeit ist, daß Beide Unrecht erlangen, weil sie einseitig sind, aber damit auch Beide Recht; Beide werden als geltend anerkannt im ungetrübten Gang der Sittlichkeit; hier haben sie Beide ihr Gelten, aber

---

[31] Sophokles, *Antigone*, S. 18.
[32] Hermann Beland, »Todesbereitschaft und die Rettung des Menschen – Antigones Verarbeitung ihrer Herkunft«, in: Gisela Greve (Hg.), *Sophokles. Antigone*, Tübingen: edition diskord 2002, S. 59–92, hier: S. 74.
[33] Näheres bei: Hellmut Flashar, *Inszenierungen der Antike. Das griechische Drama auf der Bühne der Neuzeit 1585–1990*, München: Beck 1991, S. 169–173.

ihr ausgeglichenes Gelten. Es ist nur die Einseitigkeit, gegen die die Gerechtigkeit auftritt.[34]

Doch Hegels Deutung wird zumeist nur zitiert oder erwähnt, damit man sie abweisen kann. Walter Jens z. B. meint, Sophokles hätte die Hegelsche These »bestenfalls kopfschüttelnd zur Kenntnis genommen«.[35]

Aber so einfach ist es nicht. Der Chor der Ältesten schildert gleich im ersten Auftritt wortgewaltig die Schrecken des eben beendeten Krieges, den Zeus zu Gunsten der Stadt entschieden hat! Mag Hegels Staatsvergottung uns auch bizarr oder gar verhängnisvoll erscheinen, so kommt sie möglicherweise der religiösen Dimension der griechischen Polis näher als unser säkulares Staatsverständnis. Denn die Polis ist es ja, und nicht Kreon in seiner menschlichen Unzulänglichkeit, die als Konkurrenzinstanz zur familiären Bindung Antigones wirkt. Diese *poleis* waren zusammengewachsen aus den *oikoi* (den ›Häusern‹ oder ›Familien‹), doch die *oikoi* lösten sich damit nicht auf, sondern sie blieben als Subsysteme erhalten.[36] Doch damit war in der Konstruktion der Polis eine Bruchstelle zwischen (aristokratischer) Kleingruppe und Gesellschaft enthalten. So kann die Polis im Bewusstsein der älteren griechischen Tragiker synonym werden mit einem hart zu erkämpfenden und zu bewahrenden Zustand des Friedens, der ständig von innen und außen bedroht ist.[37]

Doch ob Hegel mit seiner Antigone-Deutung ›Recht hatte‹, spielt in der vorliegenden Argumentation keine Rolle. Man könnte ja noch weiter gehen und Antigone als abergläubisch und borniert abqualifizieren.[38] Entscheidend ist, dass Hegels Deutung immerhin nicht ganz absurd war, aber nicht einmal ei-

---

[34] G. W. F. Hegel, *Vorlesungen über die Philosophie der Religion*, in: ders., *Sämtliche Werke. Jubiläumsausgabe*, hg. v. Hermann Glockner, Bd. 16, Stuttgart: Frommann 1928, S. 133 f. – Ähnlich, mit Nennung weiterer Beispiele, in der *Ästhetik*.
[35] Walter Jens, »Nachdenken über Antigone«, in: Gisela Greve (Hg.), *Sophokles. Antigone*, Tübingen: Ed. diskord 2002, S. 9–24, hier: S. 93.
[36] W. K. Lacey, *Die Familie im antiken Griechenland*, Mainz: Zabern 1983 [*The Family in Classical Greece*, 1968], bes. S. 66–104.
[37] Zu dieser Gedankenfigur im Zusammenhang der Gründungsmythen vgl.: Georg Braungart, »Warum es die Tragödie gibt und was sie mit Recht und Gerechtigkeit zu tun haben könnte«, in: Susanne Kaul u. Rüdiger Böttger (Hg.), *Fiktionen der Gerechtigkeit. Literatur, Film, Philosophie, Recht*. Baden Baden: Nomos 2005, S. 93–116.
[38] Theodore Ziolkowski kommt mit Bernard Knox zum Befund eines Gleichgewichts zweier Obsessionen: »Her religious fanatism is matched by his blind chauvinism.« (Theodore Ziolkowski, *The Mirror of Justice. Literary Reflections of Legal Crises*, Princeton u. Oxford: Princeton UP 2003, S. 152). Ziolkowski bleibt jedoch nicht beim individuell psychologisierenden Befund, sondern ord-

ner Widerlegung für würdig befunden, sondern mit apriorischer Selbstverständlichkeit abgelehnt wurde. Ganz gleich, wie spätere Autoren den Antagonismus historisch-politisch verankerten und psychologisch plausibilisierten: Die Parteinahme für Antigone und gegen Kreon, für die alten Werte der persönlichen Beziehung und gegen die Staatsraison, war stereotyp.[39]

Parteinahme freilich ist nur die zweitbeste Lösung. Die beste ist Versöhnung. Fragmente eines Antigone-Dramas des Euripides deuten auf diese ›gerechteste‹ aller Möglichkeiten hin, so, als wäre da ein Bearbeiter im Stile der Shakespeare-Verbesserer am Werke gewesen: Das Stück endet mit einer Heirat, nämlich Antigones und Haimons (in einigen Zeugnissen haben dann Antigone und Haimon sogar einen Sohn, aber das verträgt sich nicht so recht mit der Einheit der Zeit ...). Wie es dazu kam, wissen wir nicht genau, doch es gibt Hinweise, dass der vergöttlichte Herakles eingreift und einen Sinneswandel bei Kreon bewirkt. Schon bei Euripides, so heißt es, zeige sich damit eine Tendenz, die die Tragödie dann »dem Unterhaltung suchenden Publikum« des 4. Jahrhunderts anpasst. Die »euripideische Neigung zur Darstellung menschlicher Schwäche [...] die durch die aktive Präsenz der Götter ausgeglichen wird«[40], löst die ›Ungerechtigkeit‹ des Tragischen auf und führt wenn nicht zur poetischen Gerechtigkeit, so doch zu einer Art von begnadigendem Umgang mit den menschlichen Schwächen, wie sie eigentlich die Domäne der Komödie ist.

Komödie: Der Kaufmann von Venedig

Als Beispiel für die Versöhnung von zweierlei Recht durch die Komödie will ich hier Shakespeares *Kaufmann von Venedig* behandeln. Ich werde allerdings ein halbes Dutzend wichtiger Gesichtspunkte dabei nicht weiter berücksichtigen – das Problem des Antisemitismus, die Melancholie Antonios, das Spiel mit den Kästchen und den Ringen usw. – sondern mich auf die Rechtsfrage konzentrieren.

Es ist zu erwarten, dass bei Shakespeare das Problem von zweierlei Recht besonders starke Konturen besitzt, denn sein Erfahrungsfeld ist eine Welt, in

---

net die Konstellation ein in die Rechtssituation zur Zeit des Sophokles, insbesondere in die Epikie-Problematik.

[39] Derzeit Standardwerk: George Steiner, *Die Antigonen. Geschichte und Gegenwart eines Mythos*, München: Hanser 1988.

[40] Genaueres zur verwickelten philologischen Situation bei Christiane Zimmermann, *Der Antigone-Mythos in der antiken Literatur und Kunst*, Tübingen: Narr 1993, hier: S. 188.

der die traditional-partikularen Gewalten zurückgedrängt werden von Zentralgewalten. Musterbeispiel ist *Romeo und Julia*, wo gleich zu Beginn der Hader zwischen den Geschlechtern der Capulet und der Montague durch das Dazwischentreten des Fürsten und dessen erbostes Bestehen auf dem fürstlichen Gewaltmonopol zu einer ordinären Keilerei zweier Cliquen degradiert wird. Hier liegt die Parteinahme nicht bei der Kleingruppen-Moral, vielmehr ist diese als obsolet gekennzeichnet. Doch hat der Fürst noch keinen realen Einfluss auf das Geschehen. Erst am Ende erscheint er wieder, aus seiner »Morgenruhe« aufgestört (V, 3, v. 201). »Alle büßen« (V, 3, v. 308), meint er, »Denn niemals gab es ein so herbes Los, | Als Juliens und ihres Romeos.« (V, 3, v. 323 f.)[41] Die radikale Individualisierung dieser Liebe ist jedenfalls Folge der wechselseitigen Paralyse von alter und neuer Ordnung in einer anomischen Übergangssituation.[42] Dass das katastrophale Ende durch ein Missverständnis herbeigeführt wird, ist plakative Bestätigung der prekären kommunikativen Situation.

Im *Kaufmann von Venedig*[43] ist das staatliche Recht bereits gefestigt. Der Staat, in Gestalt des Dogen, spricht Recht, die Bürger gehen ihren privaten Handelsgeschäften und Liebeshändeln nach. Daneben gibt es noch Belmont, das Landgut Portias, das einen märchenhaft-paradiesischen Raum außerhalb der Zwänge der Stadt darstellt. Der verschuldete Bassanio plant, um die reiche, schöne und tugendhafte Erbin Portia zu werben. Solch eine Werbung ist

---

[41] Zitiert nach der Übersetzung von August Wilhelm von Schlegel (William Shakespeare, »Romeo und Julia«, in: ders., *Complete Edition / Gesamtwerk. English and German/Englisch und Deutsch*, 6 Bde., hg. v. L. L. Schücking, Augsburg 1995, Bd. 2, S. 182–269).

[42] Vergleichbares ist im Überschneidungsbereich von empfindsamer Kleingruppenmoral und höfischer Moral im 18. Jahrhundert zu beobachten. Vgl. Marianne Willems, *Das Problem der Individualität als Herausforderung an die Semantik im Sturm und Drang. Studien zu Goethes Brief des Pastors zu*** an den neuen Pastor zu***, Götz von Berlichingen und Clavigo*, Tübingen: Niemeyer 1995.

[43] Eine Einbettung des Dramas in die damalige englische Rechtsdiskussion versucht Verena Olejniczak Lobsien, »›Richtet nicht, damit ihr nicht gerichtet werdet‹. Biblische, säkulare und poetische Gerechtigkeit im England der frühen Neuzeit«, in: *Poetica* 37 (2005), S. 311–347. Lobsien erwartet von der ›Comical History‹ *Merchant of Venice* (und *Measure for Measure*) bierernste Kasuistik und ist da entsprechend enttäuscht. Portias »hypertechnische und literalistische Argumentation« sei »höchst fragwürdig«, sie benutze eine »mehr als pedantische Buchstabengerechtigkeit«, »um den Geist des Gesetzes durchzusetzen« (S. 336). »Portia ist nicht nur keinen Deut besser als Shylock [...] sie ist obendrein eine Hochstaplerin« (S. 337) usw. Vor solchen Pointenmeucheleien sollte man die Literatur schützen! – Mit ungleich mehr Sinn für die Möglichkeiten der Literatur stellt Ziolkowski das Drama in die zeitgenössische ›equity‹-Problematik ein (Ziolkowski, *The Mirror of Justice*, S. 174–187).

teuer, aber es handelt sich um eine gute Investition. Der Kaufmann Antonio, sein Freund, der sonst immer ausgeholfen hat, hat sein Vermögen in mehrere Schiffsladungen investiert, so dass sie zum jüdischen Geldverleiher Shylock gehen. Antonio bürgt für Bassanio, soll aber eine besondere Art von Pfand versprechen. Shylock verzichtet auf Zinsen, sagt:

> Und diese Liebe will ich Euch erweisen.
> Geht mit mir zum Notarius, da zeichnet
> Mir Eure Schuldverschreibung; und zum Spaß,
> Wenn Ihr mir nicht auf den bestimmten Tag
> An dem bestimmten Ort die und die Summe,
> Wie der Vertrag nun lautet, wiederzahlt:
> Laßt uns ein volles Pfund von Eurem Fleisch
> Zur Buße setzen, das ich schneiden dürfe
> Aus welchem Teil von Eurem Leib ich will. (1, 3, v. 139–147)[44]

Heute würde ein solcher Vertrag gegen die guten Sitten verstoßen, er könnte tatsächlich nur »zum Spaß« abgeschlossen werden. Ich vermute fast, dass auch die reale venezianische Rechtsprechung jener Zeit für solche Fälle Verfahrensweisen im Sinne der aristotelischen Billigkeits-Lehre vorsah. In Shakespeares Venedig gibt es solche rechtsförmigen Regelungen jedenfalls nicht. Als die Frist verstrichen ist, fordert Shylock die Erfüllung des Vertrags und ist weder durch Appelle an seine Gnade noch durch das Angebot einer Verdoppelung, ja Verzehnfachung der verliehenen Summe zu einem Wandel seiner Auffassung zu bewegen.

> [...] das Pfund Fleisch, das ich verlange,
> Ist teur gekauft, ist mein, und ich will's haben.
> Wenn Ihr versagt, pfui über Eur Gesetz!
> So hat das Recht Venedigs keine Kraft.
> Ich wart auf Spruch; antwortet: soll ich's haben? (IV, 1, v. 99–103)

Die Sympathieverteilung ist eindeutig. Alle sind in höchster Besorgnis um Antonio, der Doge selbst redet vergeblich auf Shylock ein. Die Lösung kommt durch Portia. Sie ist heimlich aus Belmont nach Venedig gekommen, hat sich als Rechtsgelehrten aus Padua verkleidet und führt die Regie bei der Auflösung des

---

[44] Zitiert nach der Übersetzung von August Wilhelm von Schlegel (William Shakespeare, »Der Kaufmann von Venedig«, in: ders., *Complete Edition / Gesamtwerk. English and German/Englisch und Deutsch*, 6 Bde., hg. v. L. L. Schücking, Augsburg 1995, Bd. 2, S. 477–550). Verszählung nach der Ausgabe William Shakespeare, *The Merchant of Venice. Englisch/Deutsch*, übers., komm. u. hg. v. Barbara Puschmann-Nalenz, Stuttgart: Reclam 1975.

Poetische Gerechtigkeit als Sinngenerator

Knotens. Man geht wohl nicht zu weit, wenn man ihr Erscheinen als Epiphanie einer *dea ex machina* deutet. – Auch sie bittet zunächst um Gnade für Antonio:

> Suchst du um Recht schon an, erwäge dies:
> Daß nach dem Lauf des Rechtes unser keiner
> Zum Heile käm; wir beten all um Gnade,
> Und dies Gebet muß uns der Gnade Taten
> Auch üben lehren. Dies hab ich gesagt,
> Um deine Forderung des Rechts zu mildern;
> Wenn du darauf bestehst, so muss Venedigs
> Gestrenger Hof durchaus dem Kaufmann dort
> Zum Nachteil einen Spruch tun. (IV, 1, v. 194–201)

Bassanio dringt in den ›Rechtsgelehrten‹, dass er aus Billigkeitsgründen das formale Recht beugen soll:

> [...] Ich bitt Euch,
> Beugt einmal das Gesetz nach Eurem Ansehn:
> Tut kleines Unrecht um ein großes Recht
> Und wehrt dem argen Teufel seinen Willen.

Doch der ›Rechtsgelehrte‹ bringt das entscheidende Argument: Sein Urteil muss präzedenzfähig sein.

> Es darf nicht sein. Kein Ansehn in Venedig
> Vermag ein gültiges Gesetz zu ändern.
> Es würde als ein Vorgang [Präzedenzfall] angeführt,
> Und mancher Fehltritt nach demselben Beispiel
> Griff' um sich in dem Staat; es kann nicht sein. (IV, 1, v. 210–218)

Schon früher hatte Antonio das so gesehen. Als Solanio Zuversicht äußerte, dass der Doge die Strenge des Gesetzes mildern werde, hatte Antonio geantwortet:

> Der Doge kann des Rechtes Lauf nicht hemmen.
> Denn die Bequemlichkeit, die Fremde finden
> Hier in Venedig, wenn man sie versagt,
> Setzt die Gerechtigkeit des Staats herab,
> Weil der Gewinn und Handel dieser Stadt
> Beruht auf allen Völkern. (III, 3, v. 26–31)

Wie dann der ›Rechtsgelehrte‹ nennt Antonio hier schon die entscheidende Ursache, weshalb der Doge nicht Gnade vor Recht ergehen lassen kann: Es ist die Rechtssicherheit der Republik, die auf dem Spiel steht, und zwar nicht um ihrer ständigen Bewohner willen, sondern wegen ihrer weltweiten Verflechtung. Die Wahl Venedigs als Schauplatz erweist sich als höchst fruchtbar für die Problemzuspitzung. Einerseits ist die Stadt eine kleine Kommune, in der man sich am Rialto trifft, um Klatsch und Tratsch auszutauschen zwischen Verwandten und Freunden (und nebenbei einen armseligen Juden zu beschimpfen). Aber in ihrer besonderen Rolle, als dominierendes Handelszentrum, das allen Völkern der Welt Rechtssicherheit bieten muss, ist sie zugleich Musterbeispiel der ›modernen‹ anonymen ›Gesellschaft der Fremden‹, die auf ›Allgemeinheit‹ der Gesetze angewiesen ist.

Es wiederholt sich, gewiss mit vielen Variablen, die Konstellation der *Antigone*. Auch hier wird man sagen dürfen, dass unsere Sympathie und die der zeitgenössischen Zuschauer beim Opfer der allgemeinen Geltung des Gesetzes liegt. Dass Antonio den Juden anscheinend regelmäßig und grundlos beschimpft hat, ist zwar kein schöner Zug von ihm, aber die Reaktion des Juden ist für das unbefangene Gemüt doch unverhältnismäßig, ein maßloser Racheakt. Aber auf einer zweiten Ebene ist gravierender, dass durch den Anspruch des Juden die Ungerechtigkeit des allgemeinen Gesetzes offenbar wird, das gleichwohl in seiner Geltung nicht beeinträchtigt werden darf; weil sonst andere Ungerechtigkeit entstünde. Das ist das Holz, aus dem Tragödien geschnitzt werden.

In diesem Falle allerdings kommt es zur komödienhaften Aussöhnung der zweierlei Arten von Recht. Die *dea ex machina* nämlich treibt die buchstäbliche Auslegung des Vertrags noch einen Grad weiter, ins Absurde, das gleichwohl zu der von allen Gutwilligen gewünschten, plötzlichen Lösung führt.

[...] Eins ist noch zu merken!
Der Schein hier gibt dir nicht ein Tröpfchen Blut;
Die Worte sind ausdrücklich: ein Pfund Fleisch!
Nimm denn den Schein, und nimm du dein Pfund Fleisch;
Allein vergießest du, indem du's abschneidst,
Nur einen Tropfen Christenblut, so fällt
Dein Hab und Gut nach dem Gesetz Venedigs
Dem Staat Venedigs heim.
[...]
    [...] schneid auch nicht minder oder mehr
Als ein genaues Pfund [...]
      [...] Ja wenn sich die Waagschal

Nur um die Breite eines Haares neigt;
So stirbst du. Und dein Gut verfällt dem Staat. (IV, 1 v. 301–328)

Shylock zieht seine Forderung zurück und wird nun, da er als Fremder einem Venezianer nach dem Leben getrachtet hat, ›rechtmäßig‹ erniedrigt und geplündert.

Lehrstück: Die Maßnahme
Als drittes Beispiel für das Problem von zweierlei Recht sei Bertolt Brechts Lehrstück *Die Maßnahme* angeführt.[45] Es scheint einer ganz anderen Welt anzugehören. Vier Agitatoren berichten einem Kontrollchor, weshalb sie einen fünften, den ›jungen Genossen‹, getötet haben. Sie agitieren in China, um den Klassenkampf zu entfesseln, und das bedeutet auch, dass sie das Elend nicht mindern, sondern verschärfen, um die Entwicklung für eine erfolgreiche Revolution zuzuschärfen. Der ›junge Genosse‹ aber konnte sein Mitleid nicht bezähmen. Mehrfach ließ er sich zu spontanen Aktionen hinreißen, schließlich reißt er sich die Maske vom Gesicht, ruft zur sofortigen Revolution auf, die Agitatoren müssen fliehen. Der junge Genosse erkrankt, er darf nicht erkannt werden, »nicht leicht war es, zu tun was richtig war« (S. 32), mit seinem Einverständnis wird er schließlich erschossen und in eine Kalkgrube geworfen, und die Genossen setzen ihre Arbeit fort. Das also berichten sie dem Kontrollchor, und dieser erteilt ihnen Absolution.

Die Problemlage ist klar: Auf der einen Seite steht das revolutionäre Langfrist-Programm der Partei, auf der anderen die spontane, im allgemeinmenschlichen Rechtsgefühl wurzelnde Mitleidsreaktion des jungen Genossen. Auf diese Weise entstand etwas, was Martin Esslin mit einem gewissen Recht als »die einzige große tragische Dichtung über das moralische Dilemma totalitärer Re-

---

[45] *Die Maßnahme* und die kritischen Stellungnahmen werden zitiert (nur mit Angabe der Seitenzahlen) nach der Ausgabe: Bertolt Brecht, *Die Maßnahme. Kritische Ausgabe mit einer Spielanleitung von Reiner Steinweg*, Frankfurt a. M.: Suhrkamp 1972, weil die Kritik und Umarbeitungen ausführlicher dokumentiert sind als in der ›Großen kommentierten Berliner und Frankfurter Ausgabe‹. Aus der Sekundärliteratur hervorzuheben ist unter dem anberaumten Aspekt noch immer Reinhold Grimm, »Ideologische Tragödie und Tragödie der Ideologie. Versuch über ein Lehrstück von Brecht«, in: *Zeitschrift für Deutsche Philologie* 78 (1959), S. 394–424. Unter etwas anderem Aspekt habe ich das Stück schon behandelt in: »Lehrstücke vom Einverständnis. Kleists ›Prinz Friedrich von Homburg‹ und Brechts ›Die Maßnahme‹«, in: *Jahrbuch des Freien Deutschen Hochstifts* (1995), S. 238–269.

gime« bezeichnete.[46] Dazu passt auch die Angestrengtheit, mit der Brecht Hölderlin- und Pindartöne und allerlei Säkularisat christlicher Provenienz aktiviert, um dem Kontrollchor und den Agitatoren ein ›erhabenes‹ Podest zu verschaffen. Aber wenn man Esslins Formulierung voll durchzeichnet, stimmt natürlich nichts mehr. Während im Barockdrama oder bei Corneille auf den Helden die Jenseitsglorie wartet und in den Tragödien der deutschen Klassik eine sehr genau kalkulierte Balance aus individueller *hamartia*, Schuld und Unglück in einen idealistischen Wertehorizont eingeschrieben wird, konnte die engagierte Antikommunistin Ruth Fischer in der *Maßnahme* ein »Lehrstück über die Schauprozesse« sehen, »die sein [Brechts] Meister fünf Jahre später inszenierte« (S. 416), »eine Vorwegnahme der Moskauer Prozesse.«.

Doch auch die kommunistischen Freunde waren nicht glücklich mit diesem Text, und das ist vielleicht aufschlussreicher. Wir sind hier in der glücklichen Lage, ein paar explizite Äußerungen der Erstreaktion zu besitzen. Bei der Uraufführung wurden nämlich Fragebögen an das Publikum verteilt, und eine Woche nach der Aufführung wurde ein Diskussionsabend veranstaltet. Nach den Zeugnissen drehte sich die Diskussion vor allem um die Frage, »ob nicht doch ein anderer Ausweg möglich gewesen wäre als die Erschießung des jungen Kommunisten, z. B. der politische Tod (Ausstoßung aus der Bewegung), der schlimmer ist als der physische Tod« (S. 341, ähnlich S. 399). Der Vorschlag ist absurd. Denn der junge Genosse wird ja aus taktischen Gründen getötet und in die Kalkgrube geworfen. Er soll verschwinden, damit die Spur zu den anderen Agitatoren verwischt wird. Ein Parteiausschluss aber lässt keinen verschwinden! Wenn nun gar der Parteiausschluss »schlimmer ist als der physische Tod«, dann ergibt sich eine kuriose idealistische Volte: Der Genosse soll dem schlimmeren moralischen Tod überantwortet werden, damit man ihm (und sich) seinen physischen ersparen kann.

Hier fällt dann auch das Stichwort, das die spätere, explizitere Kritik bestimmte:[47] Das Stück führe auf die »undialektische Fragestellung, ob Verstand oder Gefühl sprechen müssen« (S. 341). Brecht fehle das »Erlebnis der revolutionären Praxis [...] Falsch ist vor allem die Erschießung des jungen Genossen, da es den Tatsachen der revolutionären Wirklichkeit widerspricht und einen

---

[46] Martin Esslin, *Brecht. Das Paradox des politischen Dichters*, München: dtv 1970, S. 207.
[47] »Ein Versuch mit nicht ganz tauglichen Mitteln« [1931], in: Brecht, *Die Maßnahme. Kritische Ausgabe*, S. 378–393; ähnlich Ludwig Hoffmann, »Gegenentwurf zur Maßnahme«, S. 439–458.

kaum möglichen extremen Fall darstellt; schief ist, dass ein gefühlsmäßig unklarer Genosse vom erprobten Bolschewisten zu immer schwierigeren illegalen Aufgaben herangezogen wird« (S. 342). Die Erschießung ist ganz einfach ›falsch‹, weil ein ›erprobter Bolschewist‹ es gar nicht erst so weit hätte kommen lassen.

»Im Allgemeinen merkte man, dass die anwesenden Marxisten in großem Konflikt mit ihrem natürlichen Gefühl standen« (S. 399), so schilderte ein eher bürgerlich gesonnener Berichterstatter seinen Eindruck von der Diskussion. Letztlich geht es allen Kritikern darum, den ›jungen Genossen‹ zu retten. Möglich ist das nur, indem sie die Zuspitzung des Konflikts zwischen nahweltethischer und fernzielstrategischer Orientierung verharmlosen und zu einem »kaum möglichen extremen Fall« erklären: Der wahre Dialektiker kann zwischen persönlicher Mitleidsmotivation und Parteidoktrin ›dialektisch‹ vermitteln. Da tritt die ›Dialektik‹ an die Stelle, die bei unseren anderen Beispielen das Moment der Komödie innehatte.

5. Ausblick

Nach den beiden Einengungen des Fokus ist abschließend noch einmal zu betonen, dass sich das Bedürfnis nach poetischer Gerechtigkeit nicht aufs Drama und nicht auf das Thema von zweierlei Recht beschränkt. Da es als Maßnorm in unseren mentalen Dispositionen wurzelt, kann es an alle literarischen (und nichtliterarischen) Weltkonstruktionen herangetragen werden. Die eingangs genannten Beispiele sollen nur durch den Hinweis ergänzt werden, dass wir unsere Reziprozitätserwartung z. B. auch für das Verständnis von Rachemotiven aktivieren. Zwar billigen wir Shylocks Handlungsmotivation nicht, aber verstehen können wir sie schon nach wenigen Hinweisen ... Und Bassanio sind wir fast etwas gram, weil ihm zur Rettung des Freundes nur eine Verzehnfachung der ausstehenden Summe einfällt. Da muss noch etwas kommen! Nämlich Portias List, welche die Dankesschuld abträgt.

In ähnlicher Weise bewährt sich die Erwartung poetischer Gerechtigkeit auch als Sinngenerator bei der Wahrnehmung von Erzähltexten. Diese Erwartung erzeugt eine recht präzise Art von ›Spannung‹: Die bange Erwartung, dass es in der weiteren Sukzession des Textes den Tugendhaften (›unseren‹ Leuten) gut und den Lasterhaften (den ›anderen‹) schlecht ergehen möge. Die einfache Frage: Wie wird es weitergehen, ist sozusagen leer. Sie wird erst dann zu einer echten Frage, wenn Unaufgelöstes noch auf eine Auflösung wartet. Wenn also z. B. der Mörder gefunden werden muss oder eine Erklärung für gegenwärtiges Unglück oder wenn die Heimkehr des Helden, die uns annonciert wurde, auf sich warten lässt oder wenn jene verschiedengeschlechtlichen Personen geschlechtsreifen Alters, die nach aller Lebens- und Literaturerfahrung füreinander bestimmt sind, ihr Ziel noch nicht erreicht haben. Und zu diesen Erwartungsfiguren gehört auch die der poetischen Gerechtigkeit, die Frage: Wie wird ein gerechter Ausgang der Sache erzielt? Ob er auch wirklich erzielt wird, ist eine Frage zweiten Ranges.

YOUNG-AE CHON

Die Macht der Poesie.
Zu einem Gedicht aus dem *West-östlichen Divan*

Am Anfang steht ein konkretes Leseerlebnis, in dessen Bannkreis die gesamte spätere Auseinandersetzung mit dem literarischen Werk geblieben ist. In der Schulzeit, als man nach jedem Schriftstück die Hand ausstreckte und drauflos las, stieß ich in der entferntesten Ferne, am anderen Saum des eurasischen Kontinents, ganz zufällig auf ein Gedicht, von dem weder Titel noch Autor angegeben waren:

나를 울게 두어라! 밤의 장막 안에서,
끝없는 사막에서.
낙타들이 쉬 몰이꾼들도 쉬는데
돈 세며 요히 아르메니아 사람Armenier 깨어 있다
그러나 그 곁에서, 나, 헤아 본다
나를 줄라이카Suleika로부터 갈라놓는 머나먼 길, 자꾸 헤아린다
길을 늘여놓는 미운 굽이굽이.
나를 울게 두어라! 우는 건 수치가 아니다.
우는 남자들은 한 사람
아킬 스Achill도 그의 브리세이스Briseis 때문에 울었다
크세르크세스Xerxes는 무 함대를 두 도 울었
 손으로 죽이게 된 아끼던 은이를 두
알 산더Alexander 대왕이 울었다.
나를 울게 두어라! 눈물은 먼지를 생명의 터로 만 다
벌써 푸르름 감돈다.

Lasst mich weinen! umschraenkt von Nacht,
In unendlicher Wüste.
Camele ruhn, die Treiber desgleichen,
Rechnend still wacht der Armenier;
Ich aber, neben ihm, berechne die Meilen
Die mich von Suleika trennen, wiederhole
Die wegeverlängernden Aergerlichen Krümmungen.
Lasst mich weinen! das ist keine Schande.
Weinende Männer sind gut.
Weinte doch Achill um seine Briseis!
Xerxes beweinte das unerschlagene Heer,
Uber den selbstgemordeten Liebling
Alexander weinte,

241

Lasst mich weinen; Thraenen beleben den Staub.
Schon grunelts.[1]

Den Namen des Autors könnte ich gut übersehen haben; zumal ich keine Ahnung davon hatte, daß es in der Welt einen Dichter namens Goethe gibt. Damals waren nicht einmal weinende Männer innerhalb der Grenzen meiner Vorstellung. Derartiges musste ich mir irgendwie begreiflich machen. Für mich als Schulmädchen reichte mein Verständnis lediglich zu der einfachen Frage: Wer ist eigentlich Briseis? Diese Frage veranlasste mich zur *Ilias*-Lektüre. Die führte leider nicht sehr weit, denn meine Neugierde wurde schon gleich zu Anfang gestillt. Jedoch verdanke ich mein Wissen über die anderen Gestalten dieses ruhmreichen Epos zum großen Teil diesem einen Gedicht.

Ein Bild aber blieb mir, wie ein ungelöstes Rätsel, lange in Erinnerung: der Armenier, der, »[r]echnend still«, »wacht«. Darunter konnte ich mir höchstens einen fremden Mann mit Turban vorstellen, der wohl bei bescheidenem Kerzenlicht allein seinen Tagesverdienst nachrechnet. Jedoch war dieses exotische Bild für mich lange der Inbegriff des Karawanenlebens; ja des fremden Lebens überhaupt.

Groß war deshalb meine Überraschung, als ich nach über dreißig Jahren im *West-östlichen Divan*, und zwar fast am Ende der genussreichen, doch zugleich schweren Lektüre, dieses Gedicht wiederfand. Mit nun geschärften Augen betrachtete ich das inzwischen altersblasse Armenier-Bild und stellte fest, dass sich die alte Faszination im Grunde nicht verflüchtigt hatte. Nun frage ich, warum das Gedicht für ein völlig unwissendes Schulmädchen so beeindruckend war, was ich mir jetzt darunter vorstelle, und schließlich: was ein Gedicht ist und was es bewirken kann. Eine Antwort wird versucht durch einen Streifzug im Kontext.

I. Von der Wirklichkeit ausgehend

Was sich in unserem Gedicht wie auch im *West-östlichen Divan* im Ganzen präsentiert, ist in erster Linie Poesie als ein dichterischer Gegenentwurf zur

---

[1] Johann Wolfgang von Goethe, »Lasst mich weinen!«, in: ders., *West-östlicher Divan*, hg. v. Hendrik Birus, Frankfurt a. M.: Deutscher Klassiker Verlag 1994 (= Johann Wolfgang von Goethe, *Sämtliche Werke. Briefe, Tagebücher und Gespräche*, 40 Bde., hg. v. Dieter Borchmeyer u. a., Bd. I 3/1), S. 602. (Diese Ausgabe wird künftig zitiert unter der Sigle FA unter Angabe von Abteilung und Band.)

Die Macht der Poesie. Zu einem Gedicht aus dem West-östlichen Divan

Realität – um präziser mit Gottfried Benn zu sprechen, als ein »von dir vertretene[s] Reich«, als »Gegenglück«.[2] In der höchst mannigfaltigen poetischen Entfaltung kommen manch unscheinbare Wirklichkeitspartikel zu Tage, entblößen die Grundlage des ästhetischen Scheinreichs und beleuchten somit die wesentliche Struktur der Poesie.

In unserem Gedicht ist es deutlich die Präsenz der Trauer, Entbehrung und Sehnsucht, die trotz der exotisch fernen Szenerie unmittelbar vermittelt wird. Projiziert neben die fiktive Realität einer fremden Tageswirtschaft und mitten in die nächtliche »unendliche[...] Wüste«, wird der stille Gefühlsstau des Subjekts dem Leser nahe gebracht.

Goethes *West-östlicher Divan* ist in vieler Hinsicht mit seinen »Römischen Elegien« zu vergleichen. Beider Grundstruktur ist ähnlich: So ist die zwei polare Welten umgreifende Darstellung – seien es Norden und Süden, seien es Westen und Osten – quantitativ auf die fremde, offene Welt konzentriert, während sie im Bewusstsein des Lesers einen Gegenpol aufruft.[3]

Neben den exotischen Elementen zieht in beiden Werken jedoch auch unverkennbar ein Moment unsere Aufmerksamkeit auf sich, in dem der dichterische Erzähler trotz seines ›Incognito‹ sich selbst und seine Bedingtheit in der Wirklichkeit verrät: Die Probleme, die der Herr Geheimrat nach Rom mitgeschleppt hat und die den alten Dichter zum Hedschra-artigen Aufbruch veranlasst haben, stechen aus der römischen Bühne, mitten aus dem Karawanenzug, hervor als Fremdkörper.

In den »Römischen Elegien« heißt es, die Wirklichkeit folge dem Geheimrat »bis jetzt, auf allen Tritten und Schritten«,[4] obwohl er nun in Rom endlich geboren sei. Die Geschichten von »Bergen und Schnee, hölzernen Häusern«,[5] die einleitend der nordische Gast seiner Römerin erzählt, bilden die Kontrastfolie für eine sonnige südliche Welt. Die verhältnismäßig spärliche Darstellung

---

[2] Gottfried Benn, »Einsamer nie –«, in: ders., *Gedichte*, hg. v. Dieter Wellershoff, München: Deutscher Taschenbuch Verlag 1975 (= *Gesammelte Werke*, 8 Bde., hg. v. Dieter Wellershoff, Bd. 1), S. 140.

[3] Die »Römischen Elegien« sind durch die Offenheit aller Sinne unter hellem Himmel und die dadurch voll entfaltete Sinnlichkeit und Aufnahmefähigkeit fremder Kultur geprägt. Die *Divan*-Welt ist voll exotischer Gegenstände, denen man auf dieser imaginären Reise in den Orient begegnet. Da wimmelt es von fremden Namen, fremden Bräuchen, fremden Vokabeln; man trifft auf fremde Arten der Frömmigkeit, vor allem aber auf die exotische Versunkenheit in Liebe.

[4] »I«, FA I 2, S. 155.

[5] Ebd.

des Nordens wirkt bei all dem, mitten im bunten Panorama des Südens, umso gravierender: »Trübe der Himmel und schwer auf meinen Scheitel sich senkte«.[6] Dieser Norden hat noch im kurzen Rückblick soviel Gewicht, dass er das Gegengewicht zu der weitläufig dargestellten Welt des Südens ist.

Ähnliche Wirklichkeitspartikel sind im *Divan* noch auffälliger, denn die dort hauptsächlich dargestellte Welt des Orients wirkt noch imaginärer, und die wenigen Äußerungen über die Wirklichkeit wirken so noch direkter: ob in Bezug auf das Beduinenleben oder den deutschen Boden. Das Eröffnungsgedicht des Bandes, »Hegire«, beginnt mit der lapidaren Darstellung der politischen Situation der okzidentalen Welt: »Nord und West und Süd zersplittern, | Throne bersten, Reiche zittern«.[7]

Am deutlichsten ist der Wirklichkeitsbezug aber im »Buch des Unmuths«. Dessen Eröffnungsgedicht beginnt ohne weiteres mit der Frage einer ›bösen Zunge‹:

Wo hast du das genommen?
Wie konnt' es zu dir kommen?
Wie aus dem Lebensplunder
Erwarbst du diesen Zunder?
Der Funken letzte Gluthen
Von frischem zu ermuthen.[8]

Derart eingeleitet, beschreibt das Gedicht das zwar vielen Gefahren ausgesetzte, aber doch selbstbewusste Beduinenleben. Insofern lässt sich schließen, dass dieses Gedicht als eine ausweichende Antwort des dichterischen Ichs auf die bissigen Fragen und zugleich als Projektion seines Lebens entworfen ist. Dementsprechend ist das gefährdete Dasein hervorgehoben:

In schauerlichen Nächten,
Bedrohet von Gefechten,
Das Stöhnen der Cameele
Durchdrang das Ohr, die Seele[9]

Selbst in den Orient projiziert wird das okzidentale Leben in seiner drohenden Gefahr erfasst und resümiert. Außerdem wirkt das »Buch des Unmuths« im Ganzen als der Einbruch der grauen Wirklichkeit in die farbige, arabeske *Divan-*

---

[6] »VII«, FA I 2, S. 159.
[7] »Hegire«, FA I 3/1, S. 12.
[8] »Wo hast du das«, FA I 3/1, S. 52.
[9] Ebd.

Die Macht der Poesie. Zu einem Gedicht aus dem West-östlichen Divan

Welt. Denn dieses Buch gilt dem Okzident, und dieser ist in erster Linie als die Welt der Mittelmäßigkeit, als die Welt der Spießbürger dargestellt.[10] Es ist aber auch eine durch engstirnige Religiosität und vor allem durch einengenden Nationalismus[11] gespaltene Welt.[12] In dieser Hinsicht sind die Bezeichnung des *Divan*-Dichters als Emigrant und die ihr zugrunde liegenden Argumentationen bei Hendrik Birus oder Adolf Muschg[13] sehr plausibel.

Der bedrückenden Wirklichkeit begegnet der Dichter im einleitenden Gedicht im »Buch des Unmuths« mit dem Sichzurechtfinden – »Im Ocean der Sterne. | Mich hatt' ich nicht verloren«[14] –, mit der Liebe zu den einfachen Leuten – »Die gern und schmal bewirthen. | So ruhig, liebe Leute, | Daß jeder mich erfreute«[15] –, aber immer wieder und vor allem mit dem ›Stolz‹[16] des Dichters, des Karawanenführer-Dichters – kurz: mit »Einbildung und Stolziren«.[17] Dies

---

[10] »Da die dummen Eingeengten | Immerfort am stärksten pochten, | Und die Halben, die Beschränkten | Gar zu gern uns unterjochten«, »Uebermacht, Ihr könnt«, FA I 3/1, S. 54. Oder: »Wo man nicht zu sondern wußte | Mäusedreck von Koriandern«; »Keinen Reimer wird«, FA I 3/1, S. 53. Da walten jene Leute, »[d]ie am wenigsten verwinden, | Wenn die andern was gegolten« (ebd.).

[11] »Und wo sich die Völker trennen, | Gegenseitig im Verachten, | Keins von beyden wird bekennen | Daß sie nach demselben trachten«, »Keinen Reimer wird« (ebd.). Oder: »Und wer franzet oder brittet, | Italiänert oder teutschet, | Einer will nur wie der andre | Was die Eigenliebe heischet«; »Und wer franzet«, FA I 3/1, S. 59.

[12] Die deutsche Wirklichkeit wird in dem Maße hervorgehoben, wie der Autor selber im Prosa-Teil »Besserem Verständniss« dem Leser deren Abschwächung bei der Lektüre anempfiehlt: »Sodann aber werden wir ihm zugestehen, daß er [der Dichter] mancherley Anmaßungen dadurch zu mildern weiß, daß er sie, gefühlvoll und kunstreich, zuletzt auf die Geliebte bezieht, sich vor ihr demüthigt, ja vernichtet. Herz und Geist des Lesers wird ihm dieses zu gute schreiben«, FA I 3/1, S. 222.

[13] Vgl. Hendrik Birus, »Poetische Emigration«, in: *Interpretationen. Gedichte von Johann Wolfgang Goethe*, hg. v. Bernd Witte, Stuttgart: Reclam 1998, S. 186–200, hierzu S. 188. Vgl. auch Adolf Muschg, *Goethe als Emigrant. Auf der Suche nach dem Grünem bei einem alten Dichter*, Frankfurt a. M.: Insel 1986, S. 73: »Das Deutschland der Philosophen lag vielleicht im alten Griechenland, das Deutschland der Patrioten im neuen Frankreich, die deutsche Nation in den Wolken oder Sternen.«

[14] »Wo hast du das«, FA I 3/1, S. 52.

[15] Ebd.

[16] Dies erklärt der Autor selbst, um dem Leser zum Verständnis zu verhelfen: »Was aber das Buch des Unmuths betrifft, [...]. Von oben herein ist er [der Dichter] nicht beengt, aber von unten und von der Seite leidet er. Eine zudringliche, oft platte, oft tückische Menge, mit ihren Chorführern, lähmt seine Thätigkeit; erst waffnet er sich mit Stolz und Verdruß, dann aber, zu scharf gereizt und gepreßt, fühlt er Stärke genug sich durch sie durchzuschlagen«; »Besserem Verständniss«, FA I 3/1, S. 222.

[17] »Wo hast du das«, FA I 3/1, S. 52. Des Dichters Stolz gipfelt im folgenden berühmten Diktum: »Wer nicht von dreytausend Jahren | Sich weiß Rechenschaft zu geben, | Bleib im Dunkeln unerfahren, | Mag von Tag zu Tage leben«, »Und wer franzet«, FA I 3/1, S. 59.

sind keine passiven Maßnahmen. Auf dem Territorium der Dichtung ist der *Divan*-Dichter also kein Emigrant. Er zählt sogar »Liebe«, »Klang der Gläser«, »Waffenklang« und Hass zu den vier ›Elementen eines echten Liedes‹,[18] wie der Dichter im *Faust* sich »des Hasses Kraft, die Macht der Liebe«[19] wünscht. Auch in unserem Gedicht ist das Sichvergrößern des Karawanenzuges Reaktion:

> Und immer ging es weiter
> Und immer ward es breiter
> Und unser ganzes Ziehen
> Es schien ein ewig Fliehen,
> Blau, hinter Wüst' und Heere,
> Der Streif erlogner Meere.[20]

Der Karawanenzug wird am Ende vor den Hintergrund der Fata Morgana gesetzt und von einem einzigen blauen »Streif erlogner Meere« absorbiert. Die durch Abstraktion so schillernd angedeutete Fiktivität löst Faszination aus. Die Wirklichkeit scheint hier damit endgültig in die Dichtung aufgenommen zu sein. Dies ist eine dichterische Bewältigung der Wirklichkeit.

II. Metamorphose der Dichtung

Zwei weitere, und zwar in höchstem Maße persönliche Lebenserfahrungen bedingen die *Divan*-Welt: das Alter und die Liebe. Es handelt sich um besonders intensive Erlebnisse, die in ihrer vollen Entfaltung, aber auch in starkem Verlustbewusstsein erfahren werden. Die Liebe steht sozusagen mitten im Augenblick des Fassens und Verweilen-Wollens in einer harten Konfrontation mit der Vergänglichkeit. Beider dichterische Begegnung erfolgt mannigfaltig, einzeln wie im Zusammenhang. Ein unscheinbares Naturphänomen wie etwa ein weißer Nebelregenbogen, auf den ein »muntrer Greis« auf seiner eben angetretenen Rhein-Main-Reise, noch an Erfurt vorbeifahrend,[21] schon mit der Vorahnung einer Begegnung am Reiseziel, aufmerksam wird (»Phaenomen«[22]), verwan-

---

[18] Vgl. »Elemente«, FA I 3/1, S. 17.
[19] *Faust I*, FA I 7/1, S. 19 (V. 196).
[20] »Wo hast du das«, FA I 3/1, S. 52.
[21] Bei Erfurt am 27. 9. 1814.
[22] »Wenn zu der Regenwand | Phoebus sich gattet, | Gleich steht ein Bogenrand | Farbig beschattet. | | Im Nebel gleichen Kreis | Seh ich gezogen, | Zwar ist der Bogen weiß, | Doch Himmelsbogen. |

delt sich im Rückblick auf das besagte Zusammentreffen in ein hochkarätiges dichterisches »Hochbild«:

> Die Sonne, Helios der Griechen,
> Fährt prächtig auf der Himmelsbahn,
> Gewiß das Weltall zu besiegen
> Blickt er umher, hinab, hinan.
>
> Er sieht die schönste Göttinn weinen,
> Die Wolkentochter, Himmelskind,
> Ihr scheint er nur allein zu scheinen,
> Für alle heitre Räume blind.
>
> Versenkt er sich in Schmerz und Schauer
> Und häufiger quillt ihr Thränenguß;
> Er sendet Lust in ihre Trauer
> und jeder Perle Kuß auf Kuß.
>
> Nun fühlt sie tief des Blickes Gewalten,
> Und unverwandt schaut sie hinauf
> Die Perlen wollen sich gestalten:
> Denn jede nahm sein Bildniß auf.
>
> Und so, umkränzt von Farb' und Bogen,
> Erheitert leuchtet ihr Gesicht,
> Entgegen kommt er ihr gezogen,
> Doch er! doch ach! erreicht sie nicht.
>
> So, nach des Schicksals hartem Loose,
> Weichst du mir Lieblichste davon,
> Und wär' ich Helios der große
> Was nützte mir der Wagenthron?[23]

Eine sehr poetische Wiedergabe des kosmischen Phänomens, auch »erklingend Farbenspiel«. Was den anfangs unscharfen farblosen Kreis nun in belebender Mythologisierung höchst bunt gefärbt hat, ist eben der nun durch – inzwischen erlebte – Liebesschmerzen wie -wonnen geprägte Blick des Dichters. Hier, mitten in der kosmischen Szenerie der Liebe, »wollen« die Perlen »sich gestalten«. Die Perle, Metapher der Metaphern im *Divan*, steht ausdrücklich für die Poesie:

| So sollst du, muntrer Greis, | Dich nicht betrüben, | Sind gleich die Haare weiß, | Doch wirst du lieben«, FA I 3/1, S. 19.
[23] »Hochbild«, verfasst in Weimar am 7. 11. 1815, FA I 3/1, S. 94 f.

> Dichtrische Perlen,
> Die mir deiner Leidenschaft
> Gewaltige Brandung
> Warf an des Lebens
> Verödeten Strand aus.[24]

Sie sollen auch »[d]ie Regentropfen Allahs, | Gereift in bescheidener Muschel«[25] sein. Aufgrund einer (naturwissenschaftlich falschen) Vorstellung aus dem 18. Jahrhundert, dass Wassertropfen in Muscheln zu Perlen reifen würden, veranschaulicht die Perlen-Metapher aber als Sinnbild für die Dichtkunst – besonders hier im »Hochbild« an der ›Metamorphose der Trauer‹ gezeigt – deren Wesen: Mit entscheidender persönlicher Prägung – »[d]enn jede nahm sein Bildnis auf« –, die himmlischen Ursprungs sein kann, ist sie aber zugleich sehr irdisch bedingt; die Trauer ist ja die Angelegenheit des Jammertals.

Diese Perlen kommen im *Divan* derart häufig vor, dass sich einzelne Gedichte nun mehr oder weniger als Perlen lesen lassen. Perlenschimmer haben sie, sind schön gerundet, ob klein, ob groß – auch barock manchmal, aber auf eigene Weise in sich geschlossen. Welche Art von Dichtkunst kann solche Perlen denn schaffen?

> Mag der Grieche seinen Thon
> Zu Gestalten drücken,
> An der eignen Hände Sohn
> Steigern sein Entzücken;
>
> Aber uns ist wonnereich
> In den Euphrat greifen,
> Und im flüßgen Element
> Hin und wider schweifen.
>
> Löscht ich so der Seele Brand,
> Lied es wird erschallen;
> Schöpft des Dichters reine Hand,
> Wasser wird sich ballen.[26]

»Schöpft des Dichters reine Hand, | Wasser wird sich ballen.« – Einer solchen Vorstellung vom wunderbaren Vermögen des Dichters entgegenkommend, entfalten sich Reflexionen über das dichterische Schaffen in mannigfaltigen Rich-

---

[24] »Die schön geschriebenen«, FA I 3/1, S. 83.
[25] FA I 3/1, S. 84.
[26] »Lied und Gebilde«, FA I 3/1, S. 21.

Die Macht der Poesie. Zu einem Gedicht aus dem West-östlichen Divan

tungen und Formen: Schon vom ersten Buch, dem »Buch des Sängers«, an wird nachgedacht, woraus ein Gedicht besteht (»Elemente«), was das dichterische Schaffen bewirkt (»Erschaffen und Beleben«), welche Kraft die dichterische Kunst besitzen kann (»Lied und Gebilde«), wie expressiv und wie schwer zu unterdrücken sie ist (»Geständniss«). Sogar Lektüreanweisungen, wie man die Gedichte im *Divan* aufnehmen soll und sortieren kann, erhält der Leser (»Segenspfänder«).

Im ganzen Werk fällt die Selbstreflexivität der Dichtung auf, kombiniert mit einer souveränen Kunstfertigkeit, mit der ein alter Meister sich ab und zu sogar gewisse Freiheiten nimmt:

> Du beschämst wie Morgenröthe
> Jener Gipfel ernste Wand,
> Und noch einmal fühlet Hatem
> Frühlingshauch und Sommerbrand.[27]

Seit Karl Simrock,[28] spätestens seit Herman Grimm,[29] weiß es der Leser; aber auch ohne seinen Hinweis würde man vielleicht schon heraushören, welcher Name eigentlich statt des Namens Hatem mit der schönen »Morgenröthe« im Reim stehen sollte. Ob dank einem Ver- und Enthüllungsmanöver des Autors oder der humoristischen Willkür des Meisters – die verborgene, aber auf der Hand liegende Botschaft wird umso unvergesslicher vermittelt.

Die Kunst kommt – sowohl in der kosmischen Widerspiegelung als auch im Bild einer irdischen Szenerie – immer wieder im Zusammenhang mit der Leidenschaft vor. »Dichtrische Perlen«[30] werden wie ›deine Leidenschaft‹[31], wie das ›gewidmete Ich‹, schließlich in einem imaginären Spiel an »des Lebens | Verödeten Strand«[32] geworfen:

> Freude des Daseyns ist groß,
> Größer die Freud' am Daseyn.
> Wenn du Suleika

---

[27] »Hatem«, FA I 3/1, S. 87 f.
[28] Karl Simrock schrieb 1831 ein scherzhaftes »Enthüllungsgedicht« zu »Morgenröte – Hatem«, vgl. FA I 3/2, S. 1240 f.
[29] Herman Grimm, »Goethe und Suleika«, in: *Preußische Jahrbücher* 24 (1869), S. 1–21; Wiederabdruck in: Edgar Lohner (Hg.), *Studien zum West-östlichen Divan Goethes*, Darmstadt: Wissenschaftliche Buchgesellschaft 1971, S. 285–309.
[30] »Die schön geschriebenen«, FA I 3/1, S. 83.
[31] Ebd.
[32] Ebd.

> Mich überschwenglich beglückst,
> Deine Leidenschaft mir zuwirfst
> Als wär's ein Ball,
> Daß ich ihn fange,
> Dir zurückwerfe
> Mein gewidmetes Ich;
> Das ist ein Augenblick!
> Und dann reißt mich von dir
> Bald der Franke, bald der Armenier.[33]

Scharf mit Reflexionen umgeben, ist eine Szenerie der Leidenschaft wiedergegeben: explizit »ein Augenblick«, ein großartiger. Die »Freude des Daseyns« wird gleichzeitig vom Dichter reflektiert als abstraktere »Freud' am Daseyn«. Somit kann die Szene die Entstehung nicht nur der Liebe, sondern auch der Dichtung darstellen. Zur Unterstützung wird dem Ursprung des Reims in der persischen Überlieferung nachgegangen. Der große Fürst der Sassaniden, »*Behramgur*, sagt man, hat den Reim erfunden, I Er sprach entzückt aus reiner Seele Drang«,[34] worauf seine Sklavin-Freundin schnell »mit gleichem Wort und Klang'«[35] erwidert haben soll. Die Dichtung ist zugleich Kunst und Bewältigung der Leidenschaft. Die Liebe als schöpferisches Moment wird indessen einfach mit dem Leben gleichgesetzt: »Denn das Leben ist die Liebe, I Und des Lebens Leben Geist«.[36] Für die Liebenden soll »Bagdad nicht weit«[37] sein, Allah soll die Welt nicht mehr zu schaffen brauchen. »Wir erschaffen seine Welt.«[38]

III. Ein Gegenentwurf

Dieses »Duodrama«,[39] dieses bewegende Bild von der Leidenschaft und der Entstehung des Reims, findet im paradiesischen Licht nochmals statt: am Himmelstor zwischen dem Dichter und der Houri, der Charitin des Himmels:

---

[33] Ebd.
[34] »Behramgur, sagt man, hat den Reim erfunden«, FA I 3/1, S. 92.
[35] Ebd.
[36] »Nimmer will ich dich verlieren«, FA I 3/1, S. 88.
[37] Ebd.
[38] »Wiederfinden«, FA I 3/1, S. 97.
[39] Vgl. »West-Oestlicher Divan oder Versammlung deutscher Gedichte in stetem Bezug auf den Orient«, FA I 3/1, S. 550.

Die Macht der Poesie. Zu einem Gedicht aus dem West-östlichen Divan

> Du blendest mich mit Himmelsklarheit,
> Es sey nun Täuschung oder Wahrheit,
> Genug ich bewundre dich vor allen.
> Um ihre Pflicht nicht zu versäumen,
> Um einem Deutschen zu gefallen,
> Spricht eine Houri in Knittelreimen.[40]

> Darauf erwidert die Houri:
> Ja, reim' auch du nur unverdrossen,
> Wie es dir aus der Seele steigt!
> Wir pardiesische Genossen
> Sind Wort und Thaten reinen Sinns geneigt.
> Die Thiere, weisst du, sind nicht ausgeschlossen,
> Die sich gehorsam, die sich treu erzeigt!
> Ein derbes Wort kann Houri nicht verdriessen;
> Wir fühlen was vom Herzen spricht,
> Und was aus frischer Quelle bricht,
> Das darf im Paradiese fliessen.[41]

Im Licht des Paradieses ist der (Über-)Mut des Dichters nun derart gesteigert, dass er selbst die Houri sich an den deutschen Reim gewöhnen lässt: »Um einem Deutschen zu gefallen, | Spricht eine Houri in Knittelreimen«. Nun spricht die Huri aber nicht durchgehend in Knittelreimen. Das Augenzwinkern des alten Meisters ist spürbar.

Im Kern der Phantasmagorie des Helena-Akts entfaltet sich der Dialog im gleichen Sinne zwischen Faust und Helena im »Inneren Burghof«:

> HELENA
> So sage denn, wie sprech' ich auch so schön?
> FAUST
> Das ist gar leicht, es muß von Herzen gehn.
> Und wenn die Brust von Sehnsucht überfließt,
> Man sieht sich um und fragt –
> HELENA
> Wer mitgenießt.
> FAUST
> Nun schaut der Geist nicht vorwärts nicht zurück,
> Die Gegenwart allein –
> HELENA
> Ist unser Glück.[42]

---

[40] »Ja, reim' auch du nur unverdrossen«, FA I 3/1, S. 442.
[41] Ebd.
[42] *Faust II*, FA I 7/1, S. 365 (V. 9377–9382).

Der leidenschaftliche Höhenflug der Vereinigung vollzieht sich wieder auf dem Wege der Dichtkunst oder stellt zugleich unmittelbar diese dar, sei es zwischen Faust und Helena,[43] sei es zwischen dem Dichter und der Houri, sei es zwischen Hatem und Suleika, sei es zwischen Behramgur und Dilaram. Der Entwurf einer idealen Vereinigung, die immer wieder auf den Reim als Medium zurückgreift, legt die Utopievorstellung der Dichtung nahe: das Fassen des eigentlich unfassbaren Augenblicks, der »Freude des Daseyns«;[44] somit ist es zugleich oder auch nachträglich »Freud' am Daseyn«,[45] will es ›Vollgewinn‹ des Lebens sein.

Diese Utopie offenbart aber zugleich unübersehbar ihren Scheincharakter – durch die doppelte Fiktionalität: Helena im *Faust*, der Inbegriff absoluter Schönheit, aber eine an sich fiktive Figur, wird noch dazu textintern aus dem fiktiven Innenraum, aus der Welt der Leere und Einsamkeit herausgeholt; und hier im Paradies des *Divan* werden die Dialoge zwischen dem Dichter und der Houri vor dem Hintergrund einer »Moschus-Wolke«[46] geführt; der Schauplatz an sich ist schon das Paradies, ein Nicht-Ort. Angesichts des schönsten Augenblicks liegt gerade die Vergänglichkeit nahe.

Der Gegenentwurf ›Paradies‹ ist die Kulmination des Projekts der imaginären Reise, die das Reich der Poesie größtmöglich ausdehnt. Nun stellt sich der Dichter ans Tor des Paradieses, der himmlischen Türhüterin gegenüber. Hier an der Schwelle wird eine Bilanz des Irdischen, d. h. des Gegensatzes dessen, was das Paradies impliziert, gezogen, und der Dichter ist sich seiner Verdienste und Rechte sicher:

> Nicht so vieles Federlesen!
> Lass mich immer nur herein:
> Denn ich bin ein Mensch gewesen
> Und das heisst ein Kaempfer seyn.
>
> Schärfe deine kräftgen Blicke!
> Hier durchschaue diese Brust,
> Sieh der Lebens-Wunden Tücke,
> Sieh der Liebes-Wunden Lust.[47]

---

[43] Vgl. Tar Dshinoria, »Die Beschwörung der Helena in Goethes Faust«, in: *Goethe-Jahrbuch* 32 (1970), S. 103.
[44] »Die schön geschriebenen«, FA I 3/1, S. 83.
[45] Ebd.
[46] »Gute Nacht!«, FA I 3/1, S. 136.
[47] »Nicht so vieles Federlesen!«, FA I 3/1, S. 438.

Die Macht der Poesie. Zu einem Gedicht aus dem West-östlichen Divan

Das Argument, das eigentlich Bitte sein sollte, ist letztlich von Ironie geprägt. In eben diesem Ton wird das ›Menschsein‹, das Leben, rückblickend erneut als Kampf erfasst und resümiert. Gleichwohl ist im *Divan* auch der Anteil der ernsthaften Reflexion so groß, wie überhaupt in der gesamten dichterischen Produktion Goethes viel weltanschauliche Lyrik enthalten ist. Man denke innerhalb des *Divans* an das »Buch der Sprüche«, an das »Buch der Parabeln«, aber auch an den umfangreichen Prosateil, der heute noch als ›Magna Charta der Orientalistik‹ gilt. »[D]er Lebens-Wunden Tücke« veranschaulicht schlagartig alle möglichen Implikationen des Lebens: Vor allem das Leben als Kampf, von dem im *Divan*-Kreis vielleicht nur die Siebenschläfer dank der Himmelsgnade verschont geblieben sind. Dem scheint der *Divan*-Dichter mit all seiner Kunst schließlich zu begegnen, ebenso der Vergänglichkeit, die noch im schönen Augenblick ihre Ungerechtigkeit erweist: als schmerzhafte Endlichkeit mit wenigen kurzen Freuden. Mit dem *Divan* scheint nichts Geringeres als ein Projekt genau gegen diese Beschränkungen des Alltäglich-Irdischen unternommen worden zu sein.[48]

IV. Zum Gemeinwohl. Dienst der Reime

Dem Reim ist die Macht zugeschrieben, auch eine fremde, höchste Existenz – Huri wie Helena also – im Spiel der Dichtkunst für die eigene Sprache zu gewinnen. Dies geschieht, wie der Dichter gerne betont, in seiner Muttersprache. Ein zweites Mal gibt er sich im Buch des Paradieses zu erkennen, indem er den Wunsch äußert:

> Und so möcht' ich alle Freunde
> Jung und alt in Eins versammlen,
> Gar zu gern in deutscher Sprache
> Paradieses-Worte stammlen.[49]

So ist auch im *Divan* die Utopievorstellung des Dichters vertreten, wenn auch in kleinerem Umfang als im *Faust*. Sie gewinnt hier durch eine schlichte, konkrete Adverbialbestimmung – »[g]ar zu gern in deutscher Sprache« – direkten

---

[48] Hier klingt, mit heiter und ironisch distanzierendem Unterton, auch jenes gravierende Diktum aus dem letzten Monolog Fausts an: »Nur der verdient sich Freiheit wie das Leben, | Der täglich sie erobern muß«, *Faust II*, FA I 7/1, S. 446 (V. 11575f). Die faustische Auffassung von Leben und Freiheit, beziehungsweise die Lebensanschauung desjenigen, der »nur durch die Welt gerannt«, ebd., S. 441 (V. 11433) ist, kann gewissermaßen auch im *Divan* gelten.

[49] »Höheres und Höchstes«, FA I 3/1, S. 132.

Wirklichkeitsbezug. Nach soviel Kritik, vor allem am engstirnigen Nationalismus daheim, bekennt der Dichter nun doch seine Liebe zur Muttersprache. Hier ist der Dichter in der Bekundung seines Gefühls unbefangen – ja beinahe so naiv wie in der ungebrochenen Liebeserklärung Heinrich Heines »In der Fremde«:

> Ich hatte einst ein schönes Vaterland.
> Der Eichenbaum
> Wuchs dort so hoch, die Veilchen nickten sanft.
> Es war ein Traum.
>
> Das küßte mich auf deutsch und sprach auf deutsch
> (Man glaubt es kaum
> Wie gut es klang)
> das Wort: »Ich liebe dich!«
> Es war ein Traum.[50]

Heine hat übrigens Goethes Gedichte im *Divan* mit einer Blumen-Geographie verglichen: »[E]s sind gar närrische Blumen darunter: sinnlich rothe Rosen, Hortensien wie weiße nackte Mädchenbusen, spaßhaftes Löwenmaul, Purpurdigitalis wie lange Menschenfinger, verdrehte Krokosnasen [!], und in der Mitte, lauschend verborgen, stille deutsche Veilchen.«[51] Der allerletzte Wunsch unseres alten *Divan*-Dichters ist ebenso unbefangen und auch getragen von stiller Liebe für sein Volk:

> Nun so legt euch liebe Lieder
> An den Busen meinem Volke[52]

Diese Stelle bietet, wörtlich, die Möglichkeit, Goethes Lieder hier als Vermächtnis des Dichters zu betrachten. Goethe selbst erläuterte das letzte Gedicht »Gute Nacht!«, und beendet diese Erläuterung mit dem Wunsch-Imperativ: »Es schließt sich mit dem Abschiede des Dichters an sein Volk, und der Divan selbst ist geschlossen.«[53] Jenseits der Enge der bedrückenden Wirklichkeit wird so die große Zusammenkunft herbeigewünscht und gefeiert.

---

[50] Heinrich Heine, »In der Fremde«, in: ders.: *Neue Gedichte*, hg. v. Manfred Windfuhr, Hamburg: Hoffmann und Campe 1983 (= *Historisch-kritische Gesamtausgabe der Werke*, 16 Bde, hg. v. Manfred Windfuhr, Bd. 2), S. 73.

[51] Heinrich Heine, »Die romantische Schule«, in: ders.: *Zur Geschichte der Religion und Philosophie in Deutschland. Die romantische Schule*, hg. v. Manfred Windfuhr, Hamburg: Hoffmann und Campe 1979 (= *Historisch-kritische Gesamtausgabe der Werke*, 16 Bde., hg. v. Manfred Windfuhr, Bd. 8/I), S. 161.

[52] »Gute Nacht!«, FA I 3/1, S. 136.

[53] »West-Oestlicher Divan oder Versammlung deutscher Gedichte in stetem Bezug auf den Orient«, FA I 3/1, S. 550.

Die Macht der Poesie. Zu einem Gedicht aus dem West-östlichen Divan

Auf einer solchen Abschiedsfeier blickt sich der Dichter, nun mit weitreichender Umsicht, kurz bevor er endet, nochmals um und nimmt noch als Eindruck mit:

> Ja, das Hündlein gar, das treue,
> Darf die Herren hinbegleiten.[54]

Warum ausgerechnet noch das Hündlein? Gerade im arabesken Einfügen dieses Hündleins sieht Erich Trunz den *Divan*-Stil.[55] Ich sehe darin eher die Geste der Versöhnung, eine Entsühnung im großen Rahmen des Versöhnungsprojekts. Man denke daran, wie oft das unschuldige Tier Hund von Goethe missbraucht wird, mal als des Teufels Hülle, mal als Beispiel wohl der lebensgierigsten Kreatur – »Es möchte kein Hund so länger leben«[56] –, mal als Schimpfwort, aber dann auch extrem: »Schlagt ihn tot den Hund! Es ist ein Rezensent«.[57] Hier bei der Abschiedsfeier, wo »wie Freunde, Schmerz und Lust«[58] sich begegnen, wird die geringste Kreatur aber nicht vernachlässigt und ins Paradies eingelassen, was übrigens nur vier Frauen tun dürfen: Mahomets Gattin und Tochter, Jesus' Mutter Maria, aber als erste des Dichters Suleika, »der Entsagung Zierde«.[59] Alles in allem sind hier Fausts Ideale wieder zu erkennen – in arabeskem, humoristischem Stil.

V. Nochmals zum Gedicht

Nun zurück zum Armenier, der, »[r]echnend still«, »wacht«.[60] Ich stelle fest, dass das Bild für mich immer noch der Inbegriff des Beduinenlebens ist. Nun kann ich nur umso nachdrücklicher fragen, warum das Bild sich einem Leser so einprägt: »Rechnend still wacht der Armenier«.[61] Durch die Beifügung »rechnend still« erhält das gewissermaßen Romantisch-Exotische eine entscheidende Schattierung mit der Anspielung auf die Härte des Alltags. Derart im Umriss

---

[54] »Gute Nacht!«, FA 1 3/1, S. 136.
[55] Vgl. Erich Trunz' Kommentar in: Johann Wolfgang von Goethe, *Werke. Hamburger Ausgabe in 14 Bänden. Band 2. Gedichte und Epen II*, hg. v. Erich Trunz, München: Deutscher Taschenbuch Verlag 1988, S. 671.
[56] *Faust I*, FA I 7/1, S. 33 (V. 376).
[57] »Besserem Verständniss«, FA I 3/1, S. 183.
[58] »Woher ich kam? Das ist noch eine Frage«, FA I 3/1, S. 344.
[59] »Auserwählte Frauen«, FA I 3/1, S. 130.
[60] »Lasst mich weinen! umschraenkt von Nacht«, FA I 3/1, S. 602.
[61] Ebd.

geschärft, gewinnt das Bild eine starke Appellkraft. Ein Fremder kann im bescheidenen Licht alleine wachen, nicht nur über seinem Geld, sondern auch über seinen verschiedenen Problemen; und sogar über dem geschichtlichen Konflikt, in dem er sich eben befindet. Er kann ein Armenier sein, aber auch ein Afghane oder ein Iraker. Es kann sogar der Dichter selber sein, wenn man in dem Armenier einen traditionell Handelstüchtigen und in dem Karawanenführer des *Divan* einen arabischen Händler sehen will.[62]

Daneben stößt man auf Trauer: die Trauer desjenigen, der sich in die ferne Wüste denkt[63] und der selber im Stillen den bescheidenen Gewinn eines müden Beduinen beneiden muss. So, mit diesem Gefühlsstau, sucht er eben von allen Seiten und aus allen Zeiten Unterstützungen. Diese werden in vielen Einzelbildern eine um die andere genannt – die Klage des Xerxes, der sogar angesichts seines noch nicht erschlagenen Heeres vor Vergänglichkeitsgefühl in Weinen ausgebrochen sein soll, oder diejenige Alexanders des Großen, der wegen einer kleinen Streitigkeit im Gespräch mordete und dann am nächsten Tag geweint haben soll –, und begründen ein eigenartiges Diktum: »[D]as ist keine Schande. | Weinende Männer sind gut«.[64] Um schließlich zu noch einer eigenartigen Schlussfolgerung zu kommen: »Thraenen beleben den Staub. | Schon grunelts«.[65] Anstelle einer strikten Logik dienen lose, poetische Bilder als Beweise der vermittelten ›Wahrheit‹, die streng genommen nicht wahr ist, doch wahr sein kann. Der *Divan*-Dichter nennt dies kurz und gut: »Dichten zwar ist Himmelsgabe, | Doch im Erdeleben Trug«.[66] Nicht nur so zur Vermittlung gewisser ›Wahrheit‹ dienen die poetischen Bilder, sondern sie bilden ihrerseits die Textur des poetischen Texts. Trotzdem wurde unser Gedicht nicht in den *Divan* aufgenommen, sondern als eines der »emotional aufgewühltesten vom Herbst und Winter 1815/16«[67] vom Autor selber ausgeschlossen.

Durch all dies werden unsere Augen für die Trauer, die Traurigkeit in der Welt, scharf. Durch einen ähnlichen Prozess gewinnen Personen und Gegenstände auf eigene Weise an Plastizität. Man denke an die Figur Suleika, an Ha-

---

[62] Hinweis auf den Dichter durch Hendrik Birus auf dem Symposium »Poetische Gerechtigkeit« vom 15.–16.4.2008.
[63] Vgl. Katharina Mommsen, *Goethe und die arabische Welt*, Frankfurt a. M.: Insel 1988, S. 67.
[64] »Lasst mich weinen! umschraenkt von Nacht«, FA I 3/1, S. 602.
[65] Ebd.
[66] »Eben drum, geliebter Knabe«, FA I 3/1, S. 417.
[67] Vgl. Hendrik Birus' Kommentar, FA I 3/1, S. 735.

Die Macht der Poesie. Zu einem Gedicht aus dem West-östlichen Divan

fis, an den *Divan*. Dies alles, ob klein, ob groß, lässt uns die Poesie schätzen und macht uns »empfänglich«[68] für sie. Denn sie ist eben tief im als ein »Kampf« zu resümierenden Leben verwurzelt, das wir alle teilen, um dessen ungerechten Bedingungen, jeder auf eigene Weise, zu begegnen. Darauf scheint im Grunde die Macht der poetischen Sprache zu beruhen.

---

[68] Vgl. den Brief an Schiller vom 28.2.1798, in: *Goethes Werke. Herausgegeben im Auftrage der Großherzogin Sophie von Sachsen*, 133 Bde., Weimar 1887–1919 (Reprint München: Deutscher Taschenbuch Verlag 1987), IV 13, S. 83 f.: »[…] denn was ist denn an unserem ganzen bißchen Poesie, wenn es uns nicht belebt und für alles und jedes, was getan wird, empfänglich macht.« – Ein Aufsatz und ein Buch wären nachträglich doch noch zu nennen, die ich erst nach dem Verfassen dieses Beitrags gelesen und bei denen ich zu meiner Freude die thematische Nähe oder auch einen ähnlichen Gedankengang festgestellt habe: Gerhard Neumann, »›Lasst mich weinen…‹ Die Schrift der Tränen in Goethes *West-östlichem Divan*«, in: *Johann Wolfgang Goethe. Lyrik und Drama. Neue Wege der Forschung*, hg. v. Bernd Hamacher u. Rüdiger Nutt-Kofoth, Darmstadt: Wissenschaftliche Buchgesellschaft 2007. – Monika Lemmel: *Poetologie in Goethes West-östlichem Divan*, Heidelberg: Carl Winter Universitätsverlag 1987.

ANNEGRET HEITMANN

(Un-)Gerechtigkeit in Isak Dinesens / Karen Blixens *Out of Africa / Den afrikanske Farm*

An der Geschichte von Kitosh entzündete sich die Debatte um die angemessene Repräsentation der Unterdrückung der einheimischen Bevölkerung durch die weißen Kolonisatoren in Kenia, und – noch genereller – um die Repräsentierbarkeit der Unterdrückten durch eben diese Teilhaber der Macht. Kitosh ist der Name eines jungen schwarzen Farmangestellten, über dessen Tod als Folge einer Prügelstrafe durch seinen weißen Arbeitgeber in Isak Dinesens / Karen Blixens *Out of Africa / Den afrikanske Farm* berichtet wird.[1] Und da die Passage eine Straftat und die darauf folgende Gerichtsverhandlung zum Gegenstand hat, überlagern sich in ihr, wie in der sich um sie rankenden Debatte, Komplexe von juristischer, politischer, moralischer und literarischer (Un-)Gerechtigkeit: Recht und Unrecht treten in einer provokanten, höchst irritierenden Episode als uneindeutig hervor, nicht nur, weil sie kulturabhängig, sondern vor allem weil sie in hohem Maße politisch aufgeladener Willkür unterworfen sind, deren literarische Repräsentation ein weiteres Irritationspotential bereitstellt.

Blixens autobiographischer Roman behandelt im Rückblick die Zeit der britischen Kolonialherrschaft in Kenia und die Landnahme der Protagonistin und Erzählerfigur in dem afrikanischen Hochland, die auf einer Landwegnahme der

---

[1] Die dänische Autorin hat alle ihre Texte zunächst auf englisch geschrieben und publiziert und sie dann selbst ins Dänische übersetzt. Daher handelt es sich um Nachdichtungen und Überarbeitungen, nicht um möglichst wortgetreue Übertragungen. Vgl. dazu: Ute Klünder, ›*Ich werde ein großes Kunstwerk schaffen ...*‹. Eine Untersuchung zum literarischen Grenzgängertum der zweisprachigen Dichterin Isak Dinesen/Karen Blixen, Göttingen: Vandenhoek & Ruprecht 2000. Im Englischen benutzte die Autorin das Pseudonym Isak Dinesen, im Dänischen ihren Namen Karen Blixen. Wir haben es also mit einer Doppelung von Autorschaft und einer Problematisierung von Ursprung und Originalität des Textes zu tun, die es sinnvoll erscheinen lassen – zumal im komparatistischen Kontext des vorliegenden Buches – jeweils zwei Zitate anzuführen. Sie beziehen sich auf die Originalausgaben: Karen Blixen, *Den afrikanske Farm*, København: Gyldendal 1937; Isak Dinesen, *Out of Africa*, London: Putnam 1937. Im Folgenden werden die beiden Originalausgaben durch Angabe von Seitenzahlen im fortlaufenden Text nachgewiesen. Der Titel wird durch *OoA/DaF* abgekürzt, die Autorin wird mit ihrem durch Eheschließung erworbenen Namen Blixen bezeichnet.

indigenen Bevölkerung beruht. In diesen weltpolitischen Kontext des Kolonialismus und der bereits damit unweigerlich einhergehenden Gerechtigkeitsproblematik wird das Werk zuerst durch zwei prominente Vertreter der frühen postkolonialen Literaturwissenschaft gestellt. Der in Kenia geborene Berkeley-Professor Abdul JanMohamed und der kenianische Schriftsteller Ngũgĩ wa Thiong'o nehmen gegensätzliche Positionen in der sich seit den frühen 1980er Jahren entwickelnden Debatte um die umstrittene *political correctness* des Textes ein,[2] beziehen sich in ihrem Angriff bzw. ihrer Verteidigung[3] jedoch nicht zuletzt auf die Handlungen der realen Person Blixen und vernachlässigen das Zusammenwirken der literarischen Strategien ihres Textes, die hier im Mittelpunkt stehen sollen. Wie, so kann man fragen, lässt sich das im Zuge der Kolonialisierung Kenias verübte bzw. erlittene Unrecht literarisch repräsentieren, gibt es – jenseits des überkommenen Konzepts der *poetic justice*, das Ungerechtigkeit im literarischen Geschehen fiktional ausgleicht und damit in gewissem Sinne negiert – Repräsentationsmöglichkeiten, die eine politische wie moralische Schuld nicht nur adäquat, sondern auch mit einem eigenen Gerechtigkeitsanspruch abbilden? Mit welchen Mitteln stellt sich der Text den Herausforderungen der verübten Gewalt in der Kolonialgesellschaft, die das Grundprinzip der Gleichheit der Menschen als elementare Bedingung von Gerechtigkeit verletzt hat?

Als Karen Blixen 1914 nach Ostafrika kam, um dort Kaffee anzubauen, hatte der ›Scramble for Africa‹ bereits zu einem britischen Machtanspruch auf das heutige Kenia, Uganda und Sansibar geführt, und das dortige Hochland war – nach dem Bau der Eisenbahnlinie von Mombasa zum Victoriasee – mit der *Crown Lands Ordinance* von 1902 zur Besiedlung durch Europäer freigegeben worden. Zu diesem Zweck wurde die dort ansässige afrikanische Bevölkerung, vor allem die Gikuyu und die Masai, enteignet und darüber hinaus mit einer Steuerpflicht belegt, die sie nur durch Arbeit für die neuen Landherren erbrin-

---

[2] Vgl. Ngũgĩ wa Thiong'o, »A Tremendous Service in Rectifying the Harm Done to Africa«, in: *Bogens Verden*, 10 (1980), S. 663–665. Siehe ausführlicher auch: Ders., *Detained: A Writer's Prison Diary*, London: Heineman 1989; Abdul R. Jan Mohamed: *Manichean Aesthetics. The Politics of Literature in Colonial Africa*, Amherst/Mass.: University Press 1983.

[3] JanMohamed ist einer der wenigen postkolonialistischen Kritiker, die Blixen verteidigen, v. a. mit einem Verweis auf die Biographie und das Engagement der Autorin. Er stellt fest, die Autorin besitze »an unusual understanding of their colonial problems« und sei daher »a major exception to the [...] pattern of conquest and irresponsible exploitation«. Ebd., S. 57.

(Un-)Gerechtigkeit in Dinesens / Blixens Out of Africa / Den afrikanske Farm

gen konnte.[4] Es entstand ein feudales Pachtsystem, das als »squatting«[5] bezeichnet wurde: »The squatters are Natives«, schreibt Blixen, »who with their families hold a few acres on a white man's farm, and in return have to work for him a certain number of days in the year.« (»Squattere er Indfødte, som med deres Familier har nogle faa acres Land til Brug for sig selv paa en hvid Mands Ejendom, og som til Gengæld skal arbejde for ham et vist Antal Dage om Aaret«) (10/15).

OoA/DaF, so scheint es aus diesem Satz auf, repräsentiert die kolonialhistorischen Fakten, die Landnahme durch die Europäer, historisch korrekt und kommentarlos, womit die Ungerechtigkeit nachgezeichnet wird und geradezu legitimiert erscheint. Der Text enthält zudem viele verallgemeinernde Bemerkungen über Afrika und die Afrikaner und Metaphorisierungen, die Kritiker – analog zu dem von Edward Said diagnostizierten Orientalismus – als eurozentrische Vereinfachung, Vereinnahmung und Herabsetzung des Alteritären verstanden haben.[6] Und er operiert mit einer Geste der Selbstüberhöhung, die die eigene

---

[4] Vgl. William R. Ochieng, *A History of Kenya*, London: Macmillan Kenya 1985.

[5] Das Wort scheint ein neutraler und spezifischer Terminus für die indigenen Bewohner Afrikas auf dem von Europäern erworbenen Land zu sein. Doch die Konnotationen des Wortes lassen einen tierischen wie auch unterwürfigen Status anklingen. Denn ›to squat‹ bezeichnet laut *OED* eine in erster Linie auf Tiere angewandte Haltung: »of hares: to sit close to the ground in a crouching attitude«; weiterhin impliziert der Ausdruck eine gewaltsame Unterdrückung: »to crush, flatten, or beat out of shape« oder »to dash down heavily with some force«. Das daraus abgeleitete Substantiv wird in den USA erstaunlicherweise für Neusiedler benutzt, und zwar für »a settler having no formal or legal title to the land occupied by him«. Die Verwendung dieses Ausdrucks für die entrechteten Afrikaner reflektiert sprachlich die ironische Verkehrung der historischen Abfolge der Besitzverhältnisse.

[6] Vgl. z. B. Raoul Granquist, *Stereotypes in Western Fiction on Africa: A Study of Joseph Conrad, Joyce Cary, Ernest Hemingway, Karen Blixen, Graham Greene and Alan Paton*, Umeå: Umeå Papers in English 1984; Dane Kennedy, *Islands of White. Settler Society and Culture in Kenya and Southern Rhodesia, 1890–1939*, Durham: University Press 1987; David Ward, »Karen Blixen (›Isak Dinesen‹): Out of Africa«, in: Ders., *Chronicles of Darkness*, London/New York: Routledge 1989, S. 47–51; Thomas Knipp, »Kenya's Literary Ladies and the Mythologizing of the White Highlands«, in: *South Atlantic Review*, LV:1 (1990), S. 1–16; Sidonie Smith, »The Other woman and the Racial Politics of Gender. Isak Dinesen and Beryl Markham in Kenya«, in: Dies. u. Julia Watson (Hg.), *De/Colonizing the Subject. The Politics of Gender in Women's Autobiography*, Minneapolis: University of Minnesota Press 1992, S. 410–35; John Burt Foster Jr., »Cultural Multiplicity in Two Modern Autobiographies: Friedländer's When Memory Comes and Dinesen's Out of Africa«, in: *Southern Humanities Review*, XXIX (1995), S. 205–18; Simon Lewis, »Graves with a View. Atavism and the European History of Africa«, in: *Ariel. A Review of International English Literature*, XXVII (1996), S. 40–60; Abdulrazak Gurnah, »Nomenclature Is an Uncertain Science in these

kolonialistische Position nirgendwo explizit in Frage stellt. Die ›afrikanische Farm‹ tritt als ein verlorenes Paradies hervor, dessen politische Rahmenbedingungen als etabliert betrachtet und keiner Kritik unterzogen werden. Eine gewisse Relativierung erfährt das evozierte Idyll durch die unterlegte persönliche Verlustgeschichte, eine Landwegnahme, die die Enteignung der Gikuyu gewissermaßen doppelt und in der Wiederholung den Schmerz kenntlich macht.[7] Der berühmte erste Satz des Textes »I had a farm in Africa« (»Jeg havde en farm i Afrika«) enthält und antizipiert somit bereits beides: die koloniale Aneignungsgeste, die imperiale Selbstüberhöhung durch das initial gesetzte Personalpronomen und – durch die Präteritumsform – den Verlust dieses Status, das Scheitern des kolonialen Projekts, für das Blixens persönlicher Bankrott symptomatisch ist. Die Haltung der Erzählerfigur, die der afrikanischen Umgebung empfangend und idealisierend gegenübertritt, unterscheidet sich durch diese Haltung vom typischen Entrepreneur, vom Herrschertyp der Kolonialromane.[8] Während dieser Afrika als undifferenzierte *tabula rasa*[9] erlebt und damit seine imperialistische Siedlungsstrategie rechtfertigt, die ihren Eingriff durch die Leere des Landes herausgefordert sah, überschreibt in Blixens Erzählung ein europäisch geschulter Blick das tropische Hochland mit Attributen der eigenen Kultur und lädt die Landschaft mit Strukturen und Zeichen der Historie, Kunst und Kultur auf. Zwar nimmt auch diese Wahrnehmung ihr Objekt als Projektionsfläche in ihren Dienst und verhehlt ihren Eurozentrismus keinesfalls, doch nimmt sie der Landschaft den Status von Primitivität und Wildheit, der Urbarmachung und Aneignung legitimiert.

Wild Parts«, in: Howard J. Booth u. Nigel Rigby (Hg.), *Modernism and Empire*, Manchester: University Press 2000, S. 275–91; Diane Simmons, »A Passion for Africans. Psychoanalyzing Karen Blixen's Neo-Feudal Kenya«, in: *scrutiny2: issues in english studies in southern africa*, 7:2 (2002), S. 19–33.

[7] Vgl. Annegret Heitmann, »Landnahme in Karen Blixens Den afrikanske Farm«, in: Heike Peetz, Stefanie v. Schnurbein u. Kirsten Wechsel (Hg.), *Karen Blixen/Isak Dinesen/Tania Blixen: Eine internationale Erzählerin der Moderne*, Berlin: Nordeuropa Institut 2008, S. 171–191.

[8] Lasse Horne Kjældgaard, »Efterskrift«, in: Karen Blixen, *Den afrikanske Farm*, hg. v. Nicolas Reinecke-Wilkendorff, komm. v. Lasse Horne Kjældgaard, København: Gyldendal (=Det danske sprog- og litteraturselskab) 2007, S. 421–458, hier: S. 433.

[9] So der britische Gouverneur Sir George Eliot, »[w]e have in East Africa the rare experience of dealing with a *tabula rasa*, an almost untouched and sparsely inhabited country, where we can do as we will«. Zitiert nach: Keith Kyle, *The Politics of Independence of Kenya*, Basingstoke: Macmillan 1999, S. 8 f.

(Un-)Gerechtigkeit in Dinesens / Blixens Out of Africa / Den afrikanske Farm

In solchen textbestimmenden Ambivalenzen, so möchte ich argumentieren, liegt der Versuch, einen angemessenen Repräsentationsmodus für die politische Diskriminierung sowie die eigene Verstrickung in die koloniale Situation zu finden. Die Unentschiedenheit der Aussage bringt ein Provokationspotential hervor, ein Moment der Verstörung, deren Wirkung eine direkte politische Kommentierung und Bewertung des Unrechts übersteigt. Gezeigt werden soll, mit welchen spezifischen Mitteln Blixens Text operiert und dass die Auseinandersetzung mit der Gerechtigkeitsproblematik in *OoA/DaF* eine weit größere Rolle spielt, als bisher angenommen wurde. Vor allem der vierte Teil des Buches, dem bislang in der Forschung vergleichsweise wenig Beachtung geschenkt wurde, ist von Verhandlungen darüber durchsetzt.

***

Dieser vierte Teil des Textes ist mit »From an Immigrant's Notebook« (»Af en Emigrants Dagbog«)[10] überschrieben und stellt einen Einschub, ein retardierendes Moment zwischen dem erzählerischen Höhe- und Wendepunkt, dem Flugerlebnis am Ende des dritten Kapitels, und dem abschließenden elegischen Verlustkapitel »Farewell to the Farm« (»Farvel til Farmen«) dar. Es enthält 32 narrativ nicht verbundene Abschnitte, die man immer als »an apparently miscellaneous collection of fables, observations and meditations«,[11] verstanden hat, als anekdotischen Bruch[12] in der ohnehin wenig betonten Narrationslinie. Heterogenität und Kontingenz scheinen Auswahl und Abfolge der kurzen Passagen zu charakterisieren, die Struktur vermittelt eine Destabilisierung, die den Verlust der Farm, die Enteignung der Erzählerin, vorbereitet. Die Episoden basieren, so weit man weiß, nicht auf einem wirklichen Tagebuch der Autorin,[13] die Gattungsangabe ist fingiert, die Zusammenhanglosigkeit kalkuliert. Auch thematisch ergibt sich keine rechte Einheit, sondern es dominiert der Eindruck der Zufälligkeit und der Disparatheit, wenn sich auch einige Schwerpunkte erkennen lassen. So thematisiert eine recht große Zahl an Episoden die afrikani-

---

[10] Man beachte, dass sich die Erzählerin in der englischen Fassung als Ein-, in der dänischen als Auswanderin bezeichnet. In Bezug auf das intendierte Publikum ändert sich also ihre Relation zur englischen Kolonie.
[11] Robert Langbaum, *The Gayety of Vision. A Study of Isak Dinesen's Art*, London: Chatto & Windus 1964, S. 143.
[12] Vgl. Tone Selboe, *Kunst og erfaring. En studie i Karen Blixens forfatterskap*. Odense: Universitetsforlag 1996, S. 32.
[13] Vgl. Langbaum, *The Gayety of Vision*, S. 143.

sche Tierwelt, wobei vor allem der Gegensatz von Freiheit und Natürlichkeit auf der einen und Unterwerfung auf der anderen Seite betont wird. Etliche andere Passagen handeln von Begegnungen und Gegensätzen von Afrikanern und Europäern, von Ungleichheit und von moralischer und politischer Schuld.[14] Ohne die intendierte Heterogenität harmonisieren zu wollen, könnte man die genannten Inhalte so reformulieren, dass Ungleichheit und Ungerechtigkeit zwar nicht das alleinige, aber doch ein übergeordnetes Interesse des vierten Kapitels von *OoA/DaF* darstellen.[15] Der fehlende narrative Zusammenhalt und die mangelnde erzählerische Bewertung der Anekdoten[16] erhöht das Wirkungs-, aber auch das Provokationspotential der Einzeltexte, deren Aussage keinem System oder Sinnzusammenhang unterworfen ist, sondern vielmehr Willkür und Setzungscharakter als der Problematik von Gerechtigkeit und Gewalt inhärent anzeigt.

Gleich die erste Erzählung, eine der insgesamt dreizehn Tierepisoden, führt die Thematik ein, indem sie von einem besonders wilden und starken, aber auch kaum ins Joch zu bändigenden Ochsen berichtet. Um seine Kraft für die Feldarbeit nutzbar zu machen und seinen Willen zu brechen, schlang man einen Lederriemen ganz fest um seine Beine und sein Maul. Diese Unterwerfung der Natur hatte zur Folge, dass er in der Nacht mit zusammengebundenen Beinen von einem Leoparden angegriffen und so lebensgefährlich verletzt wurde, dass er getötet werden musste. Die Episode wird in wörtlicher Rede eines Farmverwalters wiedergegeben und von der Erzählinstanz mit der Überschrift »The Wild came to the Aid of the Wild« (»Vildmarken kom Vildmarken til Hjælp«) (267/247) versehen. Durch diesen Erzählakt und die Betitelung, die einen Ausgleich impliziert, wird sie in den Status eines Rechtsfalles versetzt, es wird eine Anklage konstruiert und dem Tier der Status eines Rechtssubjekts zugestanden, dem Ungerechtigkeit widerfahren ist. Die Strafe trifft den Menschen, der dem wilden Tier seine Freiheit rauben und es sich unterwerfen wollte – er ver-

---

[14] Hier treten durch deutliche, z. T. ironische Stellungnahmen vor allem die Kapitel »Esa's Story« (»Esas Historie«), »The Elite of Bournemouth« (»Eliten i Bournemouth«) und »The Naturalist and the Monkeys« (»Naturforskeren og Aberne«) hervor.

[15] In diesem Sinne bewertete kürzlich Lasse Horne Kjældgaard in seiner ausgezeichneten Nachschrift zu der kommentierten Ausgabe der afrikanischen Farm das vierte Kapitel zusammenfassend als »en kritik af kolonistyret, konkretiseret i anekdoter, som får lov til at tale for sig selv« (eine Kritik der Kolonialregierung, durch Anekdoten konkretisiert, die für sich sprechen dürfen). Kjældgaard: »Efterskrift«, S. 451.

[16] Vgl. zur Poetik der Anekdote: Joel Fineman, »The History of the Anecdote: Fiction and Friction«, in: Aram Veeser (Hg.), *The New Historicism*, New York/London: Routledge 1989, S. 49–76.

(Un-)Gerechtigkeit in Dinesens / Blixens *Out of Africa* / *Den afrikanske Farm*

liert sein kräftiges Arbeitstier. Der von der Natur geschaffene Ausgleich kommt allerdings einem Racheakt gleich, der seinerseits gewaltsam ist. Eine Wiederherstellung einer als natürlich angenommenen, ursprünglichen Ordnung wird damit nicht erreicht, im Gegenteil: Rache und Vergeltung steigern die bereits erlittene Gewalt zur Tötung. Der Mythos vom paradiesischen Afrika, der dem gesamten Buch unterlegt ist, impliziert einen Naturrechtszustand, der durch den Eingriff des Menschen in das Paradies unwiederbringlich verloren ist, das erlittene Unrecht ist unumkehrbar, Gewalt bringt Gewalt hervor.

Für die Tieranekdoten symptomatisch ist auch die Erzählung von den Giraffen, die im Hafen von Mombasa in engen Kisten darauf warten, nach Hamburg verschifft zu werden, wo sie einer umherreisenden Tierschau dienen sollen:

> They could only just have room to stand in the narrow case. The world had suddenly shrunk, changed and closed round them. They could not know or imagine the degradation to which they were sailing. For they were proud and innocent creatures, gentle amblers of the great plains; they had not the least knowledge of captivity, cold, stench, smoke, and mange, nor of the terrible boredom in a world in which nothing is ever happening. (322)

> Der var kun lige Plads i Kassen til at de kunde staa op og ned derinde. Verden var med eet presset sammen omkring dem, havde forvandlet sig og lukket dem inde. De kunde ikke vide Besked med, de kunde ikke tænke sig den Nedværdigelse, de skulde til at sejle ind i. De var ædle, stolte, uskyldige Dyr, blinde Passagerer fra Sletten, de havde ikke nogen Forestilling om Fangenskab, Kulde, Stank, Kulrøg, Skab, eller om den frygtelige Kedsommelighed i en Verden hvor intet sker. (297)

Auch hier entsteht das Bild des Freiheitsentzugs, der Pervertierung der Natur, der Unterwerfung Afrikas unter europäische Projekte, das die Anekdote allegorisch lesbar werden lässt. Der Abschnitt endet damit, dass die Erzählerin den Tieren wünscht, sie mögen die Reise nicht überleben, um diese Unfreiheit nicht erleiden zu müssen, und fügt resümierend hinzu: »As to us, we shall have to find someone badly transgressing against us, before we can in decency ask the Giraffes to forgive us our transgressions against them.« (»Hvad os angaar, da maa vi skaffe os nogle gruelige Skyldnere at forlade, førend vi med Sømmelighed kan bede Giraffernene om at forlade os vor Skyld imod dem.«) (323/298) Die zitative Anlehnung an das *Lord's Prayer*, das *Vater Unser*, verbindet die Beobachtung der gefangenen Giraffen mit der Frage von Schuld und Vergebung und ruft durch das »we«, die Sprecherposition im Plural, die übrigens häufig im Text auftritt, indirekt die Problematik der Verantwortung und der ausbeuterischen

Kolonialpolitik auf. Im Hintergrund einer solchen allegorisierenden Lesart steht ebenfalls die Annahme eines Verstoßes gegen eine ursprüngliche Ordnung und angenommene Gerechtigkeit, die allerdings nur indirekt repräsentiert werden kann – weil sie einen Idealzustand darstellt, dessen unwiederbringlicher Verlust den Kern und den elegischen Ton des Textes ausmacht.

***

Da die allegorisch lesbaren Tierepisoden eine enge Verbindung von Unrecht mit Gewalt und Herrschaft herstellen, wohingegen der komplementäre Konnex von Gerechtigkeit und Freiheit nur als Negation hervortritt, scheint die Möglichkeit eines Sozialkontraktes zur Wiederherstellung von Freiheit und Gleichheit ausgeschlossen. Was dieses fehlende Lösungsangebot für die Poetik des Textes bedeutet, wird in einer selbstreflexiv lesbaren anekdotischen Passage mit dem Titel »Farah and the Merchant of Venice« (»Farah og Købmanden i Venedig«) (277/256) angedeutet. Mit Shakespeares Komödie wird einer der bekanntesten Texte der Weltliteratur zum Thema aufgerufen und als Intertext etabliert.[17] Anlässlich einer neuen Inszenierung, über die die Erzählerin in einem Brief aus Dänemark erfährt, erzählt sie ihrem Diener Farah den Inhalt und die Problematik von Shakespeares Drama. Einleitend wird betont, dass der Somali Farah Geschichten liebe, dass es in seinem Literaturverständnis aber um die »ingeniousness of the plot itself« (»selve Handlingens Sindrighed«) (278/257) ginge, nicht um moralische Wertungen, die der Dichtung seiner Kultur fremd seien.[18] Auch im vorliegenden Fall zeigt Farah großes Interesse am Handlungsverlauf und den Personen, sieht sich dann aber durch den provokativen Plot zu einer Stellungnahme herausgefordert und sympathisiert mit der Position Shylocks.

---

[17] Shakespeares *The Merchant of Venice* weist etliche Verbindungen und Parallelen zu *OoA/DaF* auf: Text wie Intertext sind von divergierenden Auslegungen und Ambivalenzen der Struktur und der Idee bestimmt, beider Gattungszugehörigkeit ist uneindeutig und bei Rezipienten umstritten, in beiden spielen juristische Verfahren eine wichtige Rolle und beide stellen eine fremde Kultur dar, innerhalb derer wiederum verschiedene Religionen, Werte und Rechtsauffassungen und kulturell unterschiedliche Auffassungen von Besitz und Eigentum kontrastiert werden. In diesem Sinne liefert Shakespeares Drama ein Muster, das allerdings aufgrund seiner bekannten Ambivalenzen gerade keine simple Leseanleitung bietet.

[18] Ob das korrekt ist, entzieht sich meiner Kenntnis. In der reichhaltigen Dichtung der Somali ist die Form des Preisgedicht dominant, entweder zu Ehren des Propheten Mohammed oder zu Ehren von Häuptlingen oder dem Ruhm von Clans dienend. Außerdem gibt es eine mündliche Tradition populärer Volkserzählungen, die durchaus moralisierende Tendenzen aufzuweisen scheinen.

(Un-)Gerechtigkeit in Dinesens / Blixens Out of Africa / Den afrikanske Farm

Er macht sogar einige Vorschläge, wie Shylock zu seinem Recht hätte kommen können: Mit Hilfe eines heißen Messers wäre es, so Farah, möglich gewesen, das verbotene Blutvergießen zu vermeiden.

Die Episode lässt sich auf eine doppelte Weise verstehen und in Bezug zur Idee des Textes setzen. Zum einen betont sie, wie etliche andere Passagen des Buches, die angeblich grundlegenden kulturellen Unterschiede zwischen den Schwarzen – Farah ist als Somali kein Einheimischer, sondern genauso ein Fremder in Kenia wie die Erzählerin – und den Europäern. In diesem Fall betrifft der Unterschied sowohl den jeweiligen Umgang mit Fiktion, als auch mit der im Drama verhandelten Frage der Gerechtigkeit, die verschiedene Auffassungen von Strafe, Ausgleich und Vergeltung impliziert: Farah verfolgt einen Grundsatz der Wiedergutmachung, der die Grenze zum Geschäft fließend werden lässt und die Werteproblematik in Shakespeares Stück auf einen Waren-Deal reduziert.

Da aber Farah die Problematik des Shakespeare-Dramas nicht nur vereinfacht, weil er ein anderes Rechtsverständnis zugrunde legt, sondern weil er ein auf einzelne Handlungselemente konzentriertes Verständnis äußert, birgt die Anekdote auch einen selbstreflexiven Hinweis auf die implizite Poetik von *OoA/DaF*. An einer grundsätzlich anderen Dichtungstradition geschult, überträgt Farah den Konflikt eines Dramenkonflikts in eine lebensweltliche Situation. Dieses vereindeutigende Lesen, das nach Lösungsangeboten sucht und Parteinahme fordert, wird dem *Merchant of Venice* genauso wenig gerecht, wie eine derartige Lektüre des Afrika-Buches, die sich auf einzelne Aussagen konzentriert, die Gesamtheit und das Zusammenwirken der literarischen Gestaltungsmittel aber vernachlässigt. Fast scheint Blixen hier mit Farahs Shakespeare-Lesart die Kritik der frühen postkolonialistisch inspirierten Leser wie Ngũgĩ, Granqvist, Kennedy und anderer an ihrem eigenen Werk vorwegzunehmen: Wie der somalische Diener operieren diese Kritiker bevorzugt mit der Isolation bestimmter textueller Passagen, an deren Wortlaut sich eine politisch motivierte Wertung anschließt. Demgegenüber steht die unauflösbare Ambivalenz des Shakespeare-Dramas, das für die Verfechter des konventionellen Konzepts der ›poetischen Gerechtigkeit‹ seit jeher ein Problem darstellt. Das Ende befriedigt deren Verfechter insofern als die Richtigen heiraten, Antonios Vermögen gesichert und Shylocks Bestrafung durch seine Rachsucht und Brutalität gerechtfertigt ist, während andererseits seine vorhergegangene und den Plot auslösende

Diskriminierung und Ausgrenzung nicht geahndet, Gleichheit und Harmonie also nicht erreicht werden. *Poetic justice* bei Shakespeare kann nur die Repräsentation widerstreitender Wertungen bedeuten, deren provokative Offenheit die Komplexität der in Frage stehenden Konfliktfälle abbildet.

Ein derartiges Konzept kann auch als poetologisches Prinzip in Blixens Afrika-Buch gelten, das durch die große Zahl von Doppelungen, Spiegelungen und Wiederholungen, Techniken der Destabilisierung, des Perspektivenwechsels und durch das Prinzip der »decided disorder«, wie es vor allem Susan Hardy Aiken herausgearbeitet hat, gekennzeichnet ist, das den Leser dazu zwingt, dem durch die Idyllik hervorgerufenen Wunsch nach Perpetuierung der Besitznahme zu entsagen: »One of the most powerful effects the narrative engenders«, resümiert Aiken:

> is the tension in the reader (and the narrator) between the urge to name and to know – find order in and make order out of Africa – and the recognition of how persistently it eludes that control. If our critical efforts reenact the narrator's efforts to make plots out of Africa, text or territory, we discover that the narrative remains as unmasterable as Africa itself.[19]

Zu diesem provokativen Effekt gehört nicht zuletzt der häufig kommentarlose Bericht, die mimetische Wiedergabe des kolonialistischen Gestus des »we« oder des »I had a farm in Africa«, gehört das Irritationspotential der erzählerischen Autorität und inszenierten Überlegenheit. Dieser selbstgerechte Ton entspricht dem Charakter der Setzung, mit der Gesetz und Gewalt in Afrika implementiert wurden. Er wird nicht mit kritischen Kommentaren oder expliziten Distanzierungen belegt, doch bleibt dieser Repräsentationsmodus nicht ungebrochen oder unwidersprochen. So enthält die eingangs zitierte nüchtern referierende Passage über die »squatters« einen Nachsatz: »The squatters are Natives«, so hieß es, »who with their families hold a few acres on a white man's farm, and in return have to work for him a certain number of days in the year.« (»Squattere er Indfødte, som med deres Familier har nogle faa acres Land til Brug for sig selv paa en hvid Mands Ejendom, og som til Gengæld skal arbejde for ham et vist Antal Dage om Aaret«) (10/15). Doch dann geht es weiter: »My squatters, I think, saw the relationship in a different light, for many of them were born on the farm, and their fathers before them, and they very likely

---

[19] Susan Hardy Aiken, *Isak Dinesen and the Engendering of Narrative*, Chicago/London: University of Chicago Press 1990, S. 232.

regarded me as a sort of superior squatter on their estates«. (»Maaske saa mine Squattere Forholdet i et andet Lys, for mange af dem var født paa Farmen, og deres Fædre før dem, og det er muligt, at de betragtede mig som en stormægtig Squatter paa deres eget Land«) (10/15). Der Nachsatz modifiziert und destabilisiert die Setzung des Vorhergehenden ganz erheblich. Er führt einen alternativen Blick auf die Eigentumsverhältnisse ein und macht eine Inversion des kolonial erzwungenen Status zumindest denkbar. Die inhärente Gewalt der Landnahme wird als vollzogene, als unabänderliche Tatsache entworfen, die bereits einen Eingriff in den Mythos Afrika darstellt; anschließend wird sie in einer zusätzlichen Denkfigur invertiert, die die geltende Rechtslage mit alternativen Rechts- und Besitzvorstellungen konfrontiert.

***

In diese Kolonialsituation ist die Autorin als historische Person, als Siedlerin auf enteignetem Land natürlich schuldhaft verstrickt; als rückblickende Erzählerin jedoch macht sie mit imaginierten Inversionen, zeichenhaften Anekdoten, mit Ironie und einer Zeitkonzeption, die eine paradiesische Vorzeit mit einer Verlustgeschichte verschaltet, auf das koloniale Machtgefüge aufmerksam. In den auf Justizfälle konzentrierten Passagen in *OoA/DaF* werden nun Macht und institutionalisiertes Recht, als dessen Sinn gemeinhin der Ausgleich von erlittenem Unrecht gilt, aufeinander bezogen: In dem langen zweiten Kapitel »A Shooting Accident on the Farm« (»Et Vaadeskuds Historie«) geht es um Rechtskonzepte der Kikuyu, in der zentral im heterogenen vierten Kapitel platzierte Geschichte von Kitosh[20] wird die Kolonialjustiz zum Thema. Das historisch überlieferte Tötungsdelikt, das die Geschichte von Kitosh darlegt, wurde von einem weißen Farmer an einem seiner schwarzen Arbeiter verübt und im August 1923 vor dem Gericht in Nakaru verhandelt. Der *East African Standard* berichtete ausführlich, und seit kurzem sind die Quellen in der kommentierten dänischen Ausgabe von Blixens Buch verfügbar.[21]

Auch Blixen hat beim Schreiben des autobiographischen Romans in Dänemark 14 Jahre nach dem Gerichtsverfahren diese Dokumentation in der Presse benutzt. Anfang Juli 1936 bat sie den norwegischen Farmer, ihren Freund Gu-

---

[20] In dem Gerichtsbericht und in der dänischen Ausgabe wird der Name als ›Kitosh‹ wiedergegeben, in der englischen Fassung steht ›Kitosch‹.
[21] Vgl. »Kitosh-sagen«, in: Blixen, *Den afrikanske Farm*, 2007, S. 469–491.

stav Mohr (1898–1936), um eine Abschrift und Übersendung der Zeitungsausschnitte. Es ginge ihr nicht um »Propaganda«,[22] wie sie Mohr bei ihrer Bitte um seine Hilfe darlegte, sondern der Fall solle die Grundlage bieten, um »einige Überlegungen« anzustellen.[23] Erst nach einer zweiten Aufforderung im September 1936 schickte der Freund in Kenia ihr die gewünschten Unterlagen. Sie gibt ihre Quelle im Text an, bedient sich also einer dokumentarischen Methode, wenn sie die historischen Ereignisse in dem kurzen Kapitel »Kitosch's Story« komprimiert. Es berichtet, dass der Farmangestellte Kitosh ein Pferd aus der Stadt abholen sollte, auf dem er verbotenerweise auf dem langen Rückweg zur Farm ritt. Das war Grund genug für seinen Herren, ihn mit Hilfe von drei schwarzen Arbeitern einer stundenlangen Prügelstrafe mit einer Peitsche auszusetzen. Anschließend wurde er in einem Stallgebäude festgebunden und starb während der Nacht. Die Straftat hatte eine Gerichtsverhandlung zur Folge, an deren Ende der Farmer wegen schwerer Körperverletzung zu zwei Jahren Gefängnis verurteilt wurde. Mord oder eine Tötungsabsicht wurden ihm nicht nachgewiesen, vor allem da zwei im Verlauf des Verfahrens hinzugezogene Ärzte die Todesursache darin sahen, dass Kitosh in der Nacht geäußert habe, er wolle sterben, während der Arzt, der zunächst die Obduktion durchgeführt hatte, die Schwere der Verletzungen und einen darauf folgenden anaphylaktischen Schock als Todesursache ansah.

Die Berichte im *East African Standard* sind sehr ausführlich und um Genauigkeit und Objektivität bemüht. Drei Mal (23.6.1923, 4.8.1923 und 11.8.1923) informiert die Zeitung über die verschiedenen Verhandlungsphasen und -tage. Zunächst wird der Fall vor einem *Magistrate's Court* eröffnet und dann, wegen der Schwere des Vergehens, an ein Schwurgericht (*Supreme Court*) überwiesen. Referiert werden die Anklagepunkte, die Anhörungen der Angeklagten und der Zeugen, die Kreuzverhöre und die Stellungnahmen der Sachverständigen, in diesem Fall der drei Ärzte. Medizinisch wie juristisch ist die Sachlage kompliziert, vor allem aber ist sie aufgrund der implizierten Brutalität und Gewalt verstörend, so verstörend, dass der englische Verleger Blixen aufforderte, die Passage zu streichen, doch die Autorin bestand auf dem für ihren Textaufbau zentralen Kapitel.[24] Schon während des Produktionsprozesses erregte die Sa-

---

[22] Ebd.
[23] Ebd.
[24] Langbaum, *The Gayety of Vision*, S. 145.

(Un-)Gerechtigkeit in Dinesens / Blixens *Out of Africa* / *Den afrikanske Farm*

che um Kitosh also Aufsehen, das von der Rezeption des Textes bestätigt wurde. Die maßgebliche und scharfe Kritik aus postkolonialer Sicht wurde von Ngũgĩ wa Thiong'o formuliert. Er konzentriert sich – wie Blixen in ihrer Darstellung – auf den angeblichen Todeswunsch des schwer verletzten Kitosh und unterstellt eine absichtliche Fehlübersetzung. Was Kitosh in der Nacht seines Todes wahrscheinlich gesagt habe, sei der Satz »Nataka kufa«, der mit »ich sterbe, ich bin dabei zu sterben« (»I am about to die, or I am dying«)[25] übersetzt werden müsste. An zwei anderen Stellen, so argumentiert David Ward,[26] fällt dieser Satz in *OoA/DaF* und wird in der angemessenen Weise übersetzt, die nicht zwischen dem Todeswunsch und der Angabe der unmittelbaren Zukunft unterscheidet: So heißt es vom Häuptling Kinanjui »for he was dying: *na-taka kufa*, – he wants to die, – the Natives have it« (»for han var ved at dø. ›Nataka kufa‹, han vil gerne dø, siger de Indfødte.« (358/331). Ngũgĩ sieht eine Strategie der Verfälschung am Werk, die in diskriminierender Absicht eingesetzt wird, um – wie an so vielen anderen Stellen des Textes – die Wildheit des Eingeborenen zu unterstreichen, seine ursprüngliche Alterität, die ihn grundlegend von den Weißen unterscheide.

Andere Interpreten[27] folgen Ngũgĩ und stellen die Episode um Kitosh als besonders anstößig heraus, weil sie keine Stellung gegen das zweifelhafte Urteil bezieht, sondern der Argumentation des Gerichts bei seiner offensichtlich der Strafmilderung dienenden Taktik sogar folgte. Dane Kennedy spricht von einer »perversen« Argumentation,[28] Diane Simmons folgert: »Such a portrayal demonstrates Blixen's utter failure to grasp both the horror of a man being brutally beaten to death for a petty infraction of his master's orders and her own complicity in his death.«[29] Und auch David Ward folgt Ngũgĩs Argumentation: »The disgraceful injustice has to be forgotten for some will-o'-the-wisp romantic beauty which makes the ›native‹ into an animal too proud to be captured by a

---

[25] Ngũgĩ wa Thiong'o, *Detained*, S. 36.
[26] Vgl. Ward, *Chronicles of Darkness*, S. 49.
[27] Der Gerechtigkeit halber sei erwähnt, dass JanMohamed auch in Bezug auf diese Episode eine andere Haltung einnimmt. Er schreibt: »She [Blixen] similarly contrasts her humane treatment of the natives with the story of Kitosh who was beaten to death by his English employer because he rode one of his horses without permission.« In: *Manichean Aesthetics*, S. 58.
[28] Vgl. Kennedy, *Islands of White*, S. 166.
[29] Simmons, »A passion for Africans«, S. 30.

civilised society.«[30] Der Fall Kitosh scheint wegen der Unerhörtheit des Berichteten die Art des Berichtens in besonders provokanter Weise zu hinterfragen; Ute Klünder spricht von einem »schockierenden«[31] Kapitel, Olga Pelensky von einer nihilistischen Aussage, die durch das Fehlen einer moralischen Wertung generiert werde.[32]

Diesen Irritationseffekt erreicht das Kapitel, indem es – weitgehend – dokumentarisch vorgeht, aber die dem Urteil zugrunde liegende dreifache Ungerechtigkeit nicht einmal erwähnt. Da ist zum ersten die Tatsache, dass in der britischen Kolonie wie selbstverständlich britisches Recht zur Anwendung kommt, dass alle neun Geschworenen, Richter, Staatsanwalt und die sachverständigen Ärzte Weiße sind, die den Schwarzen als Opfer einmal mehr zum Objekt ihres Handelns machen. Zum zweiten wird der Anlass, der die Prügelstrafe auslöst, mit keinem Wort hinterfragt. Der Getötete hatte ein Pferd von einem 17 Meilen entfernt liegenden Bahnhof abholen sollen und es auf dem langen Heimweg verbotenerweise geritten. Anstatt darin eine sinnvolle Art der Fortbewegung zu sehen, scheint der Angeklagte vor allem deswegen daran Anstoß zu nehmen, weil das Reiten eines Pferdes als »an emblem of social rank and authority«[33] nur den Europäern zukomme: »By riding a horse, the African employee unwittingly challenged a symbolic boundary that distinguished and separated the two races«.[34] Die daraus resultierende Annahme, dass der Schwarze gehen muss und nur der Weiße reiten darf, bietet die absurde Grundlage der sich daraus ableitenden brutalen Strafe. Auch die Art der Strafe, und das ist der dritte Punkt, wird ungefragt akzeptiert, zur Verhandlung steht nur die Todesfolge der Prügel. Nun handelt es sich sicher um eine Zeit und eine Gesellschaft, in der viel geprügelt wurde,[35] doch impliziert jede Prügelstrafe eine unerschütterliche Hierarchie und Einseitigkeit der Macht. Die Machtkonstellation in der berichteten Episode ruft unweigerlich die Tradition der *slave* oder *captivity narratives* auf,

---

[30] Ward, *Chronicles of Darkness*, S. 49.
[31] Klünder, *Ich werde ein großes Kunstwerk schaffen*, S. 229.
[32] Olga Anastasia Pelensky, *Isak Dinesen. The Life and Imagination of a Seducer*, Athens: Ohio University Press 1991, S. 97.
[33] Kennedy, *Islands of White*, S. 166.
[34] Ebd.
[35] Das verdeutlichen Zeugenaussagen im Verfahren, die die Strafe für ›normal‹ hielten. Auch unter Engländern war z. B. in Public Schools die Prügelstrafe bis über die Mitte des 20. Jahrhunderts hinaus die Regel und das im Text benutzte Wort »flogging« der dafür verwendete Ausdruck.

(Un-)Gerechtigkeit in Dinesens / Blixens Out of Africa / Den afrikanske Farm

in der die Prügelstrafe das eindeutigste Zeichen der Erniedrigung, aber auch des Aufbegehrens gegen die Ungleichheit darstellt.[36] Der schwarze Farmangestellte Kitosh wird durch die Art der Strafe als Eigentum des Farmers betrachtet, er nimmt die Rolle des Sklaven ein. Der körperliche Übergriff nimmt dem Opfer seine Menschlichkeit und Würde.

Doch schon durch einen voraufgehenden Sprechakt werden Machtverteilung und die Ungleichheit der Ausgangsposition deutlich:

> The settler stated that he began by asking Kitosh who had given him permission to ride the brown mare, and that he repeated his question forty to fifty times. [...] In England he would not have been able to ask a question forty to fifty times, he would have been stopped, in one way or another, long before the fortieth time. Here in Africa were people to whom he could shriek the same question forty times over. In the end Kitosh answered that he was not a thief, and the settler stated that it was as a result of the insolence of the answer that he had the boy flogged. (300)

> Farmeren sagde, at han begyndte med at spørge Kitosh, hvem der havde givet ham Lov til at ride pa den brune Hoppe, og at han gentog sit Spørgsmaal fyrretyve eller halvtreds Gange. [...] Hjemme i England kunde han ikke have gjort noget Menneske et Spørgsmaal fyrretyve eller halvtreds Gange, han vilde være blevet afbrudt, og Munden vilde være blevet stoppet paa ham, længe før den fyrretyvende Gang. Men her i Afrika var der Mennesker, som han kunde skrige det samme Spørgsmaal halvtreds Gange op i Ansigtet, det kunde han ikke bære uden at miste Balancen. Tilsidst svarede Kitosh, at han var ingen Tyv, og Farmeren angav i Retten, at det var paa Grund af dette Svar, at han havde ladet Kitosh prygle. (277 f.)

Die sprachliche Auseinandersetzung nimmt die auf sie folgende Gewaltanwendung vorweg: Die rhetorische Frage lässt keine sinnvolle Antwort zu, die impertinente Wiederholung dient der Demütigung, ist schieres Machtgehabe, das die Autorin mit dem Vergleich zu England klar der kolonialen Situation (und nicht etwas der Persönlichkeit des Farmers oder gar der Provokation durch den Adressaten) zuschreibt. Das sprachliche Verhalten des Farmers kommt einer »hate speech« gleich,[37] auch wenn es sich nicht, im Sinne Austins, um eine illukutionäre Äußerung handelt.[38] Doch selbst die perlukutionäre Aussage

---

[36] Vgl. z. B. Charles T. Davis and Henry Louis Gates, Jr. (Hg.), *The Slave's Narrative*, Oxford: University Press 1985; Richard Van Der Beets, *The Indian Captivity Narrative: An American Genre*, New York: University Press of America 1984.

[37] Vgl. Judith Butler *Excitable Speech. A Politics of the Performative*, New York/London: Routledge 1997.

[38] Vgl. J. L. Austin, *How to do Things with Words*, Cambridge/Mass.: Harvard University Press 1962.

hat die eindeutige Wirkungsabsicht der Herabsetzung des Adressaten und der Machsteigerung des Sprechers, der seine Autorität ausschließlich seinem Status als Kolonialherr verdankt, der »in England« (»hjemme i England«)[39] hinfällig wäre, womit die Ungleichheit von Täter und Opfer zweifelsfrei in der politischen Lage des Landes verankert wird.

Diese mehrfach geschichtete Voraussetzung des Berichteten macht den Subtext der Ungerechtigkeit aus, bildet die explosiv wirkende Basis für die Darlegung der Urteilsfindung, die – im Namen des Gesetzes – eine zusätzliche Irritation für das Gerechtigkeitsempfinden bereit hält. Denn sowohl das Vorgehen des Gerichts bei der ›Wahrmaßfindung‹ als auch das Strafmaß von zwei Jahren Gefängnis für den Farmer enthalten weiteres Provokationspotential, das durch die mangelnde erzählerische Stellungnahme verstärkt wird. Diese Position des Zuschauens, wie sie die Erzählinstanz dem Urteil gegenüber einnimmt, die Haltung des unbeteiligt scheinenden Dokumentierens wird auf der erzählten Ebene gespiegelt und wiederholt durch zwei Besucher des Farmers, die während der Abstrafung zufällig hinzukommen, zuschauen, aber nicht eingreifen. Im Bericht des *East African Standard* tauchen sie als Zeugen der Verteidigung auf, die aussagen, dass der Herr seinen Knecht angeblich gar nicht hart geschlagen habe. In der erzählerischen Präsentation in »The Story of Kitosch / Kitosh' Historie« wird das Auftauchen der beiden Freunde des Farmers als eigener Absatz gekennzeichnet und als »an irrelevant, and effective detail« (»en betydningsløs og virkningsfuld Enkelthed«) (300/278) besonders markiert. Die paradoxe Bezeichnung ihrer Voyeurs-Position als gleichzeitig bedeutungslos und wirkungsvoll impliziert das Verwerfliche des zehnminütigen Zuschauens: Es bleibt ohne Bedeutung für die Urteilsfindung, für die juristische Dimension des Falls, aber durchaus von Konsequenz für die moralische Bewertung, da es extreme Gleichgültigkeit und die Normalität der Machtverteilung und der Strafform anzeigt. Gerade das Nicht-Eingreifen macht sie zu Mitschuldigen und erweitert den Kreis der Schuldigen um ein Vielfaches.

Diesem Eindruck der passiven Akzeptanz, den die Erzählung durch ihre mangelnde Kommentierung zunächst nachzuvollziehen scheint, konterkariert sie, indem sie die zugrundeliegende mehrfache Ungerechtigkeit als eine elementare Auseinandersetzung zwischen Schwarz und Weiß als ebenbürtigen Geg-

---

[39] In der, wie meistens, verdeutlichenden dänischen Version wird mit dem »hjemme«, dem ›zu Hause‹ in England gewissermaßen eine Relegation des Farmers aus Afrika vorgenommen.

(Un-)Gerechtigkeit in Dinesens / Blixens Out of Africa / Den afrikanske Farm

nern inszeniert. Das beginnt damit, dass sie dem jungen Arbeiter auch einen »young white settler« gegenüberstellt, wenngleich in den Unterlagen das Alter des Beschuldigten nirgendwo genannt wird. Es folgt, nach der einleitenden Zusammenfassung der Ereignisse, ein zweites »insignificant detail [...] of great effect« (»betydningsløs [...] Oplysning [...] af stor Virkning«) (299/277) in der Angabe, dass Herr und Knecht zu Beginn der Bestrafung drei Meter voneinander entfernt gestanden hätten: »Here they are at the opening of the drama, the white man and the black man, at three yards distance« (»Her er de nu, i første Scene af Dramaet, den hvide og den sorte Mand, paa tre Meters Afstand.«) (299/277). Durch die Theatralisierung des Geschehens wird eine Gleichheit inszeniert, deren offensichtliche faktische und juristische Missachtung politische Indignation und eine moralische Wirkung hervorbringen soll. Die Szene der Egalität wird nicht nur durch die kriminelle Handlung des Farmers, sondern auch durch den faktischen Status des Angestellten als Sklave sowie die Implementierung europäischer Gerichtsbarkeit durchkreuzt. Die Erzählung zieht eine implizite Ebene des Humanen, der Gleichheit und der Moral ein, die in einem krassen Missverhältnis zu beinahe allen Aspekten des Berichteten steht, so dass das Verstörende der Geschehnisse in den Vordergrund tritt.

Die Anekdote setzt diese Strategie der Unterwanderung fort, indem sie das der Verhandlung zugrunde liegende Rechtsverständnis, das die Schwere der Schuld zu ermitteln sucht, mit der Auffassung der bei der Verhandlung anwesenden Afrikaner kontrastiert, denen es um Wiedergutmachung geht. Für sie stand fest: »the case was plain, for Kitosh had died, of that there was no doubt, and [...] a compensation for his death should now be made to his people« (»I deres øjne var Sagen klar nok. For Kitosh var død, det var der ingen Tvivl om, og ifølge deres Tankegang burde der nok nu tilkendes hans Slægtninge en Skadeserstatning for hans Død«) (299/276 f.). Gerechtigkeit wird hier in ihrer ganz elementaren Bedeutung als Ausgleich von Interessen verstanden, dem britischen Rechtsverständnis muss es jedoch darum gehen, die Intentionen der kriminellen Handlung zu ermitteln, um zu entscheiden, ob es sich um »murder [...], manslaughter [...] or grievous hurt« (»Mord, Drab eller Legemsbeskadigelse«) (299/277) handelt. Diese Suche führt zu der absurden Konsequenz, dass die oben genannten entscheidenden Voraussetzungen der Ungerechtigkeit bzw. der kolonialen Ungleichheit überhaupt nicht in die Verhandlung einbezogen werden. Ein zurückhaltender, doch signifikanter Erzählerkommentar unterstreicht

275

die Absurdität des Vorgehens: Als nämlich die Geschworenen vom Richter ermahnt werden, dass ein Verbrechen immer von der Intention abhinge, die es zu ermitteln gelte, »you seem to see them shake their heads« (»synes man at se dem ryste paa Hovedet«) (301/278). An diesem Punkt dringt die Imagination der Fiktion in den dokumentarischen Bericht ein und setzt ein Signal zur Hinterfragung des Vorgangs.

Großes Gewicht kommt bei diesen gerichtlichen Ermittlungen den sachverständigen Medizinern zu, die allerdings gegensätzliche Auffassungen vertreten. Der zunächst hinzugezogene ortsansässige Arzt, der die Obduktion durchgeführt hatte, legt im Detail die Schwere der Verletzungen dar und zieht die Schlussfolgerung, dass, wenngleich keine inneren Organe verletzt wurden, die Gesamtheit der Schläge so schwerwiegend war, dass ein Schock als die wahrscheinliche Todesursache angesehen werden müsste. In der zweiten Verhandlung zieht die Verteidigung dann zwei hoch dotierte (wiederum englische) Ärzte aus Nairobi hinzu, die – obwohl sie die Leiche nicht obduziert haben – nicht die Verletzungen, sondern vielmehr den von Kitosh in der Nacht geäußerten Todeswunsch als maßgeblich erachten. Die Absicht der Verteidigung ist eindeutig: Die Aussage der Ärzte entlastet den Angeklagten von der Totschlagsvermutung und reduziert die Schwere seiner Straftat. In offensichtlich zynischer Weise wird im Verlauf des Gerichtsverfahrens das nächtliche Leiden und Klagen des jungen Farmarbeiters zugunsten seines Peinigers ausgelegt.

Dieser Strategie schließt sich Blixen nur scheinbar an, wenn auch sie die Worte »»Nataka kufa«, wie oben dargelegt, als Ausdruck eines Wunsches interpretiert. Nicht um die Entlastungsabsicht der Verteidigung geht es ihr dabei jedoch, sondern sie invertiert deren Verdrehung des medizinischen Befunds ein weiteres Mal, wenn sie die Intention Kitoshs als ein Gegengewicht zu der Intentionssuche des Gerichts aufwertet. Damit setzt sie ihr Verfahren fort, dem schwarzen Arbeiter einen gleichberechtigten, ja machtvollen Status zu verleihen. Ohne die Absurdität und offensichtliche Intention der ärztlichen Gutachten in Frage zu stellen, macht sie aus deren Verteidigungsabsicht eine Unabhängigkeitsgeste des Schwarzen:

> But what had been the intention and the attitude of mind of Kitosch? [...] Kitosch had an intention, and in the end it came to weigh in the scales of the case. It can be said that by his intention, and his attitudes of mind, the African, in his grave, saved the European. (301)

(Un-)Gerechtigkeit in Dinesens / Blixens Out of Africa / Den afrikanske Farm

Men hvad havde nu været Kitosh' Hensigt og Indstilling? [...] Kitosh havde haft en Hensigt og en Indstilling, og den kom til Slut til at veje i Vægtskaalen i Sagen. Det kan siges, at Afrikaneren, i sin Grav, gennem sin Hensigt og Indstilling reddede Europæeren. (279)

Der Todeswunsch des Ermordeten wird nicht als Schwäche und Schicksalsergebenheit aufgefasst, sondern als Handlungskompetenz bewertet. Ob die Autorin dabei einem zeittypischen Glauben an bestimmte suggestive Fähigkeiten der Angehörigen von Stammesgesellschaften anhing, ist für ihre Repräsentationsstrategie zweitrangig und letztlich ebenso unentscheidbar wie die Frage, ob die beiden Ärzte dieser Überzeugung waren oder ob sie lediglich taktisch argumentierten.[40] In jedem Fall verfolgt die Erzählerin die Strategie, Kitosh aus der passiven Position, die er im Rechtsstreit als Opfer einnimmt, in eine aktive Rolle zu versetzen, ihm eine komplementär zu seinen Peinigern und Richtern entworfene Lage der Macht zuzusprechen.[41] Indem sie die Metapher der Waagschale aufruft, gibt sie ihrer Absicht Ausdruck, eine Gleichwertigkeit zwischen Angeklagtem und Opfer herzustellen, die nur über eine Aufwertung der Position des Schwachen erreicht werden kann. In ihrem Erzählakt wird das sprachunfähige Opfer zu einem Rechtssubjekt, es wird nicht nur als gleichwertig repräsentiert, sondern kann auch erinnert werden. Auch wenn man letztlich der Erzählerin eine Konstruktion der »black soul [as] a white man's artifact«[42] vorwerfen kann, so berührt die Szene das elementare Problem der ›Sprachlosigkeit‹ des »subalternen« Menschen,[43] dem im Erzählvorgang eine Stimme verliehen wird. Die mögliche Fehlübersetzung des »›Nataka kufa«, an der Ngũgĩ wa Thiong'o seine Kritik aufhängt, ist insofern unerheblich, als Kitosh einer Zeugenaussage zufolge zu einem früheren Zeitpunkt in der Nacht bereits geäußert hatte, er würde sich umbringen wollen, wenn er ein Messer hätte. Ein anderer, vollkom-

---

[40] In einer späteren Schrift berichtet die Autorin, sie habe einen Brief von einem der Ärzte aus Nairobi erhalten, in dem er zugab, parteiisch gewesen zu sein, weil er dem weißen Farmer habe helfen wollen. Vgl. »Sorte og Hvide i Afrika«, in: Hans Andersen u. Frans Lasson (Hg.), *Blixeniania 1979*, København: Karen Blixen Selskabet, S. 14–44, hier: S. 25.
[41] Aus diesem Grund werden wohl auch seine Verletzungen, deren genaue Beschreibung im *East African Standard* breiten Raum einnimmt, in der Erzählung nicht beschrieben.
[42] Frantz Fanon: *Black skin, white masks*, translated by Charles Lam Markmann, London 1986 [*Peau Noir, Masques Blanc*, Paris: Editions de Seuil 1952], S. 16.
[43] Vgl. Gayatri Chakravorty Spivak, »Can the Subaltern speak?«, in: Crary Nelson u. Lawrence Grossberg (Hg.), *Marxism and the Interpretation of Culture*, Urbana: University of Illinois Press 1988, S. 271–313.

men unverdächtiger Zeuge kann bestätigen, dass der Gedanke an den Tod als einziger Ausweg aus der Erniedrigung und dem Schmerz nicht der afrikanischen Mentalität zuzuschreiben ist, sondern in der Tat die letzte verbleibende Ermächtigungsstrategie des Menschen in einer ausweglosen Lage darstellt. So schreibt Jan Philipp Reemtsma in dem reflektierenden Bericht über seine Entführung, dass die Wahlmöglichkeit zwischen Leben und Tod angesichts der »absolute[n] Hilflosigkeit, [des] Ausgeliefertsein[s]«[44] eine mögliche humane Alternative darstellt. Dem erlittenen totalen Übergriff auf den ohnmächtigen Körper, der Negation des »Menschseins«[45] und der Todesangst in der Gefangenschaft kann sich der Mensch nur durch die einzig denkbare selbstgewählte Handlung, dem Gedanken an den Tod, entziehen.[46]

Die Inversionsstrategie der Erzählerin verfährt analog zu diesem Gedanken und leitet daraus ein idealistisches Credo für die Freiheit der indigenen Bevölkerung ab:

> It seems to you, as you read the case through, a strange, a humiliating fact that the Europeans should not, in Africa, have power to throw the Africans out of existence. The country is his Native land, and whatever you do to him, when he goes he goes by free will, and because he does not want to stay. (303)
>
> Naar man læser hele denne Sag igennem, slaar det en som en underlig og ydmygende Kendsgerning, at vi Europæere i Afrika ikke har Magt til at sætte Afrikaneren ud af Tilværelsen. Landet er hans, og hvad man end gør ved ham, saa gaar han, naar han gaar, af egen fri Vijle, og fordi han ikke har Lyst til at blive længere. (280 f.)

Zu der Taktik der Inversion kommt hier die ironische Leseranrede, die Einverständnis mit der europäischen Machtposition einen Moment lang voraussetzt und sie dann ironisiert. Das Gleiten der Perspektive lockt den Leser als angesprochenes »you« zunächst in die überlegene Rolle des Kolonisators, bevor im zweiten Satz eine Sympathieänderung das »you« als machtlos bloßstellt.[47]

Die Frage nach der Gerechtigkeit hat sich damit auf eine Machtproblematik hin verschoben. Eine Bewertung des juristischen Geschehens, der Straftat

---

[44] Jan Philipp Reemtsma, *Im Keller*, Reinbek: Rowohlt 2005, S. 195.
[45] Ebd.
[46] Reemtsma spricht hier nicht vom Gedanken an den Selbstmord, sondern von »einem Stück Menschsein [...], das im Tod erhalten bleibt.« Ebd.
[47] Im Dänischen funktioniert das anders, doch mit demselben Effekt. Zunächst scheint das unpersönliche Pronomen »man« die Aussage abzuschwächen, doch da die Verallgemeinerung in das stark identifikatorische »vi Europæere« mündet, ist die Verführung zur Teilhabe an der kolonialen Perspektive ebenso gegeben.

(Un-)Gerechtigkeit in Dinesens / Blixens Out of Africa / Den afrikanske Farm

und des Urteils muss zwangsläufig ausbleiben, da die Gesamtheit des Verfahrens die Waagschale der Macht bereits auf eine Seite geneigt hat. Gerechtigkeit und Rechtssprechung liegen angesichts der kolonialen Situation weit voneinander entfernt, man könnte auch von einer Diskrepanz von Naturrecht und positivem Recht sprechen. Schon der dokumentarische Bericht[48] zeigt das Gerichtsverfahren als von Unwägbarkeiten und Willkür bestimmt, die eine moralische Bewertung des juristischen Vorgangs sinnlos erscheinen lassen: Selbst die beteiligten Geschworenen schütteln in der Imagination der Erzählerin die Köpfe über die Fragwürdigkeit des Verfahrens. Während der britischen Gerichtsbarkeit in der Anwendung des »common law« die jeweilige Nachträglichkeit ihrer Grundsätze als Prinzip eingeschrieben ist und die Verschränkung von Macht (der Gewohnheit) und Recht deutlich hervortritt, ist Blixens Gerechtigkeitsverständnis eng an die Vorstellung einer elementaren Freiheit in einer ursprünglichen Ordnung geknüpft, die allerdings einem unwiederbringlich verlorenen Paradies, einer mythischen Zeit gleichkommt. Das vorherrschende Unrecht wird durch Entmachtung, Gewalt und Ungleichheit ausgelöst, wofür der Fall Kitosh das eindrücklichste Beispiel bietet. Um ihm eine Stimme zu verleihen und eine imaginäre Gleichheit herzustellen, greift die europäische Erzählerin zu Mitteln, deren implizierte Wertung von Kritikern als entmündigend angesehen wurde, die also ihrerseits polarisierten. Diese Einwände gilt es ebenso ernst zu nehmen wie die Raffinesse der Erzählung selbst, die durch Taktiken der erzählerischen Abstinenz, durch Ironie und Strategien der Inversion ein vielschichtiges Bild der Komplexität des Falles entwirft und eine Provokation durchaus beabsichtigt hat. Dafür spricht schon die anekdotische Poetik, die das vierte Kapitel der ›afrikanischen Farm‹ prägt und sich einer einfachen Wahrheit entzieht, an deren Stelle sie Vielfalt und Kontingenz abbildet. Literarische Gerechtigkeit wird wohl nur erreicht, wenn widerstreitende Meinungen zugelassen, Unruhe gestiftet und Irritation bewahrt wird.

---

[48] Trotzdem gibt es kleinere Abweichungen und Korrekturen zugunsten des Opfers: So erwähnt Blixen z. B. nicht die bei Gericht diskutierte Frage, ob das Pferd nach dem verbotenen Ritt durch Kitosh evtl. gelahmt habe (was schließlich verneint wird). Auch auf die drei an der Prügelstrafe beteiligten schwarzen Arbeiter, die als Befehlsempfänger mit einer symbolischen Strafe von einem Tag belegt wurden, geht sie in ihrer Erzählung nur sehr knapp ein.

ULLA HASELSTEIN

Diasporische Doppelgänger: Philip Roths *Operation Shylock*[1]

I.

The Merchant of Venice ist das nach *Hamlet* am häufigsten kommentierte Drama Shakespeares.[2] Die anhaltende kritische Aufmerksamkeit gilt natürlich Shylock, der bekanntesten jüdischen Figur der Literaturgeschichte.[3] Mit dem die Höhe von Antonios Borgsumme und deren überraschende Chancen zur Rache abwägenden Satz »Three thousand ducats – well« (I.3.1.)[4] betritt er die Bühne: Als habgieriger Geldverleiher tritt er auf, als Christenhasser und hinterhältiger Schuft stellt er sich heraus. Die Hartnäckigkeit, mit der er seine juristischen Ansprüche auf ein Pfund Fleisch Antonios durchzusetzen versucht, macht ihn zu einem Bösewicht par excellence. Shylock begründet jedoch sein Verhalten mit den Kränkungen und Missachtungen, denen er als Jude in Venedig fortwährend ausgesetzt ist: Antonio zumal hat ihn am Rialto beschimpft und bespuckt und kündigt ihm selbst im Moment des Geschäftsabschlusses weitere Misshandlungen an. In einer berühmten Rede hält Shylock der venezianischen Gesellschaft den Spiegel vor, und seine Grausamkeit fällt auf sie zurück:

---

[1] Der vorliegende Beitrag wurde für die Konferenz *Poetische Gerechtigkeit* im April 2008 in München konzipiert. Eine erste Fassung erschien in Cristian Avarado u. Philipp Erchinger (Hg.) *Identität und Unterschied. Zur Theorie von Kultur, Differenz und Transdifferenz*, Bielefeld: transcript, 2010. Sie wurde für die vorliegende Publikation stark überarbeitet. – Ich danke Daniel Selden (Santa Cruz) für eine kritische Lektüre des Aufsatzes.

[2] David Zesmer zit. in John W. Mahon, »The Fortunes of *The Merchant of Venice* from 1596 to 2001«, in: John Mahon u. Ellen Macleod Mahon (Hg.), *The Merchant of Venice. Critical Essays*, New York: Routledge 2002, S. 1–93, hier S. 1.

[3] Vgl. z. B. Lawrence Danson, *The Harmonies of The Merchant of Venice*, New Haven: Yale University Press 1978; Derek M. Cohen, »The Jew and Shylock«, *Shakespeare Quarterly* 31.1 (1980), S. 53–63; John Gross, *Shylock. A Legend and Its Legacy*, New York: Chatto and Windus 1992; Martin D. Yaffe, *Shylock and the Jewish Question*, Baltimore: Johns Hopkins University Press 1997; Kenneth Gross, *Shylock Is Shakespeare*, Chicago: Chicago University Press 2006; Harold Bloom, »An Essay«, in: William Shakespeare, *The Merchant of Venice*, New Haven: Yale University Press 2006, S. 151–58.

[4] William Shakespeare, *The Mechant of Venice*. Annotated by Burton Raffel. New Haven: Yale University Press 2000.

I am a Jew. Hath not a Jew eyes? Hath not a Jew hands, organs, dimensions, senses, affections, passions, fed with the same food, hurt with the same weapons, subject to the same diseases, healed by the same means, warmed and cooled by the same winter and summer as a Christian is? If you prick us, do we not bleed? If you tickle us, do we not laugh? If you poison us, do we not die? And if you wrong us, shall we not revenge? If we are like you in the rest, we will resemble you in that. If a Jew wrong a Christian, what is his humility? Revenge! If a Christian wrong a Jew, what should his sufferance be, by Christian example? Why, revenge! The villainy you teach me I will execute, and it shall go hard but I will better the instruction. (III.1.49–62).

Shylock gilt der Wunsch nach Vergeltung als naturgesetzliche Reaktion auf erfahrene Verletzung und Beleidigung. Die Venezianer vermögen sich freilich gegen solche Reziprozität zu schützen, sofern sie es mit Außenseitern zu tun haben, deren gesellschaftliche Handlungsmöglichkeiten sie begrenzen können. Doch Shylock nutzt das auf Reziprozität basierende Vertragsrecht aus; Antonio hat den Wechsel über dreitausend Dukaten mit all seinen Klauseln freiwillig unterzeichnet und damit sein Leben aufs Spiel gesetzt. Shylock pocht vor Gericht auf sein Recht (»I stand here for law« [IV.1.142]), und der Doge als Herr des Verfahrens kann das Gesetz nicht brechen, ohne die allgemeine Rechtssicherheit in Venedig und die Bedeutung der Stadt als internationalem Handelsplatz zu beeinträchtigen (vgl. III.3.26–28).

Der Doge und nach ihm noch einmal Portia versuchen daher, Shylock zu überreden, Mitleid mit Antonio zu zeigen und auf sein Recht zu verzichten. Gnade vor Recht ergehen zu lassen, so Portia, kommt nicht nur dem Empfänger, sondern auch dem Gebenden zugute (»It blesseth him that gives and him that taketh« [IV.1.186]): Vergebung ist eine (göttliche) Gabe,[5] die das Gleichgewicht einer ökonomischen oder juristischen Reziprozität und der darauf basierenden Idee von menschlicher Gerechtigkeit außer Kraft setzt; eine Gnade, auf die am Tag des Jüngsten Gerichts Christen und Juden gleichermaßen angewiesen sein werden. Doch Shylock verschließt sich dieser Argumentation, und so macht Portia nicht nur durch eine geschickte buchstäbliche Deutung des Vertragstexts

---

[5] Zu einer Lektüre der verschiedenen Tauschprinzipien im Stück vgl. Sigrid Weigel, »›Shylock‹ und das ›Das Motiv der Kästchenwahl‹: Die Differenz von Gabe, Tausch und Konversion im ›Kaufmann von Venedig‹«, in: Hartmut Böhme u. Klaus Scherpe (Hg.), *Literatur und Kulturwissenschaften*, Reinbek: Rowohlt 1996, S. 112–133.

Diasporische Doppelgänger: Philip Roths Operation Shylock

(die mehrere Kritiker als rabbinisch charakterisieren[6]) Shylock die Einlösung seiner Forderung unmöglich, sondern legt obendrein dar, dass nach venezianischem Recht seine Klage als raffinierter Anschlag auf das Leben eines Bürgers durch einen Fremden zu werten ist. Während das venezianische Vertragsrecht nicht zwischen Bürgern und Nicht-Bürgern unterscheidet, privilegiert das von Portia angeführte Strafrecht die Venezianer, indem es ihnen einen besonderen Schutz gegenüber allen Fremden gewährt: der Anschlag eines Fremden auf das Leben eines Venezianers gilt als Handlung, die sich gegen den venezianischen Staat richtet, und zieht besondere Sanktionen nach sich. Shylocks Klage gegen Antonio stellt demnach einen Rechtsbruch dar, der mit dem Verlust von Shylocks gesamtem Vermögen sowie mit der Todesstrafe zu ahnden ist, die nur der Doge als Staatsoberhaupt außer Kraft setzen kann.

In dieser neuen juristischen Situation zeigen sich die Repräsentanten des venezianischen Staates gnädig: der Doge, indem er Shylock das Leben läßt und die dem Staat zustehende Hälfte von dessen Vermögen auf ein Bußgeld reduziert; und Antonio, indem er verspricht, die ihm als Shylocks Opfer gesetzlich zustehende zweite Hälfte des Vermögens treuhänderisch zu verwalten. Antonios Rolle aber hat sich nicht nur von derjenigen des Beklagten in die des Klägers verwandelt, er übernimmt auch noch die Funktion des Richters, wenn er zwei Auflagen für Shylocks Begnadigung formuliert, die der Doge sich prompt zu eigen macht: Shylock muss zum Christentum übertreten und seine Tochter Jessica und ihren Ehemann Lorenzo, die ihn bestohlen und zutiefst gekränkt haben, als Erben seines Vermögens einsetzen.

Man kann in diesem Urteil das Prinzip der poetischen Gerechtigkeit erkennen: Shylocks hartnäckiges Pochen auf einen sittenwidrigen Rechtsanspruch bringt ihn zu Fall; aus dem Kläger wird ein Beklagter, seinen Versuch, Antonio mit juristischen Mitteln ums Leben zu bringen, muss Shylock mit seinem symbolischen Tod bezahlen. Auch die Struktur der Gerichtsverhandlung folgt dem Muster der Reziprozität: war es erst Shylock, der in Portia einen »Daniel«, einen »most rightful« and »most learned judge« (IV.1.300 bzw. 303) erkannte, so zitiert Gratiano höhnisch diese Worte, nachdem Portia Shylocks Klage abgewiesen hat. Doch obwohl das Urteil eine Symmetrie zwischen Verstoß und

---

[6] Sarah Kofman, *Konversionen. Der Kaufmann von Venedig unter dem Zeichen des Saturn,* Wien: Böhlau 1989, S. 54; Emily Budick, »Roth and Israel«, in: Timothy L. Parrish (Hg.), *The Cambridge Companion to Philip Roth,* Cambridge: Cambridge University Press 2007, S. 68–81, hier S. 79.

Strafe herstellt und damit der Gerechtigkeit formal Genüge getan wird, versöhnt es keineswegs, sondern verschärft den zugrunde liegenden Konflikt. Denn die streitenden Parteien werden ihren eigenen Rechtsprinzipien nicht gerecht: Shylocks Vertrag missbraucht den Buchstaben des Gesetzes, während die Venezianer ihre Gnade in den Dienst der Vergeltung stellen. Die Konsequenzen des Urteils für Shylock sind so bitter, dass er es zunächst ablehnt, begnadigt zu werden (IV.1.373–77), ist es doch darauf angelegt, ihn dauerhaft zu demütigen und seine religiöse Identität als Jude, seine Autorität als Vater und seine Handlungsfähigkeit als Geschäftsmann zu vernichten.

Shylocks letzte Worte zeigen ihn als gebrochenen Mann, der sich aus der Öffentlichkeit zurückzieht. Für ihn ist kein Platz in Venedig, und im fünften Akt tritt er nicht mehr auf. Doch zuvor ist er von Rechts wegen gehalten, die juristische Vernichtung seines Status als gesellschaftliches Subjekt durch seine Unterschrift zu besiegeln:

> Portia: Art thou contented, Jew? What dost thou say?
> Shylock: I am content.
> Portia: Clerk, draw a deed of gift.
> Shylock: I pray you give me leave to go from hence.
> I am not well, send the deed after me,
> and I will sign it.
> Duke: Get thee gone, but do it. (IV.1.390–97)

Shylock ist der Jude, gegen den sich das christliche Venedig über alle Standesgrenzen hinweg einig weiß. Dem venezianischen Staat gelten die Juden als Fremde und potentielle Staatsfeinde, auch wenn ihr Handel der Prosperität Venedigs nutzt.

In Shylocks eingangs zitierten Rechtfertigungsrede läßt sich der Antagonismus der mimetischen Struktur interpersonaler Beziehungen beobachten, die auf Symmetrie gründet und im Konfliktfall zu einer unabschließbaren Gewaltspirale führt. René Girard hat in *Violence and the Sacred* die Institution des Rechts als Ausweg bestimmt: »[O]ur judicial system [...] serves to deflect the menace of vengeance. The system does not suppress vengeance; rather it effectively limits it to a single act of reprisal, enacted by a sovereign authority specializing in this particular function«.[7] Für Girard ist die Entwicklung des Rechts eine

---

[7] René Girard, *Violence and the Sacred*, a. d. Frz. v. Patrick Gregory. Baltimore: Johns Hopkins University Press 1979, S. 15.

(allerdings instabile) kulturelle Leistung, die ältere Opferrituale ersetzt, die eine die Gemeinschaft insgesamt bedrohende Praxis von Rache und Vergeltung durch das ersatzweise Töten eines schwächeren Mitglieds der Gruppe, eines Fremden oder Außenseiters oder aber eines Opfertieres unterdrücken.[8] Shylock sucht das Gesetz als Instrument seiner Rache zu nutzen und setzt damit eine Strategie ein, der seitens der staatlichen Institution durch eine besondere hermeneutische Anstrengung, aber eben auch durch eine Kollusion des Rechts mit dem Opfer des jüdischen Außenseiters begegnet wird. Insofern diese Kollusion durch Shylocks ebenso mörderisches wie raffiniertes Ausnutzen rechtlicher Möglichkeiten legitimiert wird, greift das Stück auf antisemitische Stereotype zurück. Shylocks Opferung wird zwar durch den Gnadenakt des Dogen sofort wieder rückgängig gemacht, um allerdings durch die mit demselben Gnadenakt erzwungene Vernichtung von Shylocks Identität und gesellschaftlicher Existenz symbolisch wiederholt zu werden. Girard hat daher bemerkt:

> To those who do not want to challenge the anti-Semitic myth, or Shakespeare's own espousal of that myth, *The Merchant of Venice* will always sound like a confirmation of that myth. To those who challenge these same beliefs, Shakespeare's own challenge will become perceptible.[9]

Giorgio Agamben wiederum hat unter der Perspektive der Biopolitik des modernen Staates die Konsequenzen des Ausnahmerechts beschrieben, ohne dabei auf Girards Kategorie vorzivilisatorischer Sündenbockrituale zurückzugreifen. Die Trennung des ›nackten Lebens‹ von der politischen Identität der Staatsbürger stellt für ihn vielmehr den fundierenden Akt moderner Staatlichkeit dar, die auf der Setzung des Rechts durch den Souverän gründet. Agamben analysiert die juristische Sprache moderner Verfassungen und verweist auf die Unterschiede zwischen aktiven und passiven bürgerlichen Rechten, auf die Rechtspraxis, bestimmten Minderheiten die Bürgerrechte vorzuenthalten, sowie auf den Status des staatenlosen Flüchtlings. Wo Bürgerrechte nicht in Anspruch genommen werden dürfen, sollen die Menschenrechte für den Schutz wenigstens des nackten Lebens sorgen; aber dieser humanitäre Gedanke trägt letzten Endes der juristischen Tatsache Rechnung, dass der souveräne Nationalstaat seinen Bürgern ihre Rechte zu entziehen vermag, um diese dem Tod oder der Vertreibung

---

[8] Ebd., S. 267.
[9] Girard, »›To Entrap the Wisest‹«, in Harold Bloom (Hg.) *Shylock*, New York: Chelsea House, 1991, S. 291–304: 297.

zu überantworten, wie es paradigmatisch der NS-Staat getan hat.[10] Portia beruft sich auf venezianisches Recht, das Fremden die Bürgerrechte und damit die Gleichheit vor dem Gesetz vorenthält und damit dem Dogen als dem Repräsentanten der Republik die Entscheidung über das Leben Shylocks zuspricht. Vor diesem Hintergrund trägt im *Merchant of Venice* die venezianische Gerechtigkeit die Züge einer antisemitischen staatlichen Rechtspraxis, die auch die poetische Gerechtigkeit des Textes affiziert.

II.

Vielfach preisgekrönt, spannt sich Philip Roths umfangreiches Werk von seinem mit dem National Book Award ausgezeichneten Erzählband *Goodbye, Columbus* (1959) über den Skandal-Erfolg *Portnoy's Complaint* (1969) zu den vielfach preisgekrönten und international beachteten Arbeiten der Gegenwart. Roths Ruhm gründet sich auf seine Beobachtungen des amerikanischen jüdischen Milieus mit Blick fürs stimmige Detail und absurde narrative Pointen; seine Protagonisten – Nathan Zuckerman etwa oder David Kepesh – treten unumwunden als fiktionale Eben- oder auch Gegenbilder des Autors in Erscheinung. Indem Roth diese Figuren immer wieder zum Mittelpunkt seiner Romane macht, ermöglicht er es dem Leser, den Verlauf ihres Lebens über Jahrzehnte zu verfolgen. Die Texte fügen sich zu einer Chronik der amerikanischen jüdischen Mittelschicht im 20. Jahrhundert, deren Authentizität durch den Fundus autobiographischer Erfahrungen, mit denen die Figuren vom Autor ausgestattet werden, abgesichert ist.

Während in den 1950er und 1960er Jahren Roths satirische Porträts die neurotischen Verhaltensweisen der Figuren als Konsequenz der klaustrophobischen Enge eines stark familial geprägten Imaginären der amerikanischen jüdischen Kultur herausstellten[11] (und zwar mit derart respektlosem Witz, dass der einflussreiche und Roth ursprünglich durchaus wohlgesonnene Kritiker Irving Howe ihn 1972 der Stereotypisierung und der Schädigung jüdischen Ansehens in Amerika zieh[12]), so gilt für Roths Texte aus den 1980er und 1990er Jahren,

---

[10] Giorgio Agamben, *Homo Sacer*, a. d. Ital. v. Daniel Heller-Roazen, Stanford: Stanford University Press 1998, bes. S. 114.

[11] Vgl. Philip Roth, »Writing about Jews« u. »Imagining Jews«, in: Ders., *Reading Myself and Others,* New York: Bantam 1977, S. 149–70 u. 215–224.

[12] Irving Howe, »Philip Roth Reconsidered«, *Commentary* 54.6 (1972), S. 69–77.

dass die einst in der Karikatur ebenso präzis wie polemisch erfasste soziale und kulturelle Lage sich für die Protagonisten wie für den sich in ihnen spiegelnden Autor in dem Maße zu verwischen beginnt, als sich die USA nach der Bürgerrechtsbewegung der 1960er Jahre zu einer multikulturellen Gesellschaft entwickeln, in der ethnische Identität nicht mehr als Schicksal, sondern als Resultat einer persönlichen Entscheidung für die Übernahme eines kulturellen Rollenprofils gilt.

Für die mehrheitlich aus Osteuropa stammenden jüdischen Einwanderer in der Zeit der Wende vom 19. zum 20. Jahrhundert war Amerika der Ort, an dem sie hoffen konnten, bürgerliche Partizipation und wirtschaftliche Prosperität zu erreichen; zugleich waren sie sich im hohen Maße bewusst, einer religiösen und kulturellen Minderheit anzugehören. Es ist kein Zufall, dass amerikanische jüdische Intellektuelle, allen voran Israel Zangwill und Horace Kallen, an der Formulierung des Selbstverständnisses der Vereinigten Staaten als Einwanderernation im 20. Jahrhundert wesentlichen Anteil hatten: während über viele Jahre Zangwills Metapher des »melting pot« dominierte, stellte sich Kallens Konzept des »cultural pluralism«, das die Akzeptanz einer angloamerikanischen Prägung der Öffentlichkeit und der politischen Institutionen vorsah, auf lange Sicht als mindestens ebenso wirkmächtig heraus.[13] Mit unterschiedlicher Akzentsetzung umreißen beide Formulierungen den Prozess der Assimilation der europäischen Einwanderer der Jahrhundertwende aus Ost- und Südeuropa unter Einschluss der Juden. Die Forschung hat diesen Prozess unter dem Titel *How the Jews Became White Folks*[14] dokumentiert und dessen Konsequenzen beschrieben: Nach den ökonomischen Erfolgen der ersten und zweiten Einwanderergeneration und dem Abbau von Zugangssschranken zu den universitären Bildungseinrichtungen in den Jahren nach dem Zweiten Weltkrieg begann sich das amerikanische jüdische Milieu mit seiner Verwurzelung im Jiddischen und seinem enggewirkten familial organisierten Beziehungsnetz aufzulösen. Die (zumindest in der öffentlichen Wahrnehmung) erfolgreiche Assimilation der europäischen Einwanderer ließ im Gegenzug einen strukturellen Rassismus der amerikanischen Gesellschaft umso stärker hervortreten:

---

[13] Vgl. David Biale, »The Melting Pot and Beyond: Jews and the Politics of American Identity«, in: Ders., Michael Galchinsky u. Susannah Heschel (Hg.), *Insider/Outsider. American Jews and Multiculturalism,* Berkeley: University of California Press 1998, S. 17–33.

[14] Karen Brodkin, *How the Jews Became White Folks And What That Says About Race in America,* New Brunswick: Rudgers University Press, 1998.

> Except among some anti-Semites, *Jew* has stopped being the description of a racial category, as it was in the early decades of the twentieth century, whereas *black* and *African American*, different in connotation but not necessarily in denotation from *Negro*, typically have not. Jews are now *ethnic*, but blacks remain *racial*, not because the idea of race per se has creditable scientific or genetic meaning but because color, whether the communal traits associated with it or the group membership ascribed to it, still trumps everything else, notwithstanding widespread agreement that ›race‹ is constructed, contingent, ephemeral, illusionary, or non-existent.[15]

Die Erfolge der Bürgerrechtsbewegung auf dem juristischen und politischen Sektor konnten über die mangelnde soziale, kulturelle und ökonomische Integration der ›peoples of color‹ nicht hinwegtäuschen. Unter dem Banner des Multikulturalismus wird seither auch von staatlicher Seite versucht, die kulturelle Identität von Minderheiten zu stärken. Insofern diese politischen Ziele »versions of the nineteenth-century ›Jewish question‹«[16] darstellen, werden sie von vielen amerikanischen Juden mitgetragen. Doch die Agenda des Multikulturalismus treibt auch die liminale Rolle der amerikanischen Juden im amerikanischen Identitätsspektrum hervor: »they represent that boundary case whose lack of belonging to a recognizable category creates a sense of unease«.[17]

> Because they are now seen as white and therefore capable of passing as other whites, I suggest that Jews at the end of the twentieth century are rapidly becoming a good example of a [postethnic] community of choice. [...] Jews are an ethnic group, but not an ethnic group traditionally conceived. Neither are they characterized by uniform religious practice and belief. The instability and multiplicity of Jewish identity, which has a long history going back to the Bible itself, has become even more true today.[18]

Aufgrund dieser Vielfältigkeit und Instabilität wird die Bestimmung amerikanischer jüdischer Identität in der Gegenwart zum Gegenstand diskursiver Auseinandersetzungen und politischen Richtungsstreits innerhalb des amerikanischen Judentums, wobei zwei historische Ereignisse im Mittelpunkt stehen, die beide außerhalb des amerikanischen Erfahrungsraums liegen, nämlich der Völkermord an den Juden Europas und die Gründung des Staates Israel. Mit der Erinnerung an den Holocaust, die in den letzten zwanzig Jahren im öffentlichen

---

[15] Eric J. Sundquist, *Strangers in the Land. Blacks, Jews, Post-Holocaust America*, Cambridge: Harvard University Press, 2005, S. 14 f.
[16] David Biale, Michael Galchinsky, Susannah Heschel, »Introduction«, in: Dies. (Hg.), *Insider/Outsider* S. 1–13, hier S. 4.
[17] Ebd., S. 5.
[18] Biale, »The Melting Pot and Beyond«, S. 31.

Diasporische Doppelgänger: Philip Roths Operation Shylock

Raum der USA zunehmend präsent wurde, verbindet sich die neue Konstruktion einer säkularen jüdischen Identität, die auf einer geteilten Geschichte antisemitischer Verfolgung beruht; die Popularität der dieser Erinnerung gewidmeten Texte, Filme, Denkmäler wird von Kritikern aber als Zeichen einer Amerikanisierung und politische Instrumentalisierung attackiert.[19] Die zionistische Bewegung und später der Staat Israel wiederum fanden stets breite Unterstützung seitens der amerikanischen jüdischen Gemeinden, ohne dass damit der Assimilation in den amerikanischen Mainstream eine Absage erteilt worden wäre; die USA erschienen vielmehr als ein anderes »Promised Land«.[20] Die Besetzung der Westbank durch Israel und die Siedlerbewegung sorgt jedoch für anhaltenden politischen Zwist. Der Staat Israel hat im amerikanischen jüdischen Imaginären eine komplexe Funktion:

> Israel has a variety of possible meanings for American Jews: a religious prophecy that has been fulfilled; a homeland to which Diaspora Jews can return; a political refuge for persecuted Jews. [...] But Israel has another set of possible meanings, with political and personal implications that are, to many American Jews, more immediate and tangible: it is a familial land inhabited by relatives who must be protected against deadly enmity; it is a cause that could conceivably place a strain on relations between Jews and other Americans; it is a country whose vulnerability to attack reminds American Jews of their own vestigial sense of insecurity.[21]

Nicht zuletzt als Reaktion auf die multikulturalistische Debatte wird in den letzten Jahren mit dem Begriff der Diaspora zunehmend ein traditionelles Konzept jüdischer Selbstdefinition neuerlich aufgegriffen. Seiner früheren religiösen Konnotationen weitgehend ledig, bezeichnet der Begriff heute eine transnationale Lebensform, die auf einem Bewusstsein der eigenen Geschichte sowie auf Solidarität gegenüber den Mitgliedern der eigenen Kultur beruht, ohne da-

---

[19] Peter Novick, *The Holocaust in American Life*, Boston: Houghton Mifflin 1999; Hilene Flanzbaum (Hg.), *The Americanization of the Holocaust*, Baltimore: Johns Hopkins University Press 1999.; Tim Cole, *Selling the Holocaust: From Auschwitz to Schindler; How History is Bought, Packaged, and Sold*, New York: Routledge, 1999; Andrew S. Gross u. Susanne Rohr, *Comedy – Avant-Garde – Scandal. Remembering the Holocaust after the End of History*, Heidelberg: Winter, 2010.

[20] Vgl. Jeffrey Rubin-Dorsky, »Philip Roth and American Jewish Identity: The Question of Authenticity«, *American Literary History* 13.1 (2001), S. 79–107.

[21] Seymour Lipset u. Earl Raab, *Jews and the New American Scene*, Cambridge: Harvard University Press 1995, S. 111.

bei politische Allianzen mit anderen Gruppen auszuschließen.[22] Der gegenwärtige Diskurs der amerikanischen jüdischen Diaspora betont vor allem ein genealogisch vermitteltes Gemeinschaftsgefühl und die Erinnerung an die Opfer antisemitischer Verfolgung, insbesondere an die Opfer des Holocaust.[23] Es ist jedoch strittig, ob diese Faktoren genug Bindungskraft entwickeln können, um die jüdische Kultur in den USA angesichts der fortschreitenden Assimilationsprozesse dauerhaft zu bewahren. Israel als jüdischer Staat und Heimatland aller Juden bildet das Gegenmodell. Von amerikanischen jüdischen Schriftstellern wird aber vor allem die Erinnerung an die von den Nazis zerstörte osteuropäische jüdische Kultur wachgehalten, so dass Michael Galchinsky polemisch formulierte: »If American Jewish writers have longed to return to any Zion, it is not to Jerusalem but to Bialystok«.[24]

Diesen komplexen Zusammenhang zwischen der Assimilation der Juden in den USA, der diskursiven Neubegründung diasporischer jüdischer Identität, der Solidarität mit Israel und der Nostalgie für die zerstörte jüdische Kultur Osteuropas hat Philip Roth in den späten 1980er und frühen 1990er Jahren zum Gegenstand eines Textes gemacht, in dem er die autobiographische Unterfütterung seiner Texte mit Hilfe von selbstreferentiellen Verfahren thematisiert und die Konstituentien amerikanischer jüdischer Identität systematisch befragt.

---

[22] Zur Geschichte des jüdischen Begriffs der Diaspora vgl. Jon Stratton, »(Dis-)Placing the Jews: Historicizing the Idea of Diaspora«, *Diaspora* 6.3 (1997), S. 301–329; Michael Galchinsky, »Scattered Seeds: A Dialogue of Diasporas«, in: Biale, Galchinsky u. Heschel (Hg.), *Insider/Outsider*, S. 185–211. Für eine Literaturgeschichte der modernen jüdischen Diaspora vgl. Norman Finkelstein, *The Ritual of New Creation. Jewish Tradition and Contemporary Literature*, Albany: State University of New York Press 1992; Maeera Y. Shreiber, »The End of Exile: Jewish Identity and Its Diasporic Poetics«, *PMLA* 113.2 (1998), S. 273–287; Sidra DeKoven Ezrahi, *Booking Passage. Exile and Homecoming in the Modern Jewish Imagination*, Berkeley: University of California Press 2000; Ranen Omer-Sherman, *Diaspora and Zionism in Jewish-American Literature*, Hanover NH: University Press of New England 2002.
[23] Vgl. Daniel Boyarin u. Jonathan Boyarin, »Diaspora: Generation and Ground of Jewish Identity«, *Critical Inquiry* 19 (1993), S. 693–725 und die Kritik an dieser Position bei Galchinsky, »Scattered Seeds«, S. 202f; eine andere Perspektive bei Arnold Eisen, »American Jewish Thought and the Imagination of American Jewish Community«, in: Jack Wertheimer (Hg.), *Imagining the American Jewish Community*, Waltham, MA: Brandeis University Press 2007, S. 304–333.
[24] Galchinsky, »Scattered Seeds«, S. 201. Philip Roth fungierte als Herausgeber der Penguin-Reihe »Writers from the Other Europe« und publizierte unter anderem Werke von Bruno Schulz, Tadeusz Borowski, Milan Kundera and Bohumil Hrabal.

III.

Wie der Untertitel (»A Confession«) und das Vorwort (»I've drawn *Operation Shylock* from notebook journals. The book is as accurate as I am able to give of actual occurrences that I lived through my middle fifties«)[25] deutlich machen, beansprucht Roth explizit autobiographische Faktizität für seinen Text; in einem Essay im *New York Times Book Review*[26] und in Interviews hat Roth diese Aussage mehrfach wiederholt. *Operation Shylock* beginnt damit, dass der Autor Philip Roth 1988 von einem Verwandten sowie von seinem Freund, dem israelischen Romancier und Holocaust-Überlebenden Aharon Appelfeld, darauf aufmerksam gemacht wird, dass in Jerusalem ein Mann auftritt, der sich als der amerikanische Schriftsteller Philip Roth ausgibt und dessen kulturelles Kapital sowie die Anwesenheit zahlreicher Journalisten während des Jerusalemer Demjanjuk-Prozesses nutzt, um in Interviews und Vorträgen für ein ›diaporistisches‹ Projekt zu werben: Um einen drohenden zweiten Holocaust (verübt von den Arabern an den Juden Israels) zu verhindern, sollen die aus Europa stammenden Israelis nach Europa remigrieren, wo man sie freudig willkommen heißen werde. Wie israelischen Zeitungs- und Rundfunkberichten zu entnehmen ist, hat dieser ›Philip Roth‹ es sogar vermocht, sich für dieses Projekt der Unterstützung Lech Walesas zu versichern. Der Autor bricht nach Israel auf, um den falschen Roth zu enttarnen und seinen eigenen guten Namen zu retten, doch in Jerusalem überschlagen sich die Ereignisse: wie der ›echte‹ Roth feststellen muß, ist der ›falsche‹ Roth ihm wie aus dem Gesicht geschnitten, selbst die Kleidung der beiden stimmt bis hin zu abgerissenen Hemdknöpfen überein. Selbstbewusst hält der Doppelgänger dem Schriftsteller entgegen: »It was not without resistance that I accepted my role: the naked you/the messianic you/the sacrificial you« (87) und bittet ihn, »Let me exist. [...] I am the you that is not words«. (87). Er nimmt für sich in Anspruch, das kulturelle Kapital des Autors für die jüdische Sache einzusetzen, was dieser selbst versäumt habe: »I am only spending the renown you hoard. [...] Allow me to be the public instrument through which you express your love for the Jews« (87). Statt den ›falschen‹ Roth des Identitätsdiebstahls überführen zu können, findet sich der ›echte‹ Roth in der ständigen Verlegenheit, mit den ›diaporistischen‹ Po-

---

[25] Philip Roth, *Operation Shylock,* New York: Simon and Schuster 1993, S. 13. Alle Seitenangaben im Text beziehen sich auf diese Ausgabe.
[26] »A Bit of Jewish Mischief«, *New York Times Book Review* vom 7. März 1993.

sitionen des Doppelgängers identifiziert zu werden – und macht diese sich in bestimmten Situationen sogar zu eigen. Trotz dieser Volten vermag der Leser die beiden Figuren stets auseinanderzuhalten, da der ›echte‹ Roth als autobiographisches Ich auftritt und dem ›falschen‹ Roth den Spottnamen Moishe Pipik (Moses Bauchnabel) verpaßt, um ihn zu einer komischen Figur zu depotenzieren; der Name weist freilich auch auf die Nabelschnur hin, die ihn mit seinem Schöpfer Philip Roth verbindet.[27] Je weiter die Handlung voranschreitet, desto stärker wird die Kontrolle der Ich-Figur über seinen Doppelgänger.[28] Pipik stellt bald keine Bedrohung für den ›echten‹ Roth mehr dar: Er leidet an einer tödlichen Krebserkrankung, zum Geschlechtsakt ist er nur noch mithilfe eines Penis-Implantats in der Lage. Vom ›echten‹ Roth immer wieder gedemütigt, fällt Pipik irgendwann aus der Romanhandlung heraus; von seinem Tod erfährt der Leser nur aus einem (vom erzählenden Ich erklärtermaßen erfundenen) Brief.

Die Auseinandersetzung zwischen den beiden ›Roths‹, aber auch zwischen dem ›echten‹ Roth und allen anderen Figuren im Text wird vom Ich-Erzähler mit ostentativ theatralischen Mitteln in langen, emotionalen Dialogen geschildert; er räumt ein, dass die Konfrontation »the appearance of a nonsensical, crude, phantasmagorical farce« (252) besitzt, während der Auftritt real existierender Personen wie Appelfeld oder die Beschreibung eines zeitgeschichtlichen Ereignisses wie des Demjanjuk-Prozesses zugleich für eine konkrete historische Kontextualisierung der Handlung sorgt. Der Autor hält sich offensichtlich nicht an den auf dem Titelblatt des Textes angekündigten autobiographischen Pakt der Konfession, sondern nimmt statt dessen die Freiheit des Schriftstellers in Anspruch, literarische Figuren und Figurenkonstellationen als Symbolisierungen gesellschaftlicher Lagen und diskursiver Positionen zu erfinden, ohne Zwängen zur Wahrheit, Kohärenz und Konsistenz seiner Rede zu unterliegen. Philippe Lejeune bestimmte das Gattungsgesetz der Autobiographie dahingehend, dass der Name des Autors sowohl als textuelle wie auch als referentielle Markierung funktioniert und einen Pakt zwischen Autor und Leser ins Werk

---

[27] Das Manuskript des Romans enthält eine handschriftliche Notiz des Autors, dass er als Kind den Spitznamen Moishe Pipik trug; vgl. Debra Shostak, »Philip Roth's Fictions of Self-Exposure«, *Shofar* 19.1 (2000), S. 19–39, hier S. 38.
[28] Vgl. die Titel, die Roth für seinen Roman in Erwägung zog: »Split«, »Duality«, »The Other One«, »You Are Not Yourself«, zit. bei Shostak, »The Diaspora Jew and the Instinct for Impersonation: Philip Roth's *Operation Shylock*«, *Contemporary Literature* 38.4 (1997), S. 726–754, hier S. 728.

setzt, der der Zuschreibung der Identität von Autor und autobiographischem Ich quasi-juristischen Status verleiht.[29] In *Operation Shylock* aber erzählt ein autobiographischer Ich-Erzähler von seinem Kampf mit einem Doppelgänger; der Text schreibt damit die Spiegelstruktur der Selbstreflexion, die dem autobiographischen Diskurs zugrunde liegt, in die erzählte Wirklichkeit ein und treibt die Figuralität des autobiographischen Ich hervor. Denn dieses wird als referentielle Entität nur durch die Erzähl›stimme‹ erzeugt, eine rhetorische Struktur, die durch eine kulturell institutionalisierte Lektürepraxis, eben den Pakt, regelmässig unterschlagen wird.[30] Der Doppelgänger irritiert den Pakt, indem er der gattungstypischen Referentialität des Texts phantastische Züge gibt und damit auch das autobiographische Ich als fiktionalen Selbstentwurf lesbar macht, der in der Reihe von Roths imaginären Verkörperungen (›impersonations‹) steht. Und der Autor weist darauf explizit hin: so wird im Roman Aharon Appelfeld zitiert, dem das Auftreten des ›falschen‹ Roth wie ein Motiv aus einem Roth-Roman vorkommt. Für das reflektierende Ich erscheint der sich als Repräsentation deklarierende, aber in sich verspiegelte Text als Flucht aus einer Realität, in der er den literarischen Erfindungen des eigenen Ich begegnet und ihnen ausgeliefert ist:

> Although the idea probably originated in Aharon's remark that he felt that he was reading to me out of a story I'd written, it was nonetheless another ridiculous attempt to convert into a mental event of the kind I was professionally all too familiar with what had once again been established as all too objectively real. It's Zuckerman, I thought whimsically, stupidly, escapistly, it's Kepesh, it's Tarnopol and Portnoy – it's all of them in one, broken free of print and mockingly reconstituted as a single satirical facsimile of me. In other words [...] it's got to be literature. (34)[31]

In der Sekundärliteratur wird *Operation Shylock* als postmodernes Werk diskutiert, da der Text mit einer paradoxen Erzählsituation, instabilen Figureniden-

---

[29] Vgl. Philippe Lejeune, *Der autobiographische Pakt,* aus d. Frz. v. Wolfram Bayer. Frankfurt a. M: Suhrkamp, 1975.
[30] Paul De Man, »Autobiography as De-Facement«, in: Ders. *The Rhetoric of Romanticism,* New York: Columbia University Press 1984, S. 66–81, hier S. 70.
[31] Vgl. auch die folgende Reflexion des Ich-Erzählers: »It wasn't that, after the fact, I could no longer believe that the unlikely had befallen me as easily as it does anyone else; it was that three decades as a novelist had so accustomed me to imagining whatever obstructed my impeded protagonists – even where raw reality had provided the stimulus – that I began to half believe that even if I had not invented *Operation Shylock* outright, a novelist's instincts had grossly overdramatized it« (360).

titäten und metafiktionalen Reflexionsstrukturen arbeitet.[32] Diese Verfahren legen nicht nur das artistische Spiel frei, das der Autor mit den Bruchstücken einer Konfession treibt, sondern geben ihm auch eine Funktion: Roth parodiert die Gattung der Konfession, insofern sie die öffentliche Darstellung eines geheimen Selbst beinhaltet, indem er sich mit einem Doppelgänger ausstattet, dessen politische Vorstellungen den Phantasien entgegenkommt, die sich viele Leser von ihm machen mögen, um diese als unzutreffend, ja lächerlich abzuweisen. *Operation Shylock* thematisiert auf diese Weise, was Roths Schreibpraxis seit jeher ausmacht: nämlich ein Aufspalten, Umschreiben und Neuerfinden der eigenen Subjektivität mihilfe von Romanfiguren, die als Inszenierungen typischer Widersprüche amerikanischer jüdischer Haltungen und Lebensweisen angelegt sind.[33]

> I found myself wondering if it might be *best* to present the book not as an autobiographical confession that any number of readers, both hostile *and* sympathetic, might feel impelled to challenge on the grounds of credibility, not as a story whose very *point* was its improbable reality, but – claiming myself to have imagined what had munificently provided, free of charge, by superinventive actuality – as fiction, as a conscious dream contrivance, one whose latent content the author had devised as deliberately as he had the baldly manifest. I could even envision *Operation Shylock* misleadingly presented as a novel [...]. (360 f.)

Alle diese metafiktionalen ›contrivances‹ sind aber letzten Endes darauf berechnet, als Zeichen einer Gespaltenheit des Autors gelesen zu werden, was sein Verständnis der jüdischen Diaspora und sein Verhältnis zum Staat Israel angeht. Vertritt der die parodistische Dekomposition seines Ich betreibende Autor die Diaspora und macht sich damit die Unterscheidung zwischen staatbürgerlicher und kultureller Identität zu eigen? Welche Rolle spielt die Erinnerung an den Holocaust für Roth, welche Position nimmt er zum israelisch-palästinensischen Konflikt ein? Aber so sehr diese Fragen nach der wahren und wahrhaftigen Hal-

---

[32] So vergleicht z. B. David Brauner *Operation Shylock* mit Bret Easton Ellis' *Lunar Park* und charakterisiert Roths Roman als »a parody of both realism and postmodernism«: *Philip Roth*, Manchester: Manchester University Press 2007, S. 101. Vgl. auch Elaine B. Safer, *Mocking the Age. The Later Novels of Philip Roth*, Albany: State University of New York Press 2006, Kap. 3.

[33] »Why couldn't the Jews be one people? Why must Jews be in conflict with one another? Why must they be in conflict with themselves? Because the divisiveness is not just between Jew and Jew – it is within the individual Jew. Is there a more manifold personality in the world? I don't say divided. Divided is nothing. Even the goyim are divided. But inside every Jew there is a *mob* of Jews« (334).

tung des Autors vom konfessionellen Charakter des Textes provoziert werden, durch dessen metafiktionale Struktur werden sie zugleich abgewehrt. Die Konfession erweist sich als eine reine Formsache – die eben deshalb entgegengesetzte politische Haltungen, aber auch in sich widersprüchliche Identifizierungen als Konstituentien amerikanischer jüdischer Identität darstellbar macht.[34]

IV.

Pipiks »Diasporism« ist ein Projekt, das vom Ich-Erzähler der Lächerlichkeit preisgeben wird: »Diasporism! Diasporism is a plot for a Marx Brothers movie – Groucho selling Jews to Chancellor Kohl!« (221) Pipik, der darauf setzt, Europa mithilfe von Selbsthilfegruppen vom Antisemitismus kurieren zu können, ist die Karikatur eines Juden, der nicht den Staat Israel, sondern die jüdische Diaspora, vor allem aber Europa als »Heimat« begreift (und die Existenz der sephardischen Juden vergisst). Pipiks Gedanke einer Revision des zionistischen Projekts im Sinne einer Repatriierung der europäischen Juden ist ein absurdes politisches Programm, das allerdings die fortwährende Existenz eines europäischen Antisemitismus auf eindringlichere Weise verdeutlicht als es jede politische Analyse vermöchte. Statt aber dem gegenüber seine eigene Haltung gegenüber der Diaspora und deren gelebter Praxis in Amerika ins Feld zu führen, übernimmt der ›echte‹ Roth im Laufe des Romans immer wieder Pipiks Rolle. Auf diese Weise werden Resonanzen zwischen Pipiks Projekt und dem Leben des Autors in der Diaspora erzeugt, auch wenn der ›echte‹ Roth solche Resonanzen sofort als ironisch-spielerische Identifizierungen mit Pipik markiert und damit als inauthentisch und selbstparodistisch abweist. Die Gesprächspartner des Ich-Erzählers werden der Mimesis des ›echten‹ Roth an seinen Doppelgänger nicht gewahr; der Ich-Erzähler vertraut sich nur den Lesern an.

Die inszenierte Gespaltenheit des ›echten‹ Roth wird in der Folge zu einem literarischen Verfahren, palästinensische und israelische Diskurse darzustellen und aus der Perspektive eines Dritten zu reflektieren. Denn nach der Begegnung mit seinem Doppelgänger trifft ›Roth‹ in Jerusalem seinen arabischen Studienfreund George Ziad wieder, der die USA verlassen hat, um sich als Literaturprofessor an der Universität Ramallah für die Sache der Palästinenser einzusetzen.

---

[34] Vgl. die Lektüren von Sylvia Barack Fishman, »Success in Circuit Lies: Philip Roth's Recent Explorations of American Jewish Identity«, *Jewish Social Studies* 3.3 (1997), S. 132–155; Omer-Sherman, *Diaspora and Zionism*, bes. S. 233 f; DeKoven Ezrahi, *Booking Passage*, S. 225 ff.

Für Ziad steht Pipiks Projekt im Einklang mit Philip Roths schriftstellerischen Arbeiten:

> Old friend, we need you, we all need you, the occupiers as much as the occupied need your Diaspora boldness and your Diaspora brains. You are not in bondage to this conflict, you are not helpless in the grip of this thing. You come with a vision, a fresh and brillant vision to resolve it – not a lunatic utopian Palestinian dream or a terrible Zionist final solution but a profoundly conceived historical arrangement that is workable, that is *just*. (137)

Ziad nimmt Roth mit nach Ramallah, um ihm die Gewalt der israelischen Besatzung vorzuführen, und will ihn als prominenten Unterstützer für die Sache der PLO gewinnen. Ziads leidenschaftliche Anklagen Israels erhalten breiten Raum im Text; der Ich-Erzähler widerspricht Ziad nicht, wohl aber markiert er in zahlreichen Kommentaren seine Distanz:

> As we drove, embittered analysis streamed forth unabated, of Jewish history, Jewish mythology, Jewish psychosis and sociology, each sentence delivered with an alarming air of intellectual wantonness, the whole a pungent ideological mulch of overstatement and lucidity, of insight and stupidity, of precise historical data and willful historical ignorance, a loose array of observations as disjointed as it was coherent and as shallow as anyone's, was now as much a menace to him as the anger and the loathing that, by 1988, after twenty years of occupation and forty years of the Jewish state, had corroded everything moderate in him, everything practical, realistic and to the point. (129)

›Roth‹ studiert Ziad „with the coldhearted fascination and intense excitement of a well-placed spy" (129) und faßt dessen Perspektive auf die jüdische Geschichte des 20. Jahrhunderts für die Leser zusammen. Sowohl die amerikanischen Juden wie auch die Israelis haben demnach die Erinnerung an den Holocaust aus Schuldgefühlen zunächst unterdrückt; Ziad führt Roths Erstlingswerk *Goodbye Columbus* als Beispiel für den ‚Triumph des Untragischen' (131) im amerikanischen jüdischen Leben der 1950er Jahre an. Danach aber habe Israel den Holocaust instrumentalisiert, um seine Expansionspolitik der Weltöffentlichkeit als historische Gerechtigkeit für die Opfer des Genozids präsentieren zu können. Der Text alterniert zwischen einem Resümee des Ich-Erzählers und Ziads direkter Rede; die folgende Passage ist ohne Anführungszeichen gesetzt, so dass Ziads Stimme und die des Ich-Erzählers sich an dieser Stelle überlappen, aber sie enthält auch ein Gegenargument gegen Ziads These. Denn die lange Liste der Todeslager am Ende der Passage führt Ziads Argument in eine ganz

Diasporische Doppelgänger: Philip Roths Operation Shylock

andere Richtung weiter; sie beschwört die Schreckensbilder des Völkermords und macht damit deutlich, dass Ziad den Holocaust seinerseits für politische Zwecke instrumentalisiert:

> This is the public-relations campaign cunningly devised by the terrorist Begin: to establish Israeli military expansionism as historically just by joining it to the memory of Jewish victimization: to rationalize – as historical justice, as just retribution, as nothing more than self-defense – the gobbling up of the Occupied Territories and the driving of the Palestinians off their land once again. What justifies seizing every opportunity to extend Israel's boundaries? Auschwitz. What justifies bombing Beirut civilians? Auschwitz. What justifies smashing the bones of Palestinian children and blowing off the limbs of Arab mayors? Auschwitz. Dachau. Buchenwald. Belsen. Treblinka. Sobibor. Belsec. (132 f.)[35]

In Ramallah besucht ›Roth‹ mit Ziad eine Gerichtsverhandlung, wo minderjährige Aktivisten der Intifada einem israelischen Militärgericht vorgeführt werden. Dass es sich um ein Gericht handelt, das nach jüdischen Gesetzen Recht spricht und in dem nicht Juden vor Gericht stehen, stellt eine erste, nicht markierte textuelle Anspielung auf Shakespeares Drama dar; für ›Roth‹ als Zuschauer ist das Gerichtsverfahren Anlass zu einem Kommentar, in dem sich Genugtuung und Selbstironie die Waage halten:

> My second Jewish courtroom in two days. Jewish judges. Jewish laws. Jewish flags. And non-Jewish defendants. Courtrooms such as Jews had envisioned in their fantasies for many hundreds of years, answering longings even more unimaginable than those for an army or a state. One day *we* will determine justice!
> Well, that day had arrived, amazingly enough, and here we were, determining it. The unidealized realization of another hope-filled dream. (140 f.)

›Roth‹ findet sich zwischen den politischen Fronten; er protestiert gegen den Vergleich, den ein palästinensischer Gesprächspartner zwischen Israel und dem Dritten Reich zieht, sieht sich aber prompt vom Richter missverstanden, der den Schriftsteller erkennt und in der sichtlichen Erregung ›Roths‹ eine antikolonialistische Affektreaktion vermutet. Wie in den meisten seiner Begegnungen mit anderen wird ›Roth‹ auch hier missverstanden und für seinen Doppelgänger gehalten. In der anschließenden Unterhaltung mit Ziad und dem israelischen Verteidiger des Angeklagten begreift ›Roth‹, dass auch seine Gesprächspart-

---
[35] Vgl. die Kontextualisierung dieser Kritik im Diskurs der amerikanischen jüdischen Linken bei Andrew Furman, *Israel Through the Jewish-American Imagination,* Albany: State University of New York 1997, S. 146 f.

ner sich möglicherweise verstellen: Ziad könnte insgeheim ein Informant der Israelis sein (was seine Ausfälle gegen Israel zu einem Test von Roths politischen Sympathien machte), und der Anwalt ein israelischer Geheimagent. Das Thema einer falschen oder zerrissenen Identität bzw. der Übernahme des Bildes, das sich andere machen, weitet sich zum Tableau tödlicher nahöstlicher Verwirrspiele und Verstrickungen, angesichts dessen die ironische Inszenierung auktorialer Selbstspaltungen als bloße Spiegelfechtereien erscheinen.

> Where everything is words, you'd think I'd have some mastery and know my way around, but all this churning hatred, each man a verbal firing squad, immeasurable suspicions, a flood of mocking, angry talk, all of life a vicious debate, conversations in which there is nothing that cannot be said [...]. Here I had only the weakest understanding of what might underlie the fighting and the shadow fighting; nor was my own behavior much more plausible to me than anyone else's. (149 f.)

Aus dem Verdacht heraus, von Ziad belogen und benutzt zu werden, übernimmt ›Roth‹ nun die diasporistische Position Pipiks explizit und steigert sie ins Groteske: »If this is the way George wants to play it, then this is the way we shall go. I am not writing this thing. They are. I don't even exist.« (155) In seiner Rolle als Pipik geht ›Roth‹ nicht nur auf Ziads Vorschlag ein, sich mit Vertretern der PLO zu treffen, sondern verlangt ein persönliches Treffen mit Arafat und behauptet, mit Lech Walesa in engem Kontakt zu stehen, um die Unterstützung des polnischen Papstes für sein Umsiedlungsprojekt zu gewinnen und auf diese Weise dazu beizutragen, den arabisch-israelischen Konflikt zu lösen (156).[36]

Der zweite Anlass für die Übernahme einer diasporistischen Haltung durch ›Roth‹ ist weniger histrionisch geprägt. Auf der nächtlichen Rückfahrt von Ramallah nach Jerusalem wird er von einer Einheit der israelischen Armee aufgegriffen. Der kommandierende Offizier Gal Metzler, der Sohn eines Holocaust-Überlebenden, stellt sich jedoch als begeisterter Leser Roths heraus, befreit ›Roth‹ und gesteht ihm auf der Rückfahrt nach Jerusalem seinen langgehegten Traum, die moralische Last der Besatzung abzuschütteln und an der NYU Filmwissenschaft zu studieren. ›Roth‹ reagiert auf diese Fluchtphantasie mit

---

[36] Am nächsten Tag erklärt sich ›Roth‹ gegenüber Ziad und entschuldigt sich für seine diasporistische Maskerade. Ziad antwortet: »You are still who you were. Always on stage. You're an actor, an amusing actor performing endlessly for the admiration of his friends. You're a satirist, always looking for the laugh, and how can a satirist be expected to suppress himself with a raving, ranting, slobbering Arab?« (283).

Diasporische Doppelgänger: Philip Roths Operation Shylock

Sympathie und der Definition seines ›Diasporism‹, die nicht auf Pipiks Repatriierungsprojekt referiert, sondern das Konzept im Sinne einer »de-Israelization of the Jews« (171) interpretiert:

> [A Diasporist] is a Jew for whom *authenticity* as a Jew means living in the diaspora, for whom the Diaspora is the normal condition and Zionism the abnormality – a Diasporist is a Jew who believes that the only Jews who matter are the Jews of the Diaspora, that the only Jews who will survive are the Jews of the Diaspora, that the only Jews who are Jews are the Jews of the Diaspora – (171).

Die sich überstürzenden elliptischen und zunehmend tautologischen Sätze legen nahe, dass es sich hier erneut um eine Selbstparodie handelt, auch wenn sie diesmal auf der Hilflosigkeit des amerikanischen Juden angesichts des historischen Konflikts um den Staat Israel gründen mag. Denn in seinem an die Leser gerichteten Kommentar bezeichnet der Ich-Erzähler sein Verhalten erneut als »playing-at-Pipik« und stellt damit eine Verbindung zu dem Auftritt her, den er wenige Stunden zuvor im Gespräch mit Ziad abgeliefert hatte. In der Konfrontation mit Ziad und Gal gewinnt ›Roths‹ diasporische Identität mithin ein psychologisches Profil: gewährt die amerikanische Diaspora »poetic license«[37] zur Selbstfindung, so erscheint dies vor dem Hintergrund der Vernichtung des europäischen Juden und des israelisch-palästinensischen Konflikts als Flucht aus der jüdischen Geschichte.

V.

Operation Shylock endet nicht mit ›Roths‹ Sieg über Pipik, und auch nicht mit den beiden verwandten Gesten der Manie und der Melancholie, mit denen ›Roth‹ seine Ohnmacht gegenüber den Verwerfungen der Realpolitik bekennt. Statt dessen wird die gesamte Textkonstruktion noch einmal radikal verändert, und das Thema der falschen Identität und der Doppelgängerei ein weiteres Mal variiert: ›Roth‹ wird vom israelischen Geheimdienst entführt. Die Konfrontation mit Pipik, seine Begegnungen mit George und mit Gal – alle diese Ereignisse waren (möglicherweise) vom Mossad gesteuert, um entweder ›Roths‹ Reputation als Repräsentant der amerikanischen jüdischen Diaspora zu diskreditieren oder aber sich ›Roths‹ Loyalität mit Israel zunutze zu machen, um ihn dazu zu bewegen, an dem von Ziad vorgeschlagenen Treffen mit Vertretern der

---

[37] DeKoven Ezrahi, *Booking Passage*, S. 225.

PLO in Athen teilzunehmen, um jüdische Unterstützer der PLO auszuspionieren. Der Codename des Spionageauftrags lautet *Operation Shylock*. Hatte sich ›Roth‹ bis zu diesem Zeitpunkt als Autor dargestellt, der gegen einen grotesken Hochstapler vorgeht und sich dabei immer wieder aufs Neue als der andere seiner selbst angesprochen findet, so muss er nun die Existenz eines Skripts zur Kenntnis nehmen, das er in seinen Selbstdramatisierungen ohne sein Wissen zur Aufführung brachte, und entscheiden, ob er die für ihn in diesem Skript vorgesehene Rolle bewusst ausfüllen will – was darauf hinausläuft, sich zwischen der ästhetischen Identität des Schriftstellers und der ethischen Identität als Jude zu entscheiden. Der bis dahin dominierende satirische Ton wird zurückgenommen, und der Wegfall Pipiks als Kontrastfigur lässt den Ich-Erzähler mit einem autobiographischen Ich verschmelzen. Wie sich zeigt, ist das Skript überaus komplex: es beruht auf einer Verdichtung jüdischer Geschichte.

›Roth‹ wird vom Mossad in einem Klassenzimmer festgesetzt und verhört. An der Tafel stehen neun Wörter – in hebräischer Schrift, die ›Roth‹ nicht lesen kann:

> Four decades after those three years of afternoon class at the Hebrew school, I could no longer even identify the letters of the alphabet. [...] Hebrew school wasn't school at all but a part of the deal that our parents had cut with *their* parents, the sop to pacify the older generation – who wanted the grandchildren to be Jews the way they were Jews, bound as they were to the old millennial ways – and, at the same time, the leash to restrain the breakaway young, who had it in their heads to be Jews in a way no one had ever dared to be a Jew in our three-thousand-year history: speaking and thinking American English, *only* American English, with all the apostasy that was bound to beget. [...] What could possibly come of those three or four hundred hours of the worst possible teaching in the worst possible atmosphere for learning? Why, everything – what came of it was *everything*! That cryptography whose signification I could no longer decode had marked me indelibly four decades ago; out of the inscrutable words written on this blackboard had evolved every English word I had ever written. (310 u. 312)

Zusammen mit einem Zitat Kierkegaards dienen die Wörter an der Tafel auch *Operation Shylock* insgesamt als Motto; auf der ersten Seite werden sie in hebräischer Schrift abgedruckt und mit einer Überstzung versehen: »So Jacob was left alone, and a man wrestled with him until daybreak« (Genesis 32:24). Wenn es ein biblisches Erbe in ›Roths‹ Schreiben gibt, dann ist es eine Identifikation mit Israel, dem Namen, den Jakob von seinem nächtlichen Gegner erhält und an alle seine Nachkommen weitergibt.

In der anschließenden Konfrontation mit Smilesburger,[38] einem Abgesandten des israelischen Geheimdienstes, dem ›Roth‹ zuvor in einer anderen Identität begegnet war (als einem Holocaust-Überlebendem, der Pipiks Projekt finanziell unterstützt) wird die diasporische Existenz Roths als Flucht aus der Verantwortung charakterisiert:

›Go‹, said Smilesburger. ›Go to Appelfeld. Go to New York. Go to Ramallah. Go to the American Embassy. You are free to indulge your virtue freely. Go to wherever you feel most blissfully unblamable. That is the delightful luxury of the utterly transformed American Jew. Enjoy it. You are the marvelous, unlikely, most magnificent phenomenon, the truly liberated Jew. The Jew who is not accountable. The Jew who finds the world perfectly to his liking. The *comfortable* Jew. The *happy* Jew. Go. Choose. Take. Have. You are the blessed Jew, condemned to nothing, least of all to our historical struggle.‹

›No‹, I said, ›not a hundred percent true. I am a happy Jew condemned to nothing who is condemned, however, from time to time to listen to superior Jewish windbags reveling in how they are condemned to everything.‹ (352)

Mit der anhaltenden Weigerung ›Roths‹, den Auftrag des Mossad anzunehmen, endet das Buch. In einem Epilog allerdings gibt der Ich-Erzähler dem Leser zu verstehen, dass das letzte Kapitel des Romans fehlt:

I have elected to delete my final chapter, twelve thousand words describing the people I convened with in Athens, the circumstances that brought us together [...]. Of this entire book, whose completed manuscript Smilesburger had asked to inspect, only the contents of chapter 11, ›Operation Shylock‹ were deemed by him to contain information too seriously detrimental to his agency's interests and to the Israeli government to be published in English, let alone in some fifteen other languages. (357)

Der Epilog führt aus, dass ›Roth‹ nach Beendigung seiner Mission auf die Vorhaltungen Smilesburgers, das letzte Kapitel des Buchs, das diese Mission zum Gegenstand haben sollte, zu unterdrücken, und dessen Drohungen, der Mossad werde im Falle einer Weigerung ›Roths‹ Reputation nachhaltig beschädigen, zunächst erneut strikt ablehnend reagiert hatte. In einem Selbstgespräch charakterisiert er Smilesburgers Forderung polemisch als Ansinnen, dem Mossad freiwillig ein Pfund Fleisch zu geben (393). Als Smilesburger ihm dann noch einen Koffer voll Geld überreicht, um seiner Forderung auf diese Weise

---

[38] Timothy L. Parrish charakterisiert Smilesburger als Tricksterfigur, der Pipiks Rolle als Roths alter ego übernimmt: »Imagining Jews in Philip Roth's Operation Shylock«, in: Harold Bloom (Hg.), *Bloom's Modern Critical Views on Philip Roth,* Philadelphia: Chelsea House 2003, S. 119–143, hier S. 137.

Nachdruck zu verleihen, hält ihm ›Roth‹ selbstironisch ein Zitat aus *The Merchant of Venice* entgegen:

> ›Three thousand ducats‹, I said to Smilesburger, repeating aloud for the first time since Athens the identifying code words that I'd been given to use by him before leaving on the mission purportedly for George. (395 f.)

Diese Zitate des *Merchant of Venice* überschreiben die Auseinandersetzung von ›Roth‹ und Smilesburger in eine verquere Doppelstruktur. Die Grundkonstellation von Shakespeares Drama, der Kampf des Juden um ein Menschenrecht auf Rache gegen den ihn systematisch ausgrenzenden christlichen Nationalstaat, wird auf den Konflikt zwischen dem amerikanischen jüdischen Schriftsteller, der beim Schreiben keine anderen Rücksichten als ästhetische nehmen will, und dem Repräsentanten des jüdischen Nationalstaates projiziert, der aus Gründen der Staatsräson von ›Roth‹ die Selbstzensur verlangt. Smilesburger wird von ›Roth‹ als Shylock tituliert, der auf seiner Forderung von einem Pfund Fleisch beharrt, wenn er von ›Roth‹ verlangt, seine Integrität als Autor zu beschädigen. Geriert sich ›Roth‹ derart als Antonio, der den Ränken Shylocks zum Opfer fällt, so hatte ›Roth‹ doch aber auch selbst Shylocks »three thousand ducats« während seiner Mission als »identifying code« benutzt; auch ›Roth‹ ist die Rolle Shylocks keineswegs fremd. Die Auseinandersetzung zwischen ›Roth‹ und Smilesburger stellt sich dann als eine zwischen Shylock und Shylock dar – aber eben zugleich auch als eine zwischen Antonio und Antonio, denn nicht nur ›Roth‹ begreift sich in dieser Rolle, sondern auch Smilesburger hat sie inne – insofern er einen Staat vertritt, der die Palästinenser als *homines sacri* behandelt. Die intertextuelle Verbindung von *Operation Shylock* zu Shakespeares Drama wiederholt die Figuren- und Machtkonstellation des *Merchant of Venice* und legt dabei eine strukturelle Parallele hinsichtlich des Ausnahmerechts frei. Denn Smilesburger, der Vertreter der Staatsräson, erklärt unumwunden:

> What we have done to the Palestinians is wicked. We have displaced them and we have oppressed them. We have expelled them, beaten them, tortured them, and murdered them. The Jewish state, from the day of its inception, has been dedicated to eliminating a Palestinian presence in historical Palestine and expropriating a land of an indigenous people. The Palestinians have been driven out, dispersed, and conquered by the Jews. To make a Jewish state we have betrayed our history – we have done unto the Palestinians what the Christians have done to us: systematically transformed them into the despised and subjugated Other, thereby depriving them of their human status. (349 f.)

Diasporische Doppelgänger: Philip Roths Operation Shylock

Die Figur des Shylock war zuvor schon durch den Antiquar David Supposnik eingeführt worden, der wie Aharon Appelfeld den Holocaust in den ukrainischen Wäldern überlebt hat und wie Smilesburger als israelischer Agent tätig ist. Für Supposnik hat Shakespeare mit Shylock den Doppelgänger aller Juden geschaffen und im europäischen Imaginären verankert:

> For four hundred years now, Jewish people have lived in the shadow of this Shylock. In the modern world, the Jew has perpetually been on trial; still *today* the Jew is on trial, in the person of the Israeli – and this modern trial of the Jew, this trial which never ends, begins with the trial of Shylock. [...] I studied those three words – three thousand ducats – by which the savage, repellent, and villainous Jew, deformed by hatred and revenge, entered as our doppelgänger into the consciousness of the enlightened West. [...] [T]*his* is Europe's Jew, the Jew expelled in 1290 by the English, the Jew banished in 1492 by the Spanish, the Jew terrorized by Poles, butchered by Russians, incinerated by Germans, spurned by the British and the Americans while the furnaces roared at Treblinka. (274 f.)

Supposniks Argument ist strukturell mit Agambens identisch: wo immer sie leben, bilden die Juden eine verachtete Minderheit, denen seitens der Nationalstaaten die Bürgerrechte verweigert oder entzogen worden sind, um ihre Verfolgung, Vertreibung und Ermordung zu legalisieren. Das Gesetz bietet Juden keinen Schutz, sondern ist ein Instrument ihrer Vernichtung. Supposnik klagt den Text der Komplizenschaft an: für ihn ist *The Merchant of Venice* ein Stück, dessen Darstellung von Recht und Gesetz und dessen poetische Gerechtigkeit zutiefst antisemitischen Charakter hat. Shylock, eine Schöpfung des »greatest English writer of them all« (274) ist eine antisemitische Hassfigur; das Drama prophezeit »in the expulsion of the unregenerate Jew Shylock from the harmonious universe of the angelic Christian Portia, the Hitlerian dream of a *Judenrein* Europe« (276).

Nach dem Gespräch mit Supposnik kehrt ›Roth‹ in die historische Wirklichkeit zurück, nämlich in den Jerusalemer Gerichtssaal, in dem der Demjanjuk-Prozess stattfindet, und verfolgt das Kreuzverhör eines Zeugen, der Demjanjuk als Wächter in Treblinka identifiziert hat, seine Aussage jedoch nicht beweisen kann. Demjanjuk schleudert ihm laut lachend auf hebräisch die Worte »You're a liar« entgegen (301). Für ›Roth‹ verbinden sich Demjanjuks Worte und Shylocks »three thousand ducats« in einem »ragged overlay of words and pictures« (302): die historische Gerichtszene wird von Shakespeares fiktionaler Gerichtsszene überlagert, die gleichzeitig als Quelltext und Kommentar fungiert. Wenngleich Demjanjuks Identität und seine persönliche Verstrickung in den Holocaust unklar ist, demonstriert sein Verhalten gegenüber dem Zeugen doch einen abgründigen Antisemitismus. Demjanjuk bestätigt Supposniks Auffassung, so dass die Szene eine Erklärung für ›Roths‹ spätere Übernahme der Mission „Operation Shylock" darstellt.

The Merchant of Venice wird so in *Operation Shylock* in mehrfacher Hinsicht genutzt. Shakespeares Drama zeigt den rechtlichen Ausschluß des Anderen in einem Nationalstaat, aber es legitimiert ihn auch, indem es auf antisemitische Stereotype zurückgreift und sie in der Figur des mörderischen Juden verdichtet. Man kann die Darstellung des venezianischen Rechts als Folie für den Konflikt zwischen Israel und den Palästinensern nehmen, so wie Smilesburger es implizit tut. Doch diese Analogie generalisiert Shylock zur Figur des ausgeschlossenen Anderen und vergisst darüber die Geschichte des Antisemitismus, in die das Stück verstrickt ist und die im Holocaust endete. Während seines Aufenthalts bei den Palästinensern fällt ›Roth‹ ein einziges Mal aus der Rolle des »coldhearted spy«, nämlich als sein Gesprächspartner Israel mit Nazideutschland vergleicht:

> I had only to nod sympathetically, to nod and arrange my face in my gravest expression, in order to carry on the masquerade – but what was the *purpose* of this masquerade? If it had ever had a purpose, I was too provoked by my taunter's reckless rhetoric to remember what it was and get on with the act. I'd heard enough. "Look," I said, starting quiet and low, but surprisingly, as the words came, all at once flaring out of control, "Nazis didn't break hands. They engaged in industrial annihilation of human beings. They made a manufacturing process of death. Please, no metaphors where there is recorded history!" (142)

VI.

Wie oben ausgeführt, dient *The Merchant of Venice* ›Roth‹ aber auch noch in anderer Weise, nämlich als eine Folie der Diskussion schriftstellerischer Freiheit vor dem Hintergrund der Loyalität mit Israel. ›Roth‹ akzeptiert den Spionageauftrag und später auch die Unterdrückung der Darstellung dieses Unternehmens als eine Art ›textueller Beschneidung‹.[39] Die allegorische Bedeutung des ersten Ereignisses scheint offensichtlich: die Bereitschaft ›Roths‹, für Israel zu spionieren, zeigt die Loyalität des Autors Roth mit dem jüdischen Staat

---

[39] Vgl. Buddick, »Roth and Israel«, S. 75.

Diasporische Doppelgänger: Philip Roths Operation Shylock

an, eine Loyalität, die auf Roths Selbstverständnis als Jude beruht, der seine Verpflichtung gegenüber der jüdischen Geschichte als einer Geschichte antisemitischer Verfolgung anerkennt. Die Unterdrückung des 11. Kapitels wiederum formulierte dann aber entsprechend die Bereitschaft Philip Roths, sich der israelischen Zensur zu unterwerfen und damit seine frühere Haltung der Verteidigung schriftstellerischer Autonomie aufzugeben, die ›Roth‹ zuvor selbstkritisch resümiert hatte:

> Jews who found me guilty of the crime of ›informing‹ had been calling for me to be ›responsible‹ from the time I began publishing in my middle twenties, but my youthful scorn had been plentiful and so were my untested artistic convictions, and though not untrammeled by the assault as pretended, I had been able to hold my ground. I hadn't chosen to be a writer, I announced, only to be told by others what was permissible to write. The writer defined the permissible. *That* was his responsibility. Nothing need hide itself in fiction. And so on. (377)

Nicht nur das Bekenntnis der Selbstzensur, sondern auch das Bekenntnis eines ›informing‹ im Auftrag des Staates Israel werden in Frage gestellt, wenn auf den Epilog eine allerletzte Seite folgt und *Operation Shylock* mit dem konventionellen Kunstvorbehalt endet. Zugleich wird damit aber auch die Forderung Smilesburgers erfüllt, das Buch eine »subjectivist fable« (391) zu nennen und damit als Fiktion zu deklarieren, deren Referentialität von vorneherein suspendiert ist. *Operation Shylock* verweigert sich mithin einer eindeutigen Stellungnahme hinsichtlich der Loyalität ›Roths‹ gegenüber Israel und legt sie doch immerfort nahe.

Shakespeares Lösung des Konflikts im *Merchant of Venice* – vermittels der Figur der poetischen Gerechtigkeit *und* deren implizite Entlarvung als antisemitische Farce – hat in *Operation Shylock* ein Pendant in Pipiks diasporistischem Repatriierungsprojekt. Die beiden Gerichtsverhandlungen im Roman – gegen Demjanjuk, gegen die Palästinenser – werden zwar nur ausschnitthaft präsentiert, sie stehen jedoch für den historischen Zusammenhang der Gründung des jüdischen Nationalstaats als Antwort auf die Vernichtungspolitik der Nazis. Nach Pipiks und Ziads Vorstellung soll die Remigration der europäischen Juden Israels in ihre früheren europäischen Heimatländer die Historie ungeschehen machen und Juden und Palästinensern Gerechtigkeit widerfahren lassen. Ein solches Gedankenspiel der Neubegründung der jüdischen Kultur in Osteuropa hat sich aber immer schon selbst desavouiert, und nur als offen deklarierte Farce kann ›Roth‹ sich diese Phantasie im Gespräch mit Ziad zu eigen machen. An die Stelle einer Lösung poetischer Gerechtigkeit setzt *Operation Shylock* die kontroverse Darstellung der politischen Konflikte, ihrer historischen Dimensionen und ihrer moralischen Brechungen im Bewusstsein des Ich-Erzählers. Die den Text organisierende Figur ist ›Roths‹ Geständnis seines literarischen Doppellebens als ›Spion‹. Er verleiht nicht nur »the mob of Jews« (334) in seinem Inneren Sprache, sondern vermag mithilfe seiner Verstellungs- und Vorstellungs-Kunst auch die Rede und Gegenrede der Anderen vorstellbar zu machen.[40] *Daran* ändert der Widerruf des Geständnisses am Ende des Romans nichts:

> Note to the Reader
> This book is a work of fiction. The names, characters, places and incidents either are products of the author's imagination or are used fictiously. Any resemblance to actual events or locales or persons, living or dead, is entirely coincidental. This confession is false. (399)

---

[40] Zur Rezeption der »pro- and anti-Jewish attitudes« in *Operation Shylock* vgl. Barack Fishman, »Success in Circuit Lies«, S. 136.

MONIKA BETZLER

Sekundäre Amoralität.
Eine ethische Analyse von
Bernhard Schlinks Roman *Der Vorleser*

1. Unbeabsichtigte Immoralität

> Was die niedrigen Motive betraf, so war er sich ganz sicher, dass er nicht ›seinem inneren Schweinehunde‹ gefolgt war; und er besann sich ganz genau darauf, dass ihm nur eins ein schlechtes Gewissen bereitet hätte: wenn er den Befehlen nicht nachgekommen wäre und Millionen von Männern, Frauen und Kindern nicht mit unermüdlichem Eifer und peinlicher Sorgfalt in den Tod transportiert hätte. Mit diesen Versicherungen sich abzufinden war nicht ganz einfach. Immerhin war ein halbes Dutzend Psychiater zu dem Ergebnis gekommen, er sei ›normal‹ [...] Ja, es war noch nicht einmal ein Fall von wahnwitzigem Judenhass, von fanatischem Antisemitismus oder von besonderer ideologischer Verhetzung.[1]

Mit diesen Worten skizziert Hannah Arendt das ›schwerste moralische Problem‹ des Falles Eichmann anlässlich ihrer Analyse des Jerusalemer Prozessmaterials. Dieses von Arendt so benannte, aber nicht näher erklärte Problem scheint darin zu bestehen, dass Gräueltaten von unvorstellbarem Ausmaß, wie der Holocaust, von Menschen begangen wurden, die keine bösen Absichten haben. Auf diese Weise ist unsere traditionelle Erklärung unmoralischer Handlungen in Frage gestellt, die in der Regel auf die bösen Motive ihrer Täter rekurriert.

Dass die Vernichtung der Juden (oder anderer) vielfach von ganz ›gewöhnlichen‹ Menschen begangen wurde, wird durch zahlreiche Zeugnisse von Opfern und deren Angehörigen belegt. Auch historische, anthropologische sowie manche philosophischen Analysen unterstützen diese Diagnose. So bezeugt der Auschwitz-Überlebende Primo Levi, kein einziges Monster während seiner Zeit im Lager gesehen zu haben. Stattdessen sei er Menschen »wie Du und ich« be-

---

[1] Hannah Arendt, *Eichmann in Jerusalem. Ein Bericht von der Banalität des Bösen*. Übersetzt von Brigitte Granzow. Reinbek bei Hamburg: rororo 1978, S. 53 f. [*Eichmann in Jerusalem. A Report on the Banality of Evil*, London: Faber and Faber 1963].

gegnet.² Die Anthropologin Inga Clendinnen diagnostiziert, dass weder Judenhass noch andere ideologische Werte erklären können, warum ›gewöhnliche‹ Menschen zu Mördern wurden.³ Raul Hilbergs historische Studie *Die Vernichtung der europäischen Juden* kommt zu dem Ergebnis: »Der deutsche Täter war kein besonderer Deutscher«. Vielmehr, so Hilberg, stellten die Täter »einen bemerkenswerten Querschnitt der deutschen Bevölkerung dar«, der sich in der »moralischen Gesinnung« nicht vom Rest der Bevölkerung unterschied.⁴ Die jüdische Philosophin Susan Neiman betont, dass die Nazis auf jeder Ebene »mehr Böses mit weniger Bösartigkeit [erzeugten], als die Zivilisation es je gesehen hatte«⁵, und der jüdische, aus einer Überlebenden-Familie stammende Philosoph Raimond Gaita macht darauf aufmerksam, dass die Kategorie des Bösen derartige Gräueltaten nicht als Motiv erklären kann: die Täter begingen derartigen Horror in der Regel nicht, weil sie böse Motive hatten.⁶

Diese Zeugnisse und Belege sind freilich so wenig umfassend wie eindeutig; doch auch wenn sie die These, dass Gräueltaten – wie der Holocaust – unzureichend durch die Bösartigkeit der Täter erklärbar sind, nicht beweisen können, lassen sie diese Einschätzung immerhin plausibel genug erscheinen, um sie als Ausgangspunkt der folgenden Überlegungen anzunehmen. Dazu sind vorab weitere Präzisierungen erforderlich: Zum einen möchte ich nicht behaupten, dass eine erschöpfende Erklärung des Holocaust – den ich hier als beispielhaft für kollektiv hervorgebrachte Gräueltaten betrachte – nicht auch auf Täter und Täterinnen rekurrieren muss, die böse Motive besitzen. An dieser Stelle kann ich nur betonen, dass die Nazi-Verbrechen auch maßgeblich von sadistischen

---

² Primo Levi, »Interview with Primo Levi« [1979], in: Ders., *The Voice of Memory. Interviews 1961–1987*, New York: The New Press 2001, S. 268. Siehe auch Adam Morton, *On Evil*, London: Routledge 2004, S. 2.
³ Inga Clendinnen, *Reading the Holocaust*, Cambridge: Cambridge University Press 1999, S. 111.
⁴ Raul Hilberg, *Die Vernichtung der europäischen Juden. Die Gesamtgeschichte des Holocaust*. Übersetzt von Christian Seeger. Frankfurt a. M.: Fischer 1990, S. 1062, 1080. [*The Destruction of the European Jews*, Chicago: Quadrangle Books 1961].
⁵ Susan Neiman, *Das Böse denken. Eine andere Geschichte der Philosophie*. Übersetzt von Christiana Goldmann. Frankfurt a. M.: Suhrkamp 2004, S. 396. [*Evil in Modern Thought: An Alternative History of Philosophy*, Princeton: Princeton University Press 2002]. Vgl. auch Susan Neiman, »Das Banale verstehen«, in: Detlef Horster (Hg.), *Das Böse neu denken. Hannah-Arendt-Lectures und Hanna-Arendt-Tage 2005*, Weilerswist: Velbrück, S. 47.
⁶ Raimond Gaita, *A Common Humanity. Thinking about Love and Truth and Justice*, London und New York: Routledge 2000, S. 45 f.

Sekundäre Amoralität

und moralisch pervertierten Personen begangen wurden, und ohne deren Täterschaft nicht erklärbar sind.[7]

Zum andern geht es mir im Folgenden ohnehin nicht um eine hinreichende Erklärung eines so komplexen und in vielerlei Hinsicht unbeschreiblichen Grauens, wie es der Holocaust darstellt. Mein Anspruch ist weitaus bescheidener. Ich möchte lediglich zeigen, aus welchen motivierenden Gründen ganz ›gewöhnliche‹ Personen zu Gräueltaten beitragen. Um meinen Anspruch einzulösen, setze ich zum einen voraus, dass es zur Erklärung von kollektiven Handlungen dieser Art notwendig ist, dass viele, ja die meisten der daran beteiligten Akteure über keine entsprechenden bösen Motive verfügen. Zum andern gestehe ich zu, dass es nicht hinreichend ist, kollektive Schreckenshandlungen auf diese Weise zu analysieren. Vielmehr ist der Beitrag jener, die aus Motiven wie Hass und ideologischen Überzeugungen sowie nach unmoralischen bzw. pervertierten Werten oder Prinzipien handeln, zum Verständnis kollektiver Gräueltaten unabdingbar. Im Folgenden wird es mir jedoch nur um die Erklärung von Gräueltaten gehen, sofern sie von Personen mitverursacht werden, denen keine solchen Motive zugeschrieben werden können. Es geht um die Bürokraten, Mitläufer und Mittäter, denen selbst böse oder pervertierte Motive fehlen, die gleichwohl aber ihren Beitrag zur Realisierung grauenvoller Ziele geleistet haben. Diesen Beitrag näher zu untersuchen ist deshalb aufschlussreich, um einsichtig zu machen, wie es zu solchen kollektiv begangenen Gräueltaten überhaupt kommen kann. Darüberhinaus hilft eine solche Analyse, besser zu verstehen, in welch verschiedenen Weisen Personen unmoralisch sein können.

Bevor ich mich diesem Anliegen im Einzelnen zuwende, soll zuvor noch präziser gefasst werden, wie böse Motive genauer charakterisierbar sind. Dies kann helfen, die These zu profilieren, dass diejenigen, die ich im Folgenden ›Mittäter‹ nenne, ganz ›gewöhnliche‹ Menschen sind, denen solche Motive fehlen. Es lassen sich zwei Arten böser Motive unterscheiden.

1. Eine Person kann zum einen in einem pervertierten Sinne böse sein. In diesem Fall besitzt sie die Absicht, Schlechtes bzw. Unmoralisches zu tun.

---

[7] Bernhard Schlink hat in persönlicher Korrespondenz und nach Lektüre dieses Beitrags zu Recht betont, dass es einen »überproportionalen Anteil von Intellektuellen unter den Mitgliedern der Einsatzgruppen« gab. Diesen Personen mangelte es nicht an rationalen Fähigkeiten und es liegt nahe anzunehmen, dass sie – um ihr Verhalten überhaupt plausibel zu machen – häufig böse Motive für ihr Tun hatten.

Dieses Motiv ist pervertiert, da die Person die Tatsache, dass ihre Handlung schlecht oder falsch ist, als ein Kriterium ihrer Güte und damit als Grund für die Handlung betrachtet. Sie fällt somit ein falsches Urteil, da sie das Böse für das Gute hält. Im Kontext des Holocaust würde dies z. B. bedeuten, dass eine Person beabsichtigt, die Juden zu vernichten, weil sie eine solche grauenvolle Tat als gut oder richtig beurteilt. Es gibt wiederum zwei Versionen dieser pervertiert bösen Motive. Die Person kann in einem phänomenalen Sinne das Schlechte positiv werten. In einem solchen Fall ist sie sadistisch: sie empfindet subjektiv Freude, wenn sie einer anderen Person Leid zufügt und handelt aus diesem Grund.[8] Das Schlechte kann jedoch auch mit Verweis auf ideologische Anschauungen positiv beurteilt werden, etwa der Art ›Es ist gut, Nicht-Arier auszumerzen, da sie die arische Rasse bedrohen‹.

2. Eine Person kann zum andern »aus Neigung böse«[9] sein. In diesem Fall misst sie einem nicht-moralischen Ziel – wie z. B. großen Gewinn zu machen – einen ungerechtfertigt höheren Wert bei, obwohl sie (im Gegensatz zur pervertiert bösen Person) weiss, dass sie dadurch gewichtige moralische Forderungen vernachlässigt. Dies lässt sich auch so beschreiben, dass sie zur Realisierung eines ihrer prudentiellen Ziele ein nicht zu rechtfertigendes unmoralisches Mittel wählt oder unmoralische Nebenfolgen billigend in Kauf nimmt. Ein aus Neigung böser Nazi würde z. B. einen Juden verraten oder gar umbringen – wohlwissend, dass dies moralisch falsch, ja böse ist – um sich an seinem Vermögen zu bereichern. Zur Realisierung seines Ziels ist er bereit, grob unmoralische Mittel zu wählen.[10]

Die sogenannten ›gewöhnlichen‹ Menschen, ohne deren Beteiligung der Holocaust nicht möglich gewesen wäre, sind jedoch häufig weder pervertiert noch aus Neigung böse. Zugleich unterscheidet sich ihr Tun insofern von ›herkömmlichem‹ moralischen Fehlverhalten, wie etwa Lügen, dem Bruch von Versprechen, oder der punktuellen Bevorzugung eigener Interessen gegenüber den be-

---

[8] Diese Auffassung des Bösen vertritt Hillel Steiner, »Calibrating Evil«, in: *The Monist* 85 (2002), S. 183–193.

[9] Diesen Begriff (»preferential wickedness«) verwendet Ronald D. Milo, *Immorality*, Princeton: Princeton University Press 1984, S. 218.

[10] Eine aus Neigung böse Person weiß, dass sie falsch handelt, besitzt jedoch kein Interesse, moralisch zu sein.

Sekundäre Amoralität

rechtigten Ansprüchen ihrer Mitmenschen, als sie anderen direkt oder indirekt große Qualen zufügen. Ihre Taten sind daher besonders schockierend.

Es stellt sich daher die Frage, wie sich ihr Tun moralpsychologisch genauer erklären lässt. Aus welchen Gründen handeln sie? Was genau ist der Gehalt der partizipatorischen Absicht, mit der die ›gewöhnlichen‹ Mittäter zum kollektiven Ziel der Judenvernichtung beitragen? Um einerseits die Tatsache zu berücksichtigen, dass der Beitrag zum Holocaust und dem damit verbundenen Horror nicht auf einer Skala mit anderen unmoralischen Handlungen anzusiedeln ist, und um andererseits anzuerkennen, dass die Mittäter weder pervers böse noch böse aus Neigung sind oder waren, haben manche Philosophinnen und Philosophen versucht, die Kategorie des Bösen auszuweiten.[11] Auf diese Weise sollen auch Handlungen als böse klassifiziert werden können, die nicht auf die bösen Motive ihrer Täter rückführbar sind.

Eine Handlung kann demnach als böse betrachtet werden, wenn sie die folgenden Eigenschaften aufweist: (i) Sie ruft bei Beobachtern physisch verankerte Reaktionen, wie Ekel, Übelkeit, Schrecken und Abscheu hervor; (ii) sie lässt sich scheinbar nicht mehr durch Gründe erklären und sie wirkt daher unverständlich; (iii) sie lässt sich über ihre Folgen bzw. über ihr Ziel individuieren: sie fügt anderen großes physisches und/oder psychisches Leid zu; (iv) diese Folgen werden auf bestimmte Weise hervorgebracht bzw. die diese Folgen hervorbringende Handlung lässt sich auf eine bestimmte Weise beschreiben: sie drückt eine dehumanisierende Haltung der Missachtung gegenüber den betroffenen Personen aus, indem deren basale Ansprüche auf Vermeidung von Schmerz sowie auf Erhaltung ihrer physischen, psychischen und sozialen Integrität verletzt werden. Es handelt sich hierbei um eine besondere Verletzung

---

[11] Siehe u. a. Paul Formosa, »A Conception of Evil«, in: *The Journal of Value Inquiry* 42 (2008), S. 217–239, S. 220, der verschiedene »Quellen des Bösen« anerkennen will und daher für eine Kombinationstheorie des Bösen plädiert. Böse Motive sind ihm zufolge nicht notwendig, um böse Handlungen zu individuieren. Vgl. Luke Russell, »Evil-Revivalism Versus Evil-Skepticism«, in: *The Journal of Value Inquiry* 40 (2006), S. 104, der für eine »psychologisch reichhaltige Konzeption des Bösen« plädiert. Siehe auch Luke Russell, »Is Evil Action Qualitatively Distinct From Ordinary Wrongdoing?« in: *Australasian Journal of Philosophy* 85 (2007), S. 675 f.; sowie Luke Russell, »Evil, Monsters and Dualism«, in: *Ethical Theory and Moral Practice* 13 (2010), S. 53 f. Vgl. Claudia Card, *The Atrocity Paradigm. A Theory of Evil*, Oxford: Oxford University Press 2002, S. 14, die auf Motive zur Erklärung des Bösen verzichten will und auf die Natur des zugefügten Leids rekurriert. Hinzu kommt jedoch, dass ihrer Meinung nach dem Täter/der Täterin Schuldfähigkeit zugeschrieben werden muss.

ihrer Würde. Dies geht damit einher, dass die Täter ihre Opfer nicht als freie Personen mit gleichen Rechten betrachten.[12]

Doch selbst wenn Handlungen auch ohne Rekurs auf entsprechende Motive als böse klassifiziert werden können, bleibt meines Erachtens immer noch zu klären, worin die spezifische Bosheit der ›gewöhnlichen‹ Mittäter an Gräueltaten besteht. Ihnen böse Absichten abzusprechen und ihr Tun nahezu ausschließlich über andere Eigenschaften ihrer Handlungen – wie die gravierenden Folgen und die Reaktionen anderer zu individuieren – genügt nicht, um die Gründe dieser Mittäter verständlich zu machen. Ohne Rekurs auf ihre motivierenden Gründe kann jedoch nicht erklärt werden, worin genau ihr gravierendes moralisches Fehlverhalten besteht. Auch wenn ihr Tun häufig unverständlich erscheinen mag, so heißt dies nicht, dass keine sie motivierenden Gründe ausfindig zu machen sind. Diese sind nur nicht in den unmittelbaren, eine Handlung verursachenden bösen Absichten zu lokalisieren. Dass ihr Tun jedoch absichtlich ist, insofern es aus Gründen geschieht, zeigt sich nicht zuletzt daran, dass sie sich weder unfreiwillig noch aus bloßem Zwang beteiligen. Ihr Tun ist ihnen ferner zuschreibbar und sie müssen sich auch ohne böse Absichten für ihre Taten verantworten.

Um die distinkte, ›unbeabsichtigte‹ Immoralität von absichtlicher Mittäterschaft an Gräueltaten besser zu verstehen, werde ich folgendermaßen vorgehen. Ich werde den Roman *Der Vorleser* von Bernhard Schlink, insbesondere die Figur der Lageraufseherin Hanna, analysieren. Die in ihrer moralpsychologischen Verfassung präsentierte Figur eignet sich meines Erachtens besonders gut, die Gründe aufzuspüren, die eine Person veranlassen, unbeabsichtigt (und insofern nicht aus bösen Motiven), aber absichtlich, unmoralische Handlungen zu begehen. Inwiefern ist das Verhalten einer Person, wie Hanna, in besonderer Weise unmoralisch? Aus welchen Gründen handelt sie? Und welchen moralischen Defekt hat sie genau? Betrachten wir zunächst den Handlungsgang.

---

[12] Für einen ähnlichen Definitionsversuch siehe Morton, *On Evil*, S. 13 f.

Sekundäre Amoralität

2. *Der Vorleser*: Moral und Unmoral

Das zentrale Thema von Schlinks 1995 erschienenen, in 39 Sprachen übersetzten und mit zahlreichen Preisen ausgezeichneten Roman *Der Vorleser*[13] ist die Nazi-Vergangenheit der ehemaligen Lageraufseherin Hanna, die aus der Perspektive ihres ehemaligen, weit jüngeren Geliebten erzählt wird.

Der erste Teil dreht sich um die Liebesgeschichte zwischen dem 15-jährigen Gymnasiasten Michael und der über 20 Jahre älteren Straßenbahnschaffnerin Hanna. Eines Tages ist Hanna aus (zu diesem Zeitpunkt) unerklärlichen Gründen verschwunden.

Der zweite Teil des Romans setzt sieben Jahre später ein. Inzwischen studiert Michael Jura und besucht mit einem Seminar einen Kriegsverbrecherprozess. Im Gerichtssaal erkennt er in einer der Angeklagten Hanna wieder, die sich nun als ehemalige Lageraufseherin zu verantworten hat. Im Laufe der Verhöre entdeckt Michael, dass Hanna Analphabetin ist. Weil Hanna vor Gericht verheimlichen will, dass sie weder lesen noch schreiben kann, gibt sie fälschlicherweise zu, einen in den SS-Akten befindlichen Bericht geschrieben zu haben. Aus diesem Bericht geht hervor, dass Hanna eine von ihr und ihren Kolleginnen zu beaufsichtigende größere Gruppe jüdischer Frauen gegen Kriegsende während des Marsches gegen Westen in eine Kirche gesperrt hat. Als die Kirche von einer Bombe getroffen zu brennen begann, wurden die jüdichen Frauen nicht aus den Flammen gerettet. Aufgrund der ihr fälschlicherweise zuerkannten Hauptverantwortung sowie aufgrund ihrer Mitwirkung an Selektionen wird Hanna zu lebenslanger Haft verurteilt.

Zu Beginn des dritten Teils erfahren wir, dass Michael Rechtshistoriker geworden ist und sich nicht von seiner Liebe zu Hanna befreien konnte. Als Hannas Entlassung bevorsteht, kommt es zu einer letzten Begegnung zwischen Michael und Hanna. Es wird nun deutlich, dass Hanna während ihrer Gefangenschaft nicht nur lesen und schreiben gelernt, sondern sich auch intensiv mit der NS-Vergangenheit auseinandergesetzt hat. Als er sie am Tag ihrer Entlassung abholen will, wird sie erhängt in ihrer Zelle gefunden.

Der Roman exemplifiziert Moral und Unmoral in mehrfacher Hinsicht. Zum einen betrifft dies den formalen Aufbau: Im ersten Teil wird Hanna als Figur

---

[13] Siehe Bernhard Schlink, *Der Vorleser*, Zürich: Diogenes 1995. Im Folgenden werden Zitate und andere Textverweise im laufenden Text in Klammern mit Abkürzung ›VL‹ angegeben. Die Kenntnis des Romans muss in den folgenden Ausführungen vorausgesetzt werden.

eingeführt, die Fürsorge für den 15-jährigen Michael zeigt und ihm dann als Geliebte begegnet. Sie verfügt über sekundäre Tugenden, wie besondere Sauberkeit, Disziplin und Fleiß (wozu sie Michael anhält). Sie wird als verletzbar (sie fühlt sich bisweilen von Michael nicht genügend geachtet und straft ihn mit kühler Distanz) und mitunter kindlich (so wie sie die von Michael vorgelesenen Klassiker kommentiert) dargestellt. Die Leserin generiert Erwartungen an das Verhalten und den Charakter der Figur[14], der sich im zweiten Teil infolge dieser Erwartungshaltung umso überraschender als gravierend unmoralisch entpuppt.

Zum zweiten kreist der Roman inhaltlich um die Themen Schuld und moralisches Fehlverhalten, Verantwortung und Scham von Tätern und Nachgeborenen. Ob und inwiefern Täter oder Nachgeborene unmoralisch und daher schuldig sind, wird zum einen auf der interpersonellen Ebene (Michaels Schuld am Verrat an Hanna), zum andern auf der Ebene zwischen den Generationen (Michael in seiner Beziehung zum kühl, aber moralisch urteilenden Vater; Hannas Schuld gegenüber Michael, den sie benutzt); sowie unmittelbar zwischen Tätern und Opfern (Hannas Schuld an dem Leid der jüdischen Frauen; Hannas Scham aufgrund ihres Analphabetismus) verhandelt.

Zum dritten wird im Medium der Literatur ethisch gewertet. Die Täterin Hanna wird nicht dämonisiert, sondern als ›gewöhnlicher‹ Mensch charakterisiert, die schließlich im Gefängnis dazu gelangt, ihre Taten einzusehen und zu bereuen.[15] Zum vierten spiegeln sich die Themen der Moral und Unmoral in der Frage nach der Rechtmäßigkeit der Verarbeitung. Dies betrifft insbesondere die Debatte, ob Schlink die Nazi-Greuel auf diese Weise exkulpiert.[16]

Im Rahmen dieses Beitrags richtet sich mein Interesse vornehmlich darauf, die spezifische Immoralität der Mittäterin Hanna, und somit einen bestimmten Gehalt des Romans, zu analysieren. Es geht mir also weder um eine literaturwissenschaftliche Interpretation noch um eine umfassende Analyse des

---

[14] Susanne Kaul, *Poetik der Gerechtigkeit. Shakespeare – Kleist*, München: Fink 2008, S. 259, spricht von der »moralischen Entlastung« Hannas im ersten Teil.
[15] Vgl. Klaus Lüderssen, »Die Wahrheit des *Vorlesers*«, in: Stephan Braese (Hg.), *Rechenschaften. Juristischer und literarischer Diskurs in der Auseinandersetzung mit den NS-Massenverbrechen*, Göttingen: Wallstein 2004, S. 169, der v. a. der Frage nach der »moralischen Wahrheit« des Romans nachgeht.
[16] Siehe hierzu die literaturwissenschaftliche Rezeption und Feuilleton-Debatte in: Manfred Heigenmoser, *Bernhard Schlink, Der Vorleser. Erläuterungen und Dokumente*, Stuttgart: Reclam 2005, v. a. S. 113 ff.

Moralischen und Unmoralischen im Roman Schlinks. Und ebenso wenig geht es mir um eine Klärung des Anliegens Schlinks, das insbesondere das Verhältnis von Nachgeborenen zu ihrer unmittelbaren schrecklichen Vergangenheit betrifft. Ich möchte vielmehr Hannas moralpsychologische Voraussetzungen klären und verdeutlichen, was genau es ist, das ihr Verhalten – über die Konsequenzen ihrer Taten hinaus – unmoralisch macht. Diese Klärung erlaubt meines Erachtens interessante Rückschlüsse auf die Ursachen des Unmoralischen und ist insofern keine bloß philosophische Fingerübung.

Es ist jedoch nicht üblich, moraltheoretische Einsichten aus literarischen Figuren zu gewinnen. Um zu zeigen, welcher Erkenntnisgewinn sich auf diese Weise erzielen lässt, werde ich dieses Verfahren gegen mögliche Einwände verteidigen.

3. Zum Verhältnis von Literatur und Moralphilosophie

Es lassen sich mehrere Einwände gegen den Versuch formulieren, moralphilosophische Einsichten aus der Analyse einer literarischen Figur zu gewinnen. Der erste Einwand betrifft die Arbitrarität des Fiktiven. So könnte moniert werden, dass das Verhalten Hannas nichts über die tatsächliche Immoralität der Mittäter von Nazi-Greueln aussagt, sondern allein der beliebigen Fantasie Schlinks entspringt. Gegen diesen Einwand lässt sich anführen, dass das Verhalten Hannas in einer breiten Evidenzbasis verankert ist. Es deckt sich nicht nur mit Tagebuchaufzeichnungen und Briefen[17] von realen Mittätern sowie mit anderen historischen Zeugnissen,[18] sondern auch mit sozialpsychologischen Erkenntnissen über das Verhalten von Menschen in autoritär geprägten Umständen.[19] Mit anderen Worten: Hanna ist zwar eine fiktive, aber sie ist zugleich eine äußerst realitätsnahe Figur.

Der zweite Einwand richtet sich gegen die Singularität des Fiktiven. Selbst wenn zugestanden wird, dass die Figur der Hanna realistische Züge trägt, so

---

[17] Siehe etwa Herlinde Pauer-Studer u. David Velleman: *Distortions of Normativity* (unveröffentlichtes Manuskript), S. 18–30.

[18] Siehe exemplarisch Christopher R. Browning, *Ganz normale Männer. Das Reserve-Polizeibataillon 101 und die ›Endlösung‹ in Polen*. Übersetzt von Jürgen P. Krause. Reinbek bei Hamburg: rororo [5]2009, Kap. 8. [*Ordinary Men. Reserve Police Battalion 101 and the Final Solution in Poland*, New York: Harper Perennial 1992].

[19] Siehe z. B. Harald Welzer, *Täter. Wie aus ganz normalen Menschen Massenmörder werden*, Frankfurt a. M.: Fischer 2005, bes. S. 246–268.

könnte sie eine bloße Einzelerscheinung sein. Dies erlaubt dann keine verallgemeinernden Schlüsse über die besondere Natur des Unmoralischen. Ebensowenig lässt dies eine allgemeingültige Erklärung solch horrender Gräueltaten wie dem Holocaust zu. Meine Entgegnung auf diesen Einwand besteht aus einem Zugeständnis: Hannas moralpsychische Verfassung ist nicht die einzig mögliche, die zu grausamem Verhalten führt bzw. führen kann. Sie ist jedoch typisch für Mittäter im Holocaust. Damit schließe ich dezidiert nicht aus, dass es auch andere moralpsychologische Erklärungen für den Holocaust gibt. Ich beschränke mich in diesem Beitrag jedoch darauf, den Fall Hanna als Form der unmotivierten, d. h. der unbeabsichtigten Immoralität (neben anderen Formen, die der gesonderten Analyse bedürfen) zu untersuchen.

Gegen literarische Vorlagen als Gegenstand philosophischer Analyse lässt sich zum dritten anführen, dass sie eine bloß illustrative Funktion besitzen. Der in der Literatur repräsentierte moralische Gehalt lässt sich demzufolge auf moralische Begriffe reduzieren. Literatur ist insofern verzichtbar, da sie der Begriffsanalyse nichts hinzufügt.

Dieser Einwand lässt sich mit Verweis darauf entkräften, dass moralische Theorien – sieht man einmal von neueren Versuchen ab, die Kategorie des Bösen zu fassen – ihrerseits wenig Ressourcen besitzen, die vielen unterschiedlichen Formen des Unmoralischen zu beschreiben. Als ideale Theorien widmen sie sich primär der Frage, was eine Person aus moralischen Gründen tun soll, sehen aber von nicht-idealen Bedingungen ebenso häufig ab wie von den spezifischen moralpsychologischen Voraussetzungen unmoralischer Motive und Gründe.[20] Es scheint daher so, dass sich die moralische Theoriebildung anderer Quellen bedienen muss, will sie das oben beschriebene Phänomen unmotivierter oder unbeabsichtigter Immoralität fassen. Die Literatur ist eine solche Quelle menschlichen Handelns und menschlicher Erfahrungen unter nicht-idealen Bedingungen. Sie stellt die moralpsychologischen Voraussetzungen der Protagonisten häufig differenzierter und umfassender dar, als dies die philosophische Analyse von moralischen Begriffen vermag. Sie lässt daher häufig besser nach-

---

[20] Vgl. auch Rüdiger Bittner und Susanne Kaul, »Einleitung«, in: Dies. (Hg.), *Fiktionen der Gerechtigkeit. Literatur-Film-Philosophie-Recht*, Baden-Baden: Nomos 2005, S. 8.

vollziehen, wie es zu Gräueltaten kommt.²¹ Dies liegt u. a. daran, dass wir in der literarischen Darstellung Einblick in die jeweilige Perspektive eines – wenn auch fiktiven – unmoralisch handelnden Akteurs erhalten. Dies wird nicht – wie etwa in einem psychiatrischen Gutachten oder in einem Zeitzeugnis über das Verhalten anderer – lediglich aus der unbeteiligten Perspektive eines Beobachters beschrieben, sondern aus der Sicht des jeweiligen Akteurs (oder, wie v. a. im Roman Schlinks, aus der Perspektive eines beteiligten Beobachters). Die unmittelbaren Erfahrungen der Täter und Mittäter werden im Medium der Literatur als kohärentes Narrativ plausibilisiert.

Wenn ich der Literatur diese irreduzible Rolle zubillige, möchte ich jedoch nicht so weit gehen zu behaupten, dass sie selbst eine moralische Erziehungsfunktion hat bzw. unmittelbaren epistemischen Zugang zu moralischen Wahrheiten vermittelt.²² Meine These ist bescheidener: die in partikularen Situationen dargestellten Charaktere lassen psychologische Voraussetzungen erkennen,²³ die als Rohmaterial die moralphilosophische Begriffsbildung präzisieren und ggf. korrigieren können. Ich werde mich diesem Rohmaterial nun zuwenden und untersuchen, um welche Form des Unmoralischen es sich im Fall Hannas handelt. Hierfür wird der zweite Teil des Romans, v. a. Hannas unterlassene Hilfeleistung, die das Verbrennen der jüdischen Frauen zur Folge hat, besonders relevant sein.

4. Formen des Unmoralischen
4.1. Pervertierte Bosheit und Bosheit aus Neigung

Zunächst möchte ich präzisieren, inwiefern Hanna weder pervertiert böse noch böse aus Neigung ist. Es wird an keiner Stelle deutlich, dass Hanna Juden negativ bewertet. Sie scheint weder aus Hass noch aus sadistischer Freude noch aufgrund antisemitischer Auffassungen dazu motiviert, sie zu vernichten. Eben-

---

[21] Siehe Frank Palmer, *Literature and Moral Understanding,* Oxford: Oxford University Press 1992, Kap. 8. Vgl. Iris Murdoch, *The Fire and the Sun. Why Plato Banished the Artists*, Oxford: Oxford University Press 1977, S. 86.
[22] Diese Auffassung vertritt prominent Martha Nussbaum, *Love's Knowledge. Essays on Philosophy and Literature*, New York: Oxford University Press 1990, S, 148.
[23] So ist Posners Kritik an Nussbaum zu verstehen, der anführt, die Einsicht, die Literatur vermittelt, ist nicht moralisch, sondern psychologisch. Siehe Richard A. Posner, »Against Ethical Criticism«, in: *Philosophy and Literature* 21 (1997), S. 22.

sowenig hängt sie der Nazi-Doktrin an, derzufolge die Deutschen sich gegen Juden wehren müssen, um nicht selbst vernichtet zu werden.

So weiß sie denn auch auf die Frage des Richters nach den Gründen ihres Handelns keine Antwort. Sie fragt lediglich zurück, was er denn gemacht hätte (VL 107). Sie verweist nicht auf eine partikularistische »Erlösungsmoral«[24] der Nazis, noch begründet sie ihr Tun damit, dass die Ermordung der Juden ›gut‹ war. Zugleich legt ihre Ehrlichkeit vor Gericht – als einzige gibt sie offen und unumwunden zu, dass alle Angeklagten an der Auswahl jüdischer Frauen zur Deportation beteiligt waren (vgl. VL 106) – nahe, dass ihre Antworten nicht auf falscher Rationalisierung, Selbsttäuschung oder Lüge beruhen. Es lässt sich folglich aus dem Text nicht schließen, dass Hanna aus pervertiert bösen Motiven handelt.

Ebensowenig scheint sie aus Neigung böse zu sein. So wird nicht offenkundig, dass sie ein nicht-moralisches Ziel als deutlich wichtiger erachtet als der moralischen Forderung nachzukommen, die jüdischen Frauen aus der brennenden Kirche zu retten. Sie nimmt das Verbrennen der Frauen nicht billigend in Kauf oder wählt dies gar bewusst als Mittel, um dadurch etwa Lob, soziale Billigung durch ihre Kolleginnen oder etwaige Auszeichnungen für ihre Dienste zu erlangen. Derartige Ziele hätten in den Wirren des Kriegsendes wohl gar nicht realisiert werden können. Hanna befand sich mit den jüdischen Frauen auf dem Marsch nach Westen. Sie konnte annehmen, dass der Krieg bald zu Ende war und durch die unterlassene Hilfeleistung weder negative noch positive Sanktionen zu erwarten waren. Es ist also nicht davon auszugehen, dass sie die Frauen verbrennen lässt, um ihre prudentiellen Interessen zu verfolgen. Selbst wenn sie Angst vor den Folgen ihrer möglichen Hilfe gehabt haben mag, so gewichtet sie ihr Interesse, diese Angst zu minimieren, nicht höher als das Leben der Frauen. Sie scheint deren Anspruch auf Hilfe vielmehr gar nicht wahrzunehmen.

Gegen eine Interpretation ihres Verhaltens als einer Form von Bosheit aus Neigung spricht schließlich darüber hinaus, dass Hanna ihre Unterlassung nicht selbst als falsch beurteilt. Dies zeigt sich darin, dass sie weder Reue noch Schuldgefühle für ihre Unterlassung empfindet bzw. zeigt. Wie sie selbst Jahre

---

[24] Rolf Zimmermann, »Holocaust und Holodomor. Was lehrt historische Erfahrung über Moral?«, in: Werner Konitzer und Raphael Gross (Hg.), *Moralität des Bösen. Ethik und nationalsozialistische Verbrechen. Jahrbuch des Fritz-Bauer Instituts zur Geschichte und Wirkung des Holocaust*, Frankfurt und New York: Campus 2009, S. 17.

später im Gefängnis zugibt, weiß sie zum Zeitpunkt der Gerichtsverhandlung nicht, dass das, was sie tat, moralisch falsch ist (VL 187). Aus diesem Grunde handelt sie auch nicht gegen ihre eigenen moralischen Überzeugungen. Böse Motive können daher ausgeschlossen werden, um Hannas Verhalten zu erklären. Ihre unterlassene Hilfeleistung ist weder mit Bezug auf pervertierte Wünsche oder Werturteile noch mit Bezug auf die absichtliche Wahl unmoralischer Mittel zur Erlangung prudentieller Ziele erklärbar. Ich möchte nun herausfinden, welcher Fehler ihr dann in der moralischen Bewertung zugeschrieben werden kann. In der Moralphilosophie werden die verschiedenen Arten unmoralischen Handelns eher stiefmütterlich behandelt. Es lassen sich jedoch mindestens vier weitere Varianten spezifizieren: Könnte Hannas unterlassene Hilfeleistung als moralische Schwäche, moralische Fahrlässigkeit, moralische Indifferenz oder als Amoralität interpretiert werden?

4.2. Moralische Schwäche

Moralische Schwäche ist dadurch definiert, dass eine Person moralische Prinzipien als für sie bindend betrachtet, es jedoch im Einzelfall unterlässt, ihnen entsprechend zu handeln. Im Gegensatz zu dem aus Neigung Bösen hält der moralisch Schwache sein Tun für falsch und wünscht, moralisch zu handeln. Die moralisch schwache Person tut folglich etwas moralisch Falsches, obwohl sie wünscht, moralisch Falsches zu vermeiden, und glaubt, dass das, was sie tut, moralisch falsch ist. Darüberhinaus glaubt sie, dass es besser ist, moralisch Falsches zu vermeiden als so zu handeln, wie sie es tut.[25] Ist es denkbar, dass Hanna moralisch schwach ist? Meines Erachtens wäre dies eine falsche Erklärung ihres Handelns. Zum einen spricht gegen eine solche Erklärung, dass Hanna kein moralisches Urteil der Art gefällt zu haben scheint, dass sie die verbrennenden Frauen retten soll. Im Gegenteil: sie verweist auf das »Durcheinander« (VL 122), das entstanden wäre, wenn sie die Frauen aus der Kirche befreit hätte. Davon abgesehen lässt sich zudem keine besondere Art der Schwäche nachweisen. Sie handelt weder aus starker Leidenschaft noch scheint es ihr an Willenskraft zu fehlen. Sie wird nicht vom Hass auf die jüdischen Frauen dazu getrieben, sie einfach verbrennen zu lassen, und ebenso wenig zaudert sie in ihrer Unterlassung.

---

[25] Milo, *Immorality*, S. 117.

Hanna handelt also nicht aus moralischer Schwäche. Sie scheint vielmehr gar kein Interesse an den jüdischen Frauen und deren Anspruch auf Hilfe zu besitzen.

4.3. Moralische Gleichgültigkeit

Die bisherige Diagnose könnte nahe legen, dass Hanna moralisch gleichgültig ist. In diesem Fall würde sie zwar das Urteil fällen, dass Menschen in Not geholfen werden müsse, sie wäre jedoch nicht motiviert, diesem Urteil zu folgen. Insofern wäre sie gegenüber ihrem eigenen Urteil gleichgültig. Im Gegensatz zu moralischer Schwäche ist das Fehlverhalten im Fall von moralischer Gleichgültigkeit nicht darauf zurückzuführen, dass der Handelnden andere Neigungen in die Quere kommen. Ihr Defekt besteht vielmehr in der Unfähigkeit, moralische Urteile als präskriptiv und für sich selbst bindend zu betrachten. Es fehlen ihr daher auch die entsprechenden Motive. Die moralisch gleichgültige Person behandelt moralische Prinzipien, wie z. B. die Norm ›Menschen in Not soll geholfen werden‹, wie deskriptive Sätze. D. h., sie bemerkt lediglich, dass viele Menschen diese Auffassung teilen und den entsprechenden Standard als geltend betrachten. Selbst bleibt sie diesem Standard gegenüber jedoch unmotiviert.[26]

Ebenso wie im Fall moralischer Schwäche, liefert meines Erachtens der Text keinerlei Hinweis darauf, dass Hanna selbst nur deskriptive Urteile über bestimmte Standards fällt und diesen gegenüber gleichgültig ist. Wenn Hanna Gleichgültigkeit attestiert werden kann, dann in dem Sinne, dass ihr basale Interessen anderer Menschen gleichgültig scheinen gegenüber der Tatsache, dass sie ihrer Pflicht als Aufseherin nachzukommen hatte. Sie selbst scheint jedoch nicht einmal den Standard beschreiben zu können, dass Menschen in Not geholfen werden muss. »Wir hätten sie doch nicht einfach fliehen lassen können!«, gibt sie dem Richter auf seine Frage, ob sie Angst gehabt hätte, auf der Flucht verhaftet, verurteilt oder erschossen zu werden, zur Antwort, und fährt fort:

> Wir waren doch dafür verantwortlich ... Ich meine, wir hatten sie doch die ganze Zeit bewacht, im Lager und im Zug, das war doch der Sinn, dass wir sie bewachen und dass sie nicht fliehen. Darum haben wir nicht gewusst, was wir machen sollen. Wir haben auch nicht gewusst, wie viele Frauen die nächsten Tage überleben. (VL 122)

Hanna ignoriert tatsächlich das Schreien der im Feuer verbrennenden Frauen in seiner normativen Bedeutung (obwohl sie zugibt, es gehört zu haben). Diese

---

[26] Siehe Milo, *Immorality*, S. 183.

Sekundäre Amoralität

Gleichgültigkeit ist jedoch nicht von der Art, dass sie die entsprechenden moralischen Standards kennt, aber nicht für sich als bindend betrachtet. Sie ist nicht gegenüber bestimmten Standards, sondern gegenüber den schreienden Frauen gleichgültig. Doch wie lässt sich diese Art der Gleichgültigkeit anders fassen?

4.4. Moralische Fahrlässigkeit

Einer alternativen Interpretation zufolge wäre Hanna in einem moralischen Sinne fahrlässig: Sie glaubt dann fälschlicherweise, dass das, was sie tut, richtig ist. Und dies ist deshalb der Fall, weil sie nicht die nötigen Vorkehrungen getroffen hat, um diese falsche Einschätzung zu vermeiden.[27] Ist sie also gegenüber den Interessen der Jüdinnen gleichgültig, weil sie die Situation falsch beurteilt? Und welche Vorkehrungen hätte sie treffen sollen, um eine solche Fehleinschätzung zu vermeiden? Möglichkeiten der Vorkehrung bestehen darin, besser nachzudenken und keine relevanten Tatsachen zu vergessen.

Dies betrifft zum einen ihre Fähigkeit des Schließens, zum andern ihren epistemischen Zugang zu moralischen Sachverhalten oder Tatsachen. Ein Fehler des Schließens wäre etwa, dass sie ihre Überzeugung oder ihr Urteil, dass Menschen in Not geholfen werden muss, nicht auf den vorliegenden Fall anzuwenden vermag. Ein weiterer Fehler des Schließens wäre, dass sie nicht den richtigen Schluss aus den beiden Prämissen zieht, dass Menschen in Not geholfen werden muss, und die schreienden Frauen in der Kirche Menschen in Not sind.

Der erste Fehler setzt einen epistemischen Irrtum voraus. Demzufolge übersieht oder verkennt Hanna, dass die schreienden Frauen in der Kirche Menschen in Not sind. Sie täuscht sich darüber hinweg, dass ihr Verhalten falsch ist. Sie tut dies, weil sie gar nicht genauer erkennen oder hinsehen möchte, was in der gegebenen Situation zu tun geboten ist.

Der zweite Fehler impliziert, dass sie die Folgen ihres Tuns nicht angemessen einschätzt und daher leichtsinnig handelt. In diesem Fall denkt sie nicht hinreichend über die Konsequenzen und Implikationen ihres Tuns nach (obwohl sie dies hätte tun können) und unterlässt daher die Hilfe.[28]

Doch auch diese Interpretation geht an der Figur der Hanna vorbei, so wie sie in Schlinks Roman präsentiert wird. Hanna scheint sich ausreichend im Klaren darüber zu sein, dass die Frauen in der Kirche hilflose Menschen sind, die

---

[27] Vgl. Milo, *Immorality*, S. 84.
[28] So definiert Milo, *Immorality*, S. 99, »*moral recklessness*«.

um ihre Rettung flehen. Sie begeht folglich keinen epistemischen Fehler, über den sie sich dann hinwegtäuscht. Ebensowenig glaubt sie, dass eine realistische Chance für die Frauen besteht, den Flammen zu entrinnen. Ihre Rückfrage an den Richter, »was hätten Sie denn gemacht?« (VL 123), legt ja nahe, dass sie die Konsequenzen ihres Tuns richtig einschätzte, gleichwohl aber ein anderes Handlungsprinzip als gewichtiger erachtete. Die Hilfsbedürftigkeit der Frauen stellt vielmehr keinen alternativen Handlungsgrund für sie dar. Dies ist aber nicht so, weil sie die Gefahr, in der sie sich befinden, unterschätzt hat. Sie hätte dann geantwortet, dass sie um deren Gefahr nicht wusste. Ihre Antwort impliziert jedoch, dass sie nicht wusste (und insofern gar keinen anderen Handlungsgrund sieht), was sie sonst hätte machen sollen. Hanna kann daher nicht vorgeworfen werden, fahrlässig gehandelt zu haben. Sie begeht weder Fehler im Schließen noch hat sie falsche Überzeugungen über die Gefahrenlage und die Konsequenzen ihres Tuns.

4.5. Amoralität

Der bisherigen Diagnose zufolge hat Hanna also kein moralisches Urteil gefällt, dem sie aufgrund von anderweitigen Impulsen (im Fall von moralischer Schwäche), oder aufgrund mangelhafter Vorkehrungen (im Fall von moralischer Fahrlässigkeit), oder aufgrund fehlender Motive (im Fall von moralischer Gleichgültigkeit) zuwiderhandelt. Es liegt daher nahe zu vermuten, dass Hanna amoralisch ist. Es gibt zwei Arten, wie sich ein Akteur ›außerhalb‹ der Moral befinden kann: Er ist sich entweder der Falschheit seiner Handlung nicht bewusst oder er ist gleichgültig gegenüber dem moralischen Unrecht, das er begeht. Er handelt nicht wider seine moralischen Urteile, Überzeugungen oder Prinzipien. Vielmehr scheint er solche gar nicht zu besitzen.

Wenn Hanna amoralisch ist, dann glaubt sie weder, dass das, was sie tut, falsch ist, noch, dass es richtig ist. Sie scheint den Unterschied zwischen ›moralisch richtig‹ und ›moralisch falsch‹ gar nicht zu kennen – zumindest nicht in dem zu analysierenden Fall. Ihre Reaktion vor Gericht unterstützt diese Deutung. Sie verweist auf keine moralischen Gründe, die ihre Unterlassung motiviert und im Nachhinein erklärt hätten oder deren Verletzung ihr bewusst wäre.

Um besser zu verstehen, inwiefern Hanna amoralisch und sich insofern außerhalb der Moral befinden könnte, ist eine von Richard Hare prominent gemachte Unterscheidung zwischen stillschweigender und gleichgültiger Amora-

Sekundäre Amoralität

lität hilfreich.[29] Der gleichgültige Amoralist glaubt, dass keine Handlung moralisch falsch ist. Zwar beurteilt er eine Handlung, doch das Prädikat ›moralisch falsch‹ findet dabei keine Anwendung. Der stillschweigende Amoralist versäumt es hingegen einfach zu glauben, dass irgendeine Handlung moralisch falsch ist. Er bleibt gegenüber jeder möglichen Anwendbarkeit des Prädikats ›moralisch falsch‹ agnostisch. Der Unterschied besteht also darin, dass der Akteur im Fall gleichgültiger Amoralität eine Überzeugung hat, im Fall stillschweigender Amoralität jedoch einer solchen entbehrt.

Wäre Hanna eine gleichgültige Amoralistin, würde sie urteilen, dass es weder der Fall ist, dass man die Frauen retten soll, noch, dass man sie nicht retten soll. Wäre Hanna eine stillschweigende Amoralistin, würde sie sich eines Urteils einfach enthalten. Welche Einstellung könnte auf Hanna tatsächlich zutreffen?

Als gleichgültig-amoralische Akteurin hätte Hanna die Überzeugung, dass ihre Unterlassung nicht moralisch falsch ist. Diese wäre Teil ihres gleichgültigen Überzeugungssystems, demzufolge die Frauen nicht zu retten ebenso richtig ist wie sie zu retten.[30] Der Gehalt ihrer Überzeugung besteht hierbei in einer Indifferenz bzgl. der moralischen Falschheit ihres Tuns. So scheint Michael Hannas Aussagen vor Gericht zu beschreiben:

> Nicht dass man sich die Rat- und Hilflosigkeit, die Hanna beschrieb, nicht hätte vorstellen können. Die Nacht, die Kälte, der Schnee, das Feuer, das Schreien der Frauen in der Kirche, das Verschwinden derer, die den Aufseherinnen befohlen und sie begleitet hatten – wie hätte die Situation einfach sein sollen. Aber konnte die Einsicht, dass die Situation schwierig gewesen war, das Entsetzen über das, was die Angeklagten getan oder auch nicht getan hatten, relativieren? Als sei es um einen Autounfall auf einsamer Straße in kalter Winternacht gegangen, mit Verletzungen und Totalschaden, wo man nicht weiß, was tun? Oder um einen Konflikt zwischen zwei Pflichten, die beide unseren Einsatz verdienen? (VL 123)

Michael fügt seinem Deutungsversuch jedoch hinzu: »So konnte man, aber man wollte sich nicht vorstellen, was Hanna beschrieb« (VL 123). Dies mag daran liegen, so meine Vermutung, dass man Hanna in diesem Fall hätte zugestehen müssen, dass sie sich damals in einer Art moralischem Dilemma befunden hätte. Doch kann sie plausiblerweise als eine Person verständlich gemacht werden, die das Verbrennen zahlreicher jüdischer Frauen mitverantwortet und

---

[29] Richard M. Hare, *Freedom and Reason,* Oxford: Clarendon 1963, S. 100 ff.
[30] Vgl. Milo, *Immorality,* S. 68 f.

dies ›bloß‹ aufgrund einer Pflichtenkollision in Kauf nimmt? Da Hanna den Tod der Frauen nicht bereut, scheint diese Beschreibung nicht wirklich zuzutreffen. Hanna scheint viel plausibler als überzeugungslose, stillschweigende Amoralistin charakterisierbar: Sie glaubt weder, dass ihr Tun moralisch falsch ist, noch glaubt sie, dass es moralisch nicht falsch ist. Sie fällt keine Urteile bzgl. der moralischen Qualität ihres Tuns. Sie scheint es vielmehr zu versäumen, überhaupt moralische Fragen zu stellen, relevante moralische Sachverhalte als solche zu erkennen und entsprechend zu urteilen. Dies scheint Ausdruck ihres mangelnden Interesses am Wohlergehen bzw. an den legitimen Ansprüchen anderer zu sein.[31] Hannas Immoralität besteht darin, dass sie auf keine moralischen Gründe reagiert und entsprechend keinerlei Urteile über die mögliche Falschheit ihres Handelns fällt. Sie ist in diesem Sinne eine moralische Analphabetin.

Doch selbst wenn Hanna am plausibelsten als stillschweigende Amoralistin klassifiziert werden kann, bleibt zu klären, welchen Motiven sie folgt und inwiefern ihr Tun absichtlich ist. Bisher habe ich nur gezeigt, welchen Fehler sie in der moralischen Bewertung macht (sie wertet nämlich gar nicht moralisch) und insofern dargelegt, in welcher Weise sie unmoralisch ist. Doch aus welchem Grund unterlässt sie es, die eingesperrten Frauen aus der Kirche zu befreien? Mein Ziel ist es nun, Hannas motivierende Gründe genauer zu individuieren, um ihr Tun einsichtig zu machen.

5. Sekundäre Amoralität

Meine bisherige Diagnose, dass Hanna stillschweigend-amoralisch ist, ist jedoch ausschließlich auf ihr Verhalten zum Zeitpunkt ihrer unterlassenen Hilfeleistung beschränkt. Dies ist jedoch insofern unvollständig, als ihre tatsächlichen Motive, die sie zum einen zu diesem Verhalten führen und zum andern zeigen, warum sie über kein entsprechendes moralisches Urteil verfügt, noch nicht spezifiziert sind. Wie kommt es überhaupt dazu, dass Hanna gegenüber den verbrennenden Frauen in moralischer Hinsicht agnostisch ist? Diese Frage kann nur beantwortet werden, wenn wir berücksichtigen, wie Hanna sich vor dem Hintergrund ihrer eigenen, nicht vollständig ausgebildeten rationalen Fähigkeiten und im Kontext eines autoritären Systems zu einer Person mit einer solchen Haltung entwickelt hat. Ich werde zu zeigen versuchen, dass sie es ver-

---

[31] Milo, *Immorality*, S. 77.

Sekundäre Amoralität

lernt hat, moralische Gründe wahrzunehmen und entsprechend als normativ zu betrachten. Aus diesem Grund und in Anlehnung an das Phänomen des sekundären Analphabetismus[32] führe ich aus, dass Hanna eine sekundäre Amoralistin ist. Es lassen sich hierbei drei motivierende und kausal miteinander verbundene Gründe rekonstruieren, aus denen Hanna handelt. Ich werde mit ihrem unmittelbaren Handlungsgrund beginnen und darlegen, wie dieser von zwei weiteren Motiven abhängt.

5.1. Die speziellen Pflichten als Aufseherin

Es liegt nahe, zunächst Hannas Gründe aufzudecken, die sie selbst für ihr Verhalten bezüglich der in der brennenden Kirche eingeschlossenen jüdischen Frauen anführt. Sie erklärt ihre Unterlassung genauer mit Verweis auf zwei Gründe. Zum einen bezieht sie sich auf ihre Pflicht als Aufseherin. Diese scheint ihr zufolge darin zu bestehen, für andere Verantwortung zu tragen, sie zu bewachen, Chaos zu vermeiden und Ordnung zu halten.[33]

Zum andern und nicht unabhängig von ihrer Pflicht als Aufseherin erwähnt sie den Mangel an Handlungsalternativen.[34] Diese beiden Erklärungen finden sich auch bei vielen anderen Nazi-Tätern und -Mittätern. So berichtet etwa Franz Stangl, der Kommandant der Konzentrationslager Sobibor und Treblinka, in Interviews, dass das System »irreversibel« war.[35] Stangl war sich (im Gegensatz zu Hanna) nicht nur klar, dass das, was er tat, falsch war (und insofern war er ein Täter); er erklärte sein Tun (ähnlich wie Hanna) v. a. mit Verweis

---

[32] Nach Definition der UNESCO liegt »sekundärer Analphabetismus« vor, wenn nach mehr oder weniger erfolgreichem Erwerb der Schriftsprache während der Schulzeit in späteren Jahren ein Prozess des Verlernens einsetzt und Kenntnisse und Fähigkeiten verloren gehen. Siehe UNESCO, *Statement of the International Committee of Experts on Literacy,* Paris: UNESCO Press 1962. In der Regel wird dies als Sonderfall des »funktionalen Analphabetismus« verstanden, demzufolge die schriftsprachlichen Kenntnisse den gesellschaftlich bestimmten Mindeststandards entsprechen müssen. Im Fall Hannas handelt es sich um einen moralisch verstandenen sekundären Analphabetismus, nicht jedoch um einen funktionalen Analphabetismus, wenn mit gesellschaftlichen Mindeststandards diejenigen der Nazis gemeint sind.

[33] »Wie hätten wir die vielen Frauen bewachen sollen? [...] aber wie hätten wir da noch mal Ordnung reinbringen sollen? Das hätte ein Durcheinander gegeben, mit dem wir nicht fertiggeworden wären. [...] Wir waren doch dafür verantwortlich« (VL 122).

[34] »Wir wussten uns nicht anders zu helfen.« (VL 121); »wir hätten sie doch nicht einfach fliehen lassen können« (VL 122); »Was hätten Sie denn gemacht?« (VL 123).

[35] Siehe Gitta Sereny, *Into That Darkness. An Examination of Conscience,* New York: Vintage Books 1974, S. 202.

auf die mit seinem Beruf verbundenen speziellen Pflichten.[36] Der Auschwitz-Arzt Johann Paul Kremer – um ein weiteres typisches Beispiel zu zitieren – erklärte seine Tätigkeit bei den Vergasungen mit Verweis auf sein professionelles Selbstverständnis: er rationalisiert sie u. a., indem er sich eine Rolle als Anatom zuweist, der Gewebsproben entnimmt.[37]

So zeigt sich auch im Fall Hannas, dass die mit ihrem Beruf als Aufseherin verbundene Pflicht, ›Ordnung zu halten‹ und für die jüdischen Frauen ›Verantwortung‹ gegenüber ihren Vorgesetzten zu tragen, diejenigen Handlungsregeln sind, an denen sie sich orientiert und die sie als ihre eigentlichen Gründe betrachtet. Sie begreift diese als spezielle Pflichten, die sie aus ihrem beruflichen Selbstverständnis als Aufseherin ableitet. Es erweist sich hierbei als hilfreich, näher zu betrachten, wie die Handlungsregel, seine Pflicht als Aufseherin zu erfüllen, in der praktischen Überlegung Hannas funktioniert. Sie sieht diese Regeln ähnlich wie andere Nazi-Mittäter als modal stringent an. Doch was ist mit modaler Stringenz gemeint?

Das normative Gewicht oder die Stringenz dieses Prinzips, den speziellen Pflichten, die sich aus ihrem beruflichen Selbstverständnis herleiten, zu folgen, ist dergestalt, dass es keine mögliche Welt zu geben scheint, in der Hanna Aufseherin ist und dieses Prinzip hinterfragen oder gar revidieren würde. Dies erklärt, warum sie keine Handlungsalternativen zur Befolgung dieses Prinzips erkennt. Die modal stringente Funktion dieses Prinzips lässt sich durch folgende Gedankenexperimente erhärten: So können wir fragen, ob eine mögliche Welt denkbar wäre, in der Hanna Aufseherin ist und den drohenden Tod der Frauen als Grund angesehen hätte, sie zu retten. Was wäre in einer möglichen Welt, in der keine von Hannas Kolleginnen anwesend gewesen wäre? Auch wenn sie deren mögliche Missbilligung nicht hätte fürchten müssen (weil sie den Frauen aufsperrt), hätte sie die Frauen wahrscheinlich nicht gerettet. Hanna erklärt schließlich ihre Unterlassung nicht mit dem Verweis darauf, dass sie sonst Sanktionen der Gruppe zu befürchten gehabt hätte. Die negativen Reaktionen ihrer Kolleginnen halten sie ja selbst vor Gericht nicht davon ab, die Wahrheit bezüglich der Beteiligung aller an den Deportationen zu sagen (vgl. VL 106).

---

[36] Vgl. Sereny, *Into That Darkness*, S. 200: »[...] my professional ethos was that if something wrong was going on, it had to be found out. That was my profession; I enjoyed it. It fulfilled me.«
[37] Aus seinen Tagebüchern zitieren Pauer-Studer u. Velleman, *Distortions of Normativity*, S. 18.

Sekundäre Amoralität

Hätte sie die Frauen in einer möglichen Welt gerettet, in der sie gewusst hätte, dass sie nach dem bevorstehenden Kriegsende eine Auszeichnung von den Siegermächten für ihr rühmliches Verhalten erhalten und in der Folge straffrei ein neues Leben hätte beginnen können? Diese Frage ist zwar nicht ganz so eindeutig zu beantworten. Es scheint mir jedoch auch hier naheliegender, dass Hanna ihr eigenes Wohlergehen nicht höher gewichtet hätte als die Treue gegenüber ihrem Berufsethos. Auch dieser Verdacht wird durch ihr ehrliches Verhalten vor Gericht erhärtet. Sie zeigt im Gegensatz zu ihren Kolleginnen keinerlei zweckrationales Kalkül und stellt ihre Pflichterfüllung über jedes persönliche Interesse.

Diese Szenarien verschiedener möglicher Welten legen nahe, dass Hanna ihre Pflicht, eine gute Aufseherin zu sein, als unbedingt gebietendes Prinzip betrachtet. Gleich welche anderen Gründe es geben mag, die gegen die Einhaltung dieses Prinzips sprechen, sie betrachtet es als absolut bindend. Dies erklärt, warum Hanna das Schreien der verbrennenden Frauen auch nicht als neuen Grund (zur Hilfe) beurteilt, der in ihrer Überlegung und in ihrem Handeln berücksichtigt hätte werden müssen. Schließlich impliziert die modale Stringenz dieses Prinzips, dass es nicht hinterfragt oder gar revidiert wird. Entsprechend werden keine veränderten Sachverhalte als mögliche neue Gründe erwogen. Denn eine solche Erwägung käme bereits dem Versuch einer Revision ihres bisherigen Handlungsprinzips gleich. Würde sie einen solchen Versuch unternehmen, dann hätte sie das Schreien der Frauen zumindest als potentiellen moralischen Grund wahrgenommen. Dass sie dies nicht tut, zeigt sich auch daran, dass sie nicht zu dem Schluss gelangt, dass ihre Treue gegenüber den Pflichten als Aufseherin gewichtiger ist als ein neuer moralischer Grund. Vielmehr wird deutlich, dass Hanna sich dem Prinzip, ihren speziellen Pflichten als Aufseherin zu folgen, in einer Weise unterwirft, die sie nicht einmal einen mit diesem Prinzip inkompatiblen Grund als neu zu gewichtenden Grund wahrnehmen lässt.

Bisher habe ich aus ihren eigenen Äußerungen versucht herauszuschälen, welchem Handlungsprinzip sie folgt und welche Funktion diesem Prinzip in ihren Überlegungen zukommt. Es bleibt nun zu klären, warum und in welcher Weise sie sich dieses Prinzip überhaupt zu eigen macht. So ist es nicht dem Prinzip inhärent, modal stringent zu sein. Diese Funktion geht vielmehr auf ein bestimmtes Motiv Hannas zurück.

5.2. Der Wunsch, das zu tun, was gefordert ist

Hannas Unterwerfung unter die mit ihrem Beruf verbundenen speziellen Pflichten erfolgt deshalb, weil sie dadurch ihren Wunsch erfüllt, das zu tun, was von ihr gefordert ist. Dieser Wunsch, sich dem Geforderten zu unterwerfen, ist ein Handlungsmotiv der besonderen Art. Wer einen solchen Wunsch hat, wird sich nie gegen das Geforderte entscheiden, sondern alles unternehmen, um diesen Wunsch zu erfüllen. Dies ist auch dann der Fall, wenn die Person sogar wüsste, dass das, was gefordert ist, moralisch falsch ist, oder wenn sie sich, sobald sie anfangen würde, mögliche Gründe zu vergleichen, gegen die Realisierung dieses Wunsches entscheiden würde.[38] Dieser Wunsch erklärt die besondere, über alle möglichen Welten hinweg bestehende Stringenz ihrer beruflichen Pflichten. Wer das tun möchte, was gefordert ist, hat nämlich dann keine Alternative, wenn das Geforderte durch soziale Normen definiert ist (wie im Fall beruflicher Pflichten) oder durch die Absichten anderer inhaltlich vorgegeben ist (wie im Fall der Befehlsausübung).

Dass Hanna das tun möchte, was gefordert wird, zeigt sich auch vor Gericht. Sie wird beschrieben als eine, die »es richtig machen [wollte]« (VL 105). Im Folgenden möchte ich zeigen, dass der Wunsch, es ›richtig zu machen‹ im Fall Hannas dem Wunsch entspricht, das Geforderte zu tun. Dieser Wunsch, das Geforderte zu tun, ist jedoch von einem Wunsch, aus guten oder gar den besten Gründen zu handeln, wesentlich unterschieden.[39] Denn in einem Kontext, in dem das, was gefordert ist, durch soziale Normen und die Absichten anderer vorgegeben ist, ist der Wunsch, es richtig zu machen nichts anderes

---

[38] Vgl. Hilary Bok, »Acting Without Choosing«, in: *Nous* 30 (1996), S. 178, spricht in diesem Zusammenhang von Handeln ohne Alternativen zu vergleichen.

[39] Herlinde Pauer-Studer, »Transformationen der Normativität: Das NS-System aus dem Blickwinkel der Moralphilosophie«, in: Werner Konitzer und Raphael Gross (Hg.), *Moralität des Bösen. Ethik und nationalsozialistische Verbrechen. Jahrbuch des Fritz-Bauer-Instituts zur Geschichte und Wirkung des Holocaust*, Frankfurt und New York: Campus 2009, S. 89, bemerkt, dass die Täter der »Normativität ihres eigenen Selbstverständnisses« folgten. Diese gab ihrem Tun einen Sinn und machte sie zugleich zu mehr als bloße Rädchen einer Maschinerie. Gegen eine rein situationistische Deutung wendet sich auch N. Zangwill, »Perpetrator Motivation: Some Reflections on the Browning/Goldhagen Debate«, in: Eve Garrard und Geoffrey Scarre (Hg.), *Moral Philosophy and the Holocaust*, Aldershot: Ashgate, 2003, S. 99: »The German people [...] *thought* that they were obeying orders that were right and proper. That was their reflectively endorsed political culture, not a mere behavioural regularity.«

als ein Wunsch, das zu tun, was die sozialen Normen und Absichten anderer vorschreiben.

Ein solcher Wunsch schließt aus, dass die betreffende Person das, was sie tut, mit Verweis auf Sachverhalte zu stützen versucht, die für ihre Handlung aus ihrer Sicht sprechen, und die erklären, warum sie ihr Tun als gesollt betrachtet. Er schließt ebenso aus, dass das, was sie tut, in einem kohärenten Zusammenhang mit ihren Meinungen und Urteilen stehen muss. Und er schließt aus, dass das, was sie tut, hinterfragt und entsprechend verändert wird. Es richtig zu machen und in diesem Sinne das Geforderte zu tun, ist vielmehr die blosse Beschreibung, dass ihre Handlung mit vorgegebenen Standards oder mit den Absichten anderer konform ist. Der Gehalt ihres Wunsches, es richtig zu machen, ist hierbei, die Absichten anderer oder die mit ihrem Beruf als Aufseherin verbundenen, sozial normierten speziellen Pflichten aufzugreifen und ohne erneute Autorisierung ihrerseits auszuführen.

Hanna überlässt auf diese Weise die Handlungsautorität anderen, ohne deren Kompetenz, Glaubwürdigkeit und Begründung zu hinterfragen.[40] Dieser Wunsch, das Geforderte oder Richtige zu tun, lässt sie sowohl die Absichten ihrer Vorgesetzten als auch die mit ihrer beruflichen Rolle verbundenen Prinzipien als Quasi-Gründe für ihr Handeln betrachten. Sie sind Quasi-*Gründe,* sofern diese ihr Handeln einsichtig machen. Sie sind *Quasi*-Gründe, weil sie den Gehalt dieser Absichten und Prinzipien nicht selbst als Gründe autorisiert. Insofern handelt sie nicht ›aus‹ diesen Gründen, sondern nur entsprechend dieser Gründe. Diese Interpretation lässt sich durch ihre Antwort erhärten, die sie dem Richter auf seine Frage hin gibt, ob sie nicht gewusst habe, dass sie bei den regelmäßigen Auswahlprozessen die Gefangenen in den Tod schickte: »Doch«, antwortet sie, und fügt als Quasi-Grund hinzu: »aber die neuen kamen, und die alten mussten Platz machen für die neuen« (VL 106). Dies ist offensichtlich kein von ihr verteidigbarer Grund, Gefangene in den Tod zu schicken, aber eine Beschreibung der Norm, deren Anwendung sie wiedergibt.

---

[40] Abraham Roth, »Shared Agency and Contralateral Commitment«, in: *The Philosophical Review* 113 (2004), S. 410 ff., zeigt zum einen, dass gemeinsames Handeln eine Disposition erfordert, die Absichten anderer direkt auszuführen. Zum andern verweist er aber ebenso darauf, dass diese Ausführung der Absichten anderer nur dann als gemeinsame Handlung gelten kann, wenn die Autorität der anderen vom Handelnden hinterfragt wird.

Um Handeln aus Gründen von Handeln aus Quasi-Gründen zu differenzieren, hilft eine in der Sprachphilosophie häufig bemühte (wenn auch nicht unumstrittene) Unterscheidung zwischen Wünschen *de re* und Wünschen *de dicto*. Sie betrifft den Gehalt des Wunsches und dessen Realisierungsbedingung. Der Satz »Hanna wünscht, dass das Richtige geschieht« lässt sich in die folgenden beiden Lesarten übersetzen:

(*De Re*) Es gibt das Richtige R und Hanna möchte R.
(*De Dicto*) Hanna glaubt, dass es das Richtige R gibt und möchte R.

In der *de dicto* Lesart möchte Hanna das Richtige tun, weil sie glaubt, dass es richtig ist.[41] Was ihr Tun motiviert, ist folglich, dass es dem von ihr so verstandenen Richtigen entspricht. In der *de re* Lesart geht es einfach darum, das zu tun, das moralischen Eigenschaften oder Tatsachen entspricht. Ihr Gedanke, das Richtige zu tun, kann gerade verhindern, dass sie tatsächlich auf moralische Tatsachen reagiert. In diesem Sinne ist Hannas Wunsch *de dicto*. Es geht ihr nicht darum, auf moralische Gründe zu reagieren, sondern ›das Richtige‹ (egal, ob dies moralisch begründbar bzw. als Grund rechtfertigbar ist) zu tun. Entscheidend ist hierbei ihre Überzeugung, dass dies dem entspricht, was gefordert ist.

Bisher habe ich zu zeigen versucht, wie Hannas Verhalten – insbesondere ihre unterlassene Hilfeleistung – mit Rekurs auf ihre Motive aus ihrer Sicht zu erklären ist. Ich habe ferner zu zeigen versucht, wie ihre aus ihrem *de dicto* Wunsch, das Geforderte oder Richtige zu tun, resultierenden Handlungsprinzipien (d. h., ihrer beruflichen Rolle gut zu erfüllen und die Absichten anderer auszuführen) funktionieren: Sie sind modal stringent; sie unterbinden einen Vergleich mit alternativen Gründen, und sie dienen als Quasi-Gründe.

> Das wirkte hochmütig, und hochmütig wirkte auch, dass sie nicht mit den anderen Angeklagten und kaum mit ihrem Anwalt sprach. [...] Die Erwiderungen misslangen regelmäßig, und regelmäßig sanken die Schultern herab. Sie zuckte nie mit den Schultern, schüttelte auch nie den Kopf. [...] Sie saß wie gefroren. So sitzen musste weh tun. (VL 95 f.)

---

[41] Vgl. Zangwill, »Perpetrator Motivation«, S. 99, der betont, dass es die Überzeugungen der Täter über Autorität sind, die entscheidend sind. Er glaubt, dass die Akzeptanz dieser Autorität nicht unabhängig von dem Urteil über ihre Richtigkeit ist, gibt allerdings zu, dass dies in einzelnen Fällen auseinanderklaffen kann.

Sekundäre Amoralität

Die äußere Beschreibung Hannas vor Gericht lässt sich in Analogie zu der modalen Stringenz ihrer Handlungsprinzipien lesen. Sie sind »wie gefroren«, und Gründe mit anderen werden nicht ausgetauscht oder verglichen. Wenn diese Analyse der Funktion ihrer Motive und der sie leitenden Prinzipien richtig ist, so stellt sich immer noch die Frage, wie Hanna dazu kommt, sich den Absichten und Normen anderer zu unterwerfen. Was disponiert sie zu dem *de dicto* Wunsch, das Richtige zu tun und inwiefern handelt es sich daher um einen motivierten Wunsch? Gehen wir in ihrer Motivlage noch weiter zurück.

5.3. Analphabetismus und Scham

Ein Schlüssel zum Verständnis dieses Wunsches ist ihr vieldiskutierter und häufig kritisierter Analphabetismus sowie ihre daraus resultierende Scham. Meiner Ansicht nach bezeichnet er metaphorisch, dass Hanna nahezu unzugänglich für Gründe ist.[42] Sie kann diese nicht nur nicht hinreichend erkennen (›lesen‹), sondern sie kann v. a. auch nicht aus Gründen, die sie selbst als Gründe autorisiert, konsequent handeln (›schreiben‹). Damit geht einher, dass sie kein Zutrauen in ihr eigenes Urteilsvermögen bezüglich ihrer Gründe hat. Ihre Scham drückt eine negative Selbstbewertung und eine Abwertung ihres Status in Bezug auf andere aus. Wer sich schämt, wird sich bewusst, dass man eine Eigenschaft, die man wesentlich wertschätzt, nicht selbst realisiert.[43] In Hannas Scham wird

---

[42] Zu einer metaphorischen Lesart des Analphabetismus siehe William C. Donahue, »Der Holocaust als Anlass zur Selbstbemitleidung. Geschichtsschüchternheit in Bernhard Schlinks *Der Vorleser*«, in: Stephan Braese (Hg.), *Rechenschaften. Juristischer und literarischer Diskurs in der Auseinandersetzung mit den NS-Massenverbrechen*, Göttingen: Wallstein 2004, S. 183, der ihn als „geschmeidige Metapher für einen generellen Zustand des Mangels" bezeichnet. Vgl. M. Moschytz-Ledgley *Trauma, Scham und Selbstmitleid. Vererbtes Trauma in Bernhard Schlinks Roman ›Der Vorleser‹*. Marburg: Tectum 2009, S. 71 ff., die ihn als »Mangel an Bildung« deutet. Siehe John E. MacKinnon, »Crime, Compassion, and *The Reader*«, in: *Philosophy and Literature* 27 (2003), S. 10 f., der Hanna die »clarity of moral perception« abspricht, die sie benötigen würde, um moralische Prinzipien zu erkennen. Ihren Analphabetismus interpretiert er auch als Abhängigkeit. Vgl. John P. Conway, »Compassion and Moral Condemnation: An Analysis of *The Reader*«, in: *Philosophy and Literature* 23 (1999), S. 289, meint, dass Hannas Analphabetismus ihren Zugang zu Fragen, Kritik und Alternativen blockiert. Diese Deutungsversuche eint meines Erachtens, dass Hannas Gründe kaum zugänglich sind und sie nicht in der Lage ist, diese als ihre Gründe zu autorisieren.

[43] Vgl. Julien A. Deonna und Fabrice Teroni, »The Self of Shame«, in: Mikko Salmela und Verena Mayer (Hg.), *Emotions, Ethics, and Authenticity*, Amsterdam und Philadelphia: John Benjamins 2009, S. 46.

folglich deutlich, dass sie um ihre Schwäche im Zugang zu Gründen sowie um ihre Schwäche in der Führung ihrer selbst durch Gründe weiß.

Diese Schwäche mag durch das durch Konformismus und Gehorsam geprägte politische Klima ebenso erklärbar sein, wie durch ihre Herkunft aus einer bildungsfernen Schicht. Dies heißt jedoch nicht, dass Hanna – bevor sie mit 21 zu den Soldaten geraten war (VL 49) – Gründe grundsätzlich unzugänglich waren. Ansonsten wäre es ihr nicht möglich, sich zu schämen. Dies zeigt sich z. B., wenn sie etwa und obwohl sie Analphabetin ist, im ersten Teil des Buchs, dem kranken Michael hilft (»Die Frau, die sich meiner annahm, tat es fast grob.«) und ihn in die Arme nimmt, als er zu weinen beginnt (VL 6). Doch ihr Vermögen, Gründe zu erkennen und aus diesen zu handeln, scheint derart rudimentär, dass sie die Autorität für ihr Handeln weitgehend anderen überträgt. Für diese zunächst freiwillige Übertragung der Autorität an andere sprechen zwei Erwägungen: Sie kann nicht nur die Verantwortung vermeintlich abgeben, sondern muss sich auch ihrem eigenen Unvermögen nicht stellen.

Nun spricht nichts Prinzipielles gegen die Übertragung der Autorität bezüglich unserer Handlungsgründe. Es gibt zum einen Fälle, in denen wir moralisches Wissen nur durch das Zeugnis anderer erwerben und uns auf deren Autorität verlassen müssen.[44] In engen zwischenmenschlichen Beziehungen führen wir zum andern häufig die Absichten anderer unmittelbar aus, ohne diese zu hinterfragen (wenn etwa ein Partner einzig und allein deswegen etwas tut, weil es seine Partnerin möchte).

Doch in beiden Fällen der Übertragung von Autorität kann diese nur gerechtfertigt werden, wenn wir, im Fall vom Zeugnis anderer, deren Vertrauenswürdigkeit autorisieren.[45] Im Fall der unmittelbaren Ausführung der Absichten anderer muss deren Glaubwürdigkeit und Kompetenz autorisiert werden.[46] Beides ist nicht der Fall, wenn Hanna Befehle ausführt und ihrer Pflicht als Aufseherin folgt. Sie scheint gar nicht über die Fähigkeit zu verfügen, die Absichten anderer bzw. das Zeugnis über soziale Normen kritisch zu beurteilen und entsprechend zu befürworten. Und falls sie diese Fähigkeit besitzen sollte, so wendet

---

[44] Dies ist etwa der Fall, wenn wir selbst keine Erfahrung mit bestimmten moralischen Sachverhalten haben. So können wir uns von türkischen MitbürgerInnen bezeugen lassen, was es heißt, sie diskriminierend zu behandeln.
[45] Vgl. Karen Jones, »Second-Hand Moral Knowledge«, in: *Journal of Philosophy* 96 (1999), S. 74.
[46] Siehe Roth, »Shared Agency and Contralateral Commitment«, S. 411.

Sekundäre Amoralität

sie sie nicht an und täuscht sich in der Folge darüber hinweg, dass ihr Tun auf verwerflichen Gründen beruht.

Insofern mangelt es Hanna an der rationalen Fähigkeit, ein angemessenes Verständnis ihrer Gründe zu erwerben, die Gründe anderer ggf. zu kritisieren, neue mögliche Gründe zu erkennen, und aus für sie rechtfertigbaren Gründen zu handeln. Dies liegt u. a. daran, dass sie unter äußeren Bedingungen lebt, die ihr dies nicht ermöglichen. Sie hat nicht genügend Selbstvertrauen und kognitive Kompetenz, Gründe zu vergleichen und entsprechend eines von ihr selbst verteidigten Vergleichs auf der Basis ihrer Werte und Überzeugungen zu handeln. Ebensowenig hat sie genügend Möglichkeiten, ihre eigenen Auffassungen über Gründe im Austausch mit anderen zu schärfen und geltend zu machen. Vor diesem Hintergrund wird plausibel, dass sie sich den Gründen anderer nicht hinreichend widersetzen kann.

Unter diesen Voraussetzungen erfolgt eine graduelle Entwicklung zur sekundären Amoralität. D. h. die bereits erworbene, aber unzureichende Fähigkeit, Gründe zu erkennen und aus Gründen zu handeln, wird durch die Übertragung der rationalen Autorität an andere zunehmend verlernt. In einem System, in dem weder die Absichten anderer noch die speziellen Pflichten zur Erfüllung eines bestimmten Berufs moralisch rechtfertigbar sind, führt eine solche Übertragung vor dem Hintergrund des zunehmenden Verlernens der eigenen Fähigkeit, auf moralische Gründe zu reagieren und entsprechend zu handeln, zu einer sekundären, d. h. erworbenen Amoralität.

5.4. Die Erosion der moralischen Wahrnehmung

Ich habe darzulegen versucht, dass Hanna über mangelhafte Fähigkeiten verfügt, aus Gründen zu handeln. Wer nicht aus selbst autorisierten Gründen handeln kann, überlässt es zunehmend anderen, Handlungsgründe vorzugeben. Sich den Gründen anderer zu unterwerfen und entsprechend zu handeln, impliziert, sich an deren Autorität zu binden. Dies geschieht nicht nur aufgrund äußerer Sanktionsmechanismen (schließlich hätte Hanna nicht so einfach ihre Dienste verweigern können). Es geschieht auch durch den daraus erwachsenden Rationalitätsdruck, der einmal übertragenen Autorität zu gehorchen. Dies ist umso leichter, wenn diese nur schrittweise unmoralische Handlungen gebietet. So hätte Hanna mit ihren basalen Fähigkeiten ihren neuen Beruf bei der SS nicht aufgenommen, hätte sie von vornherein gewusst, welche Tätigkeiten sie dann ausführen muss. Als ihr jedoch die Auswahl zur Deportation von jüdischen Frauen übertragen wurde, hatte sie bereits durch ihre viel früher erfolgte Übertragung der Autorität zugestimmt, daran mitzuwirken. Jedes Zugeständnis an die einmal übertragene Autorität macht weitere Zugeständnisse naheliegender und damit wahrscheinlicher. Die Fähigkeit, aus selbst autorisierten und damit aus ihrer Sicht rechtfertigbaren Gründen zu handeln und sich zu widersetzen, falls Gründe nicht rechtfertigbar sind, wird auf diese Weise zunehmend erodiert. Sofern sich überhaupt noch eigene Bedenken regen sollten, werden diese aus Gründen der Vermeidung kognitiver Dissonanz zum Schweigen gebracht.[47] Dies mag durch gesuchte Betäubung – so greifen viele Mittäter zu Alkohol oder lenken sich ab (Hanna lässt sich regelmäßig vorlesen) – oder durch Selbsttäuschung geschehen. Die tägliche Arbeitsroutine trägt ferner dazu bei, dass Hanna, ebenso wie andere Nazi-Mittäter, gegenüber moralischen Gründen abstumpft. Diesen Prozess der Abstumpfung beschreibt Schlink sowohl in der Reaktion der Richter und Schöffen, der KZ-Häftlinge als auch der Täter: Die ›sichtbare Erschütterung‹ der Richtenden weicht später der Normalisierung:

> Auch in den spärlichen Äußerungen der Täter begegnen die Gaskammern und Verbrennungsöfen als alltägliche Umwelt, die Täter selbst auf wenige Funktionen reduziert, in ihrer Rücksichts- und Teilnahmslosigkeit, ihrer Stumpfheit wie betäubt und betrunken. Die Angeklagten kamen mir vor, als seien sie noch immer und für immer in dieser Betäubung befangen, in ihr gewissermaßen versteinert. (VL 98 f.)

Häufig geht dies mit einer Dehumanisierung der Opfer einher, die es ›erleichtert‹, sie nicht mehr als Personen mit berechtigten moralischer Forderungen wahrzunehmen. So werden sie nicht als Individuen mit partikularen Interessen, sondern als Masse gesehen:[48]

> Hanna beschrieb, dass sich die Aufseherinnen verständigt hatten, aus ihren sechs gleich großen Zuständigkeitsbereichen gleich große Gefangenenzahlen zu melden, je-

---

[47] Christopher Freiman, »Why Be Immoral?«, in: *Ethical Theory and Moral Practice* 13 (2010), S. 200, neigt dagegen zu der These, dass Gehorsam zur Internalisierung der Normen führt, denen man gehorcht, und spricht von »character invasion«. Im Fall Hannas und anderer Mittäter scheint mir dies jedoch nicht plausibel. Die meisten kamen nicht zu der Auffassung, dass das, was sie tun, nun moralisch richtig ist. Sie gelangen vielmehr in einen Zustand, der sie moralische Gründe nicht mehr wahrnehmen lässt. Es handelt sich daher nicht um Internalisierung, sondern um Entmoralisierung. Diese Lesart unterstützen auch die Aussagen Stangls. Vgl. Gitta Sereny, *Into That Darkness*, S. 200 ff.

[48] So berichtet auch Franz Stangl, in: Sereny, *Into That Darkness*, S. 201, der u. a. von »Ware« (»cargo«) spricht: »I rarely saw them as individuals. It was always a huge mass«.

Sekundäre Amoralität

weils zehn und insgesamt sechzig, dass die Zahlen aber bei niedrigem Krankenstand im einen und hohem im anderen Zuständigkeitsbereich divergieren konnten und dass alle diensthabenden Aufseherinnen letztlich gemeinsam beurteilten, wer zurückgeschickt werden sollte. (VL 106)

Die jüdischen Frauen werden als Objekte beschrieben, mit denen etwas zu geschehen hat. Wer nicht in der Lage ist, Gründe zu erkennen und aus diesen Gründen zu handeln (was die Einsicht voraussetzt, dass es sich um rechtfertigbare Gründe handelt), ist auch nicht in der Lage zu erkennen, dass andere berechtigte Gründe haben. Dieser Prozess der Entmoralisierung wird durch historische ebenso wie durch sozialpsychologische Forschung über die Motive von Mittätern gestützt. So zeigt Christopher Browning in seiner Untersuchung der Hamburger Polizei-Reserve, die 1942 nach Polen zu einem Sonderauftrag gebracht wird und die dortigen nicht mehr arbeitsfähigen Juden erschießen soll, wie sich trotz anfänglicher Widerstände und trotz der Möglichkeit, sich nicht an den Erschießungen beteiligen zu müssen, von 500 Männern nur 12 weigern. Als erklärende Faktoren nennt Browning Brutalisierung in Kriegszeiten, Rassismus, arbeitsteiliges Vorgehen verbunden mit wachsender Routine, besondere Selektion der Täter, Karrierismus, blinder Gehorsam und Autoritätsgläubigkeit, ideologische Indoktrinierung und Anpassung.[49] Im Fall von Hanna spielen weder Rassismus noch Karrierismus eine nachweisbare Rolle. Auch die ideologische Indoktrinierung dürfte weniger einflussreich sein. Aber ihr blinder Gehorsam sowie ihre Autoritätsgläubigkeit, die Anpassung an die zunehmend unmoralischeren Umstände, die wachsende Routine und das arbeitsteilige Vorgehen erklären ihre zunehmende Entwicklung zur Amoralität.

Dieses Ergebnis wird ebenso von verschiedenen sozialpsychologischen Experimenten unterstützt. Im Gefängnis-Experiment von Philip Zimbardo – um nur eines der prominenten Experimente herauszugreifen – werden 1971 an der Stanford Universität Studierende arbiträr in zwei gleich große Gruppen eingeteilt und bekommen jeweils die Rolle als Wächter (markiert durch das Tragen dunkler Sonnenbrillen, Uniform und die Ausstattung u. a. durch Schlagstöcke) und die Rolle als Gefangene (markiert durch die Kleidung und das Tragen von Nummern) zugewiesen. Auf diese Weise wird eine Gefängnis-Situation simuliert. Innerhalb kürzester Zeit (nach ca. 2 Tagen) wird deutlich, dass ›ganz normale‹ Studenten zu teilweise sadistischen Wächtern werden. Zimbardo erklärt

---
[49] Siehe Christopher Browning, *Ganz normale Männer*, S. 208.

diesen Effekt durch eine Reihe von Faktoren, von denen keiner für sich genommen sonderlich dramatisch war, die zusammen genommen jedoch zu teilweise grauenhaften Folgen führten. Die Häftlinge werden gedemütigt, misshandelt oder zumindest strengstens behandelt. Zu den unterstützenden Faktoren einer solchen Entwicklung gehören Zimbardo zufolge Anonymität und Deindividuation, Macht der Regeln und Vorschriften, Rollen und Verantwortung für Übertretungen, kognitive Dissonanz (die zur Internalisierung von Rollen und Regeln führt) sowie das Bedürfnis sozialer Billigung (das die nicht-sadistischen Wächter tatenlos bei Überschreitungen anderer Wächter zusehen lässt).[50] Die meisten Misshandlungen der Häftlinge wurden mit Verweis auf die Vorschriften und die Rolle als Wächter gerechtfertigt. Die Häftlinge hatten wiederum ihre Rolle so internalisiert, dass sie das simulierte Gefängnis nicht verließen (obwohl dies bei Verzicht auf Bezahlung möglich gewesen wäre). Trotz der Kritik, die das Gefängnis Experiment erfahren hat,[51] bestätigt es, dass ganz gewöhnliche Menschen ohne spezifisch böse Motive zu grausamen Taten in der Lage sind.

Abschließend möchte ich einige zentrale Ergebnisse dieser Analyse festhalten. Ich habe zu zeigen versucht, dass die Moralphilosophie eine besondere Kategorie des Unmoralischen vernachlässigt hat. Insbesondere in Fällen kollektiven Handelns lassen sich die dafür notwendigen Beiträge von MittäterInnen nicht über deren pervertierte Absichten oder böse Motive erklären. Damit ist keinesfalls ausgeschlossen, dass es auch Täter gibt, die über solche Motive verfügen. Diejenigen, die über diese Motive nicht verfügen, sind gleichwohl nicht einheitlich charakterisierbar. Es gibt unterschiedliche Faktoren, die ihre Beteiligung an Gräueltaten motivieren. Mir ging es in diesem Beitrag darum zu zeigen, dass Autoritätsgläubigkeit und die damit verbundene Internalisierung von Rollen, Pflichtbewusstsein und Dienstbeflissenheit ebenso wie der Wunsch, das zu tun, was gefordert ist, zentrale Merkmale sind, die eine Person in einem Unrechtssystem unmoralisch werden lassen. Sofern dieser Prozess zur Erosion ihrer rationalen und damit auch ihrer moralischen Fähigkeiten führt, handelt es sich um eine spezielle Form der Immoralität: der Amoralität. Sofern diese Amo-

---

[50] Zum Stanford Gefängnis Experiment siehe die Dia-Schau von Philip Zimbardo: http://www.prisonexp.org.
[51] So zeigen etwa Stephen Reicher und S. Alexander Haslam (2006): »Rethinking the Psychology of Tyranny: The BBS Prison Study«, in: *British Journal of Social Psychology* 45 (2006), S. 1–40, dass die Rolle eines ›Führers‹ wesentlich ist, um die Internalisierung solcher Rollen zu bewirken. Diese Zusatzbedingung lässt den Fall Hannas ebenso erklären.

ralität erworben wird, ist sie sekundär. Ich habe ebenso zu zeigen versucht, dass Personen, deren rationalen Fähigkeiten bereits mangelhaft ausgebildet sind, und die daher über ein geringeres Selbstvertrauen verfügen und ein nur schwaches Vermögen besitzen, auf Gründe zu reagieren, besonders anfällig sind, ihre eigene Autorität an andere abzugeben.

6. Fazit und Konsequenzen

Um mein Ergebnis zu verteidigen, möchte ich noch kurz einigen möglichen Einwänden begegnen.

Zum einen könnte mein Ergebnis nahelegen, dass Personen, wie Hanna, nicht verantwortlich für das sind, was sie anderen Menschen angetan haben. Schließlich scheint sie durch bestimmte Faktoren in eine Situation hineingeschlittert zu sein, die zunehmend ihre eigenen rationalen Fähigkeiten ausschaltet. Auf diese Weise, so könnte man zugespitzt einwenden, werden Täter zu Opfern ihrer Umstände gemacht. Mein Ergebnis scheint daher unzumutbar exkulpatorisch.[52]

Es impliziert jedoch nicht, dass Hannas Verhalten nicht tadelnswürdig ist oder keine Strafe verdient. Ihr Beitrag zu einem kollektiv begangenen Schrecken bleibt genauso furchterregend! Ihre moralische Verantwortung hängt zudem davon ab, wie sehr sie das Verlernen ihrer eigenen rationalen Fähigkeiten hätte verhindern können. Dies muss Gegenstand einer eigenen Untersuchung sein. Mein Ergebnis macht Mittäter nicht nur zu Opfern der Umstände, sondern zeigt, wie sie sich unter diesen Umständen zu sekundär amoralischen Personen entwickeln.[53]

Zum zweiten liegt der Einwand nahe, dass meine Analyse schließlich dazu führt, Mittäter gar nicht mehr als Beteiligte an einer kollektiv begangenen Gräueltat auszeichnen zu können. Schließlich verfügen sie weder über entsprechende kollektive Absichten noch notwendigerweise über ein kollektives Ziel (wie etwa die Judenvernichtung). Diese Diagnose spricht meiner Ansicht nach

---

[52] Dieser Vorwurf wurde Schlinks Roman mehrfach gemacht. Siehe z. B. Donahue, »Der Holocaust als Anlass der Selbsttäuschung«, S. 179; MacKinnon, »Crime, Compassion, and *The Reader*«, S. 9.

[53] Zu einem aufschlussreichen Ergebnis kommt David H. Jones, *Moral Responsibility in the Holocaust. A Study in the Ethics of Character*, Lanham: Rowman & Littlefield 1999, bes. Kap. 5. Seiner Meinung nach ist die politische Kultur Deutschlands bereits vor Hitlers Machtergreifung durch Antisemitismus, Autoritätsgläubigkeit und Nationalismus geprägt. In einer solchen Kultur erwachsen zu werden führt zu einer verminderten kognitiven Fähigkeit zu wissen, dass das Töten von Juden falsch ist.

nur dafür, unsere Theorien kollektiven Handelns auszuweiten. Der Beitrag einzelner zu Gräueltaten muss nicht über ihre partizipatorische oder Wir-Absicht individuiert werden, ein unmoralisches Ziel mitzuverursachen. Er kann auch in der Absicht bestehen, das zu tun, was die sozialen Normen, die Rolle oder die Pflicht erfordern, sofern dies in Abstimmung mit anderen ausgeführt wird.

Zum dritten lässt sich einwenden, die Figur der Hanna bleibe viel zu blass, um meine Analyse zu motivieren. Ich habe diesen Einwand bereits zu entkräften versucht, indem ich das Verhalten Hannas durch andere (historische und sozialpsychologische) Quellen zu stützen versucht habe. Mir scheint sie daher prototypisch für Mittäter einer bestimmten Art. Wie bereits angedeutet, impliziert dies nicht, dass es nicht andere Täter gab – solche etwa, die wussten, dass sie unmoralisch handeln, die böse Absichten hegten und die moralisch höchst pervertierte Auffassungen vertraten.[54] Die moralpsychologischen Voraussetzungen, die Täter und Mittäter von kollektiv begangenen Gräueltaten auszeichnen, sind vielfältig und komplex. Ich habe hier lediglich versucht, einen Typus näher zu analysieren. Eine Analyse der Hanna lehrt uns, wie Entmoralisierung durch das Zusammenwirken persönlicher Fähigkeiten wie sozialer Umstände entstehen und zur Beteiligung an grausamen Taten führen kann.[55] Dies sind die motivierenden Gründe, die ihr Verhalten erklären. Dass sekundäre Amoralität eine eigene Kategorie des Unmoralischen ist, sollte von einer Theorie gemeinsamen Handelns ebenso berücksichtigt werden wie von der Moraltheorie. Es muss einer weiteren Arbeit überlassen werden zu zeigen, welche Eigenschaften Personen erwerben sollten, um sekundäre Amoralität zu vermeiden.[56]

---

[54] Besonders interessant sind die Vorschläge von Hillel Steiner, »Persons of Lesser Value: Moral Argument and the ›Final Solution‹«, in: Eve Garrard und Geoffrey Scarre (Hg.), *Moral Philosophy and the Holocaust*, Aldershot: Ashgate, 2003, S. 81; sowie Pauer-Studer u. Velleman, *Distortions of Normativity*, insbes. S. 30 ff.

[55] In diesem Sinn spricht Bernhard Schlink,: »Die Gegenwart der Vergangenheit« [2001], in: B. S., *Vergangenheitsschuld. Beiträge zu einem deutschen Thema*, Zürich: Diogenes 2007, S. 116, von der »völlige[n] Hilflosigkeit individueller Moral beim Fehlen von Institutionen, in denen sie sich anerkannt wissen, an die sie appellieren, auf die sie rechnen kann«.

[56] Für wertvolle schriftliche Kommentare zu diesem Beitrag danke ich ganz herzlich Susanne Boshammer, Virginia Richter, Christian Seidel und Bernhard Schlink. Christian Budnik, André Chapuis und David Widerker bin ich für hilfreiche Diskussionen über die hier verhandelten Themen dankbar. Sie haben mich vor vielen Unklarheiten und Fehlern bewahrt. Virginia Richter danke ich überdies für die Einladung, meine Überlegungen in diesem Band über »Poetische Gerechtigkeit« vorzustellen. Herlinde Pauer-Studer bin ich dankbar für die Möglichkeit, meine Ergebnisse an der Universität Wien zu diskutieren.

www.ingramcontent.com/pod-product-compliance
Lightning Source LLC
Chambersburg PA
CBHW071812230426
43670CB00013B/2430